# 蒋梦麟传

马勇 著

A Biography of Jiang Menglin

红旗出版社

**图书在版编目 (CIP) 数据**

蒋梦麟传 / 马勇著.
—北京：红旗出版社，2009. 4
ISBN 978-7-5051-1756-3

Ⅰ. 蒋… Ⅱ. 马… Ⅲ. 蒋梦麟（1886 ~ 1964）- 传记
Ⅳ. K825.46

中国版本图书馆 CIP 数据核字 (2009) 第 062512 号

**书　名：蒋梦麟传**

著　　者：马　勇
责任编辑：刘玉成
责任校对：李　娟
装帧设计：耀午书装

出版发行：红旗出版社
地　　址：北京市沙滩北街 2 号
邮　　编：100727
E - mail：hqcbs@publica.bj.cninfo.net
编 辑 部：64037145
发 行 部：64037154
印　　刷：北京燕旭开拓印务有限公司

开　　本：720 毫米 ×1000 毫米　1/16
字　　数：450 千字　　印　　张：25
版　　次：2009 年 5 月北京第 1 版　　2009 年 5 月北京第 1 次印刷

ISBN 978-7-5051-1756-3　　定 价：51.00 元

## 目录



蒋梦麟是近代中国一位非常重要的人物，只是在过去几十年里，由于意识形态特别是两岸隔绝的原因，蒋梦麟的大名在中国大陆已很少有人知道。随着两岸关系的改善和大陆政治清明，学术发展，有关蒋梦麟的研究也越来越多，蒋梦麟的著作特别是他的《西潮》、《新潮》几个版本的大量印行，使人们对蒋梦麟逐渐有了新的认识，逐渐体会到他在近代中国教育制度建立、农村复兴两个方面的贡献。



当蒋梦麟经过私塾几年教育后，他的父亲怀清公让他选择是跟随他走经商的道路，还是走仕途的道路时，蒋梦麟毫不犹豫选择了像他的两个哥哥那样，继续努力向学，终于如愿以偿考取了附生，成为了秀才，终于走出科举道路上的第一步。

然而受过现代教育影响的蒋梦麟则在心里想着新知识和新学问，先前通过科举考试光宗耀祖、荣及乡里的想法似乎有了一点改变。两个相互矛盾的力量正在拼命拉着蒋梦麟，一个把他往旧世界拉，一个将他往新世界拉。蒋梦麟显得很无助很迷茫。





蒋梦麟是主张直接向西方学习的。参加浙江省官费留美考试但名落孙山的蒋梦麟，在父亲的支持下自费留学美国。在美国，蒋梦麟第一次拜访孙中山。

蒋梦麟成为孙中山的忠实信徒，孙中山也对蒋梦麟有很高评价，他认为蒋梦麟不仅是教育学的专业人士，将来肯定会成为中国教育学界泰斗级的人物，而且由于蒋梦麟对于革命议论，风发泉涌，笔利如刀，显然是宣传家大手笔，所以将来中国文字革命时期，蒋梦麟也必能贡献良多，成为不可或缺的学术领袖。

## 239 六 建构现代中国教育体制

官兴不佳也不能不做事，当一天和尚就必须撞一天钟。何况，蒋梦麟、马叙伦都是给点机会就不要命，给点阳光就灿烂，有点权力就亢奋的人，所以他们主持中华民国教育部的那段时间，还是力所能及利用一切机会、一切可能做了一些事情，尤其是在现代高等教育体制的建构方面。对于各省学校及其体制，蒋梦麟更是领导教育部大力整顿。



## 269 七 风雨飘摇中的一叶小舟

1931 年 9 月 17 日，经过长达八个月的整顿，蒋梦麟领导的新北大终于迎来了一个新的学期。蒋梦麟在主持开学典礼时宣布了北大的新班底，公布了根据合作研究特别款项顾问委员会通过的研究教授名单，并在演讲中为北大的未来发展描绘出一幅令人神往的蓝图。蒋梦麟和北大全体师生对此都感到格外兴奋。北大的希望就在明天。然而正是在“明天”即 1931 年 9 月 18 日，在中国却发生根本改变中国历史进程的大事变。



## 307 八 亦官亦学亦丈夫

1937 年底南京沦陷之后，日本军队溯江而上占领了南昌，长沙随之成为日军飞机轰炸目标，长沙联大师生无心上课。按蒋梦麟的建议，迁往昆明，成立西南联大。

西南联大成立之初，以学校的历史与校长资历而论，蒋梦麟应该居于领导地位，但他为了三校团结与整个中华民族复兴事业，坚决主张沿袭长沙临时大学时的体制，不设校长，实行常务委员制，由三校校长蒋梦麟、梅贻琦、张伯苓及秘书主任杨振声组成，共同主持校务。他们三人之间的友谊与团结是西南联大能在困难时期支持下来的根本因素。

# 引　子

蒋梦麟是近代中国一位非常重要的人物，只是在过去几十年里，由于意识形态特别是两岸隔绝的原因，蒋梦麟的大名在中国大陆已很少有人知道。随着两岸关系的改善和大陆政治清明，学术发展，有关蒋梦麟的研究也越来越多，蒋梦麟的著作特别是他的《西潮》、《新潮》几个版本的大量印行，使人们对蒋梦麟逐渐有了新的认识，逐渐体会到他在近代中国教育制度建立、农村复兴两个方面的贡献。

蒋梦麟是近代中国一位非常重要的人物，只是在过去几十年里，由于意识形态特别是两岸隔绝的原因，蒋梦麟的大名在中国大陆已很少有人知道。随着两岸关系的改善和大陆政治清明，学术发展，有关蒋梦麟的研究也越来越多，蒋梦麟的著作特别是他的《西潮》、《新潮》几个版本的大量印行，使人们对蒋梦麟逐渐有了新的认识，逐渐体会到他在近代中国教育制度建立、农村复兴两个方面的贡献。

在现代教育制度创建方面，蒋梦麟在五四运动爆发后曾一度代表蔡元培主持北京大学，度过北大历史上最难受最痛苦的一段日子。在蔡元培离职后，蒋梦麟接过蔡元培留下的这个摊子，独立主持北京大学近二十年。这二十年的风风雨雨是北大历史上最为灿烂夺目的年代，大致奠定了北京大学在中国教育史上的地位，是北大走上现代教育之坦途和后来成为中国最著名大学的关键年代。在蒋梦麟主持北大校政的日子里，内忧外患不断困扰，但蒋梦麟以坚毅性格，勇于负责，呕心沥血，殚精竭虑，成为北大历史上最重要贡献最大的掌舵人之一。北大后来之成就，自然有蒋梦麟的一份心血。现在再说北京大学的历史辉煌，北大人总是津津乐道“我们的老校长蒋梦麟”，尽管北大的校史一度不曾出现过蒋梦麟的名字。

▲蒋梦麟(1886~1964)

就教育主张及教育理念而言，蒋梦麟是中国现代教育的重要创建者之一。早在1918年，刚从美国留学归来的蒋梦麟就在中国首先倡导进化社会的人格教育，以高等学术作教育的基础，培养活泼的、能生产的个人，以为家庭增资产，为国家求富强。此后数十年，蒋梦麟努力迈向这一目标，始终不懈地进行艰苦奋斗。

抗战爆发后，蒋梦麟和北大与清华、南开两所大学的师生通力合作，创建并长时期主持西南联合大学，这所大学在短短八年时间里取得惊人的成就，培养出一大批栋梁之材，成为中国教育史上的奇迹。在这个奇迹中，自然有蒋梦麟的心血与智慧，因为他是西南联大三常委之一。

抗战胜利，北大北迁，蒋梦麟接受蒋介石的征召，弃学从政，离开北大，出任国民政府行政院秘书长。稍后又临危受命，出而主持中美两国政府联合组织的“中国农村复兴委员会”，致力于拯救日趋破败的中国农村。无奈蒋介石大势已去，蒋梦麟也只好随着他的这位小老乡退居台湾。

到了台湾，蒋梦麟继续担任“农复会”主任委员。在蒋介石、陈诚等国民党政治高层的支持下，蒋梦麟后半生的全部心血几乎都投入到台湾的土地改革和农村复兴事业上来了。在这一工作过程中，蒋梦麟格外注意社会改革，注意农业增产丰收，注意提倡“四健教育”，推行家庭计划。台湾国民生活水准由此得以提高，社会经济基础得以巩固。在一定意义上说，台湾之所以有后来的繁荣与富强，实在说来也有蒋梦麟的一份功劳。

# 一　科举路上

当蒋梦麟经过私塾几年教育后，他的父亲怀清公让他选择是跟随他走经商的道路，还是走仕途的道路时，蒋梦麟毫不犹豫选择了像他的两个哥哥那样，继续努力向学，终于如愿以偿考取了附生，成为了秀才，终于走出科举道路上的第一步。

然而受过现代教育影响的蒋梦麟则在心里想着新知识和新学问，先前通过科举考试光宗耀祖、荣及乡里的想法似乎有了一点改变。两个相互矛盾的力量正在拼命拉着蒋梦麟，一个把他往旧世界拉，一个将他往新世界拉。蒋梦麟显得很无助很迷茫。

蒋梦麟，浙江余姚蒋村人。生于1886年1月20日，清光绪十一年乙酉，即旧历一八八五年十二月十六日。所以有的资料上笼统地说蒋梦麟生于1885年，有的笼统地说生于1886年，都对，也都有点不准确，盖因两种纪年或在年末，或在年初。

当蒋梦麟出生的时候，蒋家已有三个男孩，一个女孩。即长兄梦兰，次兄梦桃，三兄及姐姐名不详，待考。

据蒋梦麟后来回忆说，当他出生的前夜，他的父亲在梦中见到一只熊来到他家，按照当地风俗传说，那是生男孩的征兆。第二天这个吉兆应验了，托庇祖先在天之灵，蒋家又添了一个儿子，所以蒋父为其命名为梦熊。后来，蒋梦熊在浙江高等学堂因参加学潮闹事，梦熊的名字进行了黑名单，蒋梦熊由此改名蒋梦麟。梦麟有时也写作梦邻，或梦麐。[1]蒋梦麟字兆贤、少贤，号孟邻，笔名有唯心等。

与蒋梦麟的命名非常相似，他的大哥、二哥的得名也是因为他们出生前夜，蒋父分别梦到了兰花、桃子，所以他们分别被命名为梦兰和梦桃。至于蒋梦麟的三哥、姐姐出生时，蒋父似乎什么也没有梦到，所以他们的名字也就没有什么特色可说了。

## 一方水土

浙江余姚为浙东大邑，历史悠久，山川秀丽，土地肥沃，民情朴厚，物产丰富，人杰地灵。宋明以来，文风鼎盛，学术昌明，为世所重，向称文献之邦。在明代，这里曾诞生过王阳明、黄宗羲、朱舜水三大学者，并启导清代浙东学派的诞生。他们的学说不仅在中国思想史上具有重要历史地位，而且直到今天仍在浙东这块热土上继续发挥着相当重要影响，成为浙江特别是浙东地区社会经济进步的思想动力。[2]

一方水土养一方人。蒋梦麟继承浙东学派精思力践的精神传统，坚持不懈，奋力前行，立德立言立功，终于成为近代中国最重要的学术领袖之一、一代名师、“当代儒宗”。[3]

当蒋梦麟出生时，中国正处在战乱频仍的特殊时期。在他出生的前一年，中法战争刚刚结束，由于清政府奉行和平外交路线，期待能够为刚刚开始不久的洋务新政赢得

[1] 蔡元培：《我在教育界的经验》，《蔡元培全集》(8)，浙江教育出版社1997年版，第505页。

[2]《余姚市志》，浙江人民出版社1993年版。

[3] 关国煊：《蒋梦麟年谱》，《传记文学》41卷1期。

更多的和平时间，所以清政府采取不败而败的外交策略，将对越南的宗主权转让给了法国。中国在西方的压力下，终于放弃先前数百年奉行的王道政治路线，改从西方走上霸道政治，洁身自好，专心于解决自己所面临的富强问题，周边国家先前与中华帝国之间的宗藩体制开始瓦解，朝贡体制逐步让位于中国与西方诸强国之间的条约体制。

由于外交路线的重大改变，清政府在南部中国周围的藩国逐步与之脱离。这一年，缅甸的宗主权转让给了英国，中国周边的天然屏障逐步成为列强踏上中国本土的桥头堡。

中国的宗主权之所以一再割让，这除了说明中国的国际地位正日趋下降外，实际上也意味着列强进一步侵略中国本土的序幕已经拉开，因为中国之保有周边一些属国，完全是拿这些属国作为外国与中国接触的缓冲地带，而不是为了剥削这些属国。中国从来不干涉这些周边小国的内政，但当这些周边小国有求于中国的时候，中国总是尽力帮忙，主持公道，为东亚最负责任的大国，维持着远东的和平与稳定。在经济上，中华帝国对待这些属国除极个别的情况外，一般总是给得多，要得少，而且总是往往故意要吃点亏，以显示中华帝国的实力和威望。中国也确实从这些"小亏"中换来睦邻友好，边境安宁，赢得一些政治、外交上的好处。

中国在那些年里的变化是巨大的，只是这种变化并不表现在老百姓的日常生活中。中国乡村的老百姓千百年来日出而作，日落而息，靠天吃饭，对政治，对外交几乎从来都是茫然不觉，周边藩国的丢失对他们来说实在太遥远，太不可思议了，他们对外部世界茫然无知，也不愿知道。他们的日子一如既往地过下去，他们的精神生活还是乡间千百年来的谈狐说鬼，以此打发乏味的农闲时光和漫长的冬日，因为谈狐说鬼远比那些军国大事更能引起一般村民的兴趣。

当蒋梦麟慢慢懂得一些人情世故后，他也注意到村民中也有一些人先前参加过清军或参加过太平军，所以他们谈起几十年前的太平天国战争似乎比当前的国家大事更有兴致，因为这些往事毕竟是他们亲身经历的，有着直观和难忘的感受。这些故事有的令人毛骨悚然，比如太平军掳掠杀戮、煮吃人肉的故事。但总的说来，这些具有经验主义特征的故事远比那些正在发生着的国家大事更吸引人，因为村民囿于见闻，实在不知道国际上最近发生了什么事，更不知道这些事情的真相，所以偶然有人谈论这些事情就很搞笑，总是在夸张中国军队的胜利，其实多年后蒋梦麟才知道，这些胜利都是讲故事的人杜撰的，真实的情况是中国军队在与列强的历次冲突中节节败退或者说是一败涂地。

封闭的乡村没有吹来现代文明的风，因而这个乡村就依然像几百年前一样保守、原始和宁静。乡间的生活有着自己的节奏，男人们忙着耕耘、播种和收获；女人们总是忙着纺织缝补，生儿育女；渔民们忙着在运河里撒网捕鱼；工匠们忙着走村串户，制作各种精巧的成品；乡间的读书人则高声诵读，默记四书五经，然后参加科举考试，期待鲤鱼跳龙门，暮登天子堂，光宗耀祖，荣归故里。

像这样的乡村在中国有成千上万甚至更多，因为地形或者气候的关系，乡村生活习惯和村庄大小在南北各地可能有着很大不同，但是使他们聚居一起的传统、家族关系和行业却大致相同。共同的文字、共同的生活理想、共同的文化和共同的科举制度使整个中国结合成为一体，组成宁静、有序、稳定、和谐的中华帝国。

在中华帝国境内，除了无数的乡村，还有大中小城市以及各种各样的商业中心，构成了中华帝国的基本网络。在这个网络中，如果不发生重大意外，一般地说，全国所需要的粮食、货物、学人、士兵，以及政府大小官吏，均能够供应无缺。只要这些村镇城市不接触外部世界，不接触现代文明，中国就可以一直原封不动，如果中国能够在列强强制要求开放的几个通商口岸四周筑起高墙，禁止外国人与中国人交流，中国依然可以再经过几百年而一成不变。

然而，大清王朝并没有这样做，他们不仅同意列强开放越来越多的通商口岸，而且逐步放开对来华外国人的限制，中国人与外部世界的交往越来越多，“西洋潮流”再也不肯局限于几个通商口岸，而是像洪水一般冲刷着通商口岸周边地区，然后这股“西潮”沿着河道、公路和铁路向外延伸，向外扩展。[1]最先开放的五个通商口岸附近的以及交通线附近的村镇首先受到西潮的冲击，逐步西化，传统中国终于在这里撕开一道裂痕。现代西洋文明仿佛移植到中国的树木，很快在中国这块肥沃的土壤中生根、开花、结果，在19世纪60年代之后短短的半个世纪中，西潮剧烈地冲刷着古老的中华大地，改变着中国人的习惯乃至传统。

蒋梦麟的家乡蒋村就是这样千百万村庄中的一个江南小村庄，位于钱塘江沿岸冲积平原。在这个冲积平原上，村与村之间常是绵延一两里路的稻田。钱塘江以风景优美闻名于世，上游有富春江的景色，江口有著名的钱塘江大潮。几百年来，江水沿岸积留下肥沃的泥土，使两岸逐步向杭州湾扩伸。居民就在江边新生地上筑起临时的围堤截留海水晒盐。那块土地每年的盐产量相当可观，足以供应几百万人的需要。

又经过若干年，江岸再度向前伸展，原来晒盐的地方盐分渐渐消失净尽，于是居民就在离江相当远的地方筑起堤防，保护渐趋干燥的土地，准备在那里蓄草放牧，放

[1] 蒋梦麟：《西潮 · 新潮》，岳麓书社 2000 年版，第 17 页。

养牛羊。再经过若干年，这块生地就变成了熟地，人们便可以在这块土地上面植棉种桑。再经过若干年，这块土地就能够种植水稻了，因为水稻的种植需要大量的水，而挖掘池塘、修整水渠都需要相当的时间，更重要的是，要想将这块土地变成沃土，必须要有耐心，要有时间。

蒋村离杭州湾约有二十里之遥。围绕着蒋村有无数的村庄，这些村庄大大小小，遍布在这块平原上，往南一直到山麓，往北至海边，往东往西则有较大的城镇和都市，中间有旱道或河汊相通。蒋村当时只有六十来户人家，约三百人，是一个很小的村庄。

尽管蒋村规模很小，人口很少，但水陆交通却相当便利。蒋村三面环绕着河汊，河汊上随处都是石桥，河的两岸都是绿柳垂杨。河中盛产鱼虾、鳝鳗和龟鳖等水产。柳荫之下，常有悠闲的村民在那里垂钓。耕牛慢慢地踱着方步，绕着转动牛车，把河水汲到水槽再送到田里。冬天是连阡陌的麦穗，夏天是一片稻海，使人有四季常青之感，麦穗和稻穗随着微风吹拂，漾起一片涟漪，燕子就在绿波之上的蓝色天空中穿梭翱翔；老鹰忽高忽低绕着村子回旋着，乘老母鸡不备时就俯冲而下，攫走小鸡。

蒋村南面有一条石板路，通往邻近的村庄和城镇。小河汊可以通往大河，再由大河到达杭州、苏州和上海等大城市。只是蒋村居民因为生存条件的制约，一般并不需要外界的东西，故而几乎一向与外界隔绝。当蒋梦麟出生的时候，现代发明的成就还没有运用到这样的乡村，因而这里的农民依然像几百年来一样保守、原始和宁静。他们安定地在这里生活了五百多年，富饶的土地为他们提供了一切的需要，他们很少碰到水灾或旱灾，在这漫长的几百年中也不过偶尔遇到过一两次变乱和战事。蒋村居民和平而满足地生活在他们自己的世界里，贫富之间也没有太大的差别。富饶的稻谷、棉花、鱼虾、鸡鸭、蔬菜使他们丰衣足食。他们不仅不了解外部世界，而且对中国处境究竟如何也几乎一直茫然不觉，他们所关心的只是最实际的生存问题。

在宁静封闭的环境中，蒋村人怡然自得地生活着，他们就像桃花源中人一样，并不知道外面的世界多精彩，发生了怎样的变化。他们甚至不知道大明王朝已经被山海关外的满族人给推翻，不知道满族人已经入主中原，建立了大清王朝。直至清朝的圣旨传到村里，悠闲的村民正在观看社戏，他们依然不关心政治的变化意味着什么。只是稍后新政权要求他们改正朔、易服色，特别是要求男子不得再穿明朝式样的服装，强迫留辫子。他们才明白新政权不是旧政权，才知道新政权对他们意味着什么。他们敢怒不敢言，但是死后入殓时，男人还是穿上明朝衣冠。所以蒋村的族人中流传着这样一句话："男投(降)女不投，活投死不投。"就是说，男人投降了新政权，女人却不要投降；活人投降，死人却不投降。据说，这种现象在浙江普遍存在，直至清朝灭亡，民国建立。其原因可能与满族人入关时在江浙一带的野蛮屠杀的惨痛记忆有关。

在蒋村居民的记忆里，最重要的动荡就是太平天国时期。据说太平军到了蒋村，村中曾经有几所房子被焚毁，留在村子里的老人有被活活烧死的，有一处大门口残存的石阶上红斑，据说是一位老人被烧死时留的血。大多数老百姓听说“长毛”来的时候都逃到山里躲起来，直到战事平定，大家才像蜜蜂回巢一样回到村子。在蒋梦麟的童年时代，村子里尚留存有太平天国战争所留下的残垣断壁，因为那时距太平天国失败还不到半个世纪。

千百年来，不论朝代怎样变化，也不论是太平盛世还是战火频仍，中国乡村社会却依然如故，坚如磐石，道德信仰、风俗习惯始终不曾有太大改变。村民们觉得这个世界已经很不错，不必再求进步。生命本身也许很短暂，但是投胎转世时或许能获得更大的幸福。人死之后据说灵魂就离开了肉体，转投到初生婴儿的身上。所以中国人尤其是乡间没有多少文化的村民对生老病死习以为常，对死亡并不像城里人、有文化的人那样恐惧。

村民们普遍相信灵魂转世的观念，因而他们总是信奉善有善报，恶有恶报的佛教伦理，相信一个坏人或一个作孽多端的人，死后要转世为穷人，或者变成马，变成猪，甚至灵魂支离割裂，变为蚊蝇小虫。至于好人善士的灵魂转世时则可以享受更高的福禄。农村社会的道德规范就是凭借这些简单明了的说法维系着。

善恶当然也有公认的标准。“万恶淫为首，百善孝为先。”孝道使中国人的家庭制度维持不堕；贞操则使中国种族保持纯净和社会安宁。敬老怜贫、忠信笃敬也被公认为善行。重利盘剥、奸诈谎骗，则被视为罪行。农村人斥责恶行时常骂人来生变猪变犬，甚至猪狗不如。

商业往来讲究一诺千金。一般而论，大家都忠实可靠，欺诈的人必然受到亲朋好友的一致唾弃。

乡村中的婚姻主要由媒妁之言、父母之命决定的。通常情况下，是男子二十而娶，女子十八而嫁。妻子死了，丈夫大概都要续弦。中人之家的女人如果死了丈夫，却照例都要守寡。个别突出的例子往往受到官方或乡党的表彰，被称为“贞节烈女”，死后甚至由官方或乡党立有贞节牌坊予以纪念。

乡村社会的事务一般由族长负责处理，不需要外界干涉。祠堂就是衙门，就是族中事务的办公地点。族长并不一定是老人，也可以是代表族中辈分最高一代的年轻人。族长的责任主要是监督敬先祭祖礼仪尊奉不渝，一旦当族人中发生争执不和时，族长有责任公平评断协调。没有经过族长评理之前，族人一般不许动用官司。而由于族长的公正和祠堂的威严、乡间舆论的威慑力，一般说来，村民之间的纠纷往往能够通过族长的调解公平解决，并不需要动用官司、惊动官府。

老百姓一般并不理会官府的存在，这就是所谓“天高皇帝远”。村民相信族长的威权，相信乡间舆论的公正和力量，更相信那些读书人和绅士们的提示和劝说，所以他们充分享受着乡间生活的宁静与快乐。

一方水土养一方人。江南小村庄的悠闲生活、人文环境养成了蒋梦麟遇事不急不躁的沉稳性格，而这个性格对他事业上的成功影响甚巨。



### 小康之家

正像村名所昭示的那样，蒋村人口中大多数都姓蒋，五百年前是一家。

根据蒋氏族谱记载，蒋氏远祖和其他汉族大姓一样，有着遥远但都差不多一致的历史。据说蒋氏始祖名百龄，为西周初年周公第三个儿子，大约公元前12世纪末期受封于黄河中下游的一个小地方。由于这块封地名“蒋”，所以他的子孙后来也就以“蒋”为氏。从字义上说，“蒋”是茭白古名，所以很可能的情形是，那块封地之所以名蒋，可能是那里生产的茭白长得特别茂盛的缘故。

到了三国时代，也就是大约公元3世纪的时候，蒋氏祖先曾在历史上露过脸，蒋琬就被诸葛亮称为“社稷之才”，并在诸葛亮不幸去世后辅助后主，总揽朝政，镇定自若，既无戚容，又无喜色，神守举止，犹如平日，从而使新丧主帅所引起的恐慌迅速平息。从蒋琬的历史还可以发现一个事实，那就是蒋琬为零陵湘乡人，也就是现在湖南湘乡，这似乎表明蒋氏中的一支至少在此时已经由黄河流域向长江流域迁徙。

江南无二蒋，这是江南蒋氏的共同看法。江南所有的蒋氏子孙都是一个来源，同宗同支，然后繁衍生息，因各种原因移居各地。

蒋氏祖先中的一支大约于元朝末年从徽州地区迁到浙江奉化，又过了若干年，这支蒋氏族人发展到浙江各地。所以浙江的蒋氏大约拥有一个共同祖先，而这个祖先来自徽州。

徽州是钱塘江的发源地，蒋氏祖先顺江而下迁至奉化。其中的一支再迁至余姚，可能就是为了开垦江边那些新生地。余姚蒋氏始祖传到蒋梦麟的时候，大约为十七代。

这十七代需要五百年的光景，经历了元明清三个王朝。这三个王朝中，有两个是周边民族建立的异族政权，一个是汉族人建立的明朝。蒋氏一族曾经看到过元朝的没落，明朝的鼎盛和消失，满族人的崛起以及大清王朝的建立、盛世和灭亡。朝代更换了,蒋村却依然故我,人们还是照常地生活、做工,然后入土长眠。

在蒋梦麟幼年时代,他们蒋氏家庙的前面还有古堤岸的遗迹,那座家庙叫做“四勿祠”,奉祠着曾在宋朝当过御使的一位祖先。这位祖先是奉化人,还不是余姚蒋氏的始祖,名字叫蒋岘,人称“四勿先生”,因为他把《论语》中的“非礼勿视,非礼勿听,非礼勿言,非礼勿动”改为“勿欺心,勿负主,勿求田,勿问舍”。只是一般人并不懂得这些道理,所以更多的村民都叫这座家庙为“陟塘庙”,因为在几百年之前,庙的前面还横着一条堤塘。

余姚蒋氏是怎样演变的,我们现在已经不太清楚。蒋梦麟的家族史,我们现在能够知道的也只是从其祖父说起。

约当太平天国革命时,蒋梦麟的祖父在上海旧城设立了一个属于自己的小钱庄。这种钱庄是无限责任机构,做些信用贷款生意。墨西哥鹰洋传到中国成为银两的辅币以后,洋钱渐渐受到中国人的欢迎。后来流通渐广,假币也就跟着出现,但是钱庄里的人只要在指尖上轻轻地把两块银元敲敲,就能辨别真假。蒋梦麟的祖父经过多年的经营,见多识广,就具有这样的超强本领,甚至不需要敲敲,他一眼就能看出真假,这不仅使一般钱庄老板很佩服,而且使他自己开设的这个小钱庄规模不断扩大,进而成为上海城的头等钱庄,不经意间积累了一些家产。

不幸的是,蒋梦麟的祖父在盛年时伤了一条腿,后来严重到必须截肢。更不幸的是,在截肢时因血液中毒而辞世。

当蒋梦麟的祖父去世时,蒋梦麟的父亲怀清公才只有十二岁左右,[1]蒋梦麟的祖父给怀清公留下了巨额遗产,据说有七千两银子。只是这无依无靠的孤儿毕竟年龄太小,于是只好将这些遗产暂时交给他未来的丈人来照顾。由于怀清公未来的丈人投资得当,调度谨慎,这笔财产逐渐增加,大约三十年后,怀清公名下的资产已经翻了十倍,拥有七万两银子了。

少年失怙的怀清公虽然拥有巨额财富,但他在生活上相当俭朴,自奉俭约,因此一家人一向用不着为银钱或生计问题所操心。怀清公为人忠厚慷慨,对公益事业非常热心,常常大量捐款给慈善机构。怀清公不仅赢得蒋村人的敬重,而且连带所及也受到邻村普遍崇敬。

怀清公是位诚实的人,从来没有说过一句存心骗人的话,因此与他交往的人全都信任他。怀清公相信风水和算命,又相信行善积德可以感召神明,使行善者添福增

[1] 宋越伦:《蒋梦麟先生与日本》,《传记文学》14卷3期。

寿,因此前生注定的命运也可以因善行而获得改变。他的道德人品对蒋梦麟的确影响很大。

据说怀清公并不是一般的乡间绅士,由于业务方面的原因,他虽然住在乡间,但必须常去上海,大上海西化生活给了怀清公很多刺激、启发和灵感,使他与乡间社会土财主根本不同。他热爱新式生活,很有点发明头脑,喜欢自己设计,或者画出图案来,然后指示工匠按照设计进行打造。他自己设计过房子,也实验过养蚕、植桑,甚至按照西方一种过时的样式为自己家造过一幢楼。甚至有一天,怀清公突发奇想,要打造出一艘轮船,但是由于他无法采用更先进的动力系统,所以无论怎样修改,人工划桨很难使速度提升,最后只好弃之不用。怀清公由此而叹息:“唉!究竟还是造轮船的西洋人有办法。”

怀清公的叹息表明西化的影响已经深入到一般国民,这当然意味着他们不可能对西方近代科学持排斥立场,或许正是从这时起,怀清公就决心让他的儿子们接受现代教育,希望他们将来有一天能够学会西洋人制造神奇东西的“秘诀”。不过,在人生观上,怀清公和那时相当多的中国人一样,并不认为西方的东西一定比中国传统道德伦理要高明,他虽然一方面承认西方人也和中国人一样忠实、讲理和老实,但除此之外,他并不觉得外国人有什么可取的地方。只是话虽如此说,怀清公并不坚决反对子女学习外国人的生活方式和习惯。

蒋梦麟深受怀清公开明思想的影响,但是怀清公的这些看法与做法并不是所有的人都认同都欢迎。蒋梦麟的塾师无论如何不能理解怀清公对西化的崇拜,以为西方人的奇技淫巧是要伤风败俗的,中国的先圣前贤早就这样预言过。塾师坚信只有朴素的生活才能保持高度的道德水准,而高度的道德水准才是中国克敌制胜的法宝。蒋梦麟的舅父也有类似的看法,他甚至用一张红纸写下他的人生箴言贴在书桌旁:

每日清晨一支香,谢天谢地谢三光。
国有忠臣护社稷,家无逆子闹爷娘。
但愿处处田稻好,我虽贫时也不妨。

这位舅父是位秀才,他总是带着一根长长的旱烟杆,比普通手杖还长。他经常用烟管的铜头敲着地砖。他在老年时额头也不显皱纹,足见他心境宁静,身体健康,心满意足。他斯文有礼,从来不发脾气,不骂人,说话很慢,但很清楚。一副乡间知识分子形象。

蒋梦麟的母亲是一位很有教养而且姿容美丽的女人,她能够弹七弦古琴,而且

能够抚琴幽歌。她最喜欢唱的一首歌是《古琴引》,歌词是:

音音音,尔负心。
真负心,辜负我,到如今。
记得当年低低唱,千千斟,一曲值千金。
如今放我枯墙阴,秋风芳草白云深,断桥流水无故人。
凄凄切切,冷冷清清,凄凄切切,冷冷清清。

天妒美人。年轻貌美能歌善吟的蒋母不幸于1892年过早去世。那一年,蒋梦麟只有七岁。

蒋梦麟的继母是一位治家很能干的主妇,待人也很和气。但是不久也去世,从此之后,蒋梦麟的父亲也就再也没有续弦了。

## 童年教育

在蒋梦麟的幼年时代,中国农村还没有学校教育,只有家塾。男孩子在家塾里准备功课应付科举,或者学点实用知识以便将来经商;女孩子不能和男孩子一道上学,家境比较好或父母比较开明的人家,如果女孩子一定要上学,就得另外请先生。穷苦人家请不起先生,所以中国谚语中有"龙生龙,凤生凤,老鼠生儿会打洞"的说法,意思是穷人总是穷,永远改变不了贫穷的命运,也改变不了文盲的命运。

家塾中的先生一般要教数十位学生,这些学生不论年龄大小,也不分班级,都集中在家塾中上课,不过先生是针对每个学生的情况分别教授,除了统一训话、管教,一般不会对所有学生上课。

家塾中的课说起来也非常少,先生虽然从早到晚端坐在家塾里,但他主要的功能是凭借威严看管学生,监督学生或诵读,或抄写。家塾中最相信的信条是:"书读百遍,其义自见。"而那时又没有需要讲授的自然科学,学生们每天诵读、抄写的都是儒家经典,所以当这些经典被孩子们熟读后,意思也就慢慢理解了,即便一时不能理解,待年龄长大,总能够明白。所以,无须授课无须絮叨的先生就显得更加威严。

按照中国传统习惯,家境尚可的孩子一般都是六岁进家塾读书,接受"启蒙"。而蒋家由于情况特殊,家境不错,蒋梦麟的哥哥已经读书且读得不错,所以蒋梦麟五岁多一点就被送到家塾中去了。

家塾是中国传统教育体制中的一个重要场所,它一般是由一些有钱人家出资聘请一个失意读书人对自家以及亲戚家的孩子进行启蒙教育。这时的教育以记忆和背诵为主，课程则是中国传统儒家所规范的那一套。因此在家塾教育的早期，包括蒋梦麟在内的所有蒙童都感到枯燥和乏味，他们一遍又一遍地阅读和背诵那些根本无法知道其中深意的儒家经典，并且按照家塾中的要求，在阅读和背诵时还必须做到“三到”，即心到，眼到和口到。所谓心到，就是注意力要集中，不但读书如此，做任何事情都得如此；所谓眼到，主要是因为中国文字的笔画错综复杂，稍一不慎就可能读成别字；所谓口到，就是要求把一段书高声朗诵几百遍，使得句子能够脱口而出，这样可以减轻记忆力的负担。家塾先生总是告诫学生：念书不能取巧强记，因为勉强记住的句子很容易忘记。如果学生背诵时有些疙瘩，先生就会要这些学生一遍又一遍地再念，甚至念上一二百遍。碰上先生心情不好，这时学生就有可能吃点亏，说不准什么时间脑袋上就会吃栗子。有时放学时，就会有一些学生头皮上带着几个大疙瘩回家。蒋梦麟后来回忆说，在家塾的最初几年，对他来说简直像在坐监狱，唯一的区别是监狱里的犯人没有希望没有未来，而家塾里的学生都有着对美好前程的无限憧憬。因为在中国传统体制下，所有学者名流、达官贵人都必须经过这样寒窗苦读的煎熬。只有“吃得苦中苦，方为人上人”。中国人从来所信奉的是，“天子重英豪，文章教尔曹。万般皆下品，唯有读书高”，“别人怀宝剑，我有笔如刀。”这些励志教育深刻影响了包括蒋梦麟在内的中国儿童，激励他们向学问之途迈进，正如初春空气中的芳香吸引着一匹慵懒的马儿奔向碧绿的草原。否则，蒋梦麟恐怕早就丢下书本，跑到上海去学习做生意去了。理想、希望和意志可以说是决定一个人一生荣枯的因素。教育如果不能启发一个人的理想、希望和意志，单单强调学生的兴趣，那是舍本逐末的办法。只有以启发理想为主，培养兴趣为辅时，兴趣才能成为教育上的一个重要因素。蒋梦麟在童年时代获取的这些认识，使他受益匪浅，深刻影响了他后来的理想与行事。

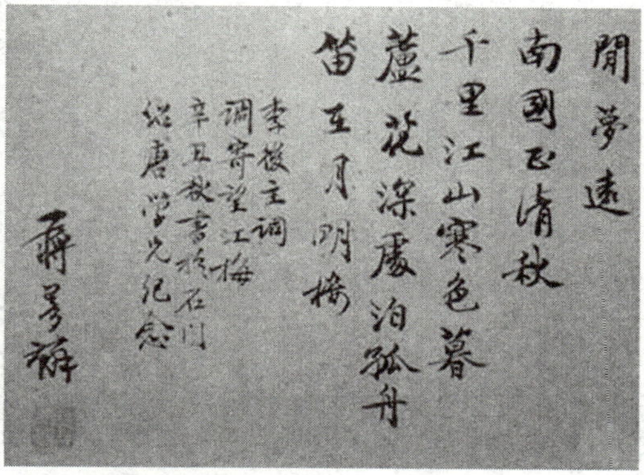

▲蒋梦麟录李后主词

由于家塾里书桌太高，六岁不到的蒋梦麟坐在椅子上够不到书桌，所以在椅子下填上一个木架子才行。这样一来，坐在椅子上的蒋梦麟两只脚总是悬空，一天下来，肯定不会舒服。

在家塾中，先生让蒋梦麟最先读的书是《三字经》，尽管这部书的内容浅显明白，三个字一句话，开篇就是“人之初，性本善。性相近，习相远。苟不教，性乃迁。”性善论是儒家人生哲学和教育原理的出发点，这个看法曾对18世纪法国启蒙思想家产生过重大影响，然而这样艰深的思想见解，要想让一个五六岁的孩子弄懂，也实在太难为孩子了。

枯燥乏味的诵读严重扼杀了幼童的灵性，久而久之，蒋梦麟便失去了学习的兴趣，恨透了家塾生活，总是希望趁先生不在时，或不注意他的时候，偷偷地爬下椅子，像一只挣脱锁链的小狗，一溜烟逃回家中，躲到母亲的怀里。

母亲对此自然很感意外，但是，她总是慈祥地问蒋梦麟：“你怎么跑回来了，孩子？”

蒋梦麟答道：“家塾不好，先生不好，书本不好。”

“你不怕先生吗？他也许会到家里来找你呢！”母亲笑着说。

“先生，我要杀了他！家塾，我要放把火烧了它！”蒋梦麟着急地说。

母亲当天并没有把蒋梦麟送回家塾，那位先生当天也没有找上门来。

不过，第二天早上，奶妈依然将蒋梦麟喊醒，并对他说了许多的好话，总算把蒋梦麟劝回家塾，继续那乏味而平淡的求学过程。

自童年起，蒋梦麟就是吃软不吃硬的主。好好劝他，要他干什么都行，如果一味用高压手段强迫他，则根本没有用。经过奶妈一阵委婉劝谏，蒋梦麟还是带着一张自备的竹椅子，跟着一位佣人回到家塾。先生没有出声，当做不知道蒋梦麟曾经逃过学。但是有几个同学很怪异地看着蒋梦麟，这让蒋梦麟很恼火。

一日又一日地过去，课程却一成不变。一本书念完了之后，接着又是一本不知所云的书。童年时代的蒋梦麟和中国那个时代的所有儿童一样，所接受的训练只是记忆力和耐心。而这一点对蒋梦麟后来的教育改革实践中起到不可估量的作用。

在家塾里念了几年之后，蒋梦麟渐渐地长大了。通过这种机械训练，认识了许多字。到了这时，家塾先生开始把课文中的意思解释给他听，因此再念起书来就没有原来那种吃力和乏味。从四书五经，蒋梦麟开始慢慢了解儒家伦理所要求的做人标准。那就是先从修身着手，其次齐家，然后治国、平天下。

由于家塾课程里根本没有运动或体育项目，小孩子们不许拔步飞跑，他们必须保持“体统”一步一步慢慢走。吃过午饭，这些孩子不能休息，不能运动，必须马上练字。这些年幼的孩子被折磨得毫无生气，因而家塾里的读书生活对少年蒋梦麟来说真是难受极了。

在最初几年，家塾生活简直像监狱，令人痛恨。好在成年之后的蒋梦麟回忆起这些往事，除了痛苦，也还有一点温馨，那就是死背古书固然乏味又愚蠢，但是背古书也有背古书的好处。他童年时代的知识范围可以说只局限于四书五经以及家塾先生和村中长辈所告诉给他的那些故事。他能背得出不少的古书，也记得很多故事，因此他童年教育可以说主要是记忆工作。

为蒋梦麟提供启蒙教育的家塾先生先后有好几位。其中之一是位心地仁厚而土头土脑的老学究。他命运多舛，屡次参加府试都没有考上秀才，最后只好死心塌地成了私塾先生。他的脸团圆如满月，身材矮胖，一幅铜框眼镜总是低低地滑到鼻梁上，两只眼睛就从眼镜上面看人。他没有留须，鼻子下面却养着一撮蓬松的灰色胡子。碰到喝蛋花汤的时候，他的胡子上常常挂着几片黄蛋花。他肚子中的故事说不尽，简直就是一部活的百科全书。但是他的文采却很差，这可能就是他屡试屡败的根本原因。不过，他人很风趣，善于笑谑。他在有些事情上非常健忘，看过朋友回到家塾时，不是忘了雨伞，就是丢掉了扇子。老是这样丢三落四究竟不是事，于是他就把出门时必带的东西开出一个清单：烟管、雨伞、毛巾、扇。每当他告辞回家时，他就默读一遍：烟管、雨伞、毛巾、扇。这样，即便冬天不需要扇子，他也照样要按照清单念扇子。有时候他也记得根本没有带扇子出门，有时候却仍然到处找扇子，他的朋友和蒋梦麟这些学生就在暗中窃笑。

与家塾中枯燥乏味的生活明显不同，乡间生活的宁静给年幼的蒋梦麟带来过无限欢乐，从大自然中获得不少知识和启发。春天来时，他和其他孩子放了学就去放风筝。风筝的形式不一，有的像蜈蚣，有的像蝴蝶。在满天星斗的夜晚，他们把一串灯笼随着风筝送上天空，灯笼的数目通常是五个、七个或九个。比较小的孩子玩小风筝，式样通常有蜻蜓、燕子，或老鹰。燕子的风筝设计最妙，通常是成对的，一根细竹片的两端各扎一只燕子，然后把竹片摆平在风筝绳子上。送上天空后，一对对燕子随风摆动，就像比翼双飞的真燕子。有一次，蒋梦麟还看到好几只真的燕子在一只风筝燕子附近盘旋，很显然，那些真燕子将风筝视为自己的伙伴或者以为好玩。

在满天星斗的夏夜，少年蒋梦麟也会和其他孩子一起捉萤火虫，或者去听那些大人讲故事。讲故事的大人，手中总是摇着一把大蒲扇，一方面为了驱暑，一方面也是为了驱逐那些纠缠不清的蚊子。口中含着旱烟袋，旁边放着小茶壶，慢条斯理地叙述历史人物故事、改朝换代的情形以及蒋村的掌故。

从这位长者口中，蒋梦麟总算学到了一点历史知识，那是家塾中所学不到的。此外，他还得到一些有关人类学的传说。有一个故事说：

几万年前，人类祖先也像猴子一样长着尾巴。那时的人可以说介于人与猿猴之间。人猿年岁长大以后,他的尾巴就渐渐变为黄色。人猿的尾巴共有十节,十节中如有九节变黄,他就知道自己快要死了。于是他就爬到窑洞里深居简出,结果就死在窑洞里面。再经过几千年,人的尾巴掉了,所以现在的人都没有尾巴,但是尾巴的痕迹依然存在。不信,你可以顺着脊背骨往下摸,尾巴根还是可以摸到的。

还有一个故事说:

一位学徒在一家米店买米。在没有生意的时候,这位学徒就抓着米粒玩,他一把一把地把米抓起来,然后又一把一把地把米掷回木框。有一天,一位和尚来化米,那位学徒不但没有给和尚米,反而抓了几颗米粒掷到和尚脸上。想不到那几颗米粒竟然深深陷到和尚皮肉了去了。和尚似乎很生气,反而向这位学徒深深一鞠躬,双手合十,念了一声"南无阿弥陀佛"就走了。

七天后,一位拳师经过村里,他看到这位学徒脸色苍白,就问是怎么一回事。学徒把和尚化缘的过程讲了,拳师一听,不禁摇头叹息:"啊呀,你怎么可得罪他呢?他可是当今武林首屈一指的人物呀!他在向你鞠躬时,你已经受了致命的内伤,不出七七四十九天,你就活不成了。我有药给你治,不过你要赶快躲开,永远不要再撞上这位和尚。四十九天之后他肯定还会来。赶快准备一口棺材,放些砖头在里面,假装你已经死了入殓待葬。"

四十九天后,这位和尚真的来了。人们告诉他那个学徒已经死了。和尚叹口气道:"可怜,可怜!"和尚要看棺材,大家就带他去,他用手轻轻地把棺材从头到尾摸一遍,念了一声"南无阿弥陀佛",飘然而去。和尚走后,大家打开棺材一看,里面的砖头已经全部粉碎。

蒋梦麟和那些小孩子全都竖起耳朵听着这些惊险故事,这些故事构成少年蒋梦麟课外知识的主要来源之一。这既是蒋梦麟少年时代的生活乐趣,在某种程度上说,也是他所接受的启蒙知识和启蒙教育。

少年蒋梦麟的启蒙知识主要有三个来源:第一是在私塾里念的古书,来自古书的知识一方面告诉他立身处事的原则,另一方面也成为他后来研究现代社会科学的基础;第二个知识来源是听故事,这使他在欣赏现代文学方面奠定了必要的基础;第三个知识来源是他对自然现象的观察和粗浅研究,正是在这种粗浅研究的根基上却可以移接现代科学的幼苗。如果蒋梦麟生在草木稀少的大城市,他势必要失去非常重要的自然训练的机会,他的一生也可能完全改观,至少他不会在后半生放弃大学校长不做,彻底脱离高等教育,将全副精力投向农村复兴。

## 结缘蔡元培

蒋梦麟的童年虽然枯燥乏味，但私塾中单调而系统的教育在他幼小的心灵里种下继续向学，并以期在仕途上一展身手的种子，他的思想里已模模糊糊地留下学问重于一切的印象。他开始知道，中国社会实际上分为士农工商四大阶级。虽然每一个阶级在整个社会里都有特定的任务和地位，但是士大夫却是整个社会的统治阶级，因此也是整个社会中最尊贵的阶级。做官可以光宗耀祖，几百年来，中国的年轻人无不向往之，并甘心情愿地在这条道路上耗尽自己的青春与心血。经过几年私塾教育，蒋梦麟自然也愿走上这样一条充满艰难险阻但最终总还算光明灿烂的路。

而且中国社会与西方社会的一个最大不同是中国的士大夫阶级除极个别例外，基本上都不是世袭的，而是由于本身刻苦努力而获得的。大致从战国而后，自中央到地方，一切当政临民者都是官吏。官吏之所大不同于贵族者，即他不再是为他自己而行统治了。他诚然享有统治之权位，但既非世袭，亦非终身，只不过居于一短时之代理人地位。为自己而行统治，势不免与被统治者对立；一时代理者何必然？为自己而行统治，信乎其为统治阶级；一时代理者，显见其非是。而况作官的机会，在科举体制下原是开放给人人的，任何人都可以读书；任何读书人都可以应考；而按照所规定一一考中，就可以作官。这样，统治被统治者常有时而易位。[1]“秀才是宰相的根苗”，只要继续在科举道路上奋斗，总会有收获，有回报，如果去学习经商，那么将来不就与仕途功名彻底绝缘了吗？

公平严格的科举体制有其坏的一面，但也有好的东西，在这个体制下，一个人只要努力奋斗，终能有所收获，“朝为田中郎，暮登天子堂。”不论你来自哪个阶级，只要坚持在科举道路上前行，便自然会在仕途上有所作为。所以当蒋梦麟经过私塾几年教育后，他的父亲怀清公让他选择是跟随他走经商的道路，还是走仕途的道路时，蒋梦麟毫不犹豫选择了像他的两个哥哥那样，继续努力向学。

当然，蒋梦麟此时对学问的意义并不了解，他只是觉得那是向上层社会爬的阶梯。在蒋村，农工商三类人都不稀罕。种田的不必说了，商人也不少。好多人在上海做生意，从上海带回很多好玩的东西。至于工匠，蒋家的一位族长就是木匠，他的几个儿子继承了这个职业。蒋梦麟的一个远房叔叔是银匠，专门打造乡村妇女装饰的指环、手镯等。至于读书的人，那就不同了。凡是族人之中有功名的，家庙中都有一面金碧辉煌的匾额，举人以上的家庙更不得了，家庙前有高高的旗杆，悬挂着他们的旗帜。蒋梦

[1]《中国文化要义》，《梁漱溟全集》（3），山东人民出版社 1990 年版，第 152 页。

麟记得在他很小的时候,有一次县太爷到邻村办命案,他乘坐的一顶绿泥暖轿,红缨帽上缀着一颗金顶,胸前挂着一串朝珠。四名轿夫每人戴着一顶尖锥的黑帽,帽顶插着一根鹅毛。暖桥前面有一对铜锣开道,县太爷所经之处,老百姓就得肃静回避。县太爷就是本县父母官,全县老百姓的生命财产都得听他发落。他的权势从哪里来的?很简单,就是读书。

读书是中国传统社会改变自我的唯一途径,几年的家塾教育使蒋梦麟清楚了解这一点。少年蒋梦麟总是梦想着读书做官,幻想自己一天比一天神气,功名步步高升,中了秀才中举人,中了举人成进士,中了进士点翰林,终于有一天当了很大的官,比那个县官要大得好多好多,身穿蟒袍,腰悬玉带,红缨帽上缀着大红顶子,胸前挂着长长的朝珠,显赫无比地回到故乡,使蒋村的人看得目瞪口呆。这些憧憬在蒋梦麟幼小的心灵中种下了种子,在蒋梦麟的眼前不止一次地一幕幕展开,这是蒋梦麟毫不犹豫回答他父亲问话的深层背景。

对于蒋梦麟的回答,怀清公当然相当高兴,因为在当时的社会条件下,不论他的财富有多少,如果没有功名、没有正当出身,都很难真正让人尊敬。

要继续向学,家塾教育显然是不够的。所以怀清公在1897年决定将蒋梦麟送到绍兴府中西学堂继续深造,而且蒋梦麟的两个哥哥已经先一年在那里就读,兄弟三人也可以相互有个照应。

绍兴府包括八个县,余姚县便是其中一个。绍兴的名胜古迹很多,它原是古代越国的都城,后来南宋高宗在金兵追赶下驻节绍兴,现在离绍兴城不远,还有南宋皇帝的陵寝。

绍兴距蒋村约四十里,当时称为绍兴府。蒋梦麟父子兄弟是乘一条又小又窄的河船去的。小船的一边是一柄长桨,是利用脚力来划的,另一边则是一用手操纵的短桨,功能等于船舵。沿岸相隔相当距离就有一个比较热闹的市镇。他们一大早动身,中途在一个大镇过了一夜,第二天下午就到了绍兴。

顾名思义,中西学堂教的已经不完全是中国旧学了,而且有了西洋的学问。这是中国教育史上的一种新尝试。

甲午战后,维新思潮兴起,新式教育在清政府的支持下逐步在全国各地兴办。1897年,山阴士绅徐树兰(仲凡)捐银一千两,并筹得山阴县沙租及绍郡茶业公所捐款四千余元。有了这两笔款项,绍兴府遂在府城古贡院之山(阴)会(稽)豫仓设立绍郡中西学堂。定学额四十名,习国文、外国文、算学三科;另有附课生二十名,专习外国文和算学。修业年限为五年。

戊戌政变发生后，三十二岁的蔡元培虽然不赞成康有为、梁启超那种草率的政治革新运动，但对清政府残酷镇压维新势力似乎也感到寒心，对清政府的政治改革失去信心，于是毅然放弃在翰林院的编修职务和未来政治前程，于1898年10月15日携眷出都南下，返回故里绍兴，立志教育，培养人才，以启发民智，救助国家。

▲绍兴的东湖书院

回绍兴后，蔡元培在徐树兰等人劝促和知府熊起蟠敦请下，欣然允任中西学堂总理，也就是校长。这是蔡元培服务于新式学校的开始，也是蒋梦麟与蔡元培师生之谊的开始。相识就是一种缘分，蒋梦麟与蔡元培的相识不仅给他们二人带来很多的快乐与机遇，而且因他们的相识在某种程度上改变了中国的历史进程。

绍兴中西学堂虽说是新式教育，但由于新式教育刚刚开始，所以学校设置乃至学生分班都与后来规范化的新式教育不一样。依学生程度，中西学堂分三斋，略如后来的高小、初中和高中一年级。课程设置中西兼顾，有中国文学、经书和历史。外国语原有英、法二种，待蔡元培到校后，又增设日语。

蔡元培素来重视师资队伍的建设，所以在他主持中西学堂的那一年多时间里，不遗余力设法引进各方面的专才。在他上任第六天，就提出一份拟聘请的教师名单，主要有教哲学、文学、史学的马用锡、薛阆轩、马水臣，教算学、理科的何豫才、杜亚泉、寿孝天，教英文的俞伯音，主持训育的胡道南等。另外，蔡元培还从杭州聘日本人中川外雄为日文教习，兼教测绘与体操。中川外雄的课程很受学生的欢迎，尤其是比较正确的日语发音，给学生留下深刻印象。

中西学堂的师资不仅在当时绍兴可谓极一时之选，即便在全国同类新式教育机构中也应该属于上乘。名师出高徒。在中西学堂并不太长的历史中，竟然涌现出沈光烈、王烈、许寿裳、马祀光、蒋梦麟、夏尊等一批高材生，这些学生后来差不多都成为蔡元培在北京大学、中央研究院和教育界同事，为中国现代教育和科学事业作出不同程度的贡献。

蒋梦麟初入中西学堂，先选英文，后学日文。由于英文教师是一位中国人，他的英语发音错得一塌糊涂，于是一开始便把蒋梦麟这些孩子的英语发音引入歧途。后来蒋梦麟刚到美国时，曾按照老师的要求去书店里购买植物学教科书，但他说了半天，书店的店员依然没有弄明白他要买的是什么书，不得已蒋梦麟只好用手指指书架上的那本书，店员才恍然大悟。原来植物学这个名词的英文字(Botany)的重音应放在第一个音节，而蒋梦麟却把重音念在第二个音节上去了。经过店员重复一遍这个字的正确读音后，蒋梦麟才发现自己的错误。

买到了书，蒋梦麟心里当然很高兴，自以为既买到了书，又学会了一个英文字的正确发音，真可以说是一举两得。后来老师要他到植物园去研究某一种草木，他因为不知道植物园(Botanical Garden)在哪里，只好向清洁工打听。可是蒋梦麟念到植物园的植物这个英文字时，便自作聪明地将重音念在第一个音节上，他心里想，植物学的这个英文字的重音既然在第一个音节，举一反三，“植物园”中的“植物”一字的重音自然也应该在第一个音节上了。结果弄得那个工人不知蒋梦麟说的是什么。他只好再重复一遍，这个工人仔细揣摩了一会恍然大悟。原来是蒋梦麟举一反三的办法出了毛病，“植物(的)”这个字的重音却应该在第二个音节上。由此可以想见绍兴中西学堂的英文教学水平。

绍兴中西学堂的英文水平固然成问题，但其课程却是中西兼备，这在中国教育史上还是一种新的尝试。虽然那时的教员不可能有完全正确的西洋近代科学知识，解释得也不可能很深入，但蒋梦麟总算摆脱了完全的旧学而开始接触西方知识了。因为在这之前，蒋梦麟对西洋的认识只是限于进口的洋货。现在他那充满了神仙狐鬼的脑子里，却开始与思想上的舶来品接触了。

蒋梦麟在中西学堂里首先学到的是一件不可思议的地圆学说，因为他向来认为地球是平的。接着老师又告诉他，闪电是阴电和阳电撞击的结果，而不是电神的镜子里发出来的闪光；雷的成因也与此相同，并非雷神击鼓所生。这简直使蒋梦麟目瞪口呆。从基本物理学他又知道雨是怎样形成的。巨龙在云端张口喷水的观念只好就此放弃。了解燃烧的原理后，蒋梦麟又放弃了火神的观念。过去为他所崇拜的神佛，像是在烈日照射下的雪人，一个接着一个地溶化了。这是蒋梦麟了解一些科学知识的开端，也是他思想中怪力乱神信仰的结束。他在乡村里所养成的研究、观察自然的习惯，在这里得到继续发展和发挥的机会。他还是像过去那样强于理解而不喜欢记忆，凡是合理的新观念他都乐于接受，对记忆的旧观念则弃如敝屣。似乎也正因为他喜欢理解而不喜欢记忆，因此他在中西学堂的那两年中，他的考试成绩几乎一直在中等甚至中等以下。他在学校中显得庸庸碌碌，较之当时已头角峥嵘的一些学生，蒋梦麟无疑略显逊色。

在绍兴中西学堂的两年时间，使蒋梦麟的学问大增。特别是在这时期经过1898年的戊戌维新和戊戌政变的刺激，蒋梦麟更加深刻地理解1894年中日甲午战争的意义，那就是日本终于战胜中国完全是因为日本充分吸收西洋文化学术的结果，因此中国人如果真的能像曾在绍兴卧薪尝胆20年的越王勾践那样，生聚教训，周密计划，充分吸收西洋文化学术的长处，中国就一定能够战胜日本，重建中国人的辉煌。



### 求学上海

蒋村在新年里常常有一些小贩来卖画片。这些画的内容有的是国家大事，有的则是戏中情节。但不管内容如何，相对封闭的蒋村凭借这些渠道获知一些外部知识和信息，知道一些迟到的国内外大事，更使那些孩子通过图片获得欢乐以及对知识的兴趣。

大约在1899年春节，宁静的蒋村又迎来这些小商贩。他们这次带来的图画中有一套五彩图，这套五彩图描绘的是刚刚结束的甲午战争故事。其中一张画面上是渤海上的海战场面，日本舰队中的一艘军舰已被几罐装满火药的大瓦罐击中起火，军舰正在下沉。图中还画着几百个同样的大瓦罐在海上漂浮。这种瓦罐就是当时中国老百姓使用的夜壶。另一幅画则画着一群带着镣铐的日本俘虏，有的被关在笼子里。从这些图画中，中国人很容易感到中国军队在与日本军队的冲突中打了一个大胜仗，而且中国没有使用什么尖端武器，一只只普普通通的尿壶就可以制服日本的军舰。当然，图画中所宣扬的胜利只是纸上的胜利，只是中国人的想象和期待，事实上，中国在那场战争中一触即溃，节节败退，三十年倾举国之力建设的北洋海军在一夜之间消失殆尽，逐渐下沉的军舰是中国的，而并不是日本的。

甲午战争的失败是大清两百年来的奇耻大辱。但是从另外一个角度来看，甲午战争却实在是中国历史的重大转折。在这之后，中国的国门已无法再关闭，西洋政治、经济，尤其是文化和生活方面对中国的影响比这之前的几十年更加巨大。中国终于从先前30年洋务新政的“改革”走向“改制”，寻求重建国家新体制；中国也从先前30年洋务新政有限度的“开放”走向“放开”，近代西方一切好的东西坏的东西都随着西方资本在甲午战争后大规模向中国投入而传入中国。

即便是在偏僻且封闭的蒋村，西方洋货也在甲午战争后潮水般的涌入，人们已开始使用时钟、洋火、洋油等舶来品，乡下人一直利用刀片敲击火石而取火的方法忽然被人们从上海带来的几盒火柴所取代，简洁、方便、干净、安全，大人对火柴的使用非常高兴，孩子们更是很开心，在黑暗的角落里，手上的火柴轻轻一擦，立马可以发出萤火虫一样的光亮。只是火柴在那时叫“自来火”，因为一擦就着；又因为它来自西方，来自外洋，所以乡间百姓更习惯叫它“洋火”。

对于中国乡村社会而言，时间原本并没有多么重要。因为在乡村，时间算得再准也没有用。对于庄稼来说，早几个小时，晚几个小时，又有什么问题呢？乡下人计算时间是以月和天为计算单位，并不以时或分作为单元。火柴，其实也是奢侈品，用打火镰与火石又有什么不好呢？用今天比较时髦的语言说，不仅环保，而且有品味有情趣。至于煤油，则另当别论。煤油灯可以把黑暗照得像白天一样，这与菜油灯的昏暗灯光比起来真有天壤之别。

美孚洋行的“洋油”将中国带出黑暗的中世纪，走向现代文明。中国人在不经意间出于好奇购买洋火、洋油、洋布、洋胰子（肥皂）等一切生活必需品的同时，不知不觉就进入了现代文明的新时代。既然洋火、洋油、洋布、洋胰子都成了生活必需品，那么取代信差的电报以及取代舢板和帆船的大洋船又何尝不是生活必需品呢？依此类推，西洋传入的许多东西越来越成为中国人不可须臾离开的必需品。

生活细节决定国家发展走向，很少有人能够在整体上发现这些细枝末节对中国巨变的重要性。当乡间民众毫不在意地玩着洋火，享受洋胰子的清香，穿着比土布舒适不知多少倍的洋布衣服，在洋油灯的照耀下看书、玩耍的时候，谁也想不到这是在玩火：这点星星之火终于使全中国烈焰烛天。洋火和洋油只是火山爆发前的迹象，这个“火山”爆发以后，先是破坏了蒋村以及其他村庄的和平和安宁，最后终于震撼了全中国。

西洋传教士以出世精神不畏艰难险阻远渡重洋来到中国，冒着瘴疠瘟疫，甚至生命危险，遍历穷乡僻壤，传播福音，去拯救不相信上帝的中国人的灵魂。他们足迹所至，随身携带的洋油、洋火、洋布、洋胰子、钟表等也在无意中传到内地，引起中国人的兴趣，有效开阔了中国老百姓的眼界，激起中国人对物质文明的向往。中国人对这些物质文明的向往与期待远远高于传教士费尽口舌都没有说清楚的福音，传教士成了西方国家市场开拓中贡献最大的一群人。

西洋物质文明的冲击深刻影响了中国人，宁静的中国乡村社会必将在西洋物质文明的冲击下走向解体。

一个秋天的下午，蒋梦麟正在田野里追逐游戏，他忽然听到一阵紧急狂骤的锣声。敲锣的人一面狂奔着，一面高喊堤塘已经冲塌了，洪水正在向村中漫过来。蒋梦麟拼命跑回家里，并把消息告诉路上碰到的一切人。

大家马上忙做一团，赶快准备好船只、木盆以及一切可以漂浮的东西，以便应付即将到来的灾难。有的人决定到大树上去暂时避难。第二天早晨，洪水已经冲到蒋家大门，水头像巨蟒一样奔进院子。到了中午，小孩子已经坐上木盆，在大厅里划来划去了。

堤塘的缺口终于被村民用沙包堵住了，江水不再泛滥。洪水在蒋村以及周围几个村庄停留了大约一个星期，然后慢慢退到低洼地，最后随江河汇入大海，同时也卷走了老百姓的所有稻作。蒋村村民即便不是一贫如洗，也在洪水的摧残下所剩不多。

洪水过后大约一个星期，一只大船在傍晚时分载着许多人向蒋村划了过来。这只船在蒋梦麟家门口停下，然后从船上下来许多人，他们不顾一切地向包括蒋梦麟家在内的所有的居民进行威胁，并不断地高喊"我们肚子饿，我们要借粮"。领头的身材魁梧，孔武有力，他带着人搜索了各家粮仓，但是他们并没有马上搬走，他们要"借"，而不是抢。

村民们在他们上岸的一刹那都藏了起来，大门紧闭，害怕极了。但他们听到看到这些情形后开始放心。最后，在一位农民的调解下，他们"借"走了许多粮食。这是随后发生一连串骚乱变乱事件开始。

性质相近然而比较严重的事件在此后接二连三地发生，不仅在蒋村，而且在邻村。开始是"借"，略显文明。但随后就变成公开地抢掠。抢掠事件像瘟疫一样迅速蔓延到各个村庄，几百年来乡村人们所享受的和平与安宁，在一夜之间丧失殆尽。乡间微薄的武装力量根本无法威慑、镇服这些抢掠者，而且抢粮这种罪行也很难处以极刑。但是在这种种情形下，恐怕只有极刑能够有效加以遏止，至少使这些抢匪不至于如此猖獗。

"借粮"、"劫粮"事件像野火一样到处蔓延。到了那年冬天，杀人掳掠暴行终于在邻村孙庄发生。被害者孙某在上海有一片生意兴隆的木行，因在上海承包了一些洋行工程而发了大财，富甲一方。

人怕出名猪怕壮，再加上孙某发财后可能不知节制稍事张狂，于是在一个凛冽的冬夜，一群强盗冲进孙家，抢走了所有金银财宝，并掠走孙某，沉入河底。

蒋家也是在当地有名的大户，只是蒋梦麟的父亲怀清公为人厚道、热心公益，做人低调，暂时躲过这些灾难而已。但是这种灾难并不因事主的厚道而幸免，所以蒋家在那些天几乎没有一夜能够睡个安稳觉。怀清公从上海买来了手枪以及旧式的长枪。大家轮流练习放枪，连孩子也不能例外。他们拿鸟雀当靶子，因此连鸟雀都遭了殃。到了夜晚，他们轮流值班守夜，轮流睡觉。一听到狗叫，他们就向空中开枪预警，告诉盗匪这可是真枪实弹，有时自然是虚惊一场，有时的确能够把强盗吓跑。为了节省子弹，他们也常常在枪声中夹带一些爆竹。蒋家人在高度惊恐中度过了一夜又一夜。

永远这样紧张下去毕竟不是事。怀清公无可奈何，只好于1899年将全家搬迁至上海。

那时的上海还是一个小城，居留在那里的外国人不过三四千，但是这些外国人却都趾高气扬，自视甚高。但是，上海的市政确实办得不错，街道宽大清洁，有电灯，也有煤气灯。面对现代文明，从乡下来的蒋梦麟不能不感到吃惊，他于此时打心底里佩服西方人，尽管他出于中国人当时所惯有的民族主义情绪对西方人的趾高气扬不甚满意。

蒋梦麟的长兄梦兰不幸已在搬家的前一年即1898年病逝。到了上海以后，蒋梦麟暂时住进了一家天主教开办的学校继续读英文，教他们英文的是一位法国神甫。蒋梦麟心里想，这位英文先生既然是外国人，发音一定很准确。他的发音与中西学堂的那位英文先生的发音迥然不同，过去那位老师把“兄弟”念成“布朗德”，现在的法国神甫却读成“不拉达”。多少年之后，蒋梦麟才发现那不是英国音或美国音，而是法国音。不过，好在蒋梦麟在这个天主教学校的时间并不太长。

因为一时找不到合适的学校，怀清公就让蒋梦麟的二哥梦桃到一位美国太太那里学英文，然后由梦桃把学到的英文转授给蒋梦麟。蒋梦麟对这个办法虽然很不满意，但作为商人的怀清公则认为这是很聪明的安排，因为这样毕竟可以减少一些学费上的开支。

蒋梦麟的全家在上海住了将近两年。1900年，义和团在北方越闹越凶，上海的情况也越来越不妙。人心惶惶，谣言不断。或说清廷已下诏与八国宣战，而民间则传言慈禧太后已命令各省总督把所有外国人一齐杀光。蒋家听到这一消息后，理所当然地感到恐惧，他们不知道两江总督刘坤一已与张之洞等东南督抚联手与外国人达成东南互保的协议，他们出于最直观的感受，担心义和团之乱会很快蔓延到上海，于是他们为了避免战乱，只好连夜举家迁离上海，又回到了他们的故乡蒋村。此时，蒋梦麟刚好十五岁。

### 在浙江高等学堂

在北方义和团战争背景下，蒋村也不是宁静的港湾和避难所，当地的匪患在战乱的刺激下，较之先前有增无减，越闹越凶。看来，乡间还是待不住，于是怀清公又将全家迁往余姚县城。蒋梦麟就在县城的一所学校里继续读英文和算术。另外还请了一位家庭教师专门教授中文。

在余姚县城住了大概有一年时间，1901年，十六岁的蒋梦麟只身来到了杭州。杭州是浙江的省会，是中国蚕丝工业的中心和五大茶市之一。杭州的绸缎和龙井茶闻名全国享誉世界。

“上有天堂，下有苏杭”。杭州风景优美宜人尽人皆知。杭城东南有杭州湾钱塘江大潮；城西有平滑如镜的西湖，湖边山麓到处是古寺别墅。杭州的美景在宋元时期就非常有名，名胜古迹很多，文人骚客各代有所出，湖滨的文澜阁收藏有四库全书及其他重要古籍，这是莘莘学子潜心研究学问的好去处。

初到杭州的蒋梦麟瞎打瞎撞，进了一所非常落伍的教会学校学英文。校园内唯一像样的建筑是礼拜堂和校长官舍。学生们则住在鸽子笼一样的土房子里。上课有时在这些宿舍里，有时则在那间破烂不堪的餐厅里。

这所学校的校长是美国传教士，只是他出身木匠，文化程度不是太高，且有着莫名的宗教狂热。蒋梦麟原初以为在这所教会学校里至少可以学好英文。事实上却大谬不然。这位传教士校长的唯一目的似乎只是要用基督福音教化中国人，所以他只教《圣经》，对西方非宗教文化如何传入中国几乎从一开始就不那么热情。

教蒋梦麟英文的教师是一位俗不可耐的人物，他入教不久，灵魂或许已经得救，但是他那张嘴据说够使他进拔舌地狱。蒋梦麟为了找到一个好的英文教师，曾经一再转学，结果总是大失所望。

在这所教会学校里，学生们每天早晨必须参加礼拜。他们唱的是中文赞美诗，一些顽皮的学生就把这些赞美诗改编成打油诗，结果在学校里传诵一时。蒋梦麟作为这所学校的学生当然必须参加这些活动，但是由于此时在他心里已经相当彻底地摆脱神仙鬼怪之类的信仰崇拜，自然不再愿意接受这些类似东西。于是他的心灵似紧闭双扉的河蚌，严拒一切精神上的舶来品。而且也正是从这时起，蒋梦麟在宗教方面开始成为一位“不可知”论者，他认为与其求死后永恒，不如在今世奠定不朽的根基。而这一点正与他早几年在乡下所接受的儒家传统教育极为相似。

居住在简陋土房子里的学生大概是好奇心驱使，他们总是喜欢到校长官舍一带散步。木匠出身的校长当然不乐意这些学生走进他的住宅，于是一些不速之客便常常被轰赶出来。有一次，一个强悍的学生说什么也不愿意走开，结果与一位路过的教师发生激烈冲突。围观的人越来越多，那位学生说那位教师打了他耳光，同时又放声大哭，以期引起围观者同情。于是这场纠纷随即像野火一样在学校蔓延。学生会多数决议，要求校长立即开除那位打人的教员。校长断然拒绝了学生的要求，并冷然告诉学生：如果你们不喜欢这所学校，那么就请你们卷铺盖走人。此后不到两个小时，全体学生也就跑光了。自然，这里也包括蒋梦麟。

类似的学潮虽然各有各的原因，但其大背景主要还是新式学堂的学生开始变得桀骜难训，那耳光不过是导火线而已。这类事件也不局限于这类教会学校，学生反抗学校当局已经成为全国教育界的普遍风气。这表明年轻一代在"西潮"影响下正在发生巨变，从驯服转变为反抗。一般老百姓看到中国受到列强侵略，就怪清政府鲁莽无能。受孙中山革命理论熏陶和鼓励的年轻学生则热血沸腾，随时随地准备发作。当他们找不到向政府发作的理由和机会时，学校当局就首当其冲，成为靶子。

晚清学堂风潮引起一些人的同情，这些同情者一般说来都是思想较新，他们痛斥学校当局过于专制。然而另外一些思想守旧的人则同情学校当局，严词谴责学生。不论是同情学生还是同情学校，其实他们都没有从更深层面进行思考，都没有想到学生的反叛只是时代潮流中的一朵浪花，革命大潮终将冲破旧时代的藩篱。

从后来的观点看，晚清学堂的学生反抗运动是新兴知识分子对一向控制中国的旧士大夫阶级的反抗，不但是知识上的反抗，而且是社会和政治的反抗。自从严复宣传和强调"物竞天择、适者生存"的进化论以及其他科学观念以来，年轻一代的思想已经与老辈读书人根本不同。18世纪的个人观念和19世纪的工业革命同时并临：个人自由表现于对旧制度的反抗；工业革命则表现于使中国旧行业日趋式微的舶来品即那些洋货。中国的旧制度正在土崩瓦解，走向崩溃，新的制度正在酝酿，尚待建设。

蒋梦麟这批学生离开那所教会学校后，自行筹办了一个学校，并请章太炎为这所新型学校取了一个"改进学社"的名字。章太炎说，改进的意思就是改良进步。这当然是这批激进学生所乐于接受的。这些学生的基本想法是，把这个学校办得和牛津大学或剑桥大学一样有名。这在当时的条件下显然是不切实际的幻想。不到半年，改进学社的学生们就尝到理想幻灭的滋味，除了几个被选举担任职务的学生外，大部分学生纷纷离开了这所学校。当这几位职员发现再没有选举他们的群众时，他们也就另觅求学之所去了。

蒋梦麟离开这所学校之后，时间已是1902年。这一年，十七岁的蒋梦麟又比较顺利地考入浙江省立高等学堂。他原来的名字“梦雄”也因为参加学生闹事而进入黑名单，于是在进入浙江高等学堂时不得不改用“梦麟”作为注册的名字，于是我们的主人公从此开始启用“蒋梦麟”这个名字。

浙江高等学堂的前身是有名的求是书院。求是书院和绍兴中西学堂有许多相似的地方，课程中都包括一些外国语和科学科目，不过课程的数量则较绍兴中西学堂多了一些，也深一些。教师的质量也比中西学堂高，全凭记忆的课程则较中西学堂的少。应该说，求是书院已初具现代学校的规模。后来新学科日见重要，所占时间也越来越多，于是求是书院终于发展成为一种新式学校，同时改名为浙江高等学堂。浙江一向号称“学人之省”，而求是学堂则是全省最高学府，其主要经费来源也是靠政府补贴，因而自然而然地成为全省文化运动的中心。

大约与蒋梦麟原来所在的学校闹学潮的同时，浙江高等学堂也发生了一场规模颇大的学潮，起因是一位学生与来校视察的巡抚的一名轿夫发生龃龉，结果全校罢课，学生全体离开了学校。此次事件之后，浙江高等学堂进行了重大改组，蒋梦麟正是趁这个机会考试进入，幸被录取。

自从进入绍兴中西学堂以后，蒋梦麟实际上一直在黑暗中摸索。他虽然具有强烈的求知欲望，但由于一直学无良师，迄未获得真正的现代知识。到了浙江高等学堂之后，蒋梦麟的学习开始有了新的飞跃，眼前豁然开朗，对一切都可以看得比较真切了。他开始阅读英文原版世界史。开始时似乎很难了解外国人的所作所为，正如一个人试图了解群众运动时一样困难。但久而久之，蒋梦麟慢慢了解了西方文化的发展，自然那只是一种粗枝大叶而且模模糊糊的了解，然而正是这一点了解足以使他鼓起对西洋史的兴趣，同时奠定了进一步研究的基础。

在浙江高等学堂里，蒋梦麟接触的知识相当广泛。从课本里到课外阅读，以及师友的谈话中，蒋梦麟对中国以及整个世界的知识都在增长。他渐渐熟悉将近四千年的中国历史，同时对于历代兴衰的原因也有了相当的理解，这是他后来对西洋史从事比较研究的一个基础。

### 中 秀 才

在浙江高等学堂的日子里，正是孙中山领导的中国民主主义革命风起云涌的时代，特别是由于浙江高等学堂的特殊地位，这里的革命风气远较其他学校要浓厚得多，在那里不仅可以读到梁启超在东京出版的《新民丛报》，而且有来自东京的代表革命派势力和影响的《浙江潮》等革命报刊、书籍和小册子。这些小册子有的描写清兵入关时的暴行,有的描写清政府的腐败,有的则描写清政府对满族人和汉人的不平等待遇。学生们如饥似渴地读着这些书刊,几乎没有任何力量能够阻止他们。

▲蒋梦麟喜欢阅读的革命刊物《浙江潮》

然而由于蒋梦麟生性胆小,他虽然对这一切梁启超、孙中山等人所宣传的东西都感兴趣,喜欢搜集消息,喜欢就所获得的资料加以思考和分析,同时也喜欢使自己感情奔放,参加行动。不过,他总是常常适可而止。为求万全,他仍旧准备参加科举考试。因为他相信,除了革命,科举似乎仍旧是参加政府工作的不二途径,并且他还觉得革命似乎遥遥无期,困难重重。他有时候非常胆小而怕羞,有时候却又非常大胆而莽撞,因此他对自己的性格始终没有建立起真正的自信。所以他的行动常常很谨慎,在采取确切的行动之前,喜欢先探讨一下道路。尤其是碰到岔路时,他更是考虑再三才能决定。所以尽管他所在的浙江高等学堂的革命气氛如此强烈,但他却依然故我地准备参加每年一度的郡试。

郡试是科举考试制度中最低一级的考试,每年举行,由绍兴府这样层面的政府组织,因此也就属于国家考试。1903年,蒋梦麟已经十八岁,按理说,以这个年龄去参加郡试,似乎显得有点大了。

郡试的时间快要到了。一天清晨,蒋梦麟从杭州动身前往绍兴,因为他作为余姚县的考生,而余姚只是绍兴的属县。按照属地管理的原则,蒋梦麟只能到绍兴参加考试,而不能就便在杭州参考。

行李夫用一根扁担挑起蒋梦麟的物品走出了浙江高等学堂的校门,蒋梦麟紧紧跟在行李夫的后面。扁担的一端系着一只皮箱和一只网球,另一端是铺盖卷。在校门口碰到一位老师,这位老师知道蒋梦麟要回去考试,微微一笑,并祝蒋梦麟吉星高照,金榜题名。

穿过许多平坦的石板路,又穿过许多迂回狭窄的小巷子,蒋梦麟终于来到了钱塘江边。渡船码头离岸约有一里路,他小心翼翼地踏上吱吱作响的木板通过一条便桥到达码头。渡船上有好几把笨重的木浆,风向对时也偶然张起帆篷。船行得很慢,又是逆水行使，所以花了两个小时才渡过钱塘江。

上岸后，蒋梦麟雇了一乘小轿。穿过绵延数里的桑林，到达一个人烟稠密的市区，然后转船向绍兴继续进发，船上的乘客非常多，拥挤得像沙丁鱼。蒋梦麟只能直挺挺地平躺着睡，如果缩一缩腿，原来放腿的地方马上就会被人占据；如果想转身睡一会，那就别再想躺平了。

经过一夜航行，蒋梦麟于第二天清晨到达绍兴。他曾经在绍兴生活学习过两年，所以他对这里并不陌生。他寄宿在一个制扇工匠的家里，房间又小又暗，而且充满了制扇用的某种植物油的气味。晚上，蒋梦麟就在菜油灯下读书迎考，只是由于灯光太暗，看小字就显得很吃力。蒋梦麟不敢使用煤油灯，因为屋子里到处都是易燃的制扇材料，黑暗中摸索时还常常要跌跤。

考试时间终于到了。初秋清晨四时许，天气已经很冷了，蒋梦麟等几千考生齐集在试院门前，听候点名。他们每个人头上戴着一顶没有顶子的红缨帽，手里提着一只灯笼、一只考篮。大厅门口摆着一张长桌。监考官就是绍兴知府，昂然坐在长桌后面。知府戴着蓝色晶顶的红缨帽，穿着深蓝色的长袍，外罩黑马褂，胸前垂着一串朝珠。那是他的全套官服。知府提起朱笔，顺着名单开始点名。他每点一个名，站在他旁边的人就拖着长腔唱出这个考生的名字。考生听到自己的名字后，就高声应答："有，某某人保。"保的人也随即唱名证明。监考官望一眼之后，如果认为无误，就用朱笔在考生名字上加一个红点。

点名后，考生陆续接受检查，衣帽物品都得经过严格的搜索，以防夹带，任何写有字的纸张一律没收。

检查完毕，考生按照顺序鱼贯进入考棚，找到自己的位置分别就座。座位都有事先编好的号码，考卷上有写好考生名字的浮签，由考生交卷时撕去。考卷另一角有密封的号码，录取名单确定后才能开拆，以免徇私舞弊。晚清政治腐败，政府部门百弊丛生，唯有科举制度还能保持独立，不为外力所染。科举功名之所以受到中国人的追捧，公平公正公开可能是其最重要的原因，那时依然是中国历史上惯常的学而优则仕，没有后世的仕而优则学的事情，所以权力与金钱无法与功名交换。这是中国社会长时期得以维持的重要因素。

考试的题目不出四书五经的范围，所以每个考生都必须把四书五经背得滚瓜烂熟。蒋梦麟在家塾时代以及后来在绍兴中西学堂的时候，都曾在四书五经上下过功夫，所以他能够比较自如地应对。考试题目写在一个方形的灯笼罩上，白单子上面写着黑字，灯笼里面点着蜡烛，因此从远远的地方就可以看得很清楚。提灯笼的人把灯笼举得高高的，在考生座位之间的甬道上来回走了好几次，所以大家都不会看漏题目。

将近中午，监考人员开始核对考生的进度，每一份考卷的最末一行都盖上印子。下午四时许，炮声响了，那是收卷的第一次讯号。大门打开，吹鼓手也呜呜啦啦地开始吹奏起来。考生卷了卷，在乐声中慢慢走出大门，大门外的亲戚朋友正在焦急地等待着，其情形就像现在的高考。

交了卷子的考生出来之后，大门又重新关上，因为还有一些考生没有做完。又过了大约一个小时，交卷的讯号又发出，同样的鸣炮奏乐。这又出来一批考生，剩下的在里面继续考。等到傍晚六时许，第三次也是最后一次交卷的讯号发出，不过这一次不再鸣炮奏乐。

考试以后，考生们要等上十天八天，才能知道考试结果。因此放榜前的那一段时间，是考生最为快乐的时光。他们既不需要立即回家开始新生活，或经商，或劳动，又不需要立即复读，继续点灯熬油，冥思苦索，焦虑等待。他们需要在绍兴府等待结果，等待看榜。所以在这十多天的时间里，是他们最快乐最自由的日子。

在这些日子里，蒋梦麟熟门熟路，就近逛了不少书铺，还在一家书铺中遇到浙江全省闻名的举人徐锡麟。蒋梦麟认识徐锡麟，因为徐曾在绍兴中西学堂教过书，想不到几年后，徐锡麟成为中国最有名的革命党。因在安庆刺杀巡抚恩铭，被捕后被挖出心脏祭奠恩铭的亡灵。

放榜那天，一大群人早早地就挤在试院大门前一座高墙前面守候。放榜时鸣炮奏乐，仪式非常隆重。榜上写的是录取考生的号码，而不是姓名。号码排成一圆圈，以免有先后次序的区别。也就是说，中了就是中了，不存在名次和先后。

忐忑不安的蒋梦麟终于看到自己的号码也排入圆圈，列在墙上那张其大无比的长方形榜上，真是喜出望外。号码是黑黑大字写的，但是蒋梦麟还是不肯相信自己的眼睛，连揉了几次眼，发现自己的号码的的确确排在榜上的大圈圈内，这才放了心，连忙挤出人群，回到寄宿的地方。

几天后，举行复试。复试要淘汰一部分人，所以初试录取的还得捏一把汗。蒋梦麟的运气不错，复试放榜时，仍然榜上有名。

第三次考试就有点虚应故事的意思了。除了写一篇文章外，名义上考生还得默写一段《圣谕广训》。但实际上此次复试已经允许考生带着一册书进场，实行的只是开卷考试，所以蒋梦麟和其他复试同学一样，老实不客气地照抄一遍。这次考试由代表中央政府主管浙江全省教育事务的学政莅临监考，试院大门口的两旁树着两根旗杆，旗杆上飘着长达十五尺的长幡，幡上写的就是这位学政的官衔。

又过了几天，蒋梦麟一大早就被窗外一阵当当小锣惊醒。原来是试差来报喜。蒋梦麟终于如愿以偿考取了附生，也就平常所说的秀才，终于走出科举道路上的第一步。

郡试之后，蒋梦麟再度回到浙江高等学堂，接受新式教育，依然埋头读书，整天为代数、物理、动物学和历史等功课而忙碌，课余之暇，又如饥似渴地阅读革命书刊，并与同学讨论当时的政治问题。

两个月后，寒假到了。蒋梦麟奉父命返回乡间，穿上蓝绸衫，戴上红缨帽，接受亲朋好友的道贺。亲朋好友几百人连吃了两天喜酒。大厅里张灯结彩，并有吹鼓班助兴。其欢乐的景象可想而知。

那时，蒋梦麟年方十九，所以至亲们都希望他能有远大的前程，如果祖坟风水好，很可能一步一步由秀才而举人，由举人而进士，由进士而翰林，光大门楣，荣及乡里，甚至使祖先在天之灵也感到欣慰。

那时，蒋梦麟的二哥已早他前几年考取了秀才，正在京师大学堂读书，这个京师大学堂就是后来的北京大学。当时的学生听说京师大学堂几个字，没有不肃然起敬的。无论如何蒋梦麟也没有想到，仅仅过了15年，他竟然机缘巧合当了北京大学的校长，而且一当就是差不多二十年。

俗话说，秀才是宰相的根苗。蒋梦麟中秀才，最高兴的莫过于乃父怀清公。他自然希望这个小儿子能够像他二哥那样，好好学习，将来朝中即便做不到宰相，也要做个大官。然而受过现代教育影响的蒋梦麟则在心里想着新知识和新学问，先前通过科举考试光宗耀祖、荣及乡里的想法似乎有了一点改变。两个相互矛盾的力量正在拼命拉着蒋梦麟，一个把他往旧世界拉，一个将他往新世界拉。蒋梦麟显得很无助很迷茫。

在乡间的三个星期很快就结束了，浙江高等学堂重新开学。蒋梦麟回到学校之后，又重新开始了他对新学问的追求，很快一个学期就过去了。快到暑假的时候，蒋梦麟的内心极其矛盾，新与旧的冲突，革命与立宪的冲突，都在他尚未成熟的心灵中反复激荡，有时似乎无法忍受。他时而坐立不安，时而默坐出神，出神时会觉得自己忽然上冲云霄，然后又骤然落地，跌得粉碎，并立刻被旋风吹得无影无踪。

蒋梦麟此时所面对的选择非常艰难。他能按照新学问的道路继续追求吗？还是像怀清公所期望的那样，走上仕途，成为一个旧式官僚呢？

# 二 大洋彼岸新生活

蒋梦麟是主张直接向西方学习的。参加浙江省官费留美考试但名落孙山的蒋梦麟，在父亲的支持下自费留学美国。在美国，蒋梦麟第一次拜访孙中山。

蒋梦麟成为孙中山的忠实信徒，孙中山也对蒋梦麟有很高评价，他认为蒋梦麟不仅是教育学的专业人士，将来肯定会成为中国教育学界泰斗级的人物，而且由于蒋梦麟对于革命议论，风发泉涌，笔利如刀，显然是宣传家大手笔，所以将来中国文字革命时期，蒋梦麟也必能贡献良多，成为不可或缺的学术领袖。

在蒋梦麟的近亲中曾有人得过精神系统的疾病，蒋梦麟此时不禁怀疑自己是否也有点神经质的遗传。蒋梦麟幼童时代确实与常儿不同，他的伯祖有一天甚至骂他，说蒋梦麟将来如不成君子必成流氓。蒋梦麟虽然始终不明白这句话的真实含义，但这个强烈刺激促使他暗暗发誓一定要做君子。

## 向往西化

西潮的冲击使晚清中国变成了一个疯狂的世界，在这个近乎疯狂的世界里，年轻的蒋梦麟也时常在怀疑自己是否精神失常。至少有一个问题在他脑海里还是清楚的，那就是如何拯救中国，以免被列强瓜分。革命烈火已经遍布全国，孙中山号召的推翻满清、重建中华的口号已深入人心，青年学生投身革命的越来越多，清朝的灭亡在那时的青年学生看来，似乎只是一个时间问题了。

在这样一种背景下，蒋梦麟的思想不能不发生变化，在参加革命，还是继续参加科举考试的问题上，蒋梦麟内心深处进行着激烈的斗争。革命形势深深刺激着蒋梦麟的每一根神经，从他一贯对革命的热情来看，他自然应该和其他青年一样，义无反顾地放弃科举道路，参加到革命行列中来。

基于这种判断，蒋梦麟等到1904年暑假将要到来时，渴望找到一个更理想更西化的学校继续深造，因为这时他已相当清楚地看到，不论立宪维新或者革命，西化的潮流已经无法抗拒，中国只有在这条道路上继续行进，才能找到自己的出路。于是有一天早晨，他无意中闯入禁止学生入内的走廊，碰到了学监。学监问他有什么事，他只好临时随机一变地扯了个谎，说他母亲生病，写信来要他立即回去。于是学监很同情地对蒋梦麟说："那太不幸了。你还是赶快回去吧！"回到宿舍，蒋梦麟立即收拾行李，当天上午就离开了浙江高等学堂。

不过，蒋梦麟离开浙江高等学堂后，并没有回到他的故乡蒋村，而是乘小火轮沿着运河直接到了上海，参加上海南洋公学的入学考试，他期望在南洋公学为自己打好一个西方知识与文化的基础，以便将来留学美国，以为中国直接从西方引进新知识新文化作出自己的贡献。结果自然是被录取了。

南洋公学是盛宣怀奏请创设的一所训练洋务人才的专门学校，1897年4月在上海正式开办，是现今交通大学的前身。内分上院即小学，中院即中学，师范院即专门学堂。另有特班专门培养高才生。南洋公学的创办，采纳了美国传教士福开森博士的许多意见，更加侧重于西方知识的传授。

其课程设置主要有两类，一类是中国旧学，一类是西洋学科，但更偏重于西学。南洋公学的预科，一切按照美国的中学学制办理，因此可以说南洋公学是升入美国大学的最好阶梯。学校里有好几位讲授现代学术的美国人。学生在校两年，可以做到在英文阅读方面不会有多大困难，只是口语并不一定很好。蒋梦麟自1904年暑假之后开始在南洋公学的两年间，各门学科的成绩还算过得去，有一次还同时获得两类考试的荣誉奖，并因此受到校长的召见。

▲南洋公学的创办者盛宣怀

南洋公学的校舍是根据西洋设计而建筑的，主要建筑的中心有一座钟楼，数里之外都可以望见。有一排房子的前面是一个足球场，常年绿草如茵，而且打扫得很整齐。学校当局鼓励学生玩足球和棒球，学生们对一般运动也都很感兴趣。

蒋梦麟素来体弱，进入南洋公学后，开始体会到要有高深的学问，必须先有强壮的体魄。除了每日的体操和轻度运动外，蒋梦麟还给自己制定了一套锻炼身体的办法。每天六点左右，练习半小时哑铃，晚间就寝前再练一刻钟。继续不断地练了三年，蒋梦麟的身体状况有了很大改善，而且心情也总是很愉快。

包括德智体三要素的斯宾塞尔教育原则此时已经介绍到中国，这对蒋梦麟似乎也产生了一定影响。为了发展德育，蒋梦麟在南洋公学温习了四书，并开始研究宋明理学家以及中外古今伟人传记，希望借此学习前圣先贤的榜样，碰到认为足资借鉴的嘉言懿行，就把它们摘录在日记本上，然后仔细思考，对照实践。同时注意其成绩，这些成绩也都记载在日记上，以备进一步考核。

范围不断扩大的阅读使蒋梦麟的思想境界获得提升，每当发现对某些问题的中西见解非常相似，甚至完全相同时，蒋梦麟总有一种难以形容的喜悦。他认为，如果中西贤哲对同一问题持相同见解，那么后人只要照着做就不会错。

每当发现中西贤哲的歧见时，蒋梦麟就加以研究，设法找出其中的原因。不知不觉,蒋梦麟在南洋公学开始做了一项东西道德行为标准的比较研究。这项研究的重要结果是使蒋梦麟学到了如何在道德观念中区别重要的与不重要的,以及基本的与负面的东西。而且更重要的是,蒋梦麟的这项研究或许也是他后来以中西教育观念的演进作为博士论文讨论主题的一个原因。

通过对中西道德观念的研究,蒋梦麟的思想境界获得很大提升,从此以后,对于如何立身处世有了比较肯定、比较确切、也比较自信的见解,因为道德观念是指导行为的准绳。

这项中西比较研究的另外一个收获是蒋梦麟开始了解东西方的整体性,更深切体会到宋代思想家陆九渊对各种思想差异本质的判断是何等高明。陆九渊说:“东海有圣人出焉,此心同也,此理同也;西海有圣人出焉,此心同也,此理同也;南海、北海有圣人出焉,此心同也,此理同也;千百世之上有圣人出焉,此心同也,此理同也;千百世之下有圣人出焉,此心同也,此理同也”。[1]陆九渊当然还不知道后来所说的东西方何所谓,但他这个见解的重要性在于看到了紊乱中的统一,看到了人类社会在最基本的思想见解方面的有限性,如果弄清这些基本见解的异同矛盾,就可以互相发明,互相印证,而不必受到细枝末节的困扰。

这个认识使蒋梦麟恍然有悟,更坚信东西方前圣先贤的思想见解并不都是冲突,更多具有相通相同的一面。孟子说:“学问之道无他,求其放心而已。”陆九渊说:“四方上下曰宇,往古来今曰宙,宇宙便是吾心,吾心便是宇宙。”[2]“万物森然于方寸之间,满心而发,充塞宇宙,无非此理。”[3]这些道理就是告诉蒋梦麟做学问要抓住要点而舍弃细节,要完全凭借人类理智去辨别是非,要充分发展以理解为基础的判断能力,不再依据传统的信仰。这个认识的获得,是蒋梦麟思想上的一个大飞跃,使他像脱下一身紧绷绷的衫裤那样舒服而自由。

当然,理解力也不能凭空生存。想得太多,结果除失望外一无成就。这就犯了孔子所说的“思而不学”的毛病。蒋梦麟意识到,导向正确思想的途径还是从思想本身开始,然后从经验中学习如何思想。儒家伦理强调正心诚意是修身的出发点,修身则是齐家、治国、平天下的根基。救国必须先救己。一个年轻人如果不能努力读书、思考,努力锻炼身体,努力敦品励行,那就不可能在未来有作为。这是蒋梦麟在南洋公学研读中外思想名著时所获取的认知。

---

[1]《语录》,《象山全集》卷三十四。
[2]《杂说》,《象山全集》卷三十六。
[3]《语录》,《象山全集》卷三十四,

在南洋公学读书期间，中国政治也在发生急剧变化。1904年在中国东北发生的奇怪战争，经过明治维新政治变革的日本一举战胜先前不可一世的沙俄。这场战争给中国人带来极大震动，中国人由此更乐意像日本那样接受西方文化，真诚希望中国也能像日本那样通过革新更快地强大起来。这时聚集在东京的中国留学生据说已有五万人，东京已经成为新知识的中心。

在国内，清政府鉴于国内外形势的急剧变化，也逐步宣布了一系列政治、教育、军事、警政等方面的变革方案，参照日本的蓝图制定了中国政治变革路线图。许多中国人相信，经过日本引进修正的西方制度和组织，可能要比纯粹的西洋制度更能够适合中国国情，因此许多人此时主张通过日本去接受西洋文明。当然也有一些人感到疑惑，既然我们必须接受西洋文明，那么我们为什么不去直接向西洋学习呢？

蒋梦麟是主张直接向西方学习的，虽然许多留学日本的朋友来信与之辩难，蒋梦麟始终如一坚持自己的看法。蒋梦麟之所以放弃浙江高等学堂进入南洋公学，在很大程度上就是要选择一个更西化的学校，打下更加坚实的西学基础，以便尽早到美国留学。

出国留学是一个重要的选择，也是时代风气使然。事实上，当清政府于1905年毅然宣布废止历时数百年之久的科举考试制度时，年轻一代迷恋过去的大门从此关闭，年轻人要想有所作为只有去接受近代教育。而这一点恰恰正是蒋梦麟一年前所作出的正确选择。包括他在内的年轻一代真正开始在西化教育体制下往前走。中国现在总算不折不扣地踏上西化的征途了。

在南洋公学那几年，蒋梦麟除了接受课本知识外，也积极参加各种各样的社会、政治活动。那时的上海，不仅是中国新思潮新文化的一个中心，而且还是中国革命的活动中心。中国激进知识分子和革命领袖几乎都曾在那里的外国租界躲过清政府的追捕。他们在那里充分享受言论和出版自由，热烈讨论他们的政治见解。在这种政治气氛下，年轻的蒋梦麟也常在周末学习之余到福州路的"奇芳"茶馆去吃茶，以便参加或聆听那些革命志士进行的讨论，顺便再购买一些革命书刊。

那几年，在上海发生的政治活动还有不少。1905年，抵制美货运动在上海爆发，抗议美国国会通过排华法案。学生和商人举行一个又一个集会，发表慷慨激昂的演说，呼吁国民团结起来，抵制美国货，甚至还联合起来挨家挨户劝告商店店主。然而店主的损失是实在问题，抵制运动的组织者并没有任何善后方案，所以拥有大量存货的店主急于套现，只好偷偷削价出售。更令人称奇的是，许多中国人也乐于从后门将货物以低价买走。

1906年，江浙两省绅士同上海学生和商人联合起来反对英国人投资建筑苏杭甬铁路。示威的方式包括群众大会、发通电、街头演说等，同时开始招股准备用本国资金建筑这条铁路，铁路要改为由上海经杭州到宁波。

这一系列政治活动在很大程度上吸引了蒋梦麟的热情，他像其他学生一样情绪高涨，热心于社会上的政治活动，反而不太注意学校内的学潮了。其实那几年也是学潮的低迷期，因为很多学生对与学校当局进行冲突已经不太感兴趣，因为外面的世界太精彩，他们的注意力都被吸引到社会上去了。在校内，学生们最关心的只是吃饭问题，与学校当局的所有冲突似乎都与伙食质量有关。当时上海学生的伙食费是每月六块钱，因此饭菜不可能好到哪里去。于是学生总能找到理由抱怨学校，不是抱怨米太粗糙，就是抱怨菜的质地太差，所以常常要求食堂加菜。疏通得好，食堂有时也为学生增加一份炒鸡蛋，因为那时鸡蛋很便宜。有时疏通不好，学生就砸碎碗碟出气，甚至把厨子拉出来揍一顿。这种“饭厅风潮”时常发生，蒋梦麟大概也是参与者。

1907年6月下旬，蒋梦麟在浙江高等学堂的同学马子夷、陈伯平从日本留学回国，他们是响应徐锡麟的号召赶到安庆参加暴动。他们在上海逗留的那段时间，几乎每天都去看望蒋梦麟，大谈革命运动。他们认为，革命是救中国的唯一途径，并诚恳地约请蒋梦麟一起到安庆参加革命。

策划安庆这次活动的徐锡麟是蒋梦麟在绍兴中西学堂时的算学老师，马子夷、陈伯平的劝说还真的有点打动了蒋梦麟。只是在这之前蒋梦麟的一个当钱庄经理的堂兄劝他先到日本去一趟，所以蒋梦麟就没有与马子夷、陈伯平同行去安庆。

离沪赴日前夕，蒋梦麟与马子夷、陈伯平三人在一枝春酒楼聚餐话别。第二天蒋梦麟乘大洋轮船去日本，马子夷、陈伯平搭长江轮船去安庆。他们谁也想不到一枝春酒楼一别竟成永诀。大约一周后，蒋梦麟在日本获悉徐锡麟起义失败的消息，他在想如果不是被堂兄劝说来日本，他肯定会与马子夷、陈伯平一起去安庆，那就没有后来的故事了。

经过一天一夜的航行，蒋梦麟第二天早上到达长崎，优美的风景给蒋梦麟留下很深印象。下午经过马关，就是李鸿章1895年与伊藤博文签署《马关条约》的地方。蒋梦麟到神户上岸，然后换乘火车至东京。

在东京，蒋梦麟对在上野公园举办的展览会兴趣浓厚，先后去看了好几十遍，对日本工业的发展印象极深。在一个展览战利品的战绩博物馆，蒋梦麟看到日本在1894年甲午战争中俘获的中国军旗、军服和武器，这个令人震撼的刺激使蒋梦麟惭愧得无地自容。夜间，整个公园被几万盏电灯照耀得如同白昼，兴高采烈的日本人提着灯笼在公园里游行，高呼万岁。两年前，他们陶醉于对俄国的胜利，至今犹狂喜不已。而蒋梦麟孤零零地站在一个假山上望着游行队伍，触景生情，不禁泫然泪下。

蒋梦麟对日本的一般印象非常良好。觉得日本整个国家像个大花园，人民衣服整饬，城市清洁。日本人内心或许很骄傲，但对生客却很有礼貌。强迫教育使国民的一般水准远较中国为高，这或许就是使日本成为世界强国的秘密之所在。日本的发展给蒋梦麟留下深刻印象，这是他后来之所到美国研究教育学的一个思想背景。

## 初到美国

一个月后，从日本归来的蒋梦麟又投入南洋公学紧张而有秩序的学习。一年后即1908年暑假，二十三岁的蒋梦麟跑到杭州参加浙江省官费留美考试，结果名落孙山。郁闷中他又不想放弃出国留学的念头，因为他毕竟用了好几年的功夫。好在蒋家还算是中产阶级家庭，他的父亲怀清公又思想开明，公费不成就自费。于是怀清公很快筹措四千两银子供蒋梦麟出国留学。蒋梦麟拿到这笔钱后，很快赶到上海办理健康证明、护照、签证等一系列手续。

相关手续办理齐备后，蒋梦麟很快买了一张前往美国旧金山的头等船票，其余的钱就以两块墨西哥鹰洋对一元美金的比例兑取美钞，以方便到美使用。

上船前，蒋梦麟找到一家理发店剪去辫子。这条辫子已经留了二十多年，不仅是大清王朝顺民的象征，而且到了近代以后，成了中国落后保守的标志，但久而久之，辫子又成了中国人的心理纠结，成了中国人的胎记，所以当理发师举起剪刀，抓住蒋梦麟的辫子时，蒋梦麟简直有上断头台的感觉，全身汗毛直竖。咔嚓两声，辫子剪断了，蒋梦麟感觉自己的脑袋也像是随着剪子的声音而落地。理发匠用纸把辫子包好还给了蒋梦麟。蒋梦麟怀揣这包辫子上船后，便将之丢进大海，让它随波逐浪而去。这多少象征着蒋梦麟与旧我的告别，象征着早年生活就此告一段落。

蒋梦麟离开上海的时间是1908年8月底，搭乘的轮船属于美国邮船公司，同船的有十来位中国同学，所以一路上也不是十分的孤寂烦闷。上船前的几个星期，蒋梦麟一直有意识地练秋千，所以在24天的漫长旅行中，他一直没有晕船。

这艘美国邮船比蒋梦麟一年前赴日本时搭乘的日本轮船还要宽大豪华。船上最使蒋梦麟感到惊奇的事情是跳舞。他生在男女授受不亲的社会里，初次见到男女相偎相依，婆娑起舞的情形，觉得非常不顺眼。旁观了几次后，蒋梦麟才慢慢开始欣赏跳舞的优美。

漫长的旅行很快结束，9月下旬，邮船到达旧金山。一位港口医生上船检查健康，对中国学生的眼睛检查得特别仔细，唯恐有人患沙眼。

检查终于结束了，蒋梦麟上岸后对美国的第一印象似乎并不那么美好。那就是美国移民局官员和警察所反映的国家权力似乎过于强大，在美国这个号称共和政体的国家里，人民似乎比君主专制下的中国人更少个人自由。这简直有点莫名其妙。因为在中国传统社会体制下，天高皇帝远，一般的中国人很少直接感受到国家权力的约束和控制。

在旧金山逗留的几个小时里，蒋梦麟与同学到唐人街传了一趟。然后，他和另外一位也准备进加州大学的同学，由加州大学中国同学会主席领路到了卜技利（Berkeley，今译“伯克利”）。晚饭在夏德克路的天光餐馆吃，每人付了两角五分钱，吃的有汤、红烧牛肉、一块苹果饼和一杯咖啡。

蒋梦麟租了班克洛夫路的柯尔太太的一间房子。柯尔太太年龄似乎不小了，但她似乎很健谈，对中国学生很热情很关切。她吩咐蒋梦麟出门以前一定要关灯，洗东西之后一定要关好自来水龙头，花生壳决不能丢进抽水马桶，银钱决不能随便丢在桌子上，出门必须上锁，如果不愿意锁门，就把钥匙留下藏在地毯下面。她还亲切告诉蒋梦麟：“如果你需要什么，只管告诉我就是了。我很了解客居异国的心情与孤寂。你就拿我这里当作自己的家好了，不必客气。”

柯尔太太的热情使蒋梦麟度过了初到美国的不适应，他遂将全副精力投入学习中。只是蒋梦麟来得实在不是时候，加州大学秋季班此时已经开学，因此他只好等到明年春季再说。蒋梦麟的英语虽然在国内学了好多年，但正如我们已经知道的那样，实在有点不过关。于是他请了加大一位女同学为他补习，学费是每小时五毛钱。

在此后的日子里，蒋梦麟的全部时间和精力几乎都用在了英文上。每天早上必读《旧金山纪事报》，另外还订了一份《展望》周刊，作为精读材料。《韦氏大学字典》一直不离手，碰到稍有疑问的字就打开字典查。四个月下来，蒋梦麟的英语词汇居然大增，读报纸杂志也不觉得那么吃力了。

初到美国时，就英文而论，蒋梦麟简直是半盲、半聋、半哑。如果他希望能够像其他同学一样正常到学校上课，就必须克服这些障碍。头一重障碍，经过四个月的不懈努力，总算大致克服了，完全克服也不过是个时间问题。第二重障碍要靠多听人家谈话和教授讲课才能慢慢克服。教授讲课还算比较容易懂，因为教授们的演讲思想有系统，语调比较慢，发音也清晰。普通谈话的范围比较广泛，而且包括一连串互不衔接而且五花八门的观念，要抓住谈话的线索颇不容易。到剧院去听话剧对白，其难则介于演讲与谈话之间。

中国人学英语最困难的还是开不得口的难关。这一点对于蒋梦麟来说更是如此。蒋梦麟学英语一开始就走了弯路,错误的习惯已经根深蒂固,必须花很长时间才能矫正过来。其次是蒋梦麟根本不懂语音学的方法,单凭模仿,不一定能得到准确的发音。因为口中发出的声音与耳朵听到的声音之间,以及耳朵与口舌之间,究竟还是有很大差别的。耳朵不一定能够抓住正确的音调,口舌也不一定能够遵照耳朵的指示发出正确的声音。此外,加利福尼亚这个地方对中国人并不太亲热,难得使人不生身处异地、万事小心的感觉。而从性格上说,蒋梦麟素来敏感,不敢贸然与美国人厮混,别人想接近他时,他又很怕羞。许多可贵的社会关系都因此中断乃至断绝。语言只有多与人接触,多使用,才能进步,蒋梦麟既然如此故步自封,所以在英语方面进步也就自然慢之又慢。即便到他后来进入加州大学后,他在口语上的缺陷依然严重困扰着他在课堂内外参加讨论的机会。有人问他问题时,他常常是脸一红,头一低,不知如何回答。教授们总算特别客气,从来不勉强蒋梦麟回答任何问题。这个客气解除了蒋梦麟的窘境,但并不能逼着蒋梦麟在口语方面迅速提升。好在教授们知道蒋梦麟虽然噤若寒蝉,但对功课非常用心,所以考试成绩也多在乙等以上。

日月如梭,西方人的重要节日圣诞节很快就到了。这是蒋梦麟在美国过的第一个圣诞节。圣诞前夕,他独自一人在一家餐馆里吃饭,菜比初到旧金山那天第一顿晚餐好得多,当然费用也比那一次贵许多。饭后上街闲逛,碰到没有拉起窗帘的人家,蒋梦麟就从窗户眺望他们欢欣团聚的情形。每户人家差不多都有装饰满了小电灯或蜡烛的圣诞树。

圣诞过后不久,就是中国人的除夕。除夕夜,蒋梦麟和几位中国同学从卜技利渡海到华人最多的旧金山。从渡轮上可以远远地看到对岸的钟楼装饰着几千盏电灯。上岸后,他们发现旧金山到处人山人海,码头上候船室里的自动钢琴震耳欲聋。这些钢琴只要投下一枚硬币就能自动弹奏。蒋梦麟随着人潮慢慢地在大街上闲逛,耳朵里充满小喇叭和拨浪鼓的声音。玩喇叭和拨浪鼓的人特别喜欢凑着漂亮太太小姐们的耳朵开玩笑,这些太太小姐们虽然耳朵吃了苦头,但仍然觉得这种玩笑是一种恭维,因此总是和颜悦色地报以一笑。空中到处飘扬着五彩纸条,有的甚至缠到人们的脖子上。碎花纸像彩色的雪花飞落在人们的头上。蒋梦麟转到唐人街,发现成群结队的人在欣赏东方色彩的橱窗装饰。噼噼啪啪的鞭炮声,使人觉得像在中国过新年。

午夜钟声一响,大家一面提高嗓门大声呼喊新年快乐,相互道贺,一面乱揿汽车喇叭或者用力摇动响铃。五光十色的纸条更是满天飞舞。这是蒋梦麟到美国度过的第一个中国新年。美国人的和善、天真、好玩,尤其是旧金山的热闹使蒋梦麟一时间不知身在何处，既留下深刻印象，又打发了身在异国他乡的孤寂。蒋梦麟从人们的欢笑嬉游中感到美国的确是一个年轻富有朝气的民族。

那天晚上，蒋梦麟回家已经很迟，身体虽然疲倦，精神却依然轻松，上床后一直睡到第二天日上三竿。早饭后，蒋梦麟到卜技利的住宅区转了圈。这些住宅大多沿着徐缓的山坡修筑，四周则围绕着花畦和草地。玫瑰花在加州温和的冬天里到处盛开着，卜技利四季如春，通常长空蔚蓝不见云朵。其气候状态很像云南昆明和台湾台北，但温度稍微偏低。

## 寻找职业兴趣

新年过后，蒋梦麟兴奋地等待着加州大学第二个学期在1909年2月间开学。在忐忑不安的期待中蒋梦麟满怀希望，因为经过几个月的加倍努力，他的语言能力确实获得很大提高。

快开学时，蒋梦麟以上海南洋公学的学分申请入学，以中文学分抵补拉丁文学分，结果获准进入农学院。

蒋梦麟过去的准备几乎一直偏重于文科方面，现在突然转到农学院，并不是他心血来潮，冲动选择。他之所以同意转学农科，并不像有的青年学生听天由命的那样随便，而是他经过慎重考虑后的选择。蒋梦麟认为，中国既然以农立国，那么只有改进农业，才能使最大多数的中国人得到幸福和温饱。同时他幼年时代毕竟是在以农耕为主的乡村中长大，对花草树木和鸟兽鱼虫本来就有浓厚兴趣。为国家，为私人，农业都似乎是他最适合的学科。此外，他还有一个次要的考虑，那就是他从小身体羸弱，他想如果能在田野里多接触新鲜空气，对他的身体一定会有莫大好处。

在加州大学农学院第一学期的功课主要有植物学、动物学、生理卫生、英文、德文和体育等。除了体育是每周六个小时外，其余每科都是三小时。植物学和动物学引起了蒋梦麟的极大兴趣，因为他早在少年时代就喜欢在课余观察和研究鸟兽鱼虫的生活情形，因此当他用显微镜观察到用肉眼根本无法辨别的细微物体时，其兴奋之态可以想见。

望远镜是眼睛的另外一种延伸，利用望远镜可以观察无数的繁星。蒋梦麟在农学院读书的时候，最渴望到黎克天文台去见识见识世界上最大的一具望远镜，但始终因故不克遂愿。后来蒋梦麟花了二毛五分钱，从街头的一家望远镜去眺望行星，发现银色的土星带着醒目的星环，在蔚蓝色的天空中冉冉移动，与学校里天体挂图上所看到的一模一样。当时的经验真是又惊又喜。

当蒋梦麟在加州大学农学院读了半年时，他的一位朋友劝他放弃农学之类的实用专业，另选一门社会科学。这位同学认为，农业科学固然重要，但是从中国实际情况看，目前中国最需要的似乎并不是农业科学，而是比农业科学更重要的社会科学。除非中国能够参酌西方国家的近代发展来解决政治问题和社会问题，否则中国的农业便无法单纯凭借技术的进步去解决。其次，如果不改修社会科学，那么眼光便可能只局限于实用科学的小圈子，无法了解农业之外的重大问题。

蒋梦麟曾经研究过中国史，也研究过西洋史的概略，对各时代各国国力消长的情形有相当了解，因此对这位朋友的劝告颇能领悟。朋友的箴言使蒋梦麟一再考虑，因为他已再度面临人生的三岔路口，迟早得有一个抉择。

我们知道，蒋梦麟不是一个轻易改变自己看法的人，也是不会轻易决定重大事件的人。有一天早晨，蒋梦麟正预备到农场看挤牛奶的情形，路上碰到一群蹦蹦跳跳的小孩子去上学。蒋梦麟触景生情，他忽然想起：我在这里研究如何培养动物和植物，为什么不研究研究如何培养人才呢？农场不去了，蒋梦麟一直跑上卜技利的山头，坐在一棵古橡树下，凝望着旭日照耀下的旧金山和金门港口的美景，蒋梦麟脑子里思潮起伏，细数着中国历代兴衰的前因后果。忽然之间，眼前恍惚有一群天真烂漫的小孩，像凌波仙子一样从海湾的波涛中涌出，要求蒋梦麟给他们读书的学校，于是蒋梦麟毅然决定转到社会科学学院，选教育为主科。

从山头跑回学校时已近中午，蒋梦麟直接跑到注册组找苏顿先生，请求从农学院转到社会科学学院。经过一番诘难和辩解，转院总算成功了。从1909年秋天起，蒋梦麟开始选修逻辑学、伦理学、心理学和英国史，他的大学生涯也从此开始步入正轨。

岁月平静而愉快地过去，时间之沙积聚的结果，蒋梦麟的知识也在大学的学术气氛下逐渐增长。他从逻辑学里学到了思维是要一定方法的，观察对于归纳推理非常重要，而且观察必须要有一定目的和固定对象，不能听凭兴导致胡乱观察。因此，蒋梦麟刻意训练自己的观察能力，他开始观察校园之内以及大学附近所接触到的许许多多事物。母牛为什么要装铃？尤加利树的叶子为什么垂直地挂着？加州的罂粟花为什么都是黄的？

有一天早晨，蒋梦麟沿着卜技利的山坡散步时，发现一根水管正在汩汩流水。水从哪里来的呢？蒋梦麟沿着水管找，终于找到了水源，他的心中也充满了童稚的喜悦。这时他已经到了相当高的山头，他很想知道山岭那一边究竟有些什么。翻过一山又一山，发现这些小山简直多不胜数。越爬越高，而且离住处也越来越远。最后只好放弃初衷，沿着一条小路回家。归途上发现许多农家，还有许多清澈的小溪和幽静的树林。

这种漫无选择的观察,结果自然只有失望。最后蒋梦麟终于发现,观察必须有固定的对象和确切的目的,不能听凭兴致,导致乱观乱察。天文学家观察星球,植物学家观察草木的生长。后来蒋梦麟又发现另外一种称为实验的受控制的观察,科学发现就是由实验而来的。

念伦理学的时候,蒋梦麟学到了道德原则与行为规律的区别。道德原则告诉人们为什么若干公认的规律契合某一阶段文化的需要;行为规律只要求大家遵守,不必追究规律背后的原则问题,也不必追究这些规律与现代社会的关系问题。

在中国,人们的生活是受公认的行为规律所规范的。追究这些行为规律背后的道德原则时,蒋梦麟的脑海里总是马上涌现出汹涌的波涛。一向被认为最终真理的旧有道德基础,就像遭遇地震一样开始摇摇欲坠。同时,蒋梦麟的教授赫利·奥佛斯屈里特(Harry Overstreet)也给了他很多启示。传统的教授通常只知道信仰公认的真理,同时希望他的学生如此做。而奥佛斯屈里特教授的思想却特别敏锐,因此促使蒋梦麟探测道德原则的基石上的每一个裂缝。他们上伦理课时总有一场热烈的讨论。蒋梦麟平常不敢参加讨论,一方面由于他的英语会话能力不够,另一方面由于他与生俱来的自卑感、怕羞心理。因为1909年前后是中国现代史上最黑暗的时期,那时的中国年轻人特别是在美国留学的青年学生对中国前途缺少信心。蒋梦麟虽然不愿参加讨论,但听得却很用心,很像一只聪明伶俐的小狗竖起耳朵听它的主人说话,意思是懂了,嘴巴却不能讲。

尽管蒋梦麟不愿或者说不能参加学生们的讨论,但他必须按照教授指定的书目,大量阅读包括柏拉图、亚里士多德、约翰福音和奥里留士等。念了柏拉图和亚里士多德之后,使蒋梦麟对希腊人穷根究底的精神有了深刻印象。他觉得中国儒家的四书等经典富于道德色彩,希腊哲学家却洋溢着敏锐的智慧。这个印象促动蒋梦麟后来研究希腊史,他的博士论文实际上就是对古代希腊思想和中国古代思想进行比较研究。

研究希腊哲学家的结果,使蒋梦麟了解到希腊思想在现代欧洲文明中所占的重要地位,明白为什么欧美教育中格外强调希腊文的重要性,强调希腊文是自由教育不可缺少的一个组成部分。

读了约翰福音后,蒋梦麟开始了解基督教所宣扬的爱的意义。蒋梦麟认为,如果撇开基督教的教义和教会不谈,这种"爱敌如己"的哲学实在是人类的最高理想。如果一个人真能爱敌如己,那么世界上也就不会再有敌人,再有战争,再有毁灭了。

"你们能够做到爱你的敌人吗?"教授向全班同学发问,没有人回答。

"我不能够。"一直像小狗一样尖起耳朵谛听别人讨论的蒋梦麟终于开口说话了。

"你不能够?"教授笑着反问。

接着,蒋梦麟引述了孔子所说的"以直抱怨,以德报德"之类的话作答。教授听了之后插话说:"这也很有道理,是不是?"同学们并没有愿意回应。下课后,一位年轻的美国男同学走过来拍拍蒋梦麟的肩膀说:"爱敌如已,吹牛!是不是?"

读了奥里留士的著作后,蒋梦麟认为他的言论很像中国宋代思想家。奥里留士沉思默想的结果,发现理智是一切行为的准则。蒋梦麟认为,如果把奥里留士的著述翻译成中文,并把他与宋儒相提并论,很可能使人真伪难辨。

面对欧美思想与文明,蒋梦麟总喜欢用中国的尺度来衡量。这就是从已知到未知的办法。根据过去的经验,利用过去的经验获取新经验也就是获得新知识的正途。譬如说,如果一个小孩从来没有见过飞机,我们可以解释给他听:飞机像一只飞鸟,也像一只长着翅膀的船,这样,小孩就应该能够理解飞机是怎么一回事。如果一个小孩根本没有见过鸟或船,使他了解飞机可就不容易了。所以蒋梦麟认为,一个中国学生如果要了解西方文明,也只能根据他对本国文化的了解。他对本国文化的了解愈深,对西方文化的了解便愈易。根据这个推理,蒋梦麟觉得自己在国内求学时,常常为读经史子集而彻夜不眠,这种苦功总算没有完全白费,他现在之所以能够在美国教授的启发下很容易理解西方思想和文化,能够很容易地吸收、消化这些西方思想,完全是当年在国内刻苦学习中国文化的结果。蒋梦麟由此建立了学习的信心,甚至由此确定了自己未来的职业定位,那就是找出中国究竟缺少什么,然后再向西方吸收中国所需要的东西。这个观念的确立,是蒋梦麟留学生涯的一个重要转折点,从此他的自信心大增,减少了羞怯,目标明确,前途也就显得更为光明。

目标明确,信心大增,使蒋梦麟对学问更有如饥似渴的激情。他选修的课程非常广泛,包括上古史、英国史、哲学史、政治学,甚至译成英文的俄国文学也使蒋梦麟如醉如痴。托尔斯泰的作品使他爱不释手,尤其是《安娜·卡列妮娜》和《战争与和平》。

课堂之外,蒋梦麟参加过许多著名学者和政治家的公开演讲会,听过桑太耶那、泰戈尔、大卫、斯坦、约登、威尔逊(当时是普林斯顿大学校长)等学者以及美国现任总统塔虎脱(Taft, William Howard,1909~1913年在任)和卸任总统老罗斯福(西奥多·罗斯福,Theodore Roosevelt,1901~1909在任)等政治家的公开演讲。这些演讲极大开阔了蒋梦麟的视野,使他对科学、文学、艺术、政治和哲学等众多学科建立浓厚的兴趣。

西方学术训练使蒋梦麟的认识获得空前提升，尤其是他处处进行中西对比，使他较一般中国留学生更清楚地看到中国文明的长处和短处。他认为，中国传统的教育理论和教育制度可能过于褊狭，但是在这种教育的范围之内也包罗万象，有如百科全书，这种表面褊狭的教育，事实上恰是广泛知识的基础。蒋梦麟个人对知识的兴趣很广泛可能就是中国传统思想训练的结果。中国古书包括各方面的知识，例如历史、哲学、文学、政治经济、典章制度、军事外交等，事实上决不褊狭。古书之外，学生还接受农业、灌溉、天文、数学等实用科学的知识，可见中国传统学者绝非褊狭的专门家，相反，他们具有学问的广泛基础，其知识构成可能远比西方学者的知识范围要广泛得多。优秀的中国学者一定是上知天文，下通地理的百科全书式的学者，却不像西方学术分科之后的专门家只能讨论自己研究过的那个一亩三分地。只是中国学者对知识的追求几乎始终限于书本，而在这一点上，西方学者则与中国学者明显不同。所以，中国学者如果能够克服局限于书本的狭隘毛病，那么凭借中国人的学术积累一定能够取得更多成就。

## 书本之外

卜技利的小山上有长满青苔的橡树和芳香扑鼻的尤加利树；田野里到处都是黄色的罂粟花；私人花园里红玫瑰在温煦的加州太阳下盛放着。这里正是美国西部黄金世界，是美国本地子弟的理想园地。

加利福尼亚州气候冬暖夏凉，四季如春，蒋梦麟在加州的四年生活轻松愉快，身心俱得到良好发育成长。加州少雨，因此户外活动很少受到影响。冬天虽然有阵雨，也只是使山上的青草变得更绿，或者使花园中的玫瑰花洗涤得更娇艳。除了冬天阵雨外，加州几乎没有任何恶劣气候影响希腊剧场的演出，剧场四周围绕着茂密的尤加利树。莎士比亚的名剧、希腊悲剧、星期演奏会和公开演讲会等都在露天举行。离剧场不远是运动场，校际比赛和田径赛就在那里举行。青年运动员都竭尽全力为母校争荣誉。美育、体育和智育齐头并进。这就是古希腊格言所说的“健全的心寓于健全的身”。这一点对蒋梦麟影响巨大，他后来的教育思想与教育实践，有很多举措可以在这里找到它的背景与萌芽形态。

在加州大学校园中心地带耸立着一座钟楼，睥睨着周围的建筑。通到大学路的大门口有一中盘大门，叫“赛色门”(Sather Gate)，门上有许多栩栩如生的浮雕裸像。这些裸像引起许多女学生家长的抗议，但蒋梦麟的伦理学教授却说：“让女学生们多看一些男人的裸体像,可以有效纠正她们忸怩作态的不良习惯。”老图书馆(后来拆除改建为陀氏图书馆)的阅览室里就有维纳斯以及其他希腊女神裸体的塑像。但是男学生的家长从来没有人提出批评。蒋梦麟第一次见到这些希腊裸体人像时,心理也有一点疑惑:为什么学校当局竟把这些“猥亵”的东西摆在智慧的源泉?后来,蒋梦麟猜想学校主持者大概就是要灌输“完美的思想寓于完美的身体”的观念。因为在希腊人看来,美丽、健康和智慧是三位一体而不可分割的。

橡树丛中的那次《仲夏夜之梦》的演出,真是美到极致。青春、爱情、美丽、欢愉全在这次可喜的演出中活生生地表现出来了。多少年之后,蒋梦麟还能生动回忆起当时的情形,依然沉醉其中。

加州大学附近有许多以希腊字母作代表的兄弟会和姊妹会。兄弟会和姊妹会的会员们欢聚一堂,生活非常愉快。蒋梦麟一直没有机会去做客。后来有人约他到一个兄弟会去做客,但附带条件是,蒋梦麟必须投票选举这个兄弟会的会员出任班主席和其他职员。事先,他们曾经把全班同学列一名单,碰到可能选举他们的对头人,他们就说这个要不得,同时在名字上打上叉。

蒋梦麟到那个兄弟会时,受到了热情款待,令人终生难忘。第二天举行投票,为了确保中国人一诺千金的名誉,蒋梦麟自然照单圈选不误,同时他也很高兴能在这次竞选中结识几位朋友。

选举后不久,学校里举行一次营火会。融融的火光照耀着全班同学青春快乐的面庞。男男女女齐声高歌。每一支歌结束时,必定有一阵呐喊。木柴的爆裂声、女孩子吃吃的笑声和男孩子的呼喊声交织在一起,令人陶醉,令人久久难忘。正沉醉在欢聚中的蒋梦麟忽然在火光烛照中邂逅那位曾经受过他“一票之赐”的同学,然而使蒋梦麟出乎意料的是,这位同学竟然对蒋梦麟视若路人,过去拉票时的那份亲热劲一点也没有了,失望的蒋梦麟终于感到深深的失落。人情冷暖大概就是如此。那位同学在“需要”时对蒋梦麟的热情,蒋梦麟已经以“神圣的一票”作了回报,有债还债,现在这笔账已经结清,谁也不再欠谁的,所以谁也没有资格要求另一方一直对自己热情如故。这个教训深深地教育了蒋梦麟,从此以后,蒋梦麟再也不拿选票交换招待,同时在学校选举中从此没有再投票。

在学校“北楼”地下室里,有一间同学经营的“合作社”。合作社的门口挂着一块牌子,上面写着:“我们相信上帝,其余人等,一律现金交易。”合作社里最兴隆的生意是五分钱一个的热狗,味道不错。但确实没有人敢向合作社赊账,当然即便有人敢提,合作社的同学估计也不会同意。这种人际关系理念与中国传统很不相同,它最初肯定对蒋梦麟构成强烈的心灵冲击,但久而久之,蒋梦麟也就逐步认同并遵守了这些观念,因为这些观念说到底总要比中国传统来得更现代,更合理。

在加州大学几年间,使蒋梦麟最难忘的人不是那些名声显赫的教授们和那些充满活力的同学,而是哲学馆的一位老工友。这个工友高而瘦削,行动循规蹈矩。灰色的长眉毛几乎盖到眼睛,很像一只北京哈巴狗,眼睛深陷在眼眶里。从眉毛下边,人们可以发现他的眼睛闪烁着友善而热情的光辉。蒋梦麟和这位老工友一见如故,下课后或者周末有空,蒋梦麟常常到地下室去拜访这位工友。这位工友从加州大学还是一个小规模的学校时开始,就一直住在那地下室里。

这位工友曾在美国联邦军队当过兵,并在美国内战期间参加过许多战役。他在对蒋梦麟回忆过去的日子时,最喜欢讲的是童年往事和内战轶闻。蒋梦麟从那里获悉美国早期历史中的许多故事,有些故事使蒋梦麟感到早期美国的某些情形似乎比中国还要糟糕。工友告诉蒋梦麟,在他幼年时代,美国流通好几种货币,有英镑、法郎,还有荷兰盾。现代卫生设备在工友看来一文不值。他有一次指着一卷草纸对蒋梦麟说:"现代人虽然有这些卫生的东西,还不是年纪轻轻就死了。我们当时可没有什么卫生设备,也没有你们所谓的现代医药。你看我,我年纪这么大,身体多健康!"他直起腰板,挺起胸膛,像一位立正的士兵,让蒋梦麟欣赏他的精神体魄。老工友的这些话实际上是说美国早期工业化带来的污染、生活节奏的紧张,生活质量的下降。这些问题在所有经历过工业化转型的国家似乎都存在过。

西点军校也是老工友调侃的对象。他对蒋梦麟说:"你以为他们能打仗呀?那是笑话!他们全靠几套制服撑场面,游行时他们穿得倒真整齐。但是说到打仗,西点军校的毕业生可是差远了。我可以教教他们。有一次作战时,我单枪匹马就把一队叛军杀得精光,如果他们想学习如何打仗,还是让他们来找我吧!"老工友不相信军队官兵可以通过课堂训练出来,不相信所谓正规化能够使士兵英勇善战,这一点他的主张与看法倒与中国人的看法比较契合,那就是要想学会游泳,就应该到大江大河中去锻炼。

所谓美国内战,就是美国联邦军队与南方分裂势力的对垒,在某种程度上说,联邦军队似乎站在正义的方面,所以尽管多少年过去了,这位老工友依然对南方人恨之入骨,不能谅解。他告诉蒋梦麟,有一次战役结束后,他发现一位敌人受伤躺在地上,他正准备去救助。然而躺在地上的南方人却向老工友扣动了扳机。说到这里,老工友两只眼睛狠狠地望着蒋梦麟,好像蒋梦麟就是那个不知好歹的家伙似的。蒋梦麟问道:"那你怎么办?"老工友说:"我一枪就把这个畜生当场解决了。"类似例子在中国历史上并不少见,战士宁愿死在战场上,也不愿屈辱受俘。

对于蒋梦麟在加州大学的留学生涯而言,哲学馆的老工友是加州大学不可分割的一个部分,要弄清蒋梦麟在美国所受到的教育、影响,就应该注意这样的人物和生活细节。



### 大学之外

蒋梦麟在加州大学读书的时候,约有五万华侨集中在美国西海岸各城市,包括萨克拉孟多、旧金山、屋仑、圣多谢、洛杉矶等,另外还有零星的小群华侨和个人散布在一些较小的城镇和乡村。华侨集中的区域叫做唐人街或中国城,有时也称为华埠。旧金山的华埠是美洲各个城市中最大的一个,共有两万多华侨居住在那里。旧金山华埠的主要街道原来叫做杜邦街,后来改称葛兰德路,是旧金山一条很繁华的商业街。东方古董铺,普通称为"杂碎馆"的中国饭馆,算命测字的摊子,假借俱乐部名义开设的赌场,供奉中国神佛的庙宇等,吸引了无数游客和寻欢作乐的人们。有一位年轻美丽的美国女孩曾经告诉蒋梦麟,她曾在一家东方古董铺中看到一件非常稀奇的东西,即坐在一朵莲花座上的大佛;她还在一家中国饭馆吃过燕窝、鱼翅和杂碎。她对于唐人街上的一切感到新奇万分,说得手舞足蹈。她的妹妹们都睁着眼睛、张着嘴巴听她说,她的老祖母也被她精彩、夸张的形容深深吸引住,从眼镜上面望着她,两只手则仍旧不停地织着毛线。

"你用筷子怎么喝汤呢?"一位小妹妹满腹狐疑地问。

"正像你用麦管吸汽水一样吸汤呀!小妹妹。"蒋梦麟代为回答,引起大家大笑。

还有许多华侨在那里开有洗衣店。他们一天到晚忙着浆洗衣服,常常忙到深夜。许多美国家庭喜欢把衣服送到中国人的洗衣店,因为中国人的洗衣店基本上是用手洗,比美国开的用机器洗大不相同,不仅不容易损坏衣服,而且更加干净。

这些来自"天朝上国"、"中央大国"的子孙们在异国他乡辛勤地劳作着,他们节衣缩食省下有限的一点钱,把省下的钱装进钱袋藏在床下。但是他们对于祖国,尤其是对于孙中山倡导和领导的中国革命却慷慨无比,大力资助,或者将这些钱寄回国内,抚养他们的家庭或帮助他们的亲戚。这些华侨大多来自广东,所以广东在近代以来就比内地富裕,除了广东人善于利用香港做生意外,另外一个重要原因就是广东素来就是著名侨乡,大量广东人漂洋过海遍布全球,他们以自己的辛勤在侨居地扎根结果,不忘故土,不忘亲戚和乡邻,总是尽其所能援助仍在家乡的亲人。所以,广东的富庶其中有不少来自华侨的贡献。

上千万华侨生活在海外,他们的工作极端辛苦,他们的早期前辈主要就是苦力,他们除了一副身板,一身力气外,别无所有,别无资本,只能出卖自己的劳力,像一群蜜蜂一样辛勤工作,节衣缩食,忍声吞气,寄人篱下,受到无法想象的剥削。他们将花蜜从遥远的花朵送到在中国的蜂房,可是他们却得不到来自中国的任何政治力量的支持,他们几乎成为中国的弃儿。他们又没有携带枪炮到外国来,他们也无法凭借自己的力量保护自己不受侵害。这些华侨为居留地筑路、开矿、种植树木,以一天辛劳换回几个美金或先令。不错,也有一些华侨,特别是在新加坡、印度尼西亚等东南亚地区的华侨,也有一些人凭借机遇、缘分和精明发了财,住着皇宫一样的大厦和别墅,生活得像印度的土大王。也有一些华侨跻身于中产阶级,买田置产。但是,富有的和小康的华侨毕竟只是少数,大多数华侨必须辛勤劳作,而且只有辛勤劳作才能糊口,才能稍有积蓄。

在美国的华侨,至少在蒋梦麟留学的年代,基本上没有富裕的或发了财的,当然也没有很穷的。多数都是老实可靠,辛勤工作的人。几乎所有的华侨都能寄一点钱回广东。他们的生活方式主要是中国式的。你如果乘一只船沿着萨克拉孟多江航行,你就可以看到沿江两岸散布着一些华侨城镇和村落,店铺门前挂着大字书写的中文招牌如“长途粮食”、“道地药材”之类,恍惚间,你似乎觉得自己可能正在沿着长江或运河航行呢。

有一次,蒋梦麟在萨克拉孟多江沿岸的一处中国城上岸,拜访一位芦笋园主人丁山。丁山是孙中山的朋友,他拿鲜嫩的芦笋招待蒋梦麟,这些芦笋非常肥美多汁,品质一流。后来,丁山开了一间制造芦笋罐头的工厂,所制罐头借用美国商标出售,类似后来的“贴牌”。蒋梦麟知道这些信息后,他总是在想,那些标明美国产品的罐头,可能有很多都是华侨种植和灌装的。丁山赚钱的办法的确好,而且很巧妙。他为工人开设了许多娱乐场所,以为工人辛苦一天,应该有个地方散散心,放松放松。如果他自己不开这些娱乐场所,那么他的工人就会找到他的邻居所开的娱乐场所去。他的用意是“肥水不流外人田”,结果,到他娱乐场所来玩的人,人人都贡献了一点“肥水”,他的财产并没有因为为工人开办娱乐场所而减少,反而越来越多。丁山的经营之道显然来自中国传统理想,遵循的原则是利人而不损己。

在美国及世界各地的华侨,真不愧为炎黄裔胄。男子留着辫子,女子甚至还在缠足。在旧金山的华侨街头,可以发现卖卦算命的摊子。有一位算命先生告诉一位来算命的白人说:“好运道,快快的,大发财。”旁边的一位黑人也想算命,算命先生说到此为止,自然太平无事,但是他偏偏要画蛇添足,对黑人说:“快快地,不再黑,像他……”同时用手指着那白人。黑人气得一脚踢翻算命摊子，阿谀过分成为侮辱，此即一例。

根据蒋梦麟的观察，华侨还有许多杂货店，出售咸鱼、鳗鱼、蛇肉、酱油、鱼翅、燕窝、干鲍以及其他从广州或香港运到美国的货色。有一次，蒋梦麟到一家杂货铺想买一点东西，但他的广东话实在太蹩脚，没有使店员明白要买什么东西。只好拿一张纸把它写下来，旁边站着一位老太太只晓得中国有许多方言，却不晓得中国只有一种共同的文字，看了蒋梦麟写的文字大为惊喜，她问店里的人：这位唐人既然不能讲唐话（指广东话），为什么他能写唐字呢？许多好奇的人围住蒋梦麟看，有一位稍微懂得普通话的人问道：你到广东省城去过没有？蒋梦麟说没有。“那么你去过哪里买东西呢？”“上海。”蒋梦麟笑着答道，夹起一瓶酱油和一包货物就走了。

唐人街的学校仍旧保留着国内的旧式教育，学生高声诵读古书，和蒋梦麟小时候读家塾的情形一模一样。离唐人街不远的美国学校对唐人街的教育似乎毫无影响。这多少暗合了文化传播学的理论，即愈是远离文化中心的边缘，可能更多地保留了中心文化的原初特征。

辛亥革命后，唐人街也发生一系列变化，因为国内的变化，新来的中国人带来了变化后的中国文化，而且辛亥革命给中国带来的变化太大了，太急剧了，所以唐人街也在那几年天翻地覆。短短几年，算命卖卦的不见了，辫子的数目在减少，终至完全绝迹。青年女子不再缠足，学校制度也在改革，采用了新式课程和新式方法。送到美国学校上学的孩子逐渐增加。唐人街虽然想或者说在文化深层想抗拒美国邻居的影响，但是祖国有了改革，祖国也在学美国，而且祖国在生活方式上有了重大改变，这些漂流在外的炎黄裔胄终于无法抗拒西方文化的冲击，终于和祖国一起前行。

### 追随孙中山

蒋梦麟到美国留学不久，中国政局发生了重大变化。光绪帝和慈禧太后在不到二十四小时间相继去世。关于这件事，在美国的中国留学生中有不同传说，一说慈禧太后先去世，她的亲信怕光绪帝重新掌权，于是谋杀光绪帝以绝后患；另一种说法是，慈禧太后临死前派了一名太监给光绪帝送去毒药，谋杀了光绪帝。现代医学已经检验证明光绪帝确实死于非命，确实是中毒死亡。但这些猜测毕竟只是猜测，而且带有浓厚的“康有为色彩”，过多考虑了两宫之间的恩怨，真实情况究竟如何可能还是比较复杂的，不可能如此简单。

慈禧太后死前，已经得知光绪帝将要死亡的消息，于是宣布由三岁的溥仪继承皇位。不论这些传说的真实性如何，在美国的中国留学生差不多一致认为慈禧太后一死，中国政局必定要有大的改观，甚至可能由此开始新的一轮混乱乃至大乱。

溥仪登基后，他的父亲载淳出任摄政王。可是摄政王似乎存在严重的性格缺陷，他不仅对政治事务缺乏敏感，毫无经验，而且刚愎自用，性情暴躁，心胸狭隘。为了满族人的利益，或者说为了能够更好地掌控政权，摄政王就任之初就将最能干的汉族大臣袁世凯罢黜，这实际上是将清政府的统治基础架空，因为当时最有力量的军队差不多就是袁世凯的私人武装，没有袁世凯的指挥，清政府不仅很难调动使用这支军事力量，而且这支军事力量必将成为自己的掘墓人或政治异己。

摄政王的连连失误使清政府的威信一落千丈，内部矛盾与外部矛盾错综复杂的交织在一起，中国政治危机日趋加深。

当中国的政治危机日趋加深的时候，革命党人的活动更加积极，他们在孙中山的领导下，接二连三在国内发动了一系列武装起义。这些起义虽然都失败了，但这些起义激活了汉族人的民族意识，激励了那些与清政府离心离德的政治异己。

在加紧进行武装暴动的同时，孙中山等革命党人也在海外创设了一些新闻机构，宣传革命道理，揭露清政府的阴谋。在旧金山，孙中山创办《大同日报》作为革命党的机关报。

1909年秋，孙中山由英国来到美国，在途径旧金山时，蒋梦麟因其加州大学同学刘成禺的介绍，在一个晚上前往唐人区史多克顿街一家旅馆，第一次拜访孙中山。

▲孙中山

那时的孙中山在进步青年学生、华侨中已经享有很高的声誉，所以蒋梦麟在进门的时候，心情格外紧张，一颗心怦怦直跳。孙中山借宿的旅馆房间很小，一张床，几张椅子，还有一张小桌子。靠窗的地方有个小小的洗脸盆，窗帘是拉上的。

孙中山在房间里很客气地接见了刘成禺、蒋梦麟等人。这种客气更使孙中山展示出一种不可抗拒的引力，任何人如果有机会和他谈话，马上就会完全信任他。孙中山天庭饱满，眉毛浓黑，一望而知是位智慧极高、意念坚强的人物。孙中山澄澈而和善的眼睛显示了他的坦率和热情。他紧闭的嘴唇和坚定的下巴，则显示出他是一个勇敢果断的人。孙中山肌肉结实，身体强壮，予人镇定沉着的印象。谈话时他的论据清楚而有力，即使你不同意他的看法，也会觉得他的观点无可批驳。除非你有意打断话头，他总是娓娓不倦地向你发挥他的理论。孙中山说话很慢，但是句句清楚，使人觉得他的话无不出于至诚。孙中山也能很安静地听别人讲话，并能很快抓住人家讲话的要点。孙中山的人格魅力深深吸引着蒋梦麟，从此之后，蒋梦麟便成为孙中山革命事业忠心耿耿的追随者。

随着与孙中山接触越来越多，蒋梦麟对孙中山更加佩服，他发现孙中山对各种书籍都有浓厚的兴趣，不论是中文书，还是英文书，孙中山把能省下来的钱几乎全部用来买书。孙中山读书不快，但是记忆力惊人，博览群书，对中西文化的发展有清晰而独特的理解。孙中山喜欢听笑话，尽管他自己很少说，但当每次听到有趣的笑话时，孙中山总是大笑不止。

在生活习惯上，根据蒋梦麟的观察，孙中山喜欢鱼类和蔬菜，很少吃肉类食物。喜欢中国菜，不太喜欢西餐。他常说中国菜是世界上最好的菜。这可与孙中山的西方经历不太相合。

对于孙中山的革命理想和革命精神，蒋梦麟更是佩服得五体投地，他坚信孙中山是一位真正的民主主义者，蒋梦麟曾在旧金山唐人街街头参加孙中山的演说。演说中的孙中山头顶飘扬着国民党的党旗，他就站在人行道上向围集他四周的人演说。孙中山非常了解一般人的心理，总是尽量用通俗易懂的词句表达自己的意思。他会故意问："什么叫革命？""革命就是打倒满洲佬。"这样，听众很容易明白孙中山的意思，因此就跟着喊打倒满洲佬。接着，孙中山又用极浅近的话解释，为什么必须打倒满洲佬，推翻满清建立共和以后还有什么计划，老百姓在新政府下能够享受怎样的好处等。

在蒋梦麟看来，孙中山是一个道德完人，对人性有深切了解，对于祖国和人民有着热烈的爱，对于建立新中国所需要的东西有深邃的见解。这一切的一切，使孙中山在新中国的发展过程中成为无可置辩的领袖。孙中山常常到美国南部各州东部各州去旅行，有时也从美国转欧洲。由于旧金山在中国革命中的特殊地位，孙中山那些年到旧金山的次数更多些，这为蒋梦麟向孙中山请益提供了难得的机会。孙中山只要到了旧金山，蒋梦麟总是与刘成禺一起去看望，顺便请教一些政治或学术方面的问题。[1]

蒋梦麟成为孙中山的忠实信徒，孙中山也对蒋梦麟有很高评价，他认为蒋梦麟不仅是教育学的专业人士，将来肯定会成为中国教育学界泰斗级的人物，而且由于蒋梦

[1] 蒋梦麟：《追忆孙中山》，《西潮·新潮》，第312页。

麟对于革命议论，风发泉涌，笔利如刀，显然是宣传家大手笔，所以将来中国文字革命时期，蒋梦麟也必能贡献良多，成为不可或缺的学术领袖。[1]

孙中山对蒋梦麟文字功夫的夸奖，主要是根据蒋梦麟在担任《大同日报》主笔时的文字。在孙中山指导下，蒋梦麟在《大同日报》连续写了三年社论。开始时，蒋梦麟和刘成禺轮流撰写，每人两天写一篇。他们一方面在加大读书，一方面为报纸写社论，常常开夜车到深夜，赶写第二天早上见报的文章。大学功课也不能放松，因此他们特别是蒋梦麟还是感到压力，感到额外工作负担之重。革命成功，民国建立，刘成禺回国了，蒋梦麟不仅没有从这项额外工作中解脱，反而一人独任每天社会的写作。他虽然深深关切祖国前途和命运，但这种身不由己的经常写作，终于扼杀了蒋梦麟后来的一切写作兴趣。他一直在无休无止的压力下工作，而且仓促成文，作品的素质日见低落，且养成散漫而匆促的思想习惯，用字也无暇仔细推敲。有时思想阻滞，如同阻塞了水管里的水滴，但是笔头的字还是像一群漫无目的的流浪者一样涌到纸上。蒋梦麟对这些不速之客实在生气，但时间紧张，每天一篇，又不能平白无故开天窗，所以有些不知所云的作品尽管不满意，尽管很生气，也只好由它们去了，因为它们至少可以填满报纸的版面。何况这些作品原本就只有一天的寿命呢?

其实，蒋梦麟之所以愿意担任《大同日报》主笔的兼职，在最初还是因为他格外喜欢写作，喜欢表达，那时，他觉得写作的确很有趣，字斟句酌，反复推敲，务求至当。这情形很像选择适当的钱币，使它能投进自动售货机的放钱口，机器自然就阻塞了，多余的钱怎么也放不进去了，结果就散落一地。一个人不得不在匆忙中写文章，情形就是这样，结果是毫无意义的一大堆文字生产出来了，其实可能只是一大堆正确的废话，只是在填满报纸的版面而已。

紧张而乏味的社论写作固然使蒋梦麟深感厌倦，但这个工作不仅是革命理想的体现，有时也能够带来无比的快乐与欣喜。1911年10月8日晚上八时许，孙中山来到大同日报编辑部，兴高采烈地告诉蒋梦麟等人，据他从某些方面得到的消息，革命党人在武汉计划举行一次武装起义，各项准备都正在顺利地进行，随时可以采取行动。两天之后，消息传至旧金山，武昌已经爆发革命了。蒋梦麟遂与孙中山、刘成禺及《大同日报》的经理唐琼昌等人至江南楼聚餐，以示祝贺。紧接着，孙中山经英国返回国内，中华民国成立，大清王朝终于成为历史陈迹。

---

[1] 根据刘成禺《先总理旧德录》记载，孙中山对蒋梦麟的评价是："少贤他日当为中国教育泰斗，非知之艰行之为艰，少贤有焉！然对于革命议论，风发泉涌，笔利如刀，又宣传家大手笔也。文字革命时期，不能少此人。"少贤为蒋梦麟的字。

中华民国成立后，刘成禺回国参加革命工作，《大同日报》的每日社论写作由蒋梦麟一人承担。蒋梦麟的压力更大，厌倦更甚，好在为时不久，蒋梦麟也离开了加州，于是自然结束了《大同日报》的兼职。他的心里感到很轻松，但后遗症也非常明显，那就是他从此一直有点害怕写文章，就像美国小学生怕用拉丁文作文一样。

与孙中山结识是蒋梦麟人生旅途中的一个重要内容，他后来的许多活动，许多主张，都与孙中山有很密切的关系。1918年，蒋梦麟在上海协助孙中山进行中国实业计划方面的研究工作，负责校阅孙中山的英文原稿；1919年，蒋梦麟代表蔡元培前往北大主持校务，据说也有孙中山的因素在其中，至少孙中山希望蒋梦麟能将北大改造成一个革命大熔炉；稍后的华盛顿会议，北伐革命，孙中山北上，处处可以看到蒋梦麟与孙中山紧密互动的身影。假如蒋梦麟执意放弃教育事业，从事革命的话，他的机缘巧合，孙中山乃至一大批国民党元老对蒋梦麟的赏识，都给蒋梦麟提供了很多机会，只是蒋梦麟或许铭记孙中山要他做大教育家的期待，所以在其前半生致力于现代中国的教育事业，后半生投身于农村复兴，终生处于亦官亦学的状态。

在蒋梦麟为《大同日报》撰写社论的时候，并不是仅仅撰写鼓吹革命的文章，事实上他那时对中西文化比较也具有相当浓厚的兴趣，曾经撰文讨论东西文化同异。蒋梦麟的主要看法就是东方不但缺乏科学的基础，而且也缺乏因科学与工业之发达而产生的社会思想与个人行为。蒋梦麟后来对于这篇文章讲过很多次，每次都说得很起劲，而且说他后来关于中西文化与思想的许多重要看法，实际上都脱胎于这篇文章。

除了探讨中西文化异同外，蒋梦麟对于一般性的思潮与习惯也是非常注意的。无论关于政治、教育、经济或人口等问题，他都是接受西洋文化的一个重要人物，是五四运动前后中国学术界沟通中西文化的一个重要媒介。但是，他和孙中山一样，对于中国优良文化传统却是主张要保存并予发扬的。因为他对于中国民族性格与社会情况了解得相当透彻，所以对于做事方法蒋梦麟往往采取较现实较合理的途径。他对于教育心理和中西文化之比较，注意得最早，而且一直维持这两方面的兴趣，因此人们也往往把蒋梦麟看做是一位研究思想素质的人，并不是一个简简单单的教育家，一个著名大学的主持人。[1]

[1] 叶公超：《孟麟先生的性格》，《传记文学》5卷2期。

## 纽约印象

1912年6月，二十七岁的蒋梦麟以教育为主科，历史与哲学为两副科，毕业于加州大学教育学系，获学士学位，成绩优异，因此获得加州大学颁发的名誉奖。

加大毕业后，蒋梦麟并没有回国，而是前往纽约，转入哥伦比亚大学研究院，追随美国著名哲学及教育学教授杜威，继续研究教育学和哲学。

▲哥伦比亚大学赫特莱楼

约翰•杜威（John Dewey，1859—1952）是实用主义哲学的重要创始人之一，也是功能心理学的先驱者之一，还是美国进步主义教育运动的代表。杜威1884年获霍布金斯大学哲学博士学位，同年受聘为密歇根大学哲学和心理学讲师。杜威主要致力于黑格尔和英国新黑格尔主义哲学研究，对霍尔与詹姆斯提出的新实验生理心理学也颇有心得。在教育学方面，杜威发现多数学校正沿着早先传统路线进行，没有适应儿童心理学的最新发现和变革中的民主社会秩序的需要，因此寻找一种能补救这些缺陷的教育哲学，便成了杜威主要关切的事情。

1894年，杜威离开密歇根大学，转任芝加哥大学哲学教授。进化论的生物学和心理学在杜威的思想中占有越来越重要的地位，终于迫使他放弃黑格尔理论，接受工具主义认识论。1903年，杜威和他的同事联合出版《逻辑学理论研究》论文集，标志着新哲学“芝加哥学派”的诞生，杜威的理论受到国内外广泛重视。

基于自己的教育学理论，杜威对芝加哥大学的教育计划、教育管理等方面甚有意见，当这种意见无法调和时，杜威遂于1904年离开芝加哥大学，转任哥伦比亚大学哲学教授。在此后数十年中，杜威成了哥伦比亚大学的一面旗帜，吸引着国内外成千上万的学生，成为那个时代美国最风光最牛皮的教授。中国新文化运动中的重要人物胡适、陶行知、蒋梦麟等，都出自杜威的门下。也正是由于这层关系，杜威在五四新文化运动期间受到中国弟子们的邀请来华访问讲学，担任北京大学客座教授两年之久，他的著作、演讲以及在华期间与中国思想界、学术界的密切交往，曾经对中国的教育理论与教育实践发生过重大影响。他的实验哲学与中国人讲究实际的心理不谋而合。但是，杜威也不时警告人们：一件事若过于注重实用，就反为不切实用。

在哥伦比亚大学，蒋梦麟学到了如何以科学方法应用于社会现象，而且充分体会到科学研究的精神。他在哥大遇到许多诲人不倦的教授，从他们那里得到许多重要启示，他们的教导使蒋梦麟铭记在心，终生受益。

哥大的生活丰富多彩，蒋梦麟在那几年中获益良多，他对美国生活和美国语言已感习惯，而且可以随时随地从所接触的事物中汲取知识而无事倍功半之苦。

纽约给蒋梦麟的印象较深的事物是它的摩天大楼，川流不息的地铁和高架电车，高楼屋顶上的炫目的霓虹灯广告；剧场、影院、夜总会、旅馆、饭店；出售高贵商品的第五街，生活浪漫不拘的格林威治村，东区的贫民窟等等。

通过对纽约社会生活的观察，蒋梦麟获益匪浅，感触良深。纽约是个移民城市，新英格兰人、爱尔兰人、波兰人、意大利人、希腊人、犹太人等各族杂处，和睦如邻，此外还有几千名华侨聚居在唐人街附近。那时在纽约这个大都市的中国菜馆就有五百家之多。纽约市密集的人口中龙蛇混杂，包括政客、流氓、学者、艺术家、工业家、金融巨子、百万富翁、贫民窟的贫民以及各色人等，但是基本上这些人都是美国的产物。有人说，你一走进纽约，就等于离开了美国。事实上则大谬不然。蒋梦麟认为，只有美国这样的国家才能产生这样高度工业化的大都市，也只有美国才能出现这样兼容并蓄的大熔炉。种族摩擦的事在纽约可以说是绝无仅有。一个人只要不太逾越法律的范围，就可以在纽约为所欲为；只要他不太违背习俗，谁也不会干涉他的私人行动；只要能够找到听众，谁都可以评论古今，臧否人物和时政。

根据蒋梦麟的观察，法律范围内的行动自由，理智领域内的思想自由和言论自由，在纽约发挥得淋漓尽致，大规模的工商业，国际性的银行业务，发明、机械和资源的极度利用，处处显示美国主义的精神和实例。在纽约，人们可以发现整个美国主义的缩影。人们很可能为这个缩影的炫目外表所迷惑而忽视美国主义的正常状态，这种正常状态在美国其余地方随处可见。

暑假里，蒋梦麟常常到纽约东北部的阿蒂隆台克山区避暑。有一年夏天，他和几位中国朋友到彩虹湖去，在湖中丛山中的一个小岛上露营。白天，他们到附近的小湖上划船垂钓，钓鱼的成绩很不错，常常满载而归，而且包括十斤以上的梭鱼。他们露营的小岛上，到处是又肥又大的青蛙，蒋梦麟童年时代在乡下就学会捉青蛙，想不到成年之后到了美国还有机会露一手。一根钓竿，一根细绳，一枚用大小适当的针屈曲而成的钓钩,再加上一块红布就是钓青蛙的全副道具了。这些临时装备成绩惊人,他们常常在一个小时内就能捉到二十多只青蛙,足够他们饱餐两顿。彩虹湖附近的居民从来没有吃过田鸡,他们很佩服蒋梦麟的技术,但是他们的心里一定在想:这些野蛮的中国人似乎真的很古怪。

晚上,蒋梦麟等人常常参加附近居民的仓中舞会,随着主人弹奏的提琴曲子婆娑起舞。居民们随着曲子所唱的歌词是:

所有的户枢都长了锈,
门窗也都歪斜倾倒,
屋顶遮不住日晒雨漏,
我的唯一的朋友,
是灌木丛后面的,
一只黄色的小狗。

这支歌反映了山区孤村生活的孤独与寂寞,但是对城市居民而言,它却刻画了一种宁静迷人的生活。

蒋梦麟等人有时也深入到枝叶蔽天的原始森林里。山路两旁的杜松散发着芬芳的气息,他们在晨雾中采撷了这些芳香的常绿枝叶装饰枕头,把大自然带回锦衾之中,杜松枝叶散发出来的阵阵芳香更使蒋梦麟这些年轻人的梦想充满了温馨。

有时,蒋梦麟等人也会在浓密的森林中迷路。那样的话,他们只好循着火车汽笛的声音,找到铁路以后才能回来。经过几次教训后,蒋梦麟等人再进森林时,总会带上指南针。

在乡下住了一段时间后,蒋梦麟和朋友们重新回到城市,的确另有一番愉悦之感。从乡村到城市,城市会显得特别的清新可喜;从城市到乡村,乡村却又显得特别迷人。原因在蒋梦麟看来就是环境的改变和鲜明的对照。外国人初到中国,常常迷恋于悠闲的中国生活和它的湖光山色;而中国人到了异国,却常常留恋外国的都市生活。因此人们常常发现,许多欧美人士对中国的东西比中国人自己更加喜爱。在另一方面,也有许多中国人对欧美的东西比西洋人自己更加喜爱。这就是环境改变和先后对照的原因,改换和对照可以破除单调而使心神清新。但是事物的本身价值并不因心理状态的改变而有所不同。

蒋梦麟在纽约学习的一段日子里,中日关系突起变化,以致两国日后势成水火。日本经过明治维新改革后,于1894年甲午一战击败中国,声威渐震。中国人以德报怨,并不因战败而怀恨在心。这次战败反而意外地引起中国人对日本的钦仰和感激，钦仰日本在短短的半个世纪所完成的重大变革，感激日本唤醒了中国人，中国人通过这次战败重建了信心与信念，对自己的前途充满新的期待和乐观。甲午之战燃起了中国人心中的希望。战后一段时间，中国曾力求追随日本走上现代化的坦途，日本一时间从中国人的仇敌变成导师、楷模。那些年，中国的年轻人以到日本留学为荣，每年都有数以千计的学生东渡扶桑，中国在政治、军事、警务、教育等各个方面都参照日本重建了新的制度，这些制度的设计与主持大都由从日本归来的留学生负责。中国开始从日本发现西方文明的重要性，1904年的日俄战争更使中国的变革运动获取了新的动力和资源，日本成了中国人心目中偶像，日本人也变得最美丽。

中国通过她的东邻逐渐吸收了西方文明，但是中国不久又发现，日本最值得效法的东西实际上还是来自欧美。更巧的是，美国退还了通过义和团战争所获取的庚子赔款中的多余部分，中国政府遂利用庚款选派了更多学生前往美国。在过去，中国学生也有利用官费或自费留学欧美的，但数量太少，不成气候，现在由于庚款的支持，从欧美回国的留学生逐年增多，而且逐步掌握了中国政府、工商业以及教育界的若干重要位置。传教士，尤其是美国传教士通过教会学校帮助中国教育了年轻一代。因此，中国与日本的文化关系逐渐疏远，中国人心目中的日本偶像也渐行萎缩，但是日本人却没有及时意识到这一点。

相反，日本利用先前与中国的友好关系，利用第一次世界大战中西方国家无暇东顾而沙俄势力急剧衰退，远东均势遭到严重破坏的机会，在1915年突然向中国政府提出臭名昭著的二十一条要求。如果中国政府接受了这些要求，堂堂的中华民国虽然地大物博，但却要沦为东邻小国日本的保护国。日本人不自量力，野心勃勃，严重伤害了中国人的感情，也为此后中日不断交恶埋下了种子。

中国既受东邻日本的逼迫，遂使中国很自然地与西方国家靠拢，与日本疏离乃至分道扬镳。中日关系的日渐恶化，不独影响两国关系与往来，而且深刻影响和改变了国际政治格局。日本人如果真的具有远大理想和远大目标，或者说日本人如果真的具有与其野心相匹配的手腕与智慧，日本都应该在中国最困难的时候帮助中国，赢得中国人的尊重和亲近，那么中日两国也许就能够一直和睦相处，而后来第二次世界大战的情形或许就不一样了。

日本的不智引起了中国人的极大反感。当二十一条还在谈判的时候，中国驻美国大使馆经政府授意有意识地将这个消息泄露出去。那时，蒋梦麟正在纽约的哥伦比亚大学研究院读书，这个消息不仅使西方人大为震惊，更使中国人空前愤怒。各种各样的抵制日货运动像野火一样在中国各地迅速蔓延，尽管日本军舰集结在中国重要口岸，日军集结在辽东半岛和山东等地，并进行了军事动员。但是，中国人的愤怒火焰依然遏制不住。中国人先前对日本所建立的那一点钦佩、仰慕和感激之情迅速化为乌有，取而代之的是恐惧、猜疑和愤怒。从此之后，不论日本人说什么，中国人总是满腹狐疑，不敢置信；不论日本人做什么，中国人总是怀着恐惧的心情加以戒备。日本越是向中国表示亲善，中国人就越是感到其居心不良、居心叵测。中日关系的这种僵局不仅严重影响了中国现代化的进程，而且深刻改变影响了日本的国家形象，尽管日本在经济上获得了巨大成功，但日本始终无法主导亚洲事务，无法成为亚洲大国、强国，更不要说亚洲领袖。这是日本在20世纪的最大悲哀，也是蒋梦麟在美国留学期间所受到的最大刺激，并在此后数十年左右着蒋梦麟对日本的态度。

# 三　新文化与新教育

蒋梦麟认为，我们要讲文化运动，纵横两方面都须同时进行，传布学术思想，是为一般知识界的增进学识，这是纵的；社会运动的教育，是为一般平民得一种应用的知识，这是横的。纵的一方面，是提高；横的一方面，求普及。提高与普及，都是社会进化不可少的事。

若要实行民主，就要从社会运动的教育入手。没有这种教育，文化运动就渐渐地会变成纸上的运动。即使不变成纸上的运动，也会变成知识阶级一部分的势力，平民得不到什么真好处。社会的进化不是少数知识阶级的人就能够做得到的，而要靠老百姓大家都进步，方能做到。

1917年初,蒋梦麟完成了自己的博士论文,题目是《中国教育原则之研究》(A Study in Chinene Principies of Education)。在这篇论文中,蒋梦麟调动自己的知识储备,运用现代科学方法综合研究中国自孔孟以来历代哲人学士以及朝廷有关教育的思想、言论、制度和措施,并将之与西方文化中相同事例进行比较。以为以孟子为代表的中国教育思想不仅深刻影响了中国千百年来的教育,而且其精神实际上与希腊精神相仿,中西教育理念都曾强调个人权利的重要性,都曾强调需要强有力的政府,只是这个强有力的政府应该且必须尊重个人的权利。

蒋梦麟和他的同门胡适选择的是同一条学术路数,那就是用西方的方法去研究中国古代思想,这样,他们先前在国内所接受的教育,所受到的学术训练都能够有所体现,缺点是毕竟谈论的还是中国自己的东西,因而这样的选题又不被那些"很牛"的中国留学生所看重。这些留学生认为,既然到西方留学,就应该做西方的题目,像马寅初的《纽约市的财政》、陈岱孙的《麻省地方政府开支与人口密度的关系》才是最好的博士论文选题,似乎最受推崇。像蒋梦麟的《中国教育原则之研究》、胡适的《先秦名学史》,不论有多少真知灼见,其实都是在糊弄那些根本不懂中文为何物的外国老师。

这种说法当然太过偏激,事实上,胡适与蒋梦麟的论文不论选题,还是写作,都有可称述的地方。以蒋梦麟的论文论,这毕竟是用西方方法研究中国的教育思想,特别是作者对中西文化无所轻重,无所偏倚,充分体现了作者的才情和对中西文化的看法。

蒋梦麟的论文获得了美国教授们的好评,顺利获得了哥伦比亚大学哲学博士学位。

## 又见上海

获得博士学位后,蒋梦麟结束长达九年的留学生活,于1917年6月离美返国。

那时,美国正为有史以来第一次参加境外战争而忙着动员,举国上下一片慌乱。离美前夕,蒋梦麟的心情相当复杂,他那晚睡在哥伦比亚大学赫特莱楼,思潮起伏,一夜不曾合眼。

时间慢慢消逝,终于东方发白。初夏的曙光从窗外爬藤的夹缝漏进房里,清晨的空气显得特别温柔,蔷薇花瓣上满积着晶莹的露珠。附近图书馆前石阶上的圣母铜像,似乎怀着沉重的心情在向蒋梦麟微笑道别。

蒋梦麟站在窗前伫望着五年来朝夕相伴的景物,不禁热泪盈眶。四年加州大学、五年哥伦比亚大学的生活难道就这样结束了?九年的美国漂流终于这样停止了?蒋梦麟感到困惑和不忍,但是学成回国毕竟是自己的承诺,自己的责任,因为自己已享受了留美的特权,获取了新知,经历了国内更多同龄人不曾经历过的新生活。何况,那时的中国留学生似乎也没有人考虑过长期旅居美国,效力于美利坚。

那天下午,蒋梦麟在中央车站搭乘火车离开纽约,前往俄亥俄州的一个城市。火车慢慢移动离开时,蒋梦麟忍不住回头望着挥手送别的美国朋友,直到无法再看到那些青年男女的影子。

到了俄亥俄州,蒋梦麟去看望一位朋友。男主人有事进城去了,由漂亮的女主人招待。主人家里没有男孩,只有一位掌上明珠。这位黑发女郎明媚动人,长着一张鹅蛋脸,而且热情洋溢,真是人见人爱。

在俄亥俄州,蒋梦麟住了半个月之久。他在那里看到美国青年正忙着登记应召入伍。第一批新兵正在集合出发,队伍浩浩荡荡经过大街,开往营地受训。街道两旁人山人海,母亲们、妻子们、朋友们纷纷向出征的勇士道别,有的拥吻不舍,有的泪流满面,就是旁观的人们也为之鼻酸。

做客俄亥俄期间,蒋梦麟在朋友的陪伴下,曾数度在月明之夜划船游湖。湖上遍布着长满金色和银色水仙花的小岛屿,萤火虫像流星样在夜空中闪烁,鱼儿在月色下跳跃嬉水,女孩子们则齐声欢唱一支她们喜欢唱的歌:

六月的空气温暖而清新,
你为什么不肯打开你的瓣儿?
难道你怕会有人,
悄悄地偷走你的心?

女孩子们的歌声惊动了青蛙,青蛙们嘶着粗野的歌喉随声和唱。女孩子们唱了一支又一支,直到晚风带来阵阵寒意,人们终于恋恋不舍弃舟登岸,在斜泻而下的月色中踏着遍沾露珠的草地回家。

时间在不知不觉间飞逝,半个月的愉快生活旋告结束。蒋梦麟向朋友们道别,搭乘火车前往旧金山,然后从那里搭乘邮船回国。

当邮船于1917年7月31日缓缓驶出金门海口时,蒋梦麟站在甲板上望着东方,心里念念不忘在纽约在美国的朋友:再会吧,朋友;再会吧,美国。蒋梦麟心中默默念叨着。

一路辛苦,一路颠簸,一路风尘,蒋梦麟终于在1917年8月26日回到了上海,回到朝思暮想的祖国。

九年了,上海已不再是九年前的上海。上海的许多街道比以前宽阔,也比以前平坦。租界外修筑了许多新马路。百货公司、高等旅馆、屋顶花园、游乐场、跳舞场等也都比以前好多了,上海似乎正在追上纽约的风气,成为世界大都会了。

离开祖国这九年,上海的学校也增加了好几倍,但是除了少数例外,所有学校的经费都是由私人或政府负担的。少数例外的学校是多年以前公共租界当局兴办的。自从这些落伍的学校在几十年前创办以来,租界当局的收入至少已经增加百倍,但是租界当局依然不愿意在教育事业给予更多投入。这使蒋梦麟感到非常的不满意。

教育虽然不算发达,但社会风尚特别是追逐西方最新时尚在上海却是一道亮丽的风景线。年轻女孩子已剪短头发,而且穿起仅到膝盖的旗袍,这是那时最流行的式样。这种最摩登的女子服装从肩到膝,平直无华,料子多半是绸缎,长短随时尚而定。这原是满洲旗人的长袍,于清军进关时男子被迫而穿着的,进入民国,这种服装依然受到汉族女子的欢迎,并被称为旗袍。

在上海,到处可以看到穿着高跟鞋的青年妇女。当你听到人行道上高跟皮鞋的急骤的笃笃声时,就能知道年轻一代与她们的母亲已不大相同了。过去的羞怯之态已不复存在,也许是穿着新式鞋子的结果,她们的身体发育也比以前健美了。从前女人是缠足的,天足运动是近代中国政治改良运动的一个组成部分,大约开始于1904年日俄战争前后,但在辛亥革命以前进展缓慢。蒋梦麟猜想,高跟鞋可能是促使天足运动迅速成功的原因,因为女人们天生爱美,看到别人穿起高跟鞋婀娜多姿,自然就不愿意再把她们女儿的足硬挤到绣花鞋里了。

与女子的变化相类似,男子已经剪掉辫子,但是仍旧没有舍弃长衫,因为大家已忘记了长衫本来就是旗服。穿着长衫而没有辫子,看起来似乎很滑稽,但是不久之后,蒋梦麟在回国最初很不能接受,久而久之,他像大家一样穿起长衫来了,因为无论革命与不革命,旗服究竟比较方便而且舒服。谁也不能抵抗既方便又舒服的诱惑,这是人情之常。

也有一些人继续留着辫子,尤其是老年人。他们看不出剪辫子有什么好处。这些人认为,辫子已经在中国人头上留了两百多年,就让它再留几百年也无所谓。原本非正统的东西一旦变为正统,人们要想抛弃它还真的不容易。

回国前,蒋梦麟喜欢用中国的尺度去衡量美国的东西。现在回国了,他的办法是将尺度颠倒过来，略作调整，喜欢用美国的尺度来衡量中国的东西，有时更可能用一种混合的尺度，一种不中不西、亦中亦西的尺度，或者游移于两者之间。

在上海的日子里，蒋梦麟可怜那些黄包车夫，以为他们为了几个铜板，跑得气喘吁吁、汗流浃背，尤其在夏天，烈日炙灼着他们的背脊，更是惨不忍睹。蒋梦麟的美国尺度告诉他，黄包车的制度太不人道。有时他碰到一些野兽似的外国人简直拿黄包车夫当狗一样踢骂，甚至还不如美国人养的一条狗。每当此时，血气方刚的蒋梦麟真是怒发冲冠，热血沸腾，很想抓住那些外国佬打抱不平，狠狠地将这些衣冠禽兽揍上一顿。但是一想到支持这些外国人的治外法权，蒋梦麟只好压抑满腔气愤，忍气吞声。蒋梦麟内心深处的“美国尺度”在讥笑自己为“懦夫”，但他思想深处的“中国尺度”又告诫他“小不忍则乱大谋”。妥协的结果，是蒋梦麟暗自发誓还是少坐黄包车，多乘公共汽车和电车吧！但是这样一来，那些可怜的黄包车夫又将何以为生？回到乡下种田吗？不可能，他们本来就是农村剩余劳力。摆在他们面前的只有三条路：身强力壮的去当强盗，身体弱的去当小偷，身体更弱的去当乞丐。那么怎么办？还是让他们拖黄包车吧！兜了半天圈子，结果还是老地方。

那么就发展工业，让他们去做工吧。但是没有一个稳定的政府，工业又无法发展。农村里劳动力过剩，劳动力需要转移出去，只要军阀们肯出钱，或者肯让他们到处掳掠，这些过剩农村劳动力随时可以应募当兵。在这种情形下，欲求政府稳定势不可得，因此发展工业以容纳更多农村剩余劳动力的想法还是行不通。

蒋梦麟在繁华的大上海还看到，租界公园门口的告示牌较他出国之前已有改进，先前“华人与狗不得入内”的禁条已修改为“只准高等华人入内”。甚至一向趾高气扬的洋人，也开始发现中国有一些令人值得尊重的东西，特别是经过民国政治民主化的改造之后。

### 衣锦还乡

上海这个华东大港和商业中心，在蒋梦麟出国前与江浙一带的联系还不是那么方便，经过九年发展，待蒋梦麟回国，发现现在从上海去苏杭已经很方便：由上海到苏州的铁路再往西通到南京，在下关渡长江与津浦铁路衔接，往北直通天津和北京；上海往南的铁路止于杭州，尚未通到宁波。

蒋梦麟的家乡余姚离宁波不远。宁波虽是五口通商的五口之一，但是始终没有发展成为重要的商埠，因为上海迅速发展为世界大商埠之一，遂使宁波黯然无光。宁波与上海之间有三家轮船公司的船只每夜对开一次，两家是英国公司，第三家就是李鸿章创办的轮船招商局。许多年前蒋梦麟父亲怀清公曾拿这些轮船作蓝本，打造没有锅炉而使用手转木轮的“轮船”，结果无法行驶。蒋梦麟在上海稍事休整，处理一些杂务后，就和他的哥哥一道搭乘这种轮船的二等舱经宁波还乡。

事隔多年，乘客的生活状况并没有多大改变。过道和甲板上的乘客依然挤得像沙丁鱼，一伸脚就可能踩到别人。蒋梦麟兄弟二人为了占住舱位，下午五点钟左右就上了船。小贩成群结队上船叫卖，家常杂物应有尽有，多半还是舶来品。水果贩提了香蕉、苹果和梨子上船售卖。蒋梦麟哥俩还因此辩论了一场。哥哥要买部分腐败的水果，因为比较便宜；而弟弟则说什么也不同意，以为买水果的钱固然省了，看医生的钱却可能增加了。哥哥依然辩解说：我吃烂梨子、烂苹果已经好多年，烂的味道反而好，也从来没有吃出毛病。哥哥随手捡起一个又大又红然却烂了一部分的苹果，咬掉烂的一部分，其余的全部落肚。刚刚从文明世界归来的蒋梦麟实在无法理解，耸耸肩表示不屑，而他那位兄长却仰天大笑。

经过一夜航行，第二天清晨，蒋梦麟兄弟俩乘坐的轮船终于抵达宁波港。码头上的喧嚷声震耳欲聋，挑夫们一拥上船拼命抢夺行李。稍不留神，乘客的行李就会不翼而飞。蒋梦麟兄弟俩好容易在人丛中挤下跳板，紧紧跟在挑夫身后，唯恐这些挑夫提着东西溜之大吉。

在蒋梦麟的印象中，宁波几乎与九年前一模一样。空气中充塞着咸鱼气味。不过，蒋梦麟对这种气味并不反感，反而有一种莫名的亲近感，颇能安之若素，因他从小就经常吃咸鱼。宁波是个鱼市，而且离宁波不远的地方就盛产食盐。

蒋梦麟兄弟和挑夫走到火车站，发现一列火车正准备生火开往余姚。沿着铁路线，蒋梦麟看到绵亘数里的稻田，稻波荡漾，稻花在秋晨的阳光下发光，整齐的稻田在车窗前移动，像是一幅广袤无边的巨画。清晨的空气中洋溢着稻香，即将荣归故里的蒋梦麟按捺不住内心的激动。

火车在余姚车站缓缓停下，蒋梦麟那颗兴奋的心怦怦直跳。他们越过一座几百年前建造的大石桥，桥下退落的潮水正顺着江流急泻而下。从桥洞里还可以看到钓翁们在江边垂钓。这桥名曰武胜桥，意指英武常胜。因为四百年前即明代中晚期，当地居民为保卫余姚县城，曾多次与倭寇进行激烈的战斗，而桥头堡则是一个重要的战场和防御工事。

蒋梦麟兄弟俩走进自家院子时，秋阳高照，已是晌午时分。他的父亲怀清公站在大厅前的石阶上，两鬓斑白，微露老态，但身体显然很好，精神也很旺健。他的慈祥眼睛和含笑的双唇洋溢着慈父的深情。蒋梦麟兄弟俩恭恭敬敬地向他老人家行了三鞠躬礼。旧式的叩头礼在某些人中已随着清朝的消失而成为历史陈迹。

怀清公已经剪掉辫子，但是仍然穿着旧式布鞋。他说话不多，在这种场合，沉默胜似千言万语。蒋梦麟兄弟随即进入大厅。直背的椅子靠墙很对称地排列着，显见蒋家的生活方式仍然很少改变。正墙上悬着镶嵌贝壳的对联，右联是"海阔凭鱼跃"，左联是"天高任鸟飞"。对联的中间是一幅墨竹，竹叶似乎受秋风吹拂，都倾向一边。这一切很可以显示一种满足、安静而且安定的中产阶级生活。

大厅后面有一个小院子，长方形的大盘子里堆砌着山景，因此使高墙围的院子里平添山水之胜。小寺小塔高踞假山之上，四周则围绕着似乎已历数百年的小树。山坳里散坐着小小的猴子，母猴的身旁则偎依着更小的小猴。这些微小的假猴显得那么玲珑可爱，活灵活现。小寺小塔之外还有一个小凉亭，亭里长着一丛篁竹。假池子里则有唼喋的金鱼和探螯觅食的小虾。这一切的一切，都使人有置身大自然的感觉。

刘老丈听说蒋梦麟回家了，当天下午就来看望。在蒋梦麟的童年时代，刘老丈曾经给蒋梦麟讲过许多故事，小孩子们都很喜欢他。那天下午，刘老丈仍向蒋梦麟讲了许多逸闻趣事。他告诉蒋梦麟，老百姓们听到辛亥革命成功的消息时非常高兴，城里的人一夜之间就把辫子剪光了。年轻人买了西装，穿起来很像一群猴子。他还告诉蒋梦麟，大城市女人的短裙与短发是怎样传入县城的。辛亥革命后，刘老丈那根留了七十多年的辫子居然也剪掉了，可见他和一般民众对革命和民国还是很赞成的。据刘老丈说，起先他也有点想不通，没有皇帝坐龙廷，这个世界还成什么样子？但是过了一段时间，他才相信民国的总统，照样可以保持天下太平。他说，反正天高皇帝远，地方治安本来就靠地方官府来维持。民国以来，地方官府居然做得还不错。

刘老丈还说，五十年前太平军侵入余姚县城时，许多脑袋连辫子一起落了地，现在人们虽然丢掉辫子，脑袋总还存在。他一边说，一边用他皮包着骨头的手指摸着脑袋，样子非常滑稽，于是引起哄堂大笑。那天晚饭吃得比较早，饭后刘老丈告辞回家，暮色苍茫中不留神在庭前石阶上滑了一下，幸亏旁边有人赶紧抓住他的肩膀，搀住他没有跌伤。他摇摇头自己开自己的玩笑说："三千年前姜太公八十遇文王，我刘太公八十要见阎王了。"说罢哈哈大笑，兴高采烈地回家去了。

几天后消息传来，刘老丈真的见阎王去了。对蒋梦麟而言，失去了一位童年时代的老朋友，而且再也听不到这位风趣老人讲故事了。

在蒋梦麟出国留学前几年，他的姐姐在县城创办的一所小学现在已改为县立女子学校，大概有一百名左右的女孩子正在那里读书。课余时，她们在操场上追逐嬉笑，荡秋千，做体操，新生代女性在不经意间茁壮成长。她们用风琴弹奏《史华尼河》

和《迪伯拉莱》等西洋歌曲,流行的中国歌更是声闻户外。

在余姚县城的家中住了一个星期左右,蒋梦麟就到蒋村看望老朋友。童年时代的小孩子现在都已长大成人,当时的成年人现在已经是鬓发斑白的老人。至于当年的老人,现在多已经入土长眠,只有极少数经历村中沧桑的老人还健在。

蒋村的情形不像蒋梦麟在外面所想象中的那样糟,也比他当年居住在乡村时好多了。早年的盗匪之灾已经敛迹,因为老百姓现在已能够适应新兴行业,而且许多人已离开农村,到宁波、杭州,乃至上海谋生去了。上海自工商业发展以后,已经容纳了不少外地农村剩余劳动力。这些农村剩余劳动力也为上海的发展贡献出自己的力量,久而久之,就脱离了土地,成为城市人口的一部分。任何变革都像分娩一样有痛苦,但是产妇分娩以后很快就可以恢复正常,而且因为添了小宝宝而沾沾自喜。中国一度厌恶的政治变革、社会变革到了民国初年已经根深蒂固,无法动摇,更无法后退。

仍然居住在蒋村的蒋梦麟大伯母久卧病床,当她看到蒋梦麟从美国归来非常高兴,用颤巍巍的手拉着蒋梦麟坐到她的床边,详细告诉蒋梦麟在过去那些年中谁家生了儿子,谁家结了婚,还有谁已经去世。她说现在世界变得简直面目全非,女人已不再纺纱织布,因为洋布又好又便宜。她们已没有多少事情可以做,所以邻里之间往往因一些小事而吵闹,这些吵闹并不真的有多少矛盾,她们不过是因为太闲而找茬消磨时光而已。还有一些农村妇女无事可做,就去念经拜菩萨。年轻一代都上学堂了,有些女孩从事手工艺生产,编织发网等工艺品销往美国,据说收益不错。很多男孩子跑到上海、杭州、宁波等地工厂或机械公司当学徒,他们进入新行业,赚钱比以前在家种地多得多。现在村子里种田的人很缺乏,不过强盗却也绝迹了。天下大概从此太平无事,夜里听到狗叫,大家也不再像义和团那阵子心惊胆战,提心吊胆,惊慌失措。

但是她发现进过学校的青年男女有些事实在要不得。他们说拜菩萨是迷信,又说向祖先烧纸钱是愚蠢的事。他们认为根本没有灶神。庙宇里的菩萨塑像在他们看来不过是泥塑木雕。他们认为应该把这些佛像一齐丢到河里,以便破除迷信。他们说男女应该平等。女孩子说她们有权自行选择丈夫、离婚或者丈夫死了以后有权再嫁。又说旧日妇女缠足是残酷而不人道的办法。说外国药丸比中国药草好得多。他们说根本没有鬼,也没有灵魂轮回这回事。人死后除了留下一堆化学元素的化合物外什么也没有。他们说唯一不朽的东西就是为人民、为国家服务。

蒋梦麟和大伯母说得正高兴时,一只肥肥的黑猫跳上床,在大伯母枕旁咪咪直叫。大伯母有气无力地问蒋梦麟:“美国也有猫吗?”蒋梦麟说是的。再一看,大伯母已经睡着了,刚才的长篇谈话消耗了她许多精力,她实在支持不住了。蒋梦麟轻轻走出房间，黑猫则仍在大伯母枕旁呼噜作响，并且伸出软绵绵的爪子去碰碰老太太的脸颊。

当蒋梦麟和大伯母谈话时，蒋梦麟的侄女也一直在旁边听着。蒋梦麟走出房间后，这位侄女也赶紧追了出来。她向蒋梦麟伸伸舌头，很淘气地对蒋梦麟说："婆婆太老了，看不惯这种变化。"一个月之后，这位老太太终于离开这个疯狂的、不断变化着的世界。

接着，蒋梦麟去拜望三叔母。她的年岁也不小了，身体却很健壮。蒋梦麟的三叔父有很多田地，而且养了许多鸡、鸭、鹅和猪。三叔母告诉蒋梦麟一个悲惨的故事，说蒋梦麟童年时代的一位朋友在上海做黄金投机生意，蚀了很多钱，结果失了业，回到村里赋闲，无所事事，一年前吞鸦片自杀。他死后，留下的老婆孩子一贫如洗，无法生存，其中一位孩子就在皂荚树下小河中捉虾时淹死了。

三叔母捉住一只又肥又大的阉鸡，而且亲自下厨。鸡烧得很鲜美，鸡之外还有鱼有虾。

三叔父告诉蒋梦麟，上一年大家开始用肥田粉种白菜，结果白菜大得非常，许多人认为这种大得出奇的白菜一定有毒，纷纷把白菜拔起来丢掉。但三叔公却不肯丢，而且廉价从别人那里买来腌起来，腌好的咸菜香脆可口。这位老人真够精明。

邻村一位九十多岁的老太婆小时候曾经抱过蒋梦麟，她听说蒋梦麟从国外回来了，也匆忙走了四里路赶到蒋村。她耳朵已半聋，但却仔仔细细地把蒋梦麟从头到脚端详一番，看蒋梦麟并无异样才放心。她说，这个孩子从前又瘦又小，而且很顽皮，他曾经在他哥哥的膝头咬一口，留下紫色的齿印，结果自己号啕大哭，怪哥哥的膝盖碰痛了他的牙齿。

"你记不记得那两位兄弟在父死之后分家的事？"她问蒋梦麟。两兄弟每人分到他们父亲的房子的一个边厢，又在大厅的正中竖了一片竹墙，把大厅平分为二。一位兄弟在他的那一半厅子里养了一头牛，另一位兄弟气不过，就把他的半边厅子改为猪栏来报复。他们父亲留下一条船，结果也被锯为两半。这两位缺德的兄弟真该天诛地灭！

他们把那块地基卖掉了。一位在上海做生意的富商后来在这块地上建了一座大洋房。洋房完工时，她曾经进去参观，转弯抹角的走廊、楼梯和玻璃门，弄得她头昏眼花，进去以后简直出不来。她试过沙发和弹簧床，一坐就深陷不起，真是吓了一大跳。最使她惊奇的是屋主人从上海买来的一架机器。轮子一转，全屋子的灯泡都亮了，黑夜瞬间变成白昼。

管机器的是她邻居的儿子。他是在上海学会开机器的。她做梦也想不到这位笨头笨脑的孩子居然能够摆弄那么复杂的机器。她离得远远地看着飞转的轮子,唯恐被卷进去碾成肉浆。

她还注意到另一件怪事:厨房里没有灶神,这一家人也不拜祖先。厨房里没有灶神,她倒不大在乎,但是一个家庭怎么可以没有祖宗牌位?据说屋主人相信一种不拜其他神佛的教。她可不愿意信这个教,因为她喜欢到所有的庙宇去跑跑,高兴拜哪位菩萨就拜哪位。她倒也愿意拜拜屋主人相信的那位"菩萨"。因为上一年夏天她发疟疾时,那个"庙"里的先生曾经给她金鸡纳霜丸,结果把她的病治好了。但是她希望也能向别的菩萨跪下来叩头,求他们消灾赐福。

她说她穷得常常无以为炊,饿肚子是常事。蒋梦麟父亲每月都给她一点救济,但是她的小孙女死了父母,现在靠她过活,因此吃了她一部分粮食。蒋梦麟拿出一张二十元的钞票塞在她手里。她高高兴兴地走了,嘴里咕噜着:"从小时候起,我就知道这孩子心肠好,心肠好。"

有一天傍晚,蒋梦麟去祭扫母亲的墓,坟前点起一对蜡烛和一束香。没有风,香烟袅袅升起。蒋梦麟不知不觉跪倒地上叩了几个头,童年记忆复活了,一切恍如昨夜。蒋梦麟似乎觉得自己仍然是个小孩子,像儿时一样向母亲致敬,蒋梦麟希望母亲的魂魄能够张着双臂欢迎他,抚慰他。蒋梦麟希望能够像儿时一样依在母亲的怀里,听她甜美的催眠曲。蒋梦麟的思想和情感一下子回复到童年时代。母亲去世时蒋梦麟才七岁,因此他对母爱的经验并不多,也许想象中的母亲比真实的母亲更温柔,更亲密。至少,死去的母亲不会打你,你顽皮,她也不会发脾气。

从村子里到火车站,大约有三里路,中间是一片稻田。车站建在一个平静的湖泊岸旁,这个湖叫牟山湖,土名西湖,是一个能灌溉好几万亩田的蓄水库。湖的三面环山,山上盛产杨梅和竹笋。蒋梦麟步行至车站以后就搭乘火车到曹娥江边。铁路桥梁还没有完成,因为从德国订的材料因第一次世界大战影响迟迟未能到达,所以靠渡船渡江。通往杭州的铁路工程也因缺乏材料停顿了。从此到杭州的一大段空隙由轮船来衔接。多数旅客都愿意乘轮船,因为橹船太慢,大家不愿乘坐,所以旧式小船的生意非常清淡。

傍晚时到达钱塘江边,再由小火轮渡过钱塘江,只花二十分钟。蒋梦麟中学时代的橹摇的渡船已经不见了。

日落前蒋梦麟到了杭州,住进一家俯瞰西湖的旅馆。太阳正落到雷峰塔背后,天上斜映着一片彩霞。一边是尖削的保俶塔在夕阳余晖中矗立山顶,它的正对面,短矮的雷峰塔衬着葱翠的山色蹲踞在西湖另一边的山坳里。玲珑的游船点缀着粼粼起皱的湖面。鱼儿戏水，倦鸟归巢，暮霭像一层轻纱，慢慢地笼罩了湖滨山麓的丛林别墅。只有缕缕炊烟飘散在夜空。蒋梦麟感到无比宁静。时代虽然进步了，西湖却妩媚依旧。

但是许多事情已经有了变化。蒋梦麟的冥想不久就被高跟鞋的笃笃声粉碎了，一群穿着短裙、剪短了头发的摩登少女正踏着细碎的步子在湖滨散步。湖滨路在蒋梦麟中学时代原是旗下营的所在。辛亥革命铲平了旗下营，后来一个新市区终于在这废墟上建立起来，街道宽阔，但是街道两旁半西式建筑却并不美观。饭馆、戏院、酒店、茶楼已经取代古老的旗下营而纷纷出现，同时还建了湖滨公园，以便招徕周末从上海乘火车来的游客。杭州已经成为观光的中心了。

蒋梦麟在十多年前读过书的浙江高等学堂已经停办，原址已改为省长公署的办公厅。从前宫殿式的抚台衙门已在辛亥革命期间被焚毁，在市中心留下一片长满野草闲花的长方形大空地。

辛亥革命波及杭州时不曾流半滴血。新军将领会商后黑夜中在杭州街头布下几尊轻型火炮，结果未发一枪一弹就逼得抚台投降。新军放了把火焚毁抚台衙门，算是革命的象征，火光照得全城通红。旗下营则据守他们的小城作势抵抗，后来经过谈判，革命军承诺不伤害旗下营的任何人，清兵终于投降。旗人首领桂翰香代表旗下营接受条件，但桂本人却被他的私人仇敌借口他阴谋叛乱抓去枪毙了。新当选的都督汤寿潜是位有名的文人，对于这件卑鄙事情非常气愤，闹着要辞职。但是这件事总算没有闹僵，后来汤寿潜被召至南京，在临时政府中担任交通部长。

旗下新市区的东北已经建了五百间平房，安置旧日旗兵的家属。有些旗人已经与汉人熔于一炉而离开了他们的安置区。几年后，全体旗人都失去踪迹，一度养尊处优的统治者已经与过去的被统治者汇为一流。旗人从此成为历史上的名词，他们的生活情景虽然始终回旋在人们的记忆里，但是有关他们的故事已渐渐成为民间传说。

从前的文人雅士喜欢到古色古香的茶馆去，一面静静地品茗，一面凭窗欣赏湖光山色，现在这些茶馆已经为不可抵御的现代文明所取代，只有一两家残留的老茶馆使人发怀古之幽情，这种古趣盎然的茶馆当然还有人去，泡上一杯龙井，披阅唐宋诗词。这样可以使人重新回到快乐的旧日子。

从历史上看，杭州是中国蚕丝工业的中心，许多工厂已经采用纺织机器，但是许多小规模的工厂仍旧使用手织机。一所工业专科学校已经成立，里面就有纺织课程。受过化学工程教育的毕业生在城里开办了几家小工厂，装了电动机器。杭州已有电灯、电话，它似乎已经到了工业化的前夕。

蒋梦麟在杭州大约逗留了一个星期,重游了许多少年时代常去的名胜古迹。离商业中心较远的地方,蒋梦麟发现旧式生活受现代文明的影响也较少。在山区或穷乡僻壤,旧日淳朴的生活依然令人迷恋。参天古木和幽篁修竹所环绕的寺庙仍然像几百年以前一样的清幽安静。和尚们的生活很少变化,仍旧和过去一样诵佛念经。乡下人还是和他们的祖先一样种茶植桑,外国货固然也偶尔发现,但是数量微不足道。不过,现代文明的前锋已经到达,学校里已经采用现代课本。在现代教育的影响下,虽然生活方式未曾改变,新生代的心理却正在转变。播在年轻人心中新思想的种子,迟早会发芽成长。

## 中国在转变中

出国留学前,年轻的蒋梦麟就已经注意到在中国的官僚体制中,文官总比武官的地位要高些。朝廷命官红缨帽的顶子分几种不同的颜色,级别最高的是红顶子,其次是粉红的,再次是深蓝的、翠蓝的和白色的,最后是金黄的,这也是整个序列中最低的一级。年轻时候的蒋梦麟据说常常看到戴粉红顶子的武官向级别比较低的蓝顶子文官叩头,心里觉得很奇怪。据说历朝皇帝深恐武官擅权跋扈,所以特意让文官控制武官。这是中国传统制度设计中的一个重要精华,至于西方后来的民主国家以文官统帅军队,是否来自中国古代政治制度的启示,目前还缺乏足够的证据链条。

中外历史经验表明,国家一旦被军事强人所控制,必定要形成军阀割据的局面。唐代中期开始的藩镇割据以及大唐王朝的覆灭,大宋王朝刻意遏制军人势力,重视文人,大概都是鉴于军事强人可能发动类似于"陈桥驿兵变"一类的事件。中国民间自来就有"好铁不打钉,好男不当兵"的俗语,这一方面说明中国人素来瞧不起军人,另一方面也说明政治势力对军人势力的排斥,久已使军事势力边缘化。当然到了近代,当中国不得不面对西方进行自卫反击时,中国人重文轻武的传统又成了一大弊病,于是有所谓"军国民教育"的发生。不过这都是后话。

在蒋梦麟的幼年时代,一般民众也瞧不起军人,总是认为军人是在服务于某一特殊利益集团,是在利用不法手段攫取利益。那时邻村有一位品行不端的人去当兵,在他告假返乡时,大家把他看做瘟神似的,都远远躲避他。中国人似乎有一个牢不可破的观念,即认为当兵的都是坏人,可鄙、可怕而且可憎。

然而在另一方面,国家军事力量如果一蹶不振,碰到外来侵略就毫无抵抗力量。大宋王朝的结局说明了这一点,大明王朝依然是如此结局。到了近代,大清王朝久已入主中原,汉族人的民族意识只剩下一点潜流。然而西方力量的东来,终于将大清王朝推到生死存亡的关节点。清政府如果继续压抑军事强人，继续以文人治国，那么中国不仅无法抵抗西方对中国的觊觎蚕食，而且即便是内部的叛乱也无法制止。于是，近代中国的一个重要主题就是富国强兵，而富国是强兵的手段，强兵则是富国的一个重要目的。

我们看到，所谓三十年洋务新政就是从强兵入手，三十年的发展实际上大都投入到国防建设，那时的中国就是想建立第一流的海军，就是要谋求海上霸权，至少是在远东地区的霸权，因为中国毕竟拥有那么漫长的海岸线，有那么多的利益需要保护。

在这样一种时代背景下，中国军人的地位在改变，在提升，社会舆论、民间看法都不再将军人看做是罪恶的来源或者说根源。人们越来越觉得他们是保家卫国的英雄，是中国能够自立于世界民族之林的中流砥柱，只有建立一支强大的军队，中国才能避免西方的分割。鄙视军人，千万不可以，军人是中国的未来与希望，必须尊敬他们，崇拜他们，不然怎么能有足够的兵源，怎么能够激励他们英勇善战、不畏牺牲?

中国人的观念发生了根本变化，中国也确实在近代建立过一支强大的现代化军队，装备有外国武器，穿着新式制服，而且还有军乐队。少年蒋梦麟就曾经见过这样的一队现代军队的行军阵容，洋鼓洋号前导，精神饱满，步伐整齐，令人肃然起敬。蒋梦麟看得出神，恍惚自己已经成人长大，正在行列中迈步前进。站在静静围观的群众中，蒋梦麟心里喜不自胜。这是他首次看到现代军队，也是他改变对军人看法的开始。中国人必须尊敬士兵和军官。从此以后，只有好男儿才配当兵，中国必须依赖强大的军队去恢复过去的光荣。从前的旧式军队中，士兵穿着马甲、佩着弓箭，或者背着欧洲国家废弃不用卖给中国的旧枪，与后来的现代军队比起来真是差得太远了!

蒋梦麟在浙江高等学堂读书时，一位高等学堂的老学生刚从日本士官学校回来探望师友。他穿着崭新的军服，腰间佩着长剑，剑鞘闪闪发光。这就是中国军队的未来将领，蒋梦麟和他的同学们无不怀着钦敬的心情热烈欢迎，由衷赞佩。

许多这样的未来将领正从日本回国，受命组织新军。几年内，新军渐次建立，驻在国内各战略要地。中国已经在不知不觉中建立了一支现代化的军队保护自己的利益了。

然而，清政府无论如何没有想到的是，投入巨大资产、精力而训练出来的新军，原本是为了保卫大清王朝的利益，可是到了关键时刻，却成了大清王朝的掘墓人。

辛亥革命突然爆发，临时组建的革命军没有系统的训练，装备也远不及政府军那样精良，但是革命军的将领和士兵却充满着爱国热情，随时准备为国牺牲。革命号角一响，清政府所属的新军不仅没有出力抵制革命军、镇压革命军，反而相继向革命军投诚，或公开宣布拥护共和，向清政府施加压力。短短几个月，统治中原两百多年的大清王朝终于像秋风落叶般地消逝了。全国人民欢欣鼓舞，中国已经获得新生，前途光明灿烂。清政府出资出力训练新军，结果不是保护了满族人的利益，而是乘机剥夺了满族人的利益，拯救了国家和民族，彻底毁灭了一个特权阶层。人们为中国拥有这样的军队而自豪，中国军人的地位在短暂过程中获得很大提升。

遗憾的是，胜利的狂欢不久就成为过去。庆祝的烛光终于化为黑烟而熄灭。新军将领们对大清王朝反目无情，对革命也没有多少特殊的感情。他们已经尝到权势的滋味，绝不肯轻易放弃；而且食髓知味，渴望通过手中的枪杆子攫取更大更高的权势，结果你抢我夺，自相残杀，混战连年，民不聊生。人们种下了民主共和的种子，收获的却是军阀混战。混战的结果，国力损耗，民生凋敝，并且为日本侵略铺了路。革命前途似乎黑暗一片。内战中获胜的军阀趾高气扬，野心越来越大，不断争取更大的权力。被击败的军阀则夹起尾巴躲到天津和上海的租界里待机再起，机会一来就重启战衅，使人民又增加一场灾祸。

一度被鄙视、后来受尊重的军人，现在又再度被人鄙视了。

## 商务印书馆的小伙计

蒋梦麟到余姚和蒋村小住一段时间后，即经杭州返回上海，迅即进入商务印书馆当编辑，开始了他的编书生涯。

商务印书馆是近代中国最有名的出版机构之一。他创办于戊戌变法前一年，在开始阶段主要印刷商业簿册报表，以后介入学校教科书、古籍、科学、文艺、工具书、期刊等方面的业务，生意蒸蒸日上，成为国内首屈一指的新文化运动重镇，对于新思想新文化的传播起到了非常重要的作用。

大约还在美国留学的时候，蒋梦麟似乎就与商务印书馆有比较密切的来往，进入商务印书馆当编辑可能也是那时说妥的。

蒋梦麟与商务印书馆联系的中介是黄炎培，而黄炎培则是东南教育界举足轻重的人物。1915年春，黄炎培以《申报》记者和旅美实业团编辑的身份参加农商部组织考察团前往美国，实地考察美国在实业及实业教育、职业教育等方面的经验，并参观在巴拿马举行的太平洋万国博览会。

代表团于1915年4月9日启程，8月25日归国。此四个半月的光阴，耗于途中者一个半月，漫游美国全境者两月，留旧金山观博览会者一个月。在这漫长旅途中，所至之处差不多都有中国留学生主动陪同，而蒋梦麟就在这个过程中与黄炎培结识，并获得黄炎培的信任与器重，在某种程度上深刻影响了蒋梦麟后来人生道路的选择。

蒋梦麟与黄炎培接触的具体日期及详细过程，我们现在还不太清楚，但至少在1915年5月12日黄炎培在旧金山参观考察教育行政情况时，蒋梦麟向黄炎培提供了一份《美国加利福尼亚省教育行政制度一览表》，以自己调查所得，详细介绍了加利福尼亚的教育体制、行政设置、学区制度及教育税的征收、使用等方面的情况，深获黄炎培的赏识。黄炎培在当天日记中说："蒋君梦麟，留学加省有年，知余方研究彼省教育行政制度，乃以其调查所得，制表见示。"[1]从这个语气可以感觉到黄炎培与蒋梦麟可能刚刚见面，即便他们可能在此之前有过其他某种形式的联系。

6月4日，蒋梦麟又陪同黄炎培在纽约参观哥伦比亚大学师范学院、华盛顿欧文女子商业中学、公立第六十四小学，重点考察各校职业教育、技能教育的状况、特点，在走马观花式的参观后，黄炎培还委托蒋梦麟独自前往，详细考察公立第六十四小学在预备职业方面的详细情况，诸如课程设置、教学设备、教学方法、教员选择乃至教员薪水等。

职业教育不仅是黄炎培关注的一个重点，可能也是蒋梦麟此时比较注意的一个内容，所以蒋梦麟后来确实前往详细考察，并向黄炎培提供了比较详尽的报告。

蒋梦麟不仅协助黄炎培考察美国教育，而且对黄炎培旅游中的生活多有帮助。他陪同黄炎培在纽约大都会观看西洋戏剧，语言的沟通，详细的讲解，使黄炎培方便不少。6月底，实业考察团在旧金山宣布解散，两个月的美国全境游历至此结束。黄炎培在蒋梦麟的帮助下赁居于卜技利特拉京路2622号，用一个月的时间参加正在那里举行的万国博览会。蒋梦麟、章子山（祖纯）与黄炎培一起合租，租金均担。[2]这一个月的共同生活给双方留下非常美好的印象，这也为蒋梦麟在哥伦比亚大学毕业后回国发展预留了非常重要的空间。

▲青年时代的蒋梦麟

黄炎培回国后，蒋梦麟似乎依然受黄炎培的安排参加了一些相关活动，8月16日代表黄炎培参加在加利福尼亚举行的万国教育联合会，并刻意关注职业教育和体育方面的问题。这不仅是蒋梦麟以中国教育界代表

[1]《黄炎培日记》（1），华文出版社2008年版，第166页。

[2]《黄炎培日记》（1），第218页。

正式出席国际教育界集会，而且似乎正是这次机会使蒋梦麟与黄炎培建立更加密切的关系，成为蒋梦麟后来在国内教育界发挥才干的一个重要开始。[1]

在即将毕业回国的前夕，蒋梦麟因黄炎培的介绍与商务印书馆主持人张元济建立直接联系。张元济除赏识蒋梦麟的才干、学识外，肯定也是碍于黄炎培的面子，可能很爽快地答应了蒋梦麟到商务印书馆当编辑的要求，因为黄炎培此时似乎也向张元济提供了一个条件，即蒋梦麟的膳食费和住宿由黄主持的江苏教育会提供，这样商务印书馆的支出肯定要少些。

博士论文通过后，蒋梦麟准备回国，当他回国的准确日期确定后，即致信张元济报告自己的行程。8月26日准时抵达上海后仅两天，蒋梦麟就到商务印书馆向张元济报到，算是正式加盟商务印书馆。双方约定，此后五年，除非有不得已的原因，蒋梦麟不得离开商务，当然商务也不得随时将蒋梦麟裁员。[2]

同一天，黄炎培也来找张元济说事，要求张元济同意让蒋梦麟到新成立的中华职业教育社兼职，大约需投入三分之一的时间和精力。张元济与黄炎培也是多年老朋友，所以黄的要求没有不同意的道理。[3]

到商务印书馆工作不久，蒋梦麟就于同年9月将所译的《美国总统威尔逊参战演说》交给商务印书馆出版。

威尔逊（1856~1924）是美国第二十八任总统，出生于弗吉尼亚州，其先盖为苏格兰或爱尔兰人，他的父亲约瑟夫·威尔逊为大学教授，又曾担任过长老会宣教师。1879年，威尔逊毕业于普林斯顿大学，在校时以长辩才善文章著称。后入伐董尼大学习法律，又入约翰哈泼经大学研究院习政治，1886年获博士学位，遂应普林斯顿大学聘请，任政治经济教授，著作甚富，主要有《国家学》、《美国国民史》等，风行一时，洛阳纸贵。

1902年，威尔逊被选为普林斯顿大学校长，在其任内多所改革，使大学之组织日趋于平民政治。1910年辞去大学校长，旋当选为新泽西州州长，尽涤州中积弊，庶政为之一新，人以改革家称之。一时间，威尔逊成为美国政坛最著名的人物，有学问，有学历，有实践，有理论。所以于1912年获民主党总统候选人提名，战败西奥多·罗斯福，出任美国第二十八任总统。执政期间推行政治改革，取代罗斯福成为美国政治改革旗手。1916年连任。

当是时，第一次世界大战方殷，始，威尔逊竭其所能避战，尽量不使美国为之牵

[1] 许汉三：《黄炎培年谱》，文史资料出版社 1985 年版，第 27 页。

[2] 《蒋梦麟致胡适函》（1917 年 11 月 18 日），《胡适秘藏书信及函稿》（39），黄山书社 1994 年版，第 407 页。

[3] 《张元济日记》（上），第 274 页。

动。稍后，为正义人道计，不得已而加入战团，尽瘁战事，遂为世界领袖。所以，威尔逊此时在世界，在中国，都成为一位如雷贯耳的大人物，是正义和真理的化身，而蒋梦麟适时翻译威尔逊的参战演说，并撰文介绍威尔逊的道德文章，除了激励国中正气、鼓励中国加入世界正义一方外，也未尝没有商务印书馆经济方面的考虑，不管怎么说，这样的伟大人物“道德高尚，思想敏捷，擅长文章，言必有中，故其主张，足以代表协商国共同之宗旨”；而这八篇“参战演说”从文学上说，“得在美国文学史中独树一帜”，[1]从政治层面言，则代表着人类理想和正义：“代表大共和国光明正大之民意，为世界求永久之和平，为人类保公共之利权者也。今战事已告终止，武力既摧，强权乃折；民意既彰，正义自伸。威总统之言，实为世界大同之先导。凡爱平民主义者，莫不敬而重之。夫战端初开之际，世界政治家，莫或能显名率直，宣布战争之宗旨。威总统以平民之精神，大声疾呼，一则曰求世界平民主义之安全；再则曰，弃吾所有，救此世界。俾爱自由者，安居乐业于其间；三则曰，此次战争，已成平民之战争。其言明白正当，无可误会。其对于组织国际联合会之计划，尤为吾人所当注意者。世界潮流日趋共和。平民之意思，既操胜势，军阀政治，益无生存之余地。谋国是者，其亦知所适从乎。”[2]这样有思想有见解有文采的文章出版后自然受到读者欢迎，翌年再版重印。

自己翻译只是蒋梦麟编辑工作的一个小部分，更多的编辑工作还是组织国内学术界共同努力，为国人提供更多更好的精神食粮，为商务印书馆提供丰厚的效益保障。这是张元济的想法，也是张元济对蒋梦麟的要求。张元济真诚希望蒋梦麟能够利用自己留学海外多年的经验和人脉，将西方思想文化尽可能多而准确地介绍进来，也为商务印书馆开辟一条新的生财之路。

当是时，恰有章士钊深感日本人翻译欧美新书而给日本带来的变化，竭力鼓动张元济等商务印书馆主持人开始翻译西文书籍。[3]经张元济与高梦旦等主事者细商，再加上蒋梦麟也不断向商务印书馆高层建议，遂使张元济等人觉得如果翻译一套西方高等学术丛书，不仅会有巨大的社会效益，可能在经济上也是合算的。

有了这样的动议和动力，蒋梦麟遂于1917年10月28日致信胡适，商讨方案：

适之足下：

前自杭寄奉一书，并附剪报一纸，谅邀台览。弟自杭返后，聆各省教育代表之伟论，咸谓吾国所出新书，无一可读。研究西文，究非易举。皆抱脑中饥饿之叹。又参观上

[1] 蒋梦麟：《威尔逊总统小传并赞》，《美国总统威尔逊参战演说》卷首，商务印书馆1917年版。

[2]《美国总统威尔逊参战演说》重印序。

[3]《张元济日记》（上），第285~287页。

级学校，教员皆不读书。诘之，则多以无书可读对。故不喜读书者，则竟不读一书；喜读书者，则多读古书。窃谓吾辈留学生，可得新知识于西书，旧知识于古籍。若不通西文者，则除读古籍外，此又何道以得新知识？若是以往，中国文化前途不堪设想。弟实忧之。于是商之于商务印书馆主事诸公，请编辑高等学问之书籍。主事诸公以此种书籍于营业上不利，颇觉为难。厥后彼此协商，允先行试办。虽略损资本，以吾国文化前途故，亦不敢辞。同事中如张菊生、高梦旦诸公，均赞成斯议。诸公以他事羁身，不克兼顾。所事必由弟承乏。故拟邀集同志故交，以进步之精神，协力输入欧西基本之文化。昔大隈伯诸人，倡译书社，欧化遂得以输入日本。吾国学术之衰落，至今日已极。非吾辈出而提倡，有谁挽此狂澜乎？吾兄文章学术，高出侪辈。此事非大家帮忙不可。请兄于课余之暇，著书立说，弟当效校阅之劳。一切酬谢方法，可后议。弟意吾兄可先将加校之博士论文付印，以后可择兄之所乐为者接协办理。兄素长哲学，可于此一门发挥宏论。他若达善诸君，可各以所长著译。弟拟以北京、南京、上海、广东为中心。北京一方面，必须烦劳吾兄及独秀先生。孑民老师处当另函述略。商务以伟大之资本，全国五十余处之分行，印刷、发行均甚便利。吾辈若不善为利用，殊若可惜。弟学识肤浅，惟区区之心，不容苟安过去，故不推绵力，函求同志，吾兄素抱昌明学术之志，想必赞同斯举。将来出版、装订及作索引Index、点句等，均当以进步之精神，最新之方法行之。一人作事，东扶西倒。请兄速赐复音，并示高见。

弟梦麟 十月廿八日[1]

胡适是蒋梦麟的同门，都是杜威的高足，也是国内学术界一颗耀眼的新星。留学归来后，胡适抱持昌明学术的宗旨，以二十年内不谈政治为戒，这在朋友圈中引起足够的尊重和好感，咸以为胡适果能如此坚持，一心研究学问，将来必为民国时代的思想领袖，为中国文明进步作出不可估量的贡献。蒋梦麟推举胡适有同门之谊的考量，但更多地应该承认还是对胡适学问、信念的佩服。[2]

致信胡适的第二天即1917年10月29日，蒋梦麟专门找张元济谈了自己的想法，大致不外乎复述写给胡适这封信中的内容，建议由商务印书馆组织编译出版一套西方高等学术丛书，强调学术界需要一套这样的书，而知识界、读书界更需要这样的书，因此这套书“一面提高营业，一面联络学界”，经济上稳赚不赔，学术上又能为商务印书馆赢来更大的声誉。

[1]《胡适秘藏书信及函稿》(39)，第402页。

[2]《蒋梦麟致胡适函》(1917年11月18日)，《胡适秘藏书信及函稿》(39)，第408页。

蒋梦麟从学术、经济两方面的建言，深深打动了张元济。张元济发自内心认为蒋梦麟的分析颇有道理，当场同意他着手进行。至于由谁担当这套丛书的主持，这当然也是张元济等人所关心的，蒋梦麟就在这次谈话中隆重推荐了同门胡适之，并述及其他友人也可以帮助。这是胡适后来与商务印书馆结缘的开始。[1]

三天后，即11月1日，蒋梦麟遵嘱将所拟《编译高等书籍条议》交给了张元济，第二天，张元济将此件批给高梦旦。[2]商务印书馆高层似乎就此决定由蒋梦麟具体负责这套书的编辑与出版。

▲陈独秀与胡适(1925年)

由于章士钊在此之前曾经向张元济建议过此项选题，所以张元济嘱蒋梦麟致信章士钊请教，协商如何进行。稍后，章士钊有复书致商务印书馆编译所所长高梦旦。11月12日上午，高梦旦将章士钊的这份复信交给蒋梦麟。通过这份建议书，蒋梦麟获悉章士钊正在北京大学物色相关人员编辑高等学术丛书的事情，其办法及进行方式，似乎又与蒋梦麟几天前向张元济提出的计划相似。这不能不使蒋梦麟有点着急。

当天下午或晚上，蒋梦麟再次快件致信胡适，表示先前寄出的计划可与章士钊的计划合并进行，只是章士钊的规划侧重于北京，而蒋梦麟计划至少分四个区进行，一是北京，二是上海，三是南京，四是广东。另外他还可以利用留学时积累的人脉，与那些尚未毕业或毕业之后尚未归国的留学生联系，最大限度地开拓资源，扩大范围。他还在信中告诉胡适，他已经与南京高等师范、广东高等师范书信联系，希望能够分头合作，协调进行。他表示，“北京诸公如不弃鄙陋，则弟当竭其绵力，随诸公之后，彼此商定书名若干，分头觅人编译。凡译某书，须彼此通知，以免重复。又，每书必须用中西索引Index，并吾兄所用之点句法，以为出版界倡。”随信，蒋梦麟还将他所拟定并由

[1]《张元济日记》(上)，第298页。

[2]《黄炎培日记》(1)，第218页。

张元济、高梦旦改定的编译出版办法寄呈。[1]

除了与北京大学的胡适积极联系外，蒋梦麟如他所规划的那样也积极在南京、广东展开工作。11月14日(星期三)，蒋梦麟因江苏教育会在南京设立事务所的事情专程前往，便中与南京高等师范学校教授刘伯明详细探讨了这套丛书的计划及进行方式。

刘伯明(1887~1923)，名经庶，字伯明，南京人。先留学日本，参加同盟会。1911年入美国西北大学攻读哲学及教育学，师从劳维尔，1915年获哲学博士学位，旋即回国，任南京高等师范学校教授兼金陵大学国文部主任。刘伯明的太太是哥伦比亚大学研究院教育学硕士，在研究院的读书时间与蒋梦麟相当，因而蒋梦麟大概是通过刘伯明的太太与之相识。

就为人和学术倾向言，刘伯明谦和好学，低调寡言，译笔挺秀，在留学期间专攻哲学，重视思维方法，所以很早就注意并欣赏杜威的《我们怎样思维》(How We Think)这部书，并着手译成中文。所以当蒋梦麟与他当面谈及高等学术丛书的事情后，刘伯明当即将这部著作的中文译稿交给了蒋梦麟。蒋梦麟读后给予很高评价，以为“译笔挺秀，允为杰译”，谈妥作为丛书之一种。只是后来蒋梦麟工作有变，丛书不了了之，这部译稿似乎并没有在商务印书馆出版，而是由中华书局于1929年方才出版，定名为《思维术》，而这个书名似乎正是蒋梦麟与刘伯明当时讨论过的。[2]

蒋梦麟的建议和热情很快获得各方面的积极回应，胡适的第一次回信就使蒋梦麟受到极大鼓舞，感到非常振奋，只是胡适透露的消息也有不利内容，似乎北京大学方面的朋友受到章士钊的影响，有单独进行，交给北京大学出版的考虑。鉴于此种忧虑，蒋梦麟遂于11月18日再复胡适，建议北京大学诸位朋友如欲进行，还是与商务印书馆，与他蒋梦麟合作为妙。他向胡适等人保证，他与商务有约，此后五年都将在此服务，非有不得已之事，必不离商务。这样彼此容易接洽，可无人易政易之虑，不若政府机关之朝三暮四。

关于这套丛书的版式、封面设计，蒋梦麟也有初步构想，他表示将改变商务印书馆先前旧式印本恒以书馆之名大书于封面，而作者之名反藏匿不见的习惯，尊重作者，将作者之名书于封面，而书馆之名缩小。他指出，如此办法，则以著者为本位，而商务之藏版而已。故不止以书馆之营业性质而赖及著者。就此而论，则大学出版与商务出版无二，且商务有分馆甚多，销售较易，而大学出版由于没有很好的行销体制，销量

[1]《胡适秘藏书信及函稿》(39)，第406页。

[2]《蒋梦麟致胡适函》，《胡适秘藏书信及函稿》(39)，第407页。

极少，即便印制后交给商务代理，效果也不会理想，因为商务这样的大书局不可能将别人的图书送到自己的全部营销渠道，而只是放在上海总行，且不肯在窗前陈列。这是人情之常，也是商业原则。

胡适可能在信中问及蒋梦麟执意编辑这套丛书的原因和背景，蒋梦麟诚恳地告诉他，主要有两点考虑，一则欲首尾衔接，出一部西洋基本文明的全书；二则欲其不散漫，便读者见其一而欲读其余。故同人有宁缺毋滥之宗旨，以保高尚之标准。他还神秘地告诉胡适，这件事情主要是他向张元济等商务印书馆高层争取来的，因为他毕竟是身兼数职，如果商务印书馆不能答应他的这个计划，蒋梦麟似乎有离开商务的意图。当然，这一点他再三嘱咐胡适不要向他人宣布。

北京大学诸人如果参与章士钊计划，势必要影响到蒋梦麟的计划，于是蒋梦麟想到他的老师蔡元培，蔡元培现在担任北京大学校长，为学界泰斗，至高无上，如果由蔡元培出面协调，这件事情或许会有转机。他在复胡适信的同一天（11月18日）致信蔡元培，详细介绍了高等学术丛书的计划，表示这套丛书拟分哲学、教育、群学、文学四门，已着手进行。日前因江苏省教育会在南京设事务所赴宁，借此搜罗人才，并得到旧友朱进博士的《伦理学导言》和刘伯明博士的译稿《思维术》。这两部译稿经高梦旦审读，已经通过，不日即可出版。而这两部著作，均为西方名著。杜威的《思维术》在美国大学中几无人不读，所谓"应用伦理学"指示学者思想之方法，较之干枯的"正式伦理学"不可同日语。中国学者多不思，其思者多不知方法。学术衰落，此亦其一大原因。所以这两部译著应该有助于中国学术建设与发展。

紧接着，蒋梦麟向蔡元培请求说："大学济济多士，如不弃寡陋，将所著为丛书之一部分，以增此价值，则不胜荣幸。否则，当彼此接洽，以免重复。受业之意，以彼此均为学术起见，且受业在沪专司承乏其事，不妨彼此协助，出一东西洋基本学术丛书。"

至于进行方式，蒋梦麟有个这样的设想，即如北京大学译书院所编者可注明"北京大学译书院编辑"字样，南京所编者可注明"南京师范"字样。这样或许将各方面的力量集合起来，共同推动。[1]

蔡元培是否就此有所回复有所指教，我们现在还不太清楚，不过这件事情似乎不了了之，并没有下文，主要的原因大概是蒋梦麟离开了商务印书馆。

[1]《蒋梦麟致蔡元培函》（1917年11月18日），《胡适秘藏书信及函稿》（39），第500~502页。

## 江苏教育会理事

蒋梦麟刚到商务印书馆的时候,似乎与张元济有个约定,如果不发生不得已的事情,蒋梦麟必须在商务印书馆服务五年。反之,五年内,商务印书馆也不会无缘无故将蒋梦麟下岗。

然而蒋梦麟的地位实在太特殊了,在他上班的第一天,黄炎培就代表江苏教育会与张元济另行约定,在蒋梦麟担任商务印书馆编辑的同时,得拿出不少于三分之一的时间和精力担任江苏教育会的事情(每周四天在商务,两天在教育会),江苏教育会给蒋梦麟一个理事的头衔,并为他提供膳宿,每天晚上住在教育会。这应该是当年比较好的就业方式,是许多"海归"求之不得的。

但是年轻人干不惯磨桌子的生活,一年之后蒋梦麟就辞去了商务印书馆的职务,与商务印书馆之间的银钱往来也在翌年清结。

蒋梦麟离开商务印书馆之后,似乎成为江苏教育会的专职理事,全副精力都投入到这个方面,而江苏教育会的事业可能更合乎蒋梦麟所学的专业和职业兴趣,这大概也是蒋梦麟离开商务印书馆的主要原因之一。

江苏教育会是当时一个比较有名的机构,其创办背景与清朝末年西方思潮传入,各地新式教育风气大开有着直接关联。当时,新旧思想复杂,学校和学校斗争,学校和官厅斗争,和绅士斗争,这派绅士和那派绅士斗争,还有学生和学校斗争,酿成种种纠纷。江苏省有江宁提学使,有江苏提学使,一驻南京,一驻苏州,同是管辖全省学务,时时发生职权上的争执。在这种情况下,1905年很自然地产生了江苏学务总会(后改名为江苏省教育会),主要成员有沈恩孚(信卿)、姚文枬(子让)、袁希涛(观澜)、杨廷栋(翼之)、雷兴(继兴)、方还(惟一)、刘垣(厚生)、孟昭常(庸生)和黄炎培。他们推举张謇为会长。此后,各县纠纷发生新旧冲突,黄炎培常被推为调查干事,实地调查,具一书面报告,根据理论和事实,判明曲直,解开症结,恢复和平,这份报告书公布后,取得双方当事者接受,使学潮得以平息。因此,黄炎培遂被推为江苏学务总会也就是后来的江苏教育会常任调查干事。[1]

黄炎培是一个非常有能耐的人,也有着非同寻常的人脉,他是蔡元培在南洋公学的学生,又与状元实业家张謇以及上海、江苏政界、学界的重要人物有着非常密切的关系。江苏教育会是他的舞台,为他提供了活动基地。1909年,黄炎培被选为江苏谘议局议员,是晚清立宪运动中重要分子。民国建立后,出任江苏教育司司长,全面掌握

[1] 黄炎培:《八十年来》,文史资料出版社 1982 年版,第 48 页。

江苏教育资源，是东南教育界公认的"大佬"。所以，江苏教育会在黄炎培的主持下，经过几年发展，到了辛亥革命前后，不仅成为江苏南北统一的教育机构，而且由于其主事者的原因，成为江苏的一个政治中心，是江苏辛亥革命的发动者之一。

蒋梦麟与黄炎培有着非常特殊的关系，他们都是蔡元培的弟子，但最主要的接触和相互欣赏应该是黄炎培1915年前往美国考察实业与教育的时候，这在前面我们已有详细的交代。所以蒋梦麟回国后，一直受到黄炎培的关照，又由于职业、兴趣的原因，蒋梦麟放弃"磨桌子"的职业，选择更能发挥自己特长的江苏教育会，似乎也在情理之中。

其实，当蒋梦麟还在商务印书馆的时候，也就是蒋梦麟刚刚开始筹备高等学术丛书的时候，他的江苏教育会兼职理事的身份，就使他理直气壮地干着江苏教育会的事情，主要就是译名统一的工作。

自从西方文化传入中国以来，翻译名词就成为一个非常头痛的问题，各自为政，各说各话的翻译方式已经严重制约了中国文化的发展。晚清以来，学术界不断有人动议运用国家力量，由政府组织各方面对翻译名词进行规范，但由于各种原因，一直没有获得实质性进展。江苏教育会鉴于此种状况，有意利用自己的条件发起组织这些工作，专门成立有"译名统一会旧名整理部"，聘请蒋梦麟任主任。[1]

江苏教育会的号召获得学术界的积极回应，吴稚晖、李石曾都曾就人名、地名的统一方案提出自己的书面意见。根据这些意见，江苏教育会组织专家经过八个月的努力，草就《译音统一表》，虽然还有许多不尽如人意处，但聊胜于无，总算可以有一个讨论的基础了。

至于蒋梦麟负责的"译名统一会旧名整理部"，工作更不容易，主要是译名浩繁，不知从何下手，经过反复考虑和商量，蒋梦麟决定还是参照日本人的做法，请商务印书馆编译所的中学生从日本哲学及教育二辞典中抄出西名，旁注日译，后留空格，假定中文名词，以便填入汉译。凡日文可用者，一般不改，以方便将来中日文化交流。

按照蒋梦麟的构想，此事草成后，当由江苏教育会发起统一会，照译名统一会及医学名辞统一会的办法，提供一个比较成型的方案框架，然后提请全国高等学校专家会商，广集意见，通过后呈教育部审定，以去译界名辞纷纭之病。[2]

整理旧名词，规范各科翻译名词，确实是一件正当事业，但由于资料阙如，我们还不知道这件事情的下文。但是仅仅从蒋梦麟方面说，可能是他的精力又有所转移，再

[1]《蒋梦麟致胡适函》（1917年11月18日），《胡适秘藏书信及函稿》（39），第412页。
[2] 许汉三：《黄炎培年谱》，文史资料出版社1985年版，第27页。

也无暇顾及此事。

## 中华职业教育社总书记

蒋梦麟没有精力将翻译名词统一的工作进行下去，主要还是因为江苏教育会本身的事务牵扯太多。当黄炎培担任江苏教育会常任调查干事时，每年调查江苏省各中学毕业生，只有少数能升学，大多数需要就业，但又苦于就业不了，这是经过年年公布的统计数字证明的。同时，江苏教育会一群人觉悟到“君子劳心，小人劳力”这是充满了社会毒素的话，因此想在“使无业者有业，使有业者乐业”上面做些工作，提出了教育与生活、生活与劳动不应脱节的主张。[1]

黄炎培是一个坐而言起而行的人，当他认识到职业教育的重要性之后，就千方百计去研究这一问题，找出解决的办法。1915年，他利用机会到美国进行考察，实地分享和获取美国在实业教育、职业教育方面的经验。通过对国内外职业教育现状的广泛考察，黄炎培深刻认识到近代以来特别是新教育体制创建以来，中国的教育体制依然存在着很多问题，最主要的莫过于教育与生活分离，学校与社会脱节。这两大问题如果不能获得有效解决，势必严重制约中国社会发展与进步，而要解决这两大问题，就必须大力发展职业教育，以职业教育沟通教育生活的关联，满足民族资本主义工商业发展过程中对技术人才的大量需求。

基于这种认知，黄炎培于1916年9月在江苏教育会内设立了一个职业教育研究会。经多方联络，得到了工商界巨子及侨界领袖陈嘉庚的资助。陈嘉庚答应从1917年起，每年资助一千元，以五年为期。

有了陈嘉庚的资助，黄炎培又联系知识界教育界实业界知名人士马相伯、蔡元培、梁启超、张謇、严修、伍廷芳、张元济、宋汉章、聂云台、穆藕初等四十八人于1917年5月6日联名发表《中华职业教育社宣言书》和《组织大纲》，[2]宣言鉴于方今中国最重要最困难的问题无过于生计，根本解决唯有沟通教育与职业，这是救国家救社会的唯一方法，所以他们决定成立中华职业教育社，以团体的力量推广、改良职业教育和普通教育，力求做到学校无不用之成才，社会无不学之执业，国无不教之民，民无不乐之生。这是近代中国第一个以提倡、研究、试验、推广职业教育为宗旨的专业教育团体。黄炎培任董事会董事、办事部主任。

为实施职业教育，研究职业教育的理论，扩大职业教育的声势，中华职业教育社

---

[1]《八十年来》，第78页。

[2]《蒋梦麟致胡适函》（1917年11月18日），《胡适秘藏书信及函稿》（39），第412页。

于1917年10月25日创办《教育与职业》杂志。翌年5月，中华职业教育社在不知不觉中走过了一年，黄炎培在纪念会上又提出新的见解，以为职业教育的根本目的有三：一、为个人庶生之准备；二、为个人服务社会之准备；三、为国家及世界增进生产力之准备。[1]简言之，职业教育就是要用教育的方法，使人人获得生活的供给和乐趣，使无业者有业，使有业者乐业，同时又能尽其对群体的义务。

中华职业教育社不是一个空谈的场所，而是一个实干的机构，1918年8月20日，中华职业教育社在上海南市陆家浜创办中华职业学校，设木工、铁工、珐琅、纽扣四科及附设工厂。后来又增添土木、留法勤工俭学、染织、师范、商业等科。

中华职业学校的学生一律实行半工半读，注重对学生进行动手劳动能力的培养，重视知识与实践相结合，力主"手脑并用，双手万能"、"做学合一"、"理论与实习并行"、"知识与技能并重"。中华职业学校还有一条与众不同的规定，对于学生修业期满仅发修业证书，规定学生必须在工作单位实习一年，证明其能胜任所担任工作后，再发给毕业证书，试图以此改变过去脑力劳动与体力劳动分家，理论与实际脱节的负面影响，以培养对社会有用的人才。

崇高的理想需要有人去实现，去执行。当中华职业教育社成立的时候，蒋梦麟还在美国留学，待他回国并在商务印书馆开始工作时，中华职业教育社的工作逐步走上正轨，只是发展太快，人手不足。特别是当中华职业学校创办后，工作更加忙乱，不得已，蒋梦麟只好离开商务印书馆，受聘担任中华职业教育社的专职总书记，时在1918年夏。[2]

蒋梦麟之所以加盟中华职业教育社的管理，除了他与黄炎培的深厚友谊外，更主要的还是黄炎培的教育理想契合蒋梦麟的思想，他们的合作是真正做到了志同道合。黄炎培始终认为，中国读书人最怕用手，除了写字和吃饭、穿衣、上厕所外，就很少用手。久而久之，就形成两种人，一种是号称士大夫，是死读书老不用手的；另一种是劳动者，是死用手老不读书的。而黄炎培的职业教育就是要改变这种现象，使动手的读书，读书的动手，把读书和做工结合起来。要使人们明白，世界文明是人类用手和脑相结合创造出来的。做工自养，是人们最高尚最光明的生活。要求中华职业学校的学生不仅要亲自动手做，同时还要学习书本上的理论知识作指导。本着这一思想，中华职业学校把"劳工神圣"的大匾高悬于礼堂上方；把象征着"双手万能"的符号作为校徽、校旗和校办工厂产品的标记；把"用我手用我脑，不单是用我笔；要做，不单是要

[1]《教育与职业》1918（7）。
[2]《黄炎培年谱》，第42页。

说”作为学生每日必唱的校歌。

黄炎培的思想反映了20世纪新教育体系所面临的危机与困惑，涉及教育目的和教育手段等一系列教育哲学研究中的根本问题。我们知道蒋梦麟在美国追随杜威专攻教育哲学，对于新教育中的诸多问题都有自己的独到研究和心得。他追随黄炎培从事职业教育，并不仅仅是中华职业教育社为他准备、提供了一个非常大的空间或舞台，而是黄炎培的理想契合了蒋梦麟的研究心得。蒋梦麟始终认为，现代教育是一个非常复杂的综合工程，它不仅包括一般意义上的学校教育，而且包括一般社会的教育，一般民众的教育。社会教育为一个社会完整的教育体系或文化运动不可或缺的一个重要方面。

蒋梦麟指出，从一般意义上说，文化运动有两个方面：一、是传布学术和思想，但学术思想是限于知识阶级的，是局部的；二、是社会运动的教育。这是提高社会程度的方法，对于那些受不到普通教育的平民，就应该设法给他们这样一种教育。蒋梦麟在分析西方社会何以会在不太长的时间里走上富强道路时，反复强调的一个观点是，现在我们大家称赞欧美的普及教育，我们知道欧美社会进化，是从普及教育里来的。但我们研究西洋教育史，知道这教育普及是从社会运动的教育里面化出来的。当18世纪的时候，英国教育状况也和中国差不多。那个时候，英国工业矿业尚未发达，工价低贱，全国六分之一的人民是做劳力的，穿破衣，住茅房，蠢如鹿豕。有了几个普通学校，多被政治宗教上的变动摧残了。所以老百姓的儿女完全没有受教育的机会。这班平民完全不知道教育的价值。于是慈善家捐了钱，来开学校。十年之中，伦敦十里路内竟开了八十八个学校，男女学生有三千人之多。又过了十年，英国全国竟有慈善学校一千二百所，学生男女增加到两万七千人。后来逐渐增加，学校之数达到两千，男女学生达到五万。课程是识字、宗教、道德、算术、清洁等。这慈善团体的主持人是教会。他们组织了一个会，叫做宗教知识传布会。他们的宗旨原来是传布宗教，但做一个好人，须有一种知识，所以同时也授识字、算术等课程。这种带宗教气味太盛的学校，后来渐渐变成无生气的，所以另外有一个团体起来，叫做全国贫民教育促进会。他们所办的学校，课程虽然也不十分适当，但是因此打定了普及教育的基础。

根据蒋梦麟的研究，慈善教育的结果是增进劳动阶级的知识，引起普及教育的意义，这是社会运动的教育中最要紧的一件事。19世纪欧美的社会进步，靠这种教育的力不少。鉴于这种认识，蒋梦麟认为中国实业不发达，工价低贱，平民子弟实在没处受教育，还有那些年长失学的人，没有机会入正式的学校受教育。那么，现在做学生的，就应该想办法给他们一个受教育的机会。为此，蒋梦麟提出几个具体的办法：

一、借用学校里的校舍开办夜班或夜校。学校的校舍，晚间用处不多，把它空在那里，岂不是不经济吗？学生可以把不用的课堂借来，办个平民夜校。如北京大学，学生会办了一个平民夜学，就在第二院的课堂作讲堂，现在学生已有五百多人，男女都有，最幼的只有七岁，最大的也有三十多岁的。教员就是大学生，教科书是由学生捐了钱买来的。

二、学生和商界合办。由商界捐钱，出房租、器具、油火、书籍等费用。学生每晚授课一小时，两个人就可以办一个夜校。

三、开办游戏会筹款，充房租、器具、油火，书籍等费用。

四、组织社会进化促进团。集几个同志就可以组织成一个团，共同办一个夜校，轮流教授。

总之，蒋梦麟认为，我们要讲文化运动，纵横两方面都须同时进行，传布学术思想，是为一般知识界的增进学识，这是纵的；社会运动的教育，是为一般平民得一种应用的知识，这是横的。纵的一方面，是提高；横的一方面，求普及。提高与普及，都是社会进化不可少的事。若要实行民主，就要从社会运动的教育入手。没有这种教育，文化运动就渐渐地会变成纸上的运动。即使不变成纸上的运动，就会变成知识阶级一部分的势力，平民得不到什么真好处。社会的进化不是少数知识阶级的人就能够做得到的，而要靠老百姓大家都进步，方能做到。一个社会里面，少数的人天天讲文化，多数的人不知道地球是方的是圆的。一个社会里有了这两个互不通声气的世界，那么这个社会又怎能进化呢？[1]

在蒋梦麟看来，社会教育的一个重要方面是职业教育。他根据近代西方教育学理论而认为，学校为推行教育的机关，故只能间接解决国家与社会之间的种种问题，而不能真正解决个人职业问题。学校非专为职业而设，要求所有学校都去讲职业教育，则显然是不可行的。但职业教育为20世纪工业社会一重大问题，中国青年立身，国家致富，将在相当大程度上依赖于职业教育。所以所有学校都排斥职业教育，都不去讲求职业教育，在蒋梦麟看来，显然也是不对的。蒋梦麟指出，今日谈论职业教育，并不意味着因提倡职业教育，而将取文化教育而代之。不过以文化教育有不能解决的问题，提倡职业教育，希望从中寻求一个解决办法而已。若社会无职业必要，青年受文化教育而即有谋生之能力，则所谓职业教育实为多余。然而现在中国的问题是，受四年初等小学教育后，能入高等小学者毕竟太少；而高等小学毕业后，能入中学者，则

[1]《蒋梦麟致胡适函》（1917年11月18日），《胡适秘藏书信及函稿》（39），黄山书社1994年版，第407页。

更少;中学毕业后,能入大学者,则少之又少。夫由初小、高小,由中学而直达大学卒业之学生,其大多数固能养成高等专门之学,然其余之不能由下级而达上级者,皆无一技之长,以谋独立之生计,此种学生,听其自然乎?抑将设法以补救乎?如曰听其自然,则学校徒为社会养成高等游民而已,人们为什么还要这样重视教育呢?如欲补救现代教育的弊病,就只有大力发展职业教育。[1]正是这样一种思想认识,使蒋梦麟与黄炎培在教育理念上达到高度一致。

共同的理想使蒋梦麟与黄炎培走到一起,而由于黄炎培在中国教育界的重量级地位,又使蒋梦麟在这一位置上获益不少,蒋梦麟后来几次重要的职业转变,在某种程度上说都得益于与黄炎培的合作。

1918年6月16日,蒋梦麟陪同黄炎培离开上海,乘火车至南京,稍事停留继续前行,于19日凌晨一时许至北京,寓燕台旅馆。当日晚,北大教授胡适邀宴于中央公园。蒋梦麟在这次宴会上促成黄炎培与胡适相识,并由此引发后来一系列故事。

胡适与黄炎培相互之间早因蒋梦麟的居间而知道,胡适知道黄炎培是江苏教育会的会长,是东南教育界的大佬,也是当今教育界一个最有势力的人;黄炎培当然也知道胡适是北京大学著名教授,是蒋梦麟的同门好友。他们之前几次想相见总不曾见着,现在因蒋梦麟的居间介绍得以相见,双方自然都非常高兴。

席间,黄炎培告诉胡适,他们明天就要到东三省去。胡适问他是否要到吉林省。黄炎培说是。胡适因说他的父亲过去曾在吉林做官,又曾到过边界上勘界。黄炎培遂问胡适尊人的大名,胡适说单名一个传字。黄炎培忽然大惊道:“原来令先生就是铁花老伯!”后来胡适问起,始知黄炎培的父亲是黄熚林先生,从前也在湘军将领吴大澂吴清帅幕府,与胡适的父亲胡传相熟。黄炎培说他常听见他父亲说起胡传先生的学问才气,故还记得。此时谈起,方知黄胡两家原来是世交。黄炎培说:“铁花老伯应该有适之兄这样的后人。”胡适听了这话,心里很欢喜。因为他常年在外,名气不小,人家只知道他是胡适,从来没有人知道他是某人的儿子。今次忽闻黄炎培此语,觉得自己还不致玷辱先人的名誉,所以心里颇欢喜。他在第二天遂将与黄炎培相聚的事情写信告诉了还在故乡的母亲。[2]

第二天(6月20日)晚八时三十五分,蒋梦麟陪同黄炎培乘火车离开北京,翌日晨过北戴河、秦皇岛、山海关,晚,至沈阳,入住悦来楼。23日,转至华昌饭店。与省教育会人士开始接触。24日,上午参观女子师范、第四初小,下午参加省教育会的欢迎会,黄

[1]《教育与职业》,《过渡时代之思想与教育》,第192页。

[2]《胡适家书》,河北人民出版社1996年版,第193页。

炎培发表演说，强调“精神上发展儿童本能，实质上注重职业教育”。25日，继续参观，有第五小学、第二小学、高等师范。在高等师范，黄炎培的演说主要谈国民教育和职业教育的问题。26日，继续参观和座谈，晚十时许，乘车离开沈阳。第二天晨六点半，抵安东，遂由县劝学所所长陪同参观县立国民学校等。28日，渡江至新义州，在中国领事陪同下参观日人小学校、朝人普通学校、简易工学校、营龚林厂等。29日至汉城，入住清光馆，参观王家博物苑、植物园、动物园等。30日，参观总统府博物馆、王家美术陈列所、上品陈列所等。7月1日，参观女子高等普通学校、男子普通学校、附属普通学校、中央实验所及工业专门学校、私塾等，晚乘车至仁川。7月2日，参观公立寻常高等小学校、商业学校。3日，乘车离开仁川回国，4日凌晨至奉天；晚八时许，至大连。5日，参观第二寻常小学校、大连公学堂。6日晨七时五十五分，乘车赴旅顺，九时到，遂至工业学堂参观。晚，回大连。7日，至沈阳。8日午后，辞别沈阳教育界同仁，乘车至长春。9日至吉林。10日，参观省立中学校、模范小学校、女子师范学校等。11日，参观模范二区第一小学、第一师范、农工学校等。12日游览风光名胜。13日继续参观模范区和学校。14日，参观私立乙种工业学校。晚，抵长春。15日，参观日人公学堂、商埠小学、长春道立中学。夜，乘车赴哈尔滨。16日起乘轮船沿松花江东行一千二百里至吉林省属富锦县，与东井垦务公司经理陈陶遗等渡江至疏勒密，步行六十里至公司，留五日观垦。8月10日上午十时半，黄炎培在蒋梦麟的陪同下，乘火车至北京，寓大同公寓。下午，专程拜访蔡元培。而蔡元培为蒋梦麟、黄炎培的共同老师，想必见面谈了不少。蒋梦麟陪同黄炎培至东北三省考察教育的行程至此结束，历时五十天。[1]这次参观考察，给蒋梦麟留下深刻印象：“饱见饱闻，而所到之处，为奉天、安东、新义州（鸭绿江对面朝鲜境）、汉城、仁川、大连、旅顺等处，凡日人所经营之地，街道广阔、房屋整洁，移步入中国城市，则便到活地狱中，中国文明今日已成破产之势。凡挟西洋文明之利器者，无论何国何团体，必战旧文明而胜之。满洲土地肥饶，物产丰富，若政府善为策划，发展机会甚大。惜吾国人安于乡土，不肯来关外觅新机会，而日人则日日进行，可畏可畏。”[2]

在北京逗留几日后，蒋梦麟陪同黄炎培于8月12日晨八时半乘火车经天津、济南，13日上午十时许至青岛，参观青岛中学、第一寻常高等小学、公学堂等，第二天乘火车经济南回上海。[3]

1919年5月31日　中华职业教育社在上海举行第二次年会，出席千余人。会议决定

[1]《张元济日记》（上），第274页。

[2]《张元济日记》（上），第299页。

[3]《黄炎培日记》（2），第24页。

设立职业指导部。

后因五四运动爆发，蒋梦麟代蔡元培北上主持北大校务，暂时放弃江苏教育会和中华职业教育社的工作，但到了1919年8月20日江苏教育会举行第十五次常年大会，蒋梦麟依然赶来出席，会议以“养成健全人格，发挥共和精神”为当代教育的宗旨，这一点也与蒋梦麟素来教育主张相仿。

## 知识分子的觉醒

离开商务印书馆担任江苏教育会及中华职业教育社专职工作后，蒋梦麟还与几位朋友联合，并得到国立北京大学、南京高等师范学校、暨南大学、江苏教育会、中华职业教育社等五个单位赞助，组成“新教育共进社”，“以输入世界最近教育思潮、学术新知、传布国际大事为宗旨”，[1]创办《新教育》月刊，由蒋梦麟任主编。

那时正是第一次世界大战结束不久，自由与民主的思潮正风靡全世界，威尔逊主义已引起中国有识之士高度关注。中国青年正浸淫于战后由欧美涌至的新思想新文化。报纸与杂志均以大篇幅报道国际新闻和近代发展，中国已经开始追上世界新思潮了。

《新青年》正在鼓吹德先生与赛先生（即民主与科学），以求中国新生。这本思想激进的杂志原为几年前陈独秀所创办，后来由北京大学的一群教授共同编辑。《新青年》在介绍新思想时，自然而然对旧信仰和旧传统展开激烈攻击。有些投稿人甚至高喊“打倒孔家店”这样相当偏激的口号。这些激烈的言论固然招致一般读者的强烈反感，但是全国青年却已普遍沾染知识革命的情绪。

孙中山已于1918年移居上海。那时的中国正在经受着痛苦的煎熬，南北军阀一丘之貉，各地军阀拥兵自重，统一的中央政府表面上还存在，实际上能够控制的区域非常有限。孙中山的国民党最强大的据点是南方和上海。1917年在广州成立新政府对抗北京政府，以求维护革命人士所致力的原则，并进而推广于全国。当时广州的南方政府名义上是由孙中山领导，实际上是一批新旧军阀控制着政权，他们的政治见解非常肤浅，有时甚至非常荒谬，孙中山很多时候无法同意，于是乃离开广州，暂时脱离现实政治，北上定居沪滨，从事中国实业计划的研究。

在蒋梦麟看来，孙中山的目光远超乎当时的政治纷争之外，他的实业计划如果顺利实现，可以解除人民贫困，使国家富强，并使中国跻于现代工业化国家之林。根据孙

[1]《黄炎培日记》（2），第12~23页。

中山的计划，中国的工业建设分为衣食住行四大类。这些都是人民生活所必需的，孙中山就根据这些因素计划中国的工业建设。

在孙中山的实业计划中，设计了贯串中国广大领土内所有重要商业路线和军运路线的铁路网和军路网。孙中山定下发展中国商埠和海港的计划，也定下疏浚河流、水利建设、荒地开垦等计划大纲。孙中山还设计了发展天然资源和建设轻重工业的蓝图。特别是他鉴于中国森林砍伐过度，又定下在华北、华中造林的计划。他的这些超前眼光至今依然使人感到不可思议。



孙中山对工业发展规定了两个原则：凡是可以由私人经营的就归私人经营；私人能力所不及或可能造成垄断的则归国家经营。政府有责任鼓励私人企业，并以法律保护之。苛捐杂税必须废除，币制必须改善并予统一；官方干涉和障碍必须清除；交通必须发展以利商品流通。

按照孙中山的计划，铁道、公路、疏浚河流、水利、垦荒、商埠、海港等涉及国计民生的重大项目都应该由国家主持兴建和管理。对于山西省地下储存的丰富煤铁资源，孙中山那时就有明确的期待，以为应该由政府组织进行大规模的开发，提高技术含量，降低生产成本，保障工人生命安全。严禁私人资本介入山西煤炭、钢铁资源的盗采、掠夺，但应该欢迎外国资本、技术和外国专家的介入。

在蒋梦麟的眼里，孙中山是中国第一位有过现代科学训练的政治家。他的科学知识和精确的计算实在惊人。为了计划中国的工业发展，他亲自绘制地图和表格，并收集资料，详加核对。实业计划中所包括的河床和港湾的深度和层次等细节他无不了如指掌。有一次蒋梦麟给他一张导淮委员会的淮河水利图，他马上把它在地板上展开，非常认真地加以研究。后来蒋梦麟发现这幅水利图在他书房的壁上挂着。

在孙中山仔细研究工业建设的有关问题和解决办法以后，他就用英文写下来。打

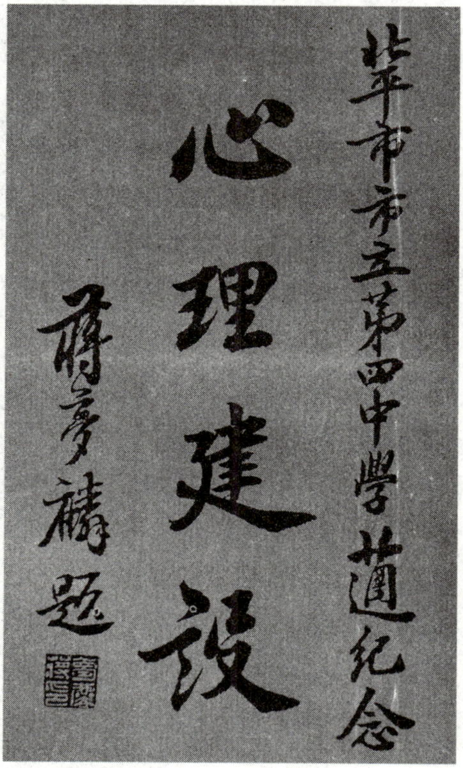

▲蒋梦麟手迹之一

字工作全部归孙夫人宋庆龄负责,校阅原稿的工作则由余日章和蒋梦麟负责。一切资料数字都详予核对,如果有什么建议,孙中山无不乐于考虑。凡是孙中山所计划的工作,无论是政治的、哲学的、科学的或其他,他都以极大的热忱去进行。孙中山虚怀若谷,对于任何建议和批评都乐于接受。孙中山俨然成为中国战略发展设计师和狂想家。

因为孙中山的眼光和计划超越了他的时代,许多与他同时代的人常常觉得他的计划不切实际,常常引用“知之非艰,行之维艰”的传统观念来答复他。孙中山对这些人的短视常常感到困扰。当他在四十年前倡导革命运动时,他就曾遭遇到同样的障碍。后来他写了一篇叫《心理建设》的文章,提倡“知难行易”的学说。中西思想重点不同的地方其中之一就是中国人重应用,而西洋人重理智。中国人重实际,所以常常过分强调实践过程中的困难,有时是实在的困难,有时只是想象的困难,以致忽视实际问题背后的原理原则。凡是经常接触抽象原则和理论的人,或者熟悉如何由问题中找出基本原则的人,都不难了解孙中山“知难行易”的立论。在另一方面,凡是惯常注重近功实利而不耐深思熟虑的人,可就不容易了解孙中山的主张了。在清政府式微的日子里,中国并不缺乏锐意改革的人,但是真能洞烛病根,且能策定治本计划的人却很少。孙中山深知西方文化的发展过程,同时对中国的发展前途具有远大的眼光,因此孙中山深感超越近功近利的原理原则的重要,他知道只有高瞻远瞩的知识才能彻底了解问题的本质。

在孙中山的哲学意识中,人们只要把握这种基本的知识,实践起来就不会有不可解除的困难了。真正的困难在于发现基本的道理。事实上,不知真知灼见的事情,必能便利地进行,而在许多地方,即使所知不深,亦能推行无阻。例如水泥匠和木匠,只要他们照着建筑师的吩咐去做,即使他们不懂得建筑学,也照样能执行复杂的建筑蓝图。医药方面的情况更明显,诊断常常比用药困难,医科学生知道得很清楚,在他研究医学之前,他必须对生理学和解剖学先有相当了解,而在研究生理学和解剖学之前则又得先研究物理与化学等普通科学。每一种科学都是许多为学问而学问的人们经过几百年继续不断研究所积聚的结果。由此可见医学的基础知识之获得比行医远为艰难。

根据蒋梦麟的评估,与孙中山同时代的人只求近功,不肯研究中国实际问题的症结所在,希望不必根据历史、社会学、心理学、科学等所得的知识,就把事情办好,更不愿根据科学知识来制定国家的建设计划。因此他们攻击孙中山的计划是不切实际的空中楼阁。他们的“现实的”眼光根本看不到远大的问题,更不知道他们自己的缺点就是无知和浅见，缺乏实际能力倒在其次。以实在而论，他们自己认为知道的东西，实在只限于浅薄的个人经验或不过根据一种常识的推断。这样的知识虽然容易获得，但以此为实践基础反常常会遭受最后的失败。

在西洋人看起来，这些或许只是理论与实践，或者知识与行为的哲学论争，似乎与中国的革命和建设发不生关系。但是孙中山却把它看得很严重，认为心理建设是其他建设的基础，不论是政治建设、实业建设或社会建设。有一天，蒋梦麟和罗家伦同来华访问讲学的杜威教授在上海拜见孙中山，谈话中说到"知难行易"问题，杜威对孙中山说："过重实用，则反不切实用。在西方没有人相信'知'是一件容易的事。"



### 主编《新教育》

《新教育》月刊一方面受到思想界革命风气的影响，一方面因为蒋梦麟个人受到孙中山思想的启示，所以在教学法上主张自发自动，强调儿童的需要，拥护杜威在《民主与教育》中所提出的主张。在中国的教育原理方面，《新教育》拥护孟子的性善主义，因此认为教育就是使儿童的本性得到正常的发展。事实上自孔子以后，中国教育的主流一直在遵循着孟子的性善原则，不过年代一久，所谓人性中的"善"就慢慢地变为受古代传统所规范的某些道德教条了。因此蒋梦麟在《新教育》中提出的那些主张在理论上看似很新鲜，实践起来却可能离本来的原则很远很远，所谓"发展本性"在事实上可能变为只是遵守传统教条。中国发生的实际情形正是如此。

自从卢梭、裴斯塔洛齐、福禄培以及后来的杜威等人的学说被介绍至中国思想界以后，大家对孟子学说开始有了比较清晰的认识，中国儿童应该从不合现代需要的刻板的行为规律中解放出来。现代教育应该诱导儿童自行思想，协助他们根据自身需要，而不是根据大人的需要来解决他们自己的问题。现代教育应该启发儿童对自然环境的兴趣。根据儿童心理学的原则，儿童只能看做儿童；他不是一个小大人，不能单拿知识来填，更不应拿书本来填，教育应该帮助儿童在心智、身体和团体活动各方面成长。

这些就是指导《新教育》的思想原则。这些原则与当时国内的新文化新思想恰好符合。《新教育》月刊与北京大学师生间知识上的密切关系，终于使蒋梦麟在《新教育》出版第二年跑进这个新知识新文化的大旋涡，担任了教育学教授，并于校长蔡元培因事请假时代理校长。不过，这都是后话。

《新教育》杂志创办后仅六个月就发行到一万份。它的主要目标是"养成健全之个人，创造进化之社会"。其创设背景及用意，据说是创办同仁深察国内之情形，世界之大势，深信1919年，实为新时代之纪元。而欲求此新时代之发达，教育无疑是其基本。于是他们集中国中五大教育机关，组织新教育共进社，编辑从事《新教育》月刊。盖欲在此新时代中，发健全进化之言论，播正当确凿之学说。当此世界鼎沸、思想革命之际，欲使国民知世界之大事，共同进行，一洗向日泄泄沓沓之习惯。以教育为方法，养成健全之个人，使国人能思，能言，能行，能担重大之责任。创造进化的社会，使国人能发达自由之精神，享受平等之机会。俾平民主义在亚东放奇光异彩，永久照耀世界而无疆。[1]

蒋梦麟主持《新教育》杂志的工作持续很久，即便是他在北大主持校务的那些年里，他仍需分身为《新教育》的编辑事务而忙碌。直到1922年初，蒋梦麟因事赴美国，才算谢掉《新教育》的"主干职任"（主编），公推东南大学教授、教育科主任陶行知先生继续担任。陶行知也是杜威的高足，与蒋梦麟同门，也是现代教育的狂热鼓吹者和实行家，所以在陶行知的主持下，《新教育》杂志除照前定职志继续进行外，更加添实际经验并研究材料，内容较前更为丰富。[2]至此，蒋梦麟与《新教育》的关系总算告一段落。

在蒋梦麟主编《新教育》的时候，他所撰述的文章大都充满着新思想新意思，深刻影响国内思想界，展现了他对"新青年"、"新时代"的期许和愿景。他强调，凡一个时代大潮的到来，终逃不了两个大原因：一个是学术的影响，一个是时代的要求。换言之，一个是思想的变迁，一个是环境的变迁。中国在过去的二十年间环境变迁速度确实太快，没有新学术以供给适应其需要，结果社会的病就一天一天的重起来。所以我们要讲新学术去救它。这个新学术问题，就是新文化运动的问题，预备酿成将来新文化的大潮，扫荡全国，做出惊天动地的事业。蒋梦麟指出，我们因为有这个目的，所以不要青年在一担一桶水里费尽心力；他像陈独秀当年在《敬告青年》中所期待的那样，希望青年决百川之水！这决百川之水的方法是什么呢？

一、愿青年自己认作富于感情、富于思想、富于体力、活泼泼的一个人。

二、愿青年用活泼泼的能力，来讲哲学、教育、文学、美术、科学种种学术。

三、愿青年用宝贵的光阴，在课堂、图书馆、试验室、体育场、社会、家庭中做相当的活动。

四、愿青年抱高尚理想，望那理想中拼命做去。

五、愿青年多团体的活动，抱互助的精神，达到团体的觉悟。

---

[1]《教育评论》，《过渡时代之思想与教育》，第435页。

[2]《新教育》1922（1）。

蒋梦麟说:“青年青年,你们自己的能力,就是水;运用千百万青年的能力,就是决百川之水;集合千百万青年的能力,一致作文化的运动,就是汇百川之水到一条江里,一泻千里,便成怒潮——就是新文化的怒潮,就能把中国腐败社会洗得干干净净成一个光明的世界!”[1]



### 现代教育理念的鼓吹者

其实,蒋梦麟回国不久,就时常针对他的专业及他所感兴趣的问题撰文刊载在商务印书馆的《教育杂志》上,传递西方学术界的最新信息,传播西方现代教育理念。他指出,自19世纪科学发达以来,西洋学术莫不以科学方法为基础,即形而上学也以科学为利器。至今日一切学问,不能与科学脱离关系。教育学亦然。故今日之教育,就是科学的教育。舍科学的方法而言教育,是凿空,是幻想。幻想凿空,不得谓20世纪之学术。这是现代教育理念的一个方面。

现代教育理念的另一个方面,蒋梦麟认为就是教育的社会化和个人化。他指出,离社会则不能言教育,舍个人则更不能言教育。盖个人为教育之体,社会为教育之用。两者兼则教育之体用备。那么怎样才能达到这样的体用兼备呢?答案只有一个,即有赖于高等学术的发达,有赖于真学问之发生,有赖于大学问家之出现。如果没有大教育家出,指望中国教育有根本改善,可能是不现实的。[2]

反观当时的中国教育现状,蒋梦麟当然不太满意,然而能够聊以自慰的是,他认为当时的中国教育如果放在人类历史长河中去观察,也只是一种“过渡时代”之教育而已,这种教育,积极的要有新追求,新想法,消极的就是维持现状,不思进取。如果为中国教育改革长远计,蒋梦麟认为应当取中国传统教育思想、教育体制之精华,调和世界近代之精神,定标准,立问题,通新陈交换之理,察社会要需,采适当之方法以推行之,[3]以培养“科学之精神”、“社会之自觉”作为根本目标。这可以说是蒋梦麟“亦中亦西”、“不中不西”教育原则的最初表露。

蒋梦麟指出,现代中国的教育可能有种种问题,但究其根本,则有一中心问题存焉。此一中心问题就是“做人之道”,就怎样通过教育增进人类之价值。故欲言人类之价值,当先言个人之价值。不知个人之价值,也就不知道人类之价值。人类云者,不过合各个人而抽象以言之。个人之天性愈发展,则其价值愈高。一社会之中,各个人

[1]《新文化的怒潮》,《过渡时代之思想与教育》,第57页。

[2]《高等教育为教育学之基础》,《过渡时代之思想与教育》,第98页。

[3]《新教育》1922(1)。

之价值愈高，则文明之进步愈速。我们若视教育为增进文明的一种方法，则当自尊重个人始。蒋梦麟始终如一强调现代教育就是要培养人们对个人价值的认知和尊重。

个人之价值的一个重要体现就是个人人格。何谓人格？蒋梦麟指出，所谓人格，就是本个人固有之特性，具独立不移之精神，其蕴也如白玉，其发也如春日，而此特性，此精神，就是所谓的人格。以这样的目的为教育，就是所谓的人格教育。至于进化社会的准确含义，蒋梦麟认为必须具有这样三个条件：

一曰社会所贮蓄之文明，能日日加增。不能保守固有之文明，不必言进化。能保守矣而不能加增，亦不能言进化。故进化社会，须日日加增其文明也。

二曰社会之度量，能包容新思想也。退化的社会，度量狭窄，凡有新学说出现，必挫折之，使无存在之机会，而后乃快。有清之文字狱，与帝俄时代之压制言论自由，即其例也。

三曰大多数之人民能享文化之权力也。如文化限于少数之人，则此少数人之思想纵或高尚，往往与一般普通社会相捍格。其结果也，于俄国则酿成虚无党，于中国则养成迂远不切事务之书呆子。少数之人，高谈阔论，不可一世，而多数国民，其劳力如牛马，其愚鲁如蠢豕，社会之前程，遂黑暗而无光。

因此，在进化社会中的个人，当负此三种责任。而欲负此三种责任，必先养成有负此责任之能力。而这种能力的基础，在蒋梦麟看来主要有二：一是能行，一是能思。所谓能思者，就是要养成清楚的头脑，并由肝胆说出其思想，不可抄人成语，也不可唯唯诺诺地随人脚跟后讲胡话。所谓能行者，就是做事要担当起责任，把肩膀直起来，万斤肩仔我来当。夫如是，始能增进文化，生出新思想。致使大多数人能有享受文化的权力，则又必须仰仗着教育之普及。[1]其持论显然与当时极负盛名的《新青年》遥相呼应。

现代教育理念的一个重要内容是个人主义，而个人主义的实现从教育理念上说就是要充分挖掘和展示学生的个性，于是有个性主义的说法。蒋梦麟指出，以发展个人之特性为目的的个性主义是近代教育学家所公认的教育根本方法之一；而个人主义是为了使个人享有自由平等之机会，而不为政府社会家庭所抑制。趋于中正平和的个人主义在西方又称为平民主义，平民主义的基本观点是个人有个人之价值，不可戕贼。国家与社会的功能，就是要保障个人的平等自由，所以个人对于国家社会有维持的责任，国家社会对于个人有保障的义务。这种新型的国家社会与个人之间的关

[1]《进化社会的人格教育》，《过渡时代之思想与教育》，第105页。

联，很显然具有浓厚的现代气息，是五四新文化运动的主题。

当然，蒋梦麟这一批受过西方思想文化系统训练的人也都承认或者说明白，国家社会固然有保障个人权益的责任，但同时，个人行为如有危害于国家社会者，法律得以重责之。国家社会有戕贼个人者，个人得以推翻而重建之。所以说，所谓平民主义，所谓个人主义，即便对国家而言，也并不是洪水猛兽，而是一把双刃剑，是利益攸关方关系的重建，就其实质而言是强调个人与国家社会之间的互助主义。这才是蒋梦麟心目中的真正的个人主义。

在蒋梦麟看来，对社会国家而言，曰个人主义。平民主义所主张之自由平等，即保障个人之说也；对文化教育而言，曰个性主义：发展个性，养成特才，则文化得以发达。不然，人类中无特出之才，则其文化必在水平线下。蒋梦麟强调，第一次世界大战结束，武力摧折，平民主义已战胜势。在这种背景下，欲解决中国社会之基本问题，非尊重个人之价值不为功。而从中西文化资源角度说，蒋梦麟认为，中国传统中没有尊重个人主义的习惯，所以中国人如欲急起直追，重建个人与国家的关系，营造尊重个人主义的新传统，那么就必须向西方学习，养成适当之特才。欲养成适当之特才，非发展个性不为功。[1]

在上海的日子里，蒋梦麟以留学博士的身份，时常到一些公开场合进行演讲。他那时的言论，大概都是在强调西洋文化的优长之处及其根源，并拿来与中国文化进行比较，批评中国文化的不足。大意是西洋文化起源于希腊，重理智、重个性、重美感。中国思想则重应用、重礼教、重行为。因此蒋梦麟在演讲中常常提到苏格拉底、亚里士多德的名字，并提到科学的发展，是从希腊重理智而演化来的。中国科学不发达，是因为太重应用。中国现在要讲工业，根本点就要从科学入手。蒋梦麟的这一套理论受到一部分中国人的欢迎，当然也就为另一部分人所不欣赏。那时有一张报纸画了一幅插画，一个戴博士方帽，面庞瘦削的人，满口吐出来的是苏格拉底、亚里士多德两个西洋名字在空中荡漾，以此讽刺蒋梦麟言必称希腊，言必称苏格拉底、亚里士多德。这种讽刺似乎对蒋梦麟也有刺激，蒋梦麟有一警醒，有一觉悟，他开始意识到言必称希腊这条路可能走不通，因为中国人的理智，中国人对西方的认知似乎都还不够。所以蒋梦麟就改变了演讲策略，强调中国要富强，就要先发展工业化，而发展工业化，就必须讲究工程学，因为工程学对于工业发展太重要了。而工程学也不是平地起高楼，而是要根据科学的。工程学只是应用科学，是要以理论科学或自然科学作基础的。蒋

[1]《个性主义与个人主义》，《过渡时代之思想与教育》，第51页。

梦麟这样的解释，不再出现苏格拉底、亚里士多德那几个希腊哲学家的名字，但其效果似乎比原来还要好。因为这更符合中国文化“重实用”的原则和传统。[1]

蒋梦麟是研究教育学的专家，是教育学博士，所以他对中国问题的关切点，最终都要落实到怎样重建现代中国的教育体制这样的问题上。他通过对中国已有教育体制的分析，强调教育体制只是生产现代国民的机器，而反观中国现代新教育在这一点上似乎还有问题，中国教育体制的改革，必须在所出产品上进行调整，进行根本改革。在蒋梦麟看来，中国新教育的基本宗旨只有三个：

一是要将所有的学生培养成活泼泼的个人，不应该使他成一个曲背近视眼的人。

二是将学生培养成能改良社会的个人。学校的宗旨，是在养成社会的良好分子，为社会求进化。而要学生参加将来的社会改良运动，就要使学生从参加改良学校的社会运动做起。而学生的自治，可算是一个联系改良学校社会的机会。

三是将学生培养成能生产的个人。今后的教育，要讲生产，要讲服务，要知道劳工神圣。[2]而这一点正与黄炎培的教育理念相契合，是蒋梦麟与黄炎培合作共事的思想基础。

学生自治是蒋梦麟教育思想的一个重要内容，他在谈到学生自治时强调首先要研究三个要点：

第一，要研究学生自治的精神。精神就是全体一致到处都是的公共意志。这个公共意志的势力最大，凡团体有这东西在里面，一部分的分子就会不知不觉地受它支配和感化。自治的基础也就在这里。这个精神就是自治的基础。没有这个精神，团体的意志就不能结合起来。里面的分子不但不能互助进行，而且要互相阻挠。团体解散都是从这里生出来的。任何团体都是一个有机体，团体的精神就是团体的意志。若分子不能照这意志行事，这个团体就疯了。所以蒋梦麟认为团体结合的要素，不在章程，而在养成一个公共的意志。换句话说，就是要养成一个精神。在学校里面就是大家经常说的“学风”。学生自治并不是一种时髦的运动，并不是反对教员的运动，也不是一种机械性的组织。学生自治是一种爱国运动，是移风易俗的运动，是养成活泼泼的一个精神运动。学生自治要有一个爱国的决心，移风易俗的决心，活泼泼的勇往直前的决心。没有这种大决心，学生自治是空的，是慕虚名的，是要不得的。

第二，要研究学生自治的责任。学生自治既不是一个空虚的美名，大家就要去干

[1]《一个富有意义的人生》，《传记文学》4卷3期。
[2]《什么是教育的出产品》，《过渡时代之思想与教育》，第137页。

这自治的事业，大家就负了自治的责任。蒋梦麟认为，学生自治至少要负有这样四个责任：

1.提高学术程度的责任。学生对学术方面，要有兴趣，要想得透，要懂得彻底。不要模模糊糊地过一天算一天，上一课算一课。照这样下去，哪里能提高学术呢？

2.公共服务的责任。自治是自动的服务，是对于团体的服务。自动的服务，是自己愿意服务，不是外面强迫的。本自己的意愿对于团体做公益的事情，这也有两个方面，一是消极的，一是积极的。消极的方面是个人不要对于团体做有害的事情；积极的是个人要做对于团体有益的事情。消极方面就是自制，是消除乱源的办法；积极的方面就是互助，是增进公共利益的办法。自治之中，自制和互助都是不能少的。

3.产生文化的责任。学生自治团体不是组织了之后，学校不再闹乱子就算满足。自治团体要有生产力，要多产文化。多产文化的方法，就是多设种种学术研究机构，互相研究，倡作种种事业。

4.改良社会的责任。学生事业不仅在校内，而且要与社会生活相接触。以学生所得的知识传布于社会，做社会的好榜样，使社会的程度渐渐地提高。

第三，要研究学生自治的团体。蒋梦麟认为，学生团体是全校团体的一部分，学生团体所做的事，是全校负责任的。所以学生团体与学校中其他团体有着密切的联系。要联络进行，共谋全校的幸福。如此便又生出几种问题来，如不加以解决，恐怕也要生出一些乱子。这些问题是：

1.学生个人或教职员个人或团体的问题。自治会成立后，学生个人行动，是否应受教职员的干涉？蒋梦麟认为，学生行动不当，不但教职员当干涉，学生团体也当干涉，学生团体不干涉个人不当的行动，这自治就破坏了。所以学生团体不但要去干涉他，而且要请教职员大家来帮忙，共同维持学校的名誉。

2.学生团体和教职员个人问题。学生团体应该欢迎教职员的忠告，要知道教职员和学生同是谋全校幸福的一分子。

3.学生自治团体和教职员团体的关系问题。两个团体之间如果有问题发生，一定要平心静气，开诚布公地进行讨论，寻求解决的办法，不要因一时的愤激，生出许多无谓的误会。[1]

第一次世界大战是人类历史发展的一个转折点，它在教育文化方面的意义也是巨大的，教育的理念在大战爆发前后确实发生了很多改变。对此，蒋梦麟具有相当

[1]《学生自治》，《过渡时代之思想与教育》，第155页。

清醒的认识，他强调，第一次世界大战告终，世界思想必多所变迁。中国今后的建国方针、教育理念，在内，都必将根据自己的国情加以斟酌，在外，必将观察国际大势，使中国人在思想上，在文化上，在生活上，都能与世界潮流保持一致，不要因为第一次世界大战暴露出了一些近代国家的问题，就使中国回到保守主义或孤立主义的立场，那样对世界不利，对中国更不利。教育为立国的根本，如欲解决当时中国所面临的种种问题，必须高度重视教育，必须注意怎样使教育方针、教育体制、教育理念能够跟上时代前进的步伐，能够与世界相协调。教育并不仅仅是教育界的事情，一个国家的教育要想做好，就必须全民重视，政治家、实业经济界的领袖都应该对教育进行研究，予以关注。[1]

蒋梦麟认为，根据一般教育理念，教育对于时势具有两方面的责任，一方面为时势而施教育，即顺势是也；另一方面为纠正时势而施教育，即变俗或易俗是也。而学术思想之变迁则莫不与时势变化密切相关，当其一时代学术之盛，凡国中思想领袖必为当时所流行之学术领袖。及时势变迁时，排众议，斥旧说，而倡新学者，亦必为当时国中之思想领袖。前者知现在之大势，得其精神而为大势之代表；后者能察将来之大势，得其精神而为大势之前导。学术思想之大势，即所谓时势也。凡一派或数派学术思想盛行时，本其精神而定教育之宗旨，并其施行之方法，即可称之为顺势之教育。凡新学术方起之际，本其精神而定教育之宗旨，并其施行之方法，即可称之为变俗之教育。然无论顺势抑或变俗，教育家必先知当时学术思想之大势，与夫时代之精神，非此不能谈教育也。盖先有时代之变迁，而后有教育之变迁。故不知时代之大势而言教育者，幻想而已，凿空而已。基于这种理论前提，那么在第一次世界大战之后的教育趋势，便不能只从教育上着眼，而当以第一次世界大战后学术思想之趋势着想。知世界学术思想之变迁，而后始得知世界教育变迁之真义。不然，徒得其躯壳而已。

现在的问题是，欧洲学术思想在第一次世界大战后是否有新的变化呢？如果有变化，那么这种变化的方向又是什么呢？蒋梦麟指出，广义的欧洲文明在第一次世界大战后并没有与先前的文明发生根本变化，如果一定要说战后西洋文明将有基本上的变动，那么势必将这区区几年的战争看得太重。其实，自人类有历史至今，经过无数次战争，从没有听说哪一种文明因一场战争而骤然改变，更不要说文明的基础了。当然，战争肯定对文明的演进具有一定的影响，人们在战后一定会思索、反省已有的文明形态究竟有那些问题，究竟是什么原因导致了战争不可避免，关注战争给人类带来

[1]《教育评论》，《过渡时代之思想与教育》，第437页。

的可能变化。根据蒋梦麟的观察与归纳,第一次世界大战给人类社会带来的变化大致有这样几个方面:

一是在国家主义之外,将兼及世界主义。国家主义根据于爱乡土之心,人各爱其乡土,开辟其富源,增进其幸福,实为文明进步之基础。推而广之,国民各爱其国家,开辟其富源,增进其幸福,非世界文明进步之基础乎?故不知爱护其乡者,不知爱护其国;不知爱护其国者,不知爱护世界。故善用之,国家主义实世界主义之基础;不知善用,则足以酿成无穷之战祸。因此第一世界大战之后,国家主义将略改其方向;而世界主义将有萌芽之希望。由此而论战后之教育,则除训练爱国心以外,将训练对他国表同情之心。除己国历史文学之外,将兼及他国之历史与文学。使青年知人之爱己,亦犹我之爱己;他国之爱其文化,亦犹我国之爱自己的文化。推己及人,减少国民之误会,实世界主义、国际主义的重要基础。

二是人们战后必将在继续重视物质科学以外,将兼及精神科学。蒋梦麟指出,西洋近数十年来的重大进步,都应该归功于物质科学。然而过去借物质科学之功而建设起来的财富和社会,经过这场惨绝人寰的战争,也都因物质科学而破坏;借物质科学之功以养人者,今亦以其力而杀人。这个认识不独蒋梦麟,当时中外许多大思想家其实都是这样看待第一次世界大战的,像梁启超就明白宣布"科学破产",人类如欲继续前行,除了科学发明外,可能还需要重建精神文明。蒋梦麟强调,物质科学功效的伟大,人人得而知之,而物质科学之杀人之负面功能,并非人人知之,更非科学本身应该承担的罪责,而是使用者的罪过。科学不过是促进文明进步的一种方法,文明的宗旨,在发达人类精神上的快乐。德育也,美感也,皆所以发达人类精神上快乐之具也。由此而论战后之教育,蒋梦麟认为,尽管科学在第一次世界大战中有如此负面形象,但学校教育决不可能废除科学或者说减少科学教育的分量,而是应该将科学与道德及美感并重。

三是民权主义在不久将来必将占胜势。蒋梦麟指出,第一次世界大战的根源主要过去一味宣扬国家主义和民族主义,结果导致国家主义的冲突。然而在国家主义、民族主义中,实有帝权与民权之别。德国的国家主义、民族主义便是一种帝权的形式,英法等国国家主义、民族主义便是民权的形式。所以从这个方面来观察第一次世界大战,便可视为帝权与民权之间的战争,结果是民权战胜帝权,公理战胜强权,国际主义战胜国家主义,世界主义战胜民族主义。这是不必怀疑的历史事实。蒋梦麟预计,从第一次世界大战始,民权主义潮流将不可遏止,必将成为世界发展的主流。后来20世纪的历史事实也在证明、印证了蒋梦麟的这个判断。基于这个判断,蒋梦麟认为战后的教育当注重自动、自治，与训育三者，以养成健全活泼之个人，因为民权之基础，就在于尊重个人之价值。只有尊重个人之价值，而后始足言自治。

蒋梦麟还强调，由于战争的破坏，战后继续恢复，所以战后教育中的一个最迫切的问题，就是要加强应用科学、实用科学的教育，这将成为学校教育的一个重点，只有培养出合格的劳动者、科学家，才能尽快恢复正常的社会秩序、社会生活，恢复、重建被战争破坏的事业。[1]

这是整个世界在第一次世界大战后的一般教育趋势，至于中国的教育，蒋梦麟认为在战后也肯定会有新的变化。他指出，世界战争结局的条件不外乎这样几个方面：一是经济的“能率”。20世纪为经济社会，其经济能力的低下的国家，在太平世不足为人民求幸福，在战时不足为国家实军备。何况近代以来战争军费庞大，一日之军费，动以百万计。经济能率低下的国家，其败也必。所以经济之重要，不待言而自明。二是个人之“能率”。蒋梦麟指出，无健全之个人，必无强壮之士卒；无强壮之士卒，就没有强有力之军队。三是社会之“进化率”。有雄伟之经济，强健之个人，进化之社会，则战时可制胜势；平时可求国利民福。故战后之教育，其目的不外乎此三者而已。针对这种世界潮流，蒋梦麟就中国未来教育行政与学校设施，分别提出具体意见：

一、关于教育行政方面：

（甲）随时随地推行义务教育以促进社会之进化。蒋梦麟说，欧美各国自实行义务教育以来，社会进化一日千里，彼犹以为不足，欲延长其年限。而中国则虚耗巨款，从事国内战争，国民教育视若无足轻重。社会进化与蜕化，于此已判，遑云其他？然中国一日欲全国实行义务教育，殊非易事。故蒋梦麟建议中国义务教育的入手办法，须随时随地按年进行，先施诸京师及各省会，次及府会及县会，划定区域，酌量地方情形，节节进行，兴办义务教育。

（乙）随时随地施设职业教育、补习教育以增加经济之能率。当日中国民穷财竭，流氓遍野，补救之道，大概也只有职业教育、补习教育可以随时进行。其试行办法，大致可在大都会中调查职业状况，参酌地方需要，设立乙种工商业等学校。惟实习务须着重，其实习时间，至少居校课一半，则纸上谈兵之弊，庶几可免。

（丙）推行大学及专门教育，以养成社会进化增加经济能力之领袖。蒋梦麟指出，义务教育、补习教育、职业教育，足以增进平民知识技能而促进社会进化。然而民权主义、平民主义，非有领袖为之先导，必难进行。大学及高等专门教育者，所以养成

[1]《新教育月刊出版通告》，《北京大学日刊》1919年3月26日。

民权主义、平民主义之领袖者也,因此国家应尽量扩大大学及高等专门教育的规模数量,提高入学率。

(丁)推广童子军教育,以养成自动自助之能力。蒋梦麟说,童子军并不是武装主义之预备,童子军的宗旨只在使儿童于种种运动过程中,提高生活兴趣和游戏乐趣,养成自动自助及助人之习惯,培养强毅活泼之性格,成为健全之国民。

二、关于学校设施方面:

(甲)发展个性以养成健全之人格。人格教育是蒋梦麟素来重视的一个内容。他指出,人格教育并不是道德教育的代名词,也不是保守遗传道德的替代词。所谓人格,就是本个人固有之特性,具独立不移之精神,其蕴也如白玉,其发也如春日,而此特性,此精神,就是所谓人格。此特性,此精神,均为个性分内之物,发展个性,就是发展此特性此精神。

(乙)注重美感教育及体育以养成健全之个人。所谓美感教育,就是培养发展个人优美之感情。西洋人以增进个人欲望为则,东洋人以抑制个人欲望为归。中国若不采取西洋文明则已,如欲采取,当以增进个人欲望为前提。欲增进个人欲望,则图画所以发扬其想象力,舞蹈所以发扬其兴奋力,音乐所以发扬其感情:此数者,皆足以养成活泼之个人。人类原本具有天生优美余味无穷的身体,所以寓天生优美余味无穷之精神。按照西方的观念,美丽者必健全,健全者必美丽,二者不可须臾离。所以,如欲发扬美感,非有健全的身体不为功;要有健全的身体,又必须发展体育,所以体育为美育之基础。体育、美育,两者并进,健全之个人乃成。

(丙)注重科学以养成真实正当的知识。蒋梦麟指出,近世西洋学术莫不具有科学的精神。所谓科学,就是好求实事,使之以证明真理。中国思想学术向不重视系统,故往往以一人之言前后冲突,东西背驰。如欲克服这种毛病,就应该利用科学这幅良剂,这把利刃。如欲国民头脑清楚,就只有发展科学,使整个社会养成科学的风气与习惯。近代西方种种发展,种种进步,其原因在能制天然力而为人用。科学者,即制天然力唯一之利器。

(丁)注重职业陶冶以养成生计之观念。蒋梦麟说,尊重劳动,为欧美经济发展的基础,也是20世纪工业社会的柱石。儿童求学,除训练其思想技能身体外,须养成其劳动之习惯。中国当时的情形是,能劳动者不受教育,受教育者不能劳动,甚者轻视职业,以不工作为高。则学校愈多,而游民亦愈众。所谓职业陶冶,就是要养成尊重劳动的社会精神和社会氛围,为世界工业竞争奠定坚实的基础。

(戊)注重公民训练以养成平民政治之精神,为服务国家社会之基础。蒋梦麟指出，由健全之个人，组织进化之社会；进化之社会，还以养成健全之个人。个人与社会，实为一有机体。凡训练个人以服务国家及社会者曰公民训练。学生自治团也，学校服务团也，公民团也，童子军也，皆所以训练公民之方也。欲解决将来政治上之问题，使中国达到完满平民政治之目的者，当以今日之学校开其端。这一点，在蒋梦麟看来，必须坚定不移，持之以恒，长期坚持。[1]

蒋梦麟的这些论点较民国元年蔡元培所标示的现代教育原则更见广大而进步，实为中国现代教育之根本指导原则。蒋梦麟指出，中国现代教育应该步趋世界潮流，加强平民教育，发达人权教育。顺乎此，则社会进化；逆乎此，则文化凋敝。苟明此道，则教育之方针得以定。[2]这是现代教育理念中的根本。

所谓平民主义，所谓民权主义，其基本精神就是设法增进平民的能力和平民的知识，使人民成为健全之个人，使社会成为进化之社会。于是一方以健全的个人、进化的社会，而为和平之保障；一方以个人之才智、社会之能力，而扫除强暴不良之政治。在蒋梦麟看来，如欲求永久之世界和平，必以平民主义为基础。然欲自牧民政治而跃入平民主义，自专制时代进入民主时代，绝非苟且偷安可得，则必自人人奋斗始。所以说所谓和平者，并不是消极的垂拱而治，而是奋斗的和平，积极的和平。

蒋梦麟还强调，在现代社会，所谓强国之道，不在强兵，而在强民。强民之道，不在富民，而在养成健全之个人，创造进化之社会。由此而谈平民主义、民权主义之教育，自当养成活泼个人人格始，其大要有：

一、养成独立不移之精神。蒋梦麟指出，过去中国青年最大恶德有二：一是委靡不振，一是依赖成性。委靡不振，则遇事畏难，欲望减缩，事无大小，必无成功；依赖成性，则事事随人脚跟后说话，新事业之创造，必不可能。故必使具高尚之思想，凡事须进一步想，勇往直前，百折不挠，以是而养成独立不移之精神。此种青年愈多，则社会进化愈速。

二、养成健全之人格。

三、养成精确明晰之思考力。蒋梦麟说，以糊涂之头脑解析中国之问题，未有不错乱纷杂者。所以如欲以教育方法解决中国之问题，当养成精确明晰之思考力。欲达此目的，事事当以“何以如此”为前提。学校之中，当注重论理学、科学两者，以为思考之基础。记诵之学，非真教育。至于怎样才能达到上述目的，蒋梦麟认为至少要从这样三个方面入手：

[1]《新教育》1922（1）。
[2]《今后世界教育之趋势》，《过渡时代之思想与教育》，第294页。

一是改良起居。

二是修建道路、振兴实业。此点从表面上看，似乎与教育并没有直接关系，但蒋梦麟认为，不知国家基本问题者，不足与言教育。教育非养成书呆子而已，将为社会造有用之人才。不知社会之需要者，就不可能成为社会有用之才。

三是奖进学术以促进社会进步。所谓学术，就是一国精神之所寄。学术衰则精神怠，精神怠，则文明进步主动失。所以学术要旨无他，就是奠定社会进化的基础。而中国传统学术的弊病，一曰无系统，二曰太重应用，三曰太重古文字。欲改良这三个缺点，第一当讲论理学、科学之方法；第二提倡精神上之兴趣，以求得新理为愉快，新理愈多，则社会愈进化，而后始得言永久之应用；第三革新文学。[1]



[1]《和平与教育》，《过渡时代之思想与教育》，第124页。

# 四　在五四新文化运动中

当蒋梦麟以“海归”博士、专业人士的身份在大上海宣扬现代教育理念的时候，如火如荼的新文化运动正在中国到处蔓延，尤其是北京大学在蔡元培的主持下，竟然一改先前的学术风气，成为新文化运动的中心，其主流思想与蒋梦麟在上海所宣扬的那一套遥相呼应，气味相投，方向一致。蒋梦麟后来担任了北大哲学系教授，主讲教育学及教育学史。

[新文化运动的中心]
[东西文化的冲突与调和]
[救亡压倒启蒙]
[蔡元培“引咎请辞”]
[“挽蔡风波”]
[一个聪明的“留蔡助蒋”方案]

当蒋梦麟以“海归”博士、专业人士的身份在大上海宣扬现代教育理念的时候，如火如荼的新文化运动正在中国到处蔓延，尤其是北京大学在蔡元培的主持下，竟然一改先前的学术风气，成为新文化运动的中心，其主流思想与蒋梦麟在上海所宣扬的那一套遥相呼应，气味相投，方向一致。于是蒋梦麟主编的《新教育》月刊也就容易在知识上与北京大学师生建立比较密切的联系。再加上蒋梦麟与当时的学术明星胡适教授毕竟出于同门，二人之间的往来也颇为密切，学术倾向、政治倾向，也大致接近。或许正是这层层关系，使得蒋梦麟在主编《新教育》杂志的第二年终于跑进这个知识分子的大旋涡，担任了哲学系教授，主讲教育学及教育学史。[1]

## 新文化运动的中心

如果你丢一块石子在一池止水的中央，一圈又一圈的微波就会从中荡漾开来，而且越漾越远，越漾越大。北京自元朝开始成为中国的政治中心，中间除极个别年份外，一直是元明清和民国的首都，历时近千年。

长时期的政治中心地位，使北京成为一个非常特殊的政治城市：政治敏感，但趋于保守；文化繁荣，但容不得异端；经济无忧，但总显得暮气沉沉。总之，北京这个政治中心不知从何时开始，成为中国政治保守势力的大本营，许多新思想、新文化在这里萌生，但又总是在这里被扼杀，被绞死。

1894年甲午战争爆发，经过三十年洋务新政强势发展的“大中国”竟然不敌东邻小国日本，痛定思痛，中国人意识到是还是中日两国在过去三十年所走的路不同。中国在1860年开始走上向西方学习的路，但中国人始终自以为聪明坚信中国所需要的只是西方的“用”，西方的“末”，只是西方的科学技术，至于西方国家的政治体制、西方的“体”，西方的“本”，中国不仅不需要，而是认为西方的不如中国的好。那时的中国人，发自内心坚信政治体制、国家权力架构、民意表达等各方面“还是中国的好”，于是自1860年代至1890年代长达三十年的所谓洋务运动结果就是一场“跛足的现代化”，经济虽然发展了，但经济的基础、政治的架构则始终没有变。

而日本自1868年开始向西方学习，由明治天皇为主导进行变法，史称“明治维新”。日本没有多少文化包袱，没有多少文化积淀，没有传统的太多束缚，所以日本人像先

[1]《教务处布告》，《北京大学日刊》1920年1月14日。

前向中国学习一样，彻底转身向西，全盘西化，与先前高度崇拜的中国文化彻底告别，甚至与身在其中的亚洲脱离，目标是在远东在亚洲建设一个西方式的国家，当时的口号就叫做“脱亚入欧”。日本这个民族确实太厉害了，一旦确定了发展目标就举国一致，仅仅用了二十来年的时间，就重建了一套比较完整的政治体制、权力架构，更重要的是重建了国人的政治文化心态，日本俨然成为亚洲的一个西方国家，与西方近代国家在政治上获得了平等地位，以兄弟相称，从而拉开了与中国距离，先前较日本先进的中国竟然在那几十年不知不觉中落后于日本。

甲午战败不仅是中国的奇耻大辱，也是中国的一次警醒。中国人是一个不怕失败不怕挫折的民族，于是在甲午战后很短的时间里，中国就重振精神，甚至向自己的“敌人”日本学习，试图走上日本仿照西方发展的道路。中国进入了一个“维新时代”，经过几年筹备、酝酿，至1898年达到高潮，中国从先前的经济变革进入政治变革、文化变革的阶段。那一年，短短的一百天，清政府以光绪帝的名义发布了一系列变法诏书，其中一个最重要的诏书，也是新政开始的第一份诏书，就是在北京建立一所大学堂。

清政府要建立京师大学堂的本意，是因为在那之前几十年，大家都逐步意识到旧有的科举考试制度已经无法满足世界的变化和中国的需要，科举制度所考的内容主要是传统体制下官僚养成所需要的人文知识，而近代西方对中国的冲击，或者说中国最迫切需要的是自然科学、技术科学之类的新知识和现代法律、国际事务方面的专家，而这些内容在旧有的科举考试体制中似乎很难容纳。稍前，严修提出设置特科以选择这些方面的人才，但那还是不能满足中国对新知识的需求，于是有建立京师大学堂以弥补旧有体制缺陷的目的和用意。

1898年轰轰烈烈的变法因各种机缘巧合在一百天后结束了，失败了，新政期间的许多政治、经济、文化方面的新政策也相继被废除，然而京师大学堂却没有在旧制复辟的过程中受到伤害，成为“维新时代”留下的很少一部分痕迹中一个重要的痕迹。

维新运动短暂的潮水已经消退而成为历史陈迹，只留下一些贝壳，星散在这恬静的古都里供人凭吊，但是在京师大学堂里，却集结着好些蕴蓄珍珠的活贝。特别是由于命运之神的摆布，幸运的京师大学堂居然在后来短短三十年历史之内对中国文化与思想，对中国历史发展作出了重大贡献。

当然，京师大学堂也是19世纪中叶开始的中学与西学、科举与学校长期冲突、对峙的产物。按照清政府1898年的办学意图，京师大学堂的基本方针是为清王朝培养一批具有近代知识而又能效忠于清帝国的知识分子。故而京师大学堂的办学宗旨只能是“中学为体，西学为用；中学为主，西学为辅”。这是清政府能够接受的“西化”极限。

按照规划,京师大学堂不仅是中国的最高学府,是一所大学,而且还是清政府的最高教育行政管理机关,担负着指导全国教育特别是新教育的规划、指导和管理功能。

作为维新时代留下的纪念品,京师大学堂终于在1898年之后得以存在。但到了1900年,却因为洋学堂的关系而受到义和团运动的强烈冲击,先是被义和团作为基地,作为神拳的拳坛,继则被义和团兄弟视为和洋学堂、教堂一样的舶来品,遭到空前劫难。

八国联军打进北京后,京师大学堂一度因其曾被义和团设为神坛而受到联军的占领和摧残,以致学校关门,师生流离,校舍建筑遭到破坏,图书仪器荡然无存。直到1901年底,议和结束,《辛丑条约》签订,清政府方才下令恢复重建京师大学堂,并于1902年初委派吏部尚书张百熙为管学大臣,着手筹办。

张百熙是晚清具有新思想新见解的开明官僚,1901年百废待举之际就向清政府提出"增设官制,整理财政,变通科举,广建学堂,创立报馆"五条革新大计,并明确建议将京师大学堂改隶国子监,正名为大学,"以一学术而育真才",改总理衙门附设的同文馆隶属于大学,重建中国教育新体制。所以,清政府于1902年1月10日任命吏部尚书张百熙为管学大臣,经理大学堂一切事宜,负责大学堂重建,也算是用其所长,使其有机会一展抱负。

出任管学大臣后,张百熙很快提出《筹办京师大学堂情形疏》,建议清政府先开预备、速成两科,预备科分为政科、艺科,速成科分为仕学、师范两馆。仕学馆主要对官员队伍中可造之才进行在职培训,使之适应当时正在启动的新政需要;预备科及师范馆则主要从事基础教育、理论教育,着眼于长远发展。

一个篱笆三个桩,一个好汉三人帮。张百熙接受京师大学堂重建使命后,遂聘请吴汝纶担任京师大学堂总教习,具体负责京师大学堂日常事务。吴汝纶是晚清著名教育家,也是桐城派的重镇,先后入曾国藩、李鸿章幕府,与张裕钊、黎庶昌、薛福成合称"曾门四弟子"。后弃官从学,长期主持莲池书院,弟子遍天下,不仅使他声望大增,而且使他俨然成为晚清颇具影响力的"意见领袖",一言九鼎,名满天下。

吴汝纶确实是当时担任京师大学堂总教习的最佳人选,在张百熙多次恳请下,吴汝纶最终答应了这一任命,但提出的条件是,在赴任就职前前往日本考察学政。1902年5月,吴汝纶一行启程赴日,先后在长崎、神户、大阪、西京和东京等地考察了各级各类学校和相关机构,拜访众多日方官员,了解日本在过去几十年的发展尤其是教育的作用、功能及举措,后来他将自己的所见所闻所思所想整理成册,定名为《东游丛录》。

然而在日本考察期间，吴汝纶因留学生事与驻日公使蔡钧发生龃龉，10月22日归国抵达上海后以拟返乡谋办桐城小学校为借口，固辞不就京师大学堂总教习职。任命吴汝纶是清政府已经决定了的事情，吴汝纶的反悔使张百熙非常为难，至踵门长跽以请，吴不为动，云家事放纷，非归不了。又经丧乱，精力短耗，若必欲其任京师大学堂总教习，恐有生之年难返乡园。且他这次返回安徽，也不是没有事情，当务之急是他必须尽快将李鸿章遗稿整理出来，以答厚我之意。

吴汝纶的理由不可谓不充分，然而深悉其内情的严复则认为，吴汝纶之所以反悔，除了与蔡钧的龃龉外，主要的还是吴汝纶担心京城人众，“新少旧多”，大学堂的未来实在难以逆料，他不愿将一世英名毁于一旦，不欲以是累其盛名，为晚节诟病。

严复与吴汝纶有着非常友谊，他在甲午后暴得大名在某种程度上说得益于吴汝纶的提携和推举，而且这时严复实际上也处于待岗状态，并没有正式岗位，他当然希望吴汝纶就任大学堂总教习，这样他自己或许有机会出任副总教习或洋文总教习。这一点或吴汝纶，或张百熙似乎都曾当面答应过他，所以严复比张百熙可能更期待吴汝纶改变主意。[1]

▲严复也是北大历史上的重要人物

其实，就对京师大学堂的兴趣而言，严复可能比吴汝纶更甚。吴汝纶清楚地知道，张百熙和清政府之所以对他感兴趣，之所以任命他为总教习，主要的还是看中了吴汝纶的名气，要的是他的招牌，并不一定是他的本人，“大学堂求我，是要三字招牌，非叫我穿八卦衣也。”[2]有了这样清晰的认知，已经六十多岁的吴汝纶岂肯轻而易举被人当枪使。

严复则不然。严复对京师大学堂的重建有着相当兴致，所以他在张百熙获得管学大臣的任命后，即应邀进京参与相关事务的讨论。他在到京第二天即去拜访张百熙，上来就向张百熙提出一连串的建议，其中最重要的一个建议是将京师大学堂原总教习丁韪良（William A.P.Martin）尽快除名，为吴汝纶出山扫清障碍。对于这个建议，张

［1］《与张元济书》（第十三封），《严复集》（3），中华书局 1986 年版，第 547 页。
［2］《致熊季廉书》，《严复合集》（5），第 16 页。

百熙面有难色，并没有当场答应。

继问办法，严复建议重建后的京师大学堂设四斋：

一正斋，从西文入手，驯至头等学业，以待少年之俊与各省学堂所送之高才生；

二附斋，以中语演译西文，专讲西史、理财、立法、交涉诸科，以待年稍长之京朝官；

三外斋，募自备斧资游学外洋已得学凭子弟，课以中学，如掌故、词章之类；

四改同文馆为外交学堂，以言语、公牍、国际课之，以备外部出使之取材。

严复的这几个建议深得张百熙等主事诸公的赞赏，也被吸收到相关方案中。也就是在这次谈话前后，外间诸人皆以洋文教习推荐严复，然张百熙在与严复见面时并未及此，颇使严复感到失望，他猜想可能和过去在北洋的经历相似，“谮者必多，未必果尔”。吃不到葡萄的人总会说葡萄酸。严复说到这里愤愤不平地向友人知己表示：“使复而不为总教者，其不幸自在大学，于复无所失也；不独无所失，且甚得也。”为什么这么说呢？严复认为，主要是现在把握大学堂权力的这批人则以为清政府同意复兴大学，为他们应得之权力，不敢公言自信，则数数唆丁韪良日用总教习权力，促张百熙开学。地方、办法、师徒，一切必仍旧贯，且出要挟之言。而严复建议将丁韪良罢职，且曰天下无以延师课徒而启国衅者，一个丁韪良也没有什么好怕的，去则去，留则留。这内部矛盾如此之多之激烈，所以严复即便不去，似乎也不觉得是多大损失。[1]

其实，严复的建议还是很得张百熙的赏识，张甚至有让吴汝纶出任总教习而以严复辅之构想。2月13日，张百熙奏准以于式枚为京师大学堂总办，李家驹、赵从蕃为副总办，吴汝纶为总教习。大学堂下设编译书局，以李希圣为总纂，以严复为总办。然而，吴汝纶不肯就职，在这种情形下，严复也推辞不就。后在张百熙再三恳请并派员劝驾后，直至3月4日，严复方同意应聘为京师大学堂编译局总办，负责先行编辑普通读本，以备颁行海内小学堂。[2]严复正式介入京师大学堂事务，成为京师大学堂的一员。后经准备，至1902年12月17日，京师大学堂开学，各方面开始步入正轨，中国近代高等教育终于揭开新的一页。

按照张百熙的规划，京师大学堂重建后，将总理衙门附设的同文馆并入，设置有速成、预备两科。速成科分为仕学馆、师范馆；预备科分为政科与艺科。翌年增设进士馆、译学馆及医学实业馆。至1910年已成为拥有经、法、文、格致、农、工、商七大专业设置的综合性高等教育机关。

---

[1]《与张元济书》（第十三封），《严复集》（3），第548页。

[2]《与张元济书》（第十四封），《严复集》（3），第550页。

辛亥革命爆发后，京师大学堂受到短暂影响，一度陷入无法维持的局面，教员学生请假回籍者已居多数，以致不能上课，[1]大学堂负责人只好呈请暂行停办，以待时局好转，再通知回学堂上课。



南京临时政府成立，临时大总统孙中山委任蔡元培为临时政府教育总长。2月12日，宣统帝溥仪宣告退位，大清王朝的政治统治终结。13日，孙中山履行诺言，向南京临时参议院辞临时大总统职，并推荐袁世凯继任。15日，南京临时参议院选举袁世凯为临时大总统。不到十天，先前代表北方"民意"受袁世凯指派前往汉口、上海参与南北和谈的严复于2月24日拜谒袁世凯，由于两人关系非浅，袁世凯当场指派严复参加临时大总统就职前的咨询策划机关"临时筹备处"。恰当此时，京师大学堂前监督劳乃宣以国体既变，统一政府已告成，即上书请派员接收大学堂事务。于是第三天即2月26日，袁世凯又指定严复为京师大学堂总监督，接管大学堂事务，薪水月三百两。此缺本系三品实缺京堂官，但新政府有意将之贬值，使严复虽然接手，但心里老大不高兴。

不高兴归不高兴，但任命消息传出后，即有人来荐管理员、教员等，[2]这又不能不使严复对权力略有亢奋。3月8日，严复正式就职，到校视事，开始主持大学堂日常工作，京外人士属望甚殷，运动求缺者四面而至，这使严复心中很高兴。欣喜之余，也不无烦恼，那就是经费支绌。大学堂每月至省须两万金，即使不开学也需要一万五，[3]大学堂的存款早已告罄，度支部、学部一文不给，辄以馕军为亟，致受事匝月，不能定期开学，更无论拾遗补阙，有所改良。[4]再加上《国风日报》时时反对严复的作为和主张，做尽谣言，这

▲老北大第二院

[1]《给学部呈》，转引自萧超然《北京大学与五四运动》，北京大学出版社1986年版，第22页。
[2]《与夫人朱明丽书》(第五十一封)，《严复集》(3)，第770页。
[3]《与夫人朱明丽书》(第五十四封)，《严复集》(3)，第772页。
[4]《与熊纯如书》(第一封)，《严复集》(3)，第602页。

更使严复心里很不爽，他曾向家人仔细算过一笔账：海军总长已由他的同乡、学生刘冠雄出任，教育总长为蔡元培，如果教育部下属的名词馆不撤销，他一直兼任的海军参谋犹在，那么他每月的收入将在六百金，姑且敷衍，与家人节俭过日子，胜大学堂总监督数倍。于是严复暗自发誓，大学堂财政问题如果不能顺利解决，他个人辞职也只是早晚的事情。

大学堂的经费在清末民初是一个非常复杂的问题，按照清政府最初构想，由户部将五百万两库平银存放于华俄道胜银行，以每年所生利息的绝大部分约二万两作为大学堂办学经费。1902年大学堂恢复重建时，经张百熙奏准"经费宜宽筹"的原则，清政府批准将这批存款的年利息二万二千两全部拨归大学堂专款专用，并由大学堂直接向道胜银行办理存支手续，年终开单呈览结帐，无须向户部造册报销。[1]

1905年，学部成立，中国教育体制面临一次大的调整。学部尚书荣庆为压抑管学大臣张百熙，并试图独揽京师大学堂管学专权，遂要求道胜银行将这笔款项转由学部代管，于是从此以后京师大学堂办学经费便须按月向学部领取。

辛亥革命后，学部就不再给京师大学堂划拨经费，道胜银行的款项也不能由大学堂提取，财政部稍有积存，便立即移作军费，大学堂捉襟见肘，形同停顿，学部分文不发，堂中异常支绌。严复在开学前专程前往教育部商量，教育部相关主事竟然置之不理，置若罔闻。[2]幸亏严复与袁世凯关系比较特殊，经其反复交涉并经袁世凯批准，4月7日，大学堂方获准向道胜银行筹借经费七万两，暂时缓解了大学堂经济方面的困难，大学堂重新开学有了可能。[3]

严复的京师大学堂总监督来自袁世凯的指定，但这个指定似乎并没有与临时政府教育总长蔡元培商量，或者说并不是蔡元培的意见。

4月8日，散在上海的京师大学堂学生唐宗郭、秦炳汉、夏昌炽等人上书并走访蔡元培，称京师大学堂"去年停课，五月于兹，各科教员，既坐消岁月；同堂多士，更闲掷居诸。抛一年有半之研摩，前劳尽废；虚三载有成之考绩，后效难期。半途易辙，志士灰心；中道回车，英贤短气。"他们希望新政府成立之后，教育部能够尽早定下开学日期，"俾峨峨髦士，获竟前修，蔼蔼吉人，郁成大器。"对于这些学子的合理要求，蔡元培深表嘉许，并答应一旦到京赴任迅即安排开学事宜。[4]4月24日，蔡元培在北京就任教

[1]《光绪朝东华录》，第4822页。

[2]《大事记》，《教育杂志》1912（1）。

[3]《与熊纯如书》（第三封），《严复集》（3），第604页。

[4]《民立报》1912年4月9日。

育总长，旋践前言，即派教育部专门教育司第一科科长王云五、第三科科长杨焕之会同接收京师大学堂，并迅即向袁世凯提出改名建议，理由是从前京师大学堂职员有总监督、分科监督、教务提调，各种名目、名称，似欠适当，事权亦觉分歧。所以建议改名为“北京大学校”，大学堂总监督改称为大学校校长，总理校务；分科大学监督改称为分科大学学长，分掌教务；分科大学教务提调即行裁撤。大学校校长须由教育部于分科大学学长中荐一人任之，庶几名实相符，事权划一，学校经费亦得藉以撙节。[1]

根据蔡元培的建议，教育部于5月1日下令京师大学堂改称北京大学校，废除原总监督，设校长，各科设学长。5月3日，呈准袁世凯发布命令，任命严复署理北京大学校校长。[2]这是北京大学历史上一次重要改制，使北京大学具有明显的近代特色，较先前旧式大学堂有了很大进步。

经过一番紧张准备，北京大学校于5月15日举行开学典礼，学生到者百余人，教员数十人，教育总长蔡元培、英国驻华公使朱尔典、税务司及东西洋博士、学问专家，咸来观礼。严复主持典礼并致词，蔡元培发表演说，略谓大学为研究高尚学问之地，即校内课余，仍当温习旧学，[3]表达了蔡元培对中国高等教育的期待。

尽管有如许困难，严复在接办北京大学校后，仍力所能及地对校内事务进行了积极改革，校中一切规模，颇有更张，即职教各员亦不尽仍旧贯。严复有长期掌管北洋水师学堂的经验，对于管理北京大学校并不觉得太困难，只是鉴于北洋水师学堂的经验与教训，严复也希望在主持北京大学校时能够有所改进，有所调整，所以自受命以来，亦欲痛自策励，期无负所学，不怍国民，至其他利害，诚不暇计。

基于这种意识，严复在教学内容与教学方法上都进行了大胆改革。对文科，他遵照教育部及蔡元培制定的基本原则，将经科合并到文科，经文合一，以为完全讲学之区，用以保持中国四五千载圣圣相传之纲纪彝伦道德文章于不坠。且又悟过去所谓将中西文化合一炉而冶之者徒虚言耳，为之不已，最终结果则至于两亡，不中不西，不伦不类。鉴于此种教训，严复在整顿北京大学校文科的时候，下决心“尽从吾旧，而勿杂以新；且必为其真，而勿循其伪”，希望能够重振真正意义上的中国传统文明。在没有物色到合适人选前，严复决定由他自己兼任文科学长，具体主持文科教学改革。[4]这是文科中保持旧学的方面。

[1]《请任命严复为北京大学校校长呈》，《蔡元培全集》(2)，第46页。

[2]《民立报》1912年5月5日。

[3]《教育杂志》1912(4)。

[4]《与熊纯如书》(第三封)，《严复集》(3)，第605页。

文科还有一个重要功能是开阔眼界，融汇古今中外学识。严复指出，大学文科应该是对东西方哲学、中外历史、地理、文学，都理宜兼收并蓄，广纳众流，以成其大。当然真要办到此点，颇为不易。所招收的学生，不仅需要西文根底深厚，且要有中文基础，又尊重中国文化，兼治始能有益。这是在文科方面的创新。

对于法科，严复提出要改变目前北京大学法科科目以学习外国法律为中心的现状。他说各国法律学校无不以本国法律为主。中国特别自共和立宪以来，大学法科应以新政府的约法、参议院以及将来可能会制订的各种新法律为主课，而以外国及历代法律为参考借鉴。

对于北京大学校的理科建构，严复也有一套全盘规划，把先前的格致科正式改为理科，以与西方近代科学接轨。

至于工科，严复提出在理工科的地质、化学、土木、矿冶四科当年毕业生中另行通过极严格的选拔考试，择其普通学、专业学以及外国语成绩较优者，各选派两三名送往德国、美国学习，为北京大学校储备师资。另外，实验室要整顿，凌乱图书要清理，仪器、药品等要配置。

关于农科，严复的考虑与工科相似，即从相关学科毕业生物色优秀生选派到日本留学，两年为期，回来创办或加强农科。

至于商科，严复建议将原先规定的三年学习期限改为四年，前两年学习公共课程，后两年专业课，专业课大致有经济学、财政学、商学、交通学等。[1]

严复对北京大学校改革的另一个重点是教职员队伍的调整，多年的北洋水师学堂总教习、总办的经历，学贯中西尤其是对西学的精通，使严复具有一般教育家所不具备的鉴别人才的能力，而且更重要的是，严复是一个自视甚高的人，他对人才的企求总是立有一个很高的标杆。他决定，在他主持北京大学校的时候，各科监督、提调，必用出洋毕业优等生，即管理员亦求由学校出身且有经验者，无他，切戒滥竽而已。[2]这个规定虽然有点唯学历的感觉，但对于先前几任管理者随意聘请教职员，用人不当确实是一个巨大冲击。

合格的优秀的教职员选出之后，还要有严格管理与考核，严复要求所有教员必须专职教学，不得在政府里有任何兼职。否则，一经发现，一律开除。尤其值得注意的是，严复基于自己的学术背景和文化理想，在他主持北京大学校的短暂岁月里，他虽然主张对中国传统文化进行“尽从吾旧，而勿杂以新”的研究，但他毕竟是近代中国西学

---

[1] 张寄谦：《严复与北京大学》，《近代史研究》1993（5）。

[2]《与熊纯如书》（第三封），《严复集》（3），第605页。

第一人，知识的广博仅从“严译名著”就可以看到其涵盖跨越政治学、经济学、法律、哲学、逻辑学、历史学等诸多学科，所以他对西方思想文化有着非常人所能达到的境界，所以他在强调加强对中国传统文化研究的同时，更不会忘记克服困难，利用北京大学校的有利机会和条件，积极开设介绍西方近代文化思想与近代学术课程，竭力提倡学习西方新学，积极提倡外语教育，要求学校所有课程除了国学外，必须一律用外语教授。一时“校中盛昌西语之风。教员室中，华语几绝。开会计事，亦用西语。所用以英语为多，有能作德语者尤名贵，为众所称羡。”[1]这种近似于国际化的教学方式，是北大一百多年历史中很少有的一段时间。北大如欲重建昔日辉煌，至少要在这些方面痛下决心。

在基础建设方面，严复在主持北京大学校的那些日子里，也积极争取各方面尤其是蔡元培及教育部的支持与帮助，筹划恢复因辛亥革命而被迫停止的校舍建设工程。蔡元培也从大局考量，以为校舍建设工程不可半途而废，且大学为全国学校之模范，观瞻所系，遂与相关部门协商，派员支持，筹备款项，即行开工。[2]

严复的辛勤努力换来了北京大学校秩序的恢复和教学水准的提升，然而由于先前政治动荡的冲击，学生在开学之后到校不过百人，其中法政科竟不足十人，理科更少，结果造成“十羊九牧”，教员多于学生，学校不堪重负，尤其是那些外籍教师虽然薪金很高，但他们实在是“在岗失业”，往往几个教师才指导一个学生，月费多金，而效率效果低下。所以开学不到一个月，有关北京大学校的谣言就在教育部，在北京教育界不胫而走，有的说北京大学校办学经费困难，程度不高，管理不善；有的竟然直接建议政府不如将北京大学校解散，另行组建新的教育机构。

谣言的传播起初并没有引起严复的注意和重视，因为民主初生的时候，言论自由，任何一件事情都不可能获得举国一致的赞同，而且那时党派斗争已经开始，政党政治、责任内阁已经面临诸多难题，蔡元培一再请辞，教育部本身亦人心惶惶，所以谁都没有太过重视这些谣言。然而由于这些谣言越传越盛，特别是目标越来越集中，说法越来越统一，那就是解散北京大学校似乎成了大家的共识。在这种情况下，严复开始着急，他遂在7月1日向教育部呈递了一份《论北京大学校不可停办》的说帖，从北京大学堂历史、中国教育现状、世界各文明国家对高等教育的重视，以及高等教育在一个民族发展过程中的作用等方面详细申述北京大学校存在的意义以及不可停办的理由。

[1] 萧超然：《北京大学与五四运动》，第23页。

[2]《教育杂志》1912（4）。

严复指出，北京大学创建十有余年，为全国最高教育机关，未尝一日停辍。去年辛亥革命爆发，学生相率归散。民国建立，国用愈绌，几至不名一钱。此时京师大学堂仅图看守，亦且费无从出。后来在政府支持下，经费问题暂获解决，重新开学。比者颇闻斯校有停办之意，本校长始亦赞同其说，解散了之，也未尝不是一个解决办法，不过仔细想想，还是觉得就此解散甚为可惜。

至于不可停办，不可解散的理由，严复主要讲了这样几点：

一是不论北京大学校与世界特别是欧美一流大学相比还有多少差距，但毕竟是中国人自己创办的第一所高等学校，不说耗费了多少银子，仅十余年惨淡经营的人力物力，一旦停办解散，实在太可惜。

二是关于北京大学校的程度，也并非反对者所说的那样低下，那样不堪，各国大学程度高低不可一概而论，也没有统一的标准。只是北京大学校能够坚持下去，其程度终有提高之一日。

三是反对者以为目前中国程度低下，尚不需要高等教育，而只须加强普通教育即可。严复指出，这种说法甚为荒唐，不知高等大学与普通教育双方并进，本不相妨。普通教育所以养公民之常识，高等大学所以养专门之人才；无公民则宪法难以推行，无专门则庶功无由克举。

四是当此革新方亟之时，旧学要保存，新学要学习，需要培养人才，所以仅从保存新旧诸学的观点看，这所全国唯一的准大学更不能半途而废，就此撤销。

五是经费问题更不能构成撤销停办的理由，因为区区一校所待以存者，对于整个国家财政来说，不过九牛一毛，但其所保存者甚大，所规划者至远，如此，一个堂堂大国竟然养不起一所大学，说起来真令人汗颜。[1]

严复有关北京大学校不可停办的五条理由论证清晰，观点明确，所以教育部收到后当即答复，说教育部并没有解散北京大学校的计划，并饬严复忠于职守，严加整顿，以期进步。[2]

然而谣言的力量有时可以战胜事实，有时很有杀伤力。在教育部负责人信誓旦旦表示不会解散停办北京大学校不到一个星期，7月7日，教育部突然下达结束北京大学校的命令，并将教育部已议决的“结束北京大学校办法”通知学校。理由是：

大学校自开办以来历十余载，中更经丧乱，因陋敷陈，学生之班次虽增，陶植之成绩未著。政体既变，各方对于大学校咸有不满之意。不得已，只好将北京大学校停办。

---

[1]《北京大学与五四运动》，第26页。

[2]《民立报》1912年7月3日。

教育部的决定显然草率了一点，三天后（7月10日），全国临时教育会开幕，会上讨论了教育部拟将北京大学校停办的决议，嗣以事实困难，停办之议遂亦打消。北京大学校在侥幸中度过了这次劫难。

北京大学校存在下来了，但教育总长蔡元培辞职了，新任总长范源廉被严复目为“东学党人”，处处与严复的主张相反对，在无法解散北京大学校的前提下，欲令教育部将大学校长更易。[1]再加上另外各方面原因，严复在北京大学校的处境似乎越来越不妙。反对者甚至在报纸上点名攻击严复，暗示严复吸食鸦片，携带禁物，[2]为最终将严复解职制造理由。

无端的攻击，无聊的争斗，使严复很不耐烦，于是他在10月7日辞去北京大学校校长职。第二天，大总统任命章士钊接替。章士钊因公在上海，一时无法北上就职，袁世凯遂于18日任命马相伯代理，但北京大学校学生均不满意此项任命，竟然引发直接冲突，破口大骂，且有欲用武者。[3]不得已，马遂于12月27日辞职。北京大学校进入一个多事动荡之秋。

到了袁世凯帝制复辟失败，黎元洪于1916年6月7日继任大总统，政府改组势所必然。而国会里的一些浙江籍议员鉴于浙江局势，便想请正在国外的蔡元培回国做浙江省省长，并打了电报与蔡商量。正在德国的蔡元培回电说，他回来是可以的，但不愿做官。在这种情形下，正在北京的马叙伦便对汤尔和说，北京大学校长胡仁源有点做不下去，何妨把蔡请回来替他。汤尔和说，这是很好的，但是蔡先生不是办事之才，你可以帮助他？马叙伦便说自己现在不行，“但是我有办法，我们只需把北大内部布置好了，就不使蔡先生为难，以后更无问题了。我想找仲甫（陈独秀）来做文学院长，是很合适的，理学院长让夏元瑮担任，声望够的（他是夏曾佑先生的儿子，德国留学生，本是北大教授，研究相对论），法学院长仍旧不动吧，另外请沈尹默在实际上帮忙。”汤尔和连声说好。第二天，汤尔和就去和教育总长范源廉说了，范正找不到北大校长，开心得了不得。[4]于是9月1日，范源廉便以北京黎元洪政府教育总长的名义致电尚在法国巴黎的蔡元培，请他回国担任北京大学校长。

蔡元培是中国文化所孕育出来的著名学者，但是又充满了西洋学人的精神，尤其是古希腊文化的自由研究精神。他的“为学问而学问”的信仰，植根于对古希腊文化的

[1]《与甥女何纫兰书》（第二十七封），《严复集》（3），第844页。

[2] 杨曼青：《论严复》，《北京新报》1912年9月25日。

[3]《与甥女何纫兰书》（第二十九封），《严复集》（3），第845页。

[4] 马叙伦：《我在六十岁以前》，三联书店1983年版，第58页。

▲北大校长蔡元培

透彻了解，这种信仰与中国“学以致用”的思想传统适成强烈对照。蔡元培对学问的看法，据蒋梦麟说，基本上与孙中山的看法一致，不过孙中山的见解来自自然科学，而蔡元培的见解则导源于希腊哲学。

蔡元培认为，美的欣赏比宗教信仰更重要。这是与希腊文化交融的一个耐人寻味的实例。蔡元培的思想中融合着中国学者对自然的传统爱好和希腊人对美的敏感，结果产生对西洋雕塑和中国雕刻的爱好，他喜爱中国的山水画，也喜爱西洋油画，对中西建筑和中西音乐都一样喜欢。他对宗教的看法基本上是中国人的传统见解，认为宗教不过是道德的一部分。他希望以爱美的习惯来提高青年的道德观念，这也就是古语所谓“移风易俗莫大于乐”的传统信念。高尚的道德基于七情调和，要做到七情调和则必须透过艺术和音乐或与音乐有密切关系的诗歌。

蔡元培崇信自然科学。他不但相信科学可以产生发明、机器以及其他实益，并且相信科学可以培养有系统的思想和研究的心理习惯，有了系统的思想和研究，才有定理定则的发现。定理定则则是一切真知灼见的基础。

蔡元培年轻时锋芒很露。他在绍兴中西学堂当校长时，有一天晚上参加一个宴会，酒过三巡之后，他推杯而起，高声批评康有为、梁启超维新运动的不彻底，因为他们主张保存清室来领导维新。说到激烈时，他高举右臂大喊道：我蔡元培可不这样，除非你推翻清廷，否则任何改革都不可能！

蔡元培在早年写过许多才华横溢、见解精辟的文章，与当时四平八稳、言之无物的科举八股适成强烈的对照。有一位浙江省老举人曾经告诉蒋梦麟，蔡元培写过一篇怪文，一开头就引用《礼记》里的“饮食男女，人之大欲存焉”一句。缴卷时间到时，他就把这篇文章缴给考官。蔡元培就在这场乡试里中了举人。后来他又考取进士，当时他不过三十岁左右。以后就成为翰林。

蔡元培晚年表现了中国文人的一切优点，同时虚怀若谷，乐于接受西洋观念。他那从眼镜上面望出来的两只眼睛，机警而沉着；他的语调虽然平板，但是从容、清晰、流利而恳挚。他从来不疾言厉色对人，但是在气愤时，他的话也会变得非常快捷、严厉、扼要，就像法官宣判一样的简单明了，也像绒布下面冒出来的匕首那样的尖锐。

蔡元培身材矮小，但是行动沉稳。他读书时，伸出纤细的手指迅速地翻着书页，似乎是一目十行地读，而且有过目不忘之称。他对自然和艺术的爱好使他的心境平静、思想崇高、趣味雅洁，态度恳切而平和，生活朴素而谦抑。他虚怀若谷，对于任何意见、批评或建议都欣然接纳。

1916年冬，蔡元培在法国接到教育部电促回国，任北大校长。至年底，蔡元培回国，初到上海，有人劝他不必就职，说北大腐败极了，进去若不能整顿，反于自己的声名有碍。蔡元培承认这种看法当然是出于对他的爱护。但也有少数人就说，既然知道北大腐败，更应进去整顿，就是失败，也算尽了心。这也是"我不入地狱谁入地狱"的意思。当然，责任心促使蔡元培还是接受了后一种说法，所以他决定无论是否担任北京大学校长，都应该进京实地考察，看看能否着手进行整顿。[1]

基于这种判断，蔡元培于1916年12月21日抵达北京，大风雪中，来此学界泰斗，如晦雾之时忽睹一颗明星。[2]政界、学界，尤其是他的那些浙江籍北方教授们劝驾甚殷，蔡元培终于有点架不住，遂决定接受北京大学校长的任命。[3]

12月26日，大总统黎元洪发布命令，任命蔡元培为北京大学校长。翌年1月4日，蔡元培到校视事。在蔡元培的主持下，北京大学开始一连串的重大改革。1月9日，蔡元培到校发表就职演说，提出以"抱定宗旨"、"砥砺学行"、"敬爱师友"作为治理整顿北京大学的基本要求。他对北大学生说：诸君来此求学，必有一定宗旨，欲求宗旨之正大与否，必先知大学之性质。现在人们肄业专门学校，学成任事，此固势所必然，而在大学则不然。"大学者，研究高深学问者也。"现在外面的人每每指责北京大学腐败不堪，所有到北京大学来求学的人，似乎皆有做官发财的思想。所以毕业预科者多入法科，入文科做学问继续深造的越来越少，入理科从事创造献身科学的就更少之又少。这种情形之所以发生，主要是因为中国官本位的传统太过深厚，而以法学科目作为干禄之终南捷径。外面的这些指责是否有道理，我们姑且不论，然则弥谤莫如自修，人讥我腐败，而我不腐败，问心无愧，于我何损？果欲达其做官发财之目的，则北京不少专门学校，入法科者尽可肄业法律学堂，入商科者亦可投考商业学校，又何必来北京大学呢？蔡元培在此次演讲中善意告诫北大学子：诸君须抱定宗旨，为求学而来。入法科者，非为做官；入商科者，非为致富。宗旨既定，自趋正轨。[4]

---

[1]《民国日报》1916年12月22日。

[2]《中华新报》1917年1月1日。

[3]《整顿北京大学的经过》，《蔡元培全集》(7)，中华书局1989年版，第20页。

[4]《就任北京大学校长之演说》(3)，第5页。

北大的腐败主要从文科发生，所以蔡元培的整顿，也就从文科入手。他在刚到北京时，先访有小诸葛之称的汤尔和，汤尔和是杭州人，先后留学日本和德国，获有医学博士学位，他与蔡元培有很深的关系，在政治和人际交往方面自认为很有一套，因而在现代中国许多重大问题上都很愿意参与，很愿意建言，愿意搅和。不过从大的方面说，他在蔡元培治理整顿北大，在新文化运动过程中，贡献还是很大，形象还是很正面的。

汤尔和此时为北京医学专门学校校长，是北京教育界的大人物，对北大情况了如指掌，他在向蔡元培详尽介绍了北大情况之后建言道："文科、预科的情形，可问沈尹默君，理工科的情形，可问夏浮筠君。"至于文科，汤尔和说："文科学长如未定，可请陈仲甫君；陈君现改名独秀，主编《新青年》杂志，确可为青年的指导者。"汤尔和随手送给蔡元培十余本《新青年》杂志，请其看看之后再作决定。

陈独秀在蔡元培那里本来就有一种不忘的印象，早在1904年蔡元培与刘师培合作编辑《警钟日报》的时候，刘师培就向蔡元培介绍过陈独秀。刘师培格外强调："有一种在芜湖发行的白话报，发起的若干人，都因困苦及危险而散去了，陈仲甫一个人又支持了好几个月。"这个印象太难磨灭了，所以蔡元培现在听了汤尔和的介绍，回想起刘师培的评说，再看看如雷贯耳的《新青年》，蔡元培毫不犹豫当即决定无论如何也要请陈独秀来北大担任文科学长。

蔡元培从汤尔和那里探知陈独秀正因亚东图书馆及群益书社筹集资金的事来到北京，寓居前门外一家旅馆。这样的巧合，蔡元培当然不愿错过，尽管他刚刚接手北大，忙乱不堪，他依然于12月26日晨九时，蔡元培专程前往这家旅馆拜访。陈独秀那些天白天四处接洽，晚间看戏，睡晚起迟，所以当蔡元培来的时候，陈独秀似乎还没有起床。

陈独秀获悉蔡元培的用意后，起初并不想接受，因为他的《新青年》正如日中天，不论是社会效益还是经济效益，可能都远远超过去担任北大文科学长，所以他再三强调要回上海办《新青年》。

陈独秀的坚持使蔡元培更为感动，也使他更加坚定聘请陈独秀的信心，此后数日蔡元培差不多天天来看陈独秀，有时来得很早，他就招呼茶房不要叫醒，只要拿个凳子给他坐在房门口等候。

蔡元培"三顾茅庐"、"礼贤下士"终于打动了陈独秀，特别是蔡元培建议将《新青年》搬到北京来办之后，办杂志可以与文科学长两者兼顾，这就使陈独秀没有后顾之忧，总算找到了一个两全其美的平衡点。

▲北大的文化之钟与鲁迅设计的校徽

继陈独秀之后，蔡元培又聘用一批提倡白话诗文和文学革命的先驱者担任北大教员，其中包括文字学和声韵学家钱玄同、语言学家和诗人刘复以及诗人沈尹默。

同年夏，刚刚从美国回国的胡适到北大任教，他以异于传统的观点讲授中国哲学史。

1917年4月以后，新散文和短篇小说的先驱者周作人也到北大教书。

1918年2月，李大钊被任命为北大图书部主任，后又任历史、政治科学、经济学及法学教授。他是中国共产主义运动的先驱者之一，十月革命在中国的最早传播者与欢呼者。

1919年，"只手打孔家店"的著名学者吴虞也被邀请到北大。

此外还有著名教授高一涵、社会科学家陶孟和、早期心理学和逻辑学家陈大齐及中国最早研究科学方法的学者王星拱等。

自古以来，中国的知识领域一直是由文学独霸的，现在北京大学在蔡元培、陈独秀等人的主持下却使科学与文学分庭抗礼了。历史、哲学和四书五经也要根据现代科学方法来研究，为学问而学问的精神蓬勃一时。保守派、维新派和激进派都同样有机会争一日之长短。背后托着长辫子，心里眷恋着帝制的老先生如辜鸿铭与思想激进的新人物如胡适并坐讨论，同席笑谈。教室里，座谈会上，社交场合里，到处讨论着知识、文化、家庭、社会关系，和政治制度等问题。这种情形很像中国文明的"轴心时代"春秋战国时期的百家争鸣，或者如古希腊苏格拉底和亚里士多德时代的重演。蔡元培就是中国的老哲人苏格拉底，同时，如果不是全国到处有同情他的人，蔡元培也很可能遭遇苏格拉底同样的命运。在南方建有坚强根据地的国民党中，同情、支持蔡元培的人很多，他之所以义无反顾以"我不入地狱谁入地狱"的精神去整顿北大，改造北大，在他背后实际上有孙中山一派政治势力的支持，孙中山与蔡元培是多年老朋友、老同志，他们共同期待改造后的北大能够为中国革命，为中国社会进步作出更大贡献。后来，蒋梦麟接替蔡元培出任北大校长，其背后也有着相同的力量。

蔡元培和他的同志通力合作使北大很快就发生很大变化，但是中国的和外国的保守势力却一直指责北京大学在蔡元培的支持纵容下肆意鼓吹无宗教、无政府、无家庭的所谓"三无主义"，如同苏格拉底被古希腊人指责戕害青年心灵的情形如出一辙，蔡元培和他的同志在这些保守势力的眼里就是嵇康、阮籍、李贽那样的"名教罪人"，就是中国传统的叛徒。争辩不足以消除这些毫无根据的猜疑，只有历史才能证明它们的虚妄。历史不是已经证明了苏格拉底的清白无罪吗？历史不也已经证明了嵇康、阮籍、李贽等人"越名教而任自然"代表着个人主义的觉醒，代表着历史的进步吗？

蔡元培提倡美学以替代宗教，提倡自由研究以追求真理。文科学长陈独秀则提倡赛先生和德先生，认为科学与民主才是能够使中国现代化的两种武器。自由研究导致思想自由，科学破坏了旧信仰，民主则确立了民权的主张。同时，哲学教授胡适正在进行文学革命，主张以白话文代替文言，以作为表情达意的工具。白话比较接近中国的口语，因此比较易学易懂。它是表达思想的比较良好也比较容易的工具。在过去知识原是士大夫阶级的专利品，推行白话的目的就是普及知识。白话运动推行结果，全国各地产生了无数的青年作家。几年之后，中华民国教育部下令全国小学校一律采用白话为教学工具。

▲蔡元培与北大哲学门师生

在蔡元培、陈独秀、胡适以及全体北大师生的共同努力下，北京大学成为中国知识沙漠上的一片绿洲，革命的种子在这块小小的绿洲上很快地发育成长。北京大学一时间成为中国未来希望之所在，成为中国新文化运动的中心。新派教授竭力提倡思想文学的革新与创造，旧派学者则恐惧国学之沦亡，竭力以保存国粹为能事。于是新旧两派作思想学术之竞争，而国立北京大学遂为此竞争之中心点。高屋建瓴，其势将弥漫全国，由黄河而长江，由长江而浙水、闽水、珠江，必将相继而起。昔欧洲文艺复兴，肇自意大利古城。由意而德而法而英，卒至蔓延全欧，终于酿成18世纪之大光明时代，而中古千年之漫漫长夜，若遇天笑而复光明，星星之火，竟至燎原。彼被动派之反抗，犹若扬风止火，适足以助其焰耳。今日中国之新潮发轫于北京古城，犹欧洲文艺复兴运动之发轫于意大利古城。其弥漫全国之势，犹欧洲文艺复兴运动之澎湃全欧洲。这难道不是中国文明的新希望新期待吗？[1]

## 东西文化的冲突与调和

北大成为中国新文化的中心，成为全国瞩目的文化焦点。这个新文化的运动也正像蒋梦麟所描述的那样，类似于爆发于意大利的欧洲文艺复兴运动，以星星之火，竟至燎原，反对派的反对不仅没有遏止新文化新思想的传播，结果适得其反，扬风止火，风助火威，火借风势，越烧越凶，于是引起全国性的思想启蒙运动。

1918年11月，北京大学学生傅斯年、顾颉刚、徐彦之等二十一人自发成立一个规模很小的“新潮社”。他们在陈独秀、李大钊等人帮助下，编辑出版了《新潮》杂志（英文名为“Renaissance”，即“复兴”之意）。随后，一批对新文学和历史感兴趣的学生如罗家伦、潘家洵、康白情等人也参与进来，至1919年12月，新潮社的成员已有三十七人，其中大部分为北大学生。新潮社的成员在狭义的五四政治运动中大多数成为带头人，在广义的新文化运动中更是起到不可估量的作用。其中最有影响的有：

▲傅斯年

傅斯年，现代中国最有影响的历史学家，曾任中央研究院历史语言研究所所长、台湾大学校长；

罗家伦，历史学家、教育家，曾任北京清华

[1]《教育评论》，《过渡时代之思想与教育》，第449页。

大学、重庆国立中央大学校长；

顾颉刚，现代中国最著名的中国古代史和民俗史研究专家，主编有《古史辨》多卷本，开创现代中国史学中疑古思潮流派；

康白情，现代中国浪漫派抒情诗人；

毛子水，教育家和历史学家；

江绍原，教育家、宗教史学家；

汪敬熙，作家、心理学和生理学家；

吴康，哲学家；

何思源，教育家，曾任山东省政府主席、北平市市长；

李荣弟（小峰），出版家，曾创办现代中国颇富影响的“北新书局”，出版有许多重要的新文学著作；

俞平伯，著名散文作家、诗人、文学评论家、《红楼梦》研究专家；

郭绍虞（希汾），作家，中国文学史专家；

孙伏园（福源），著名编辑和作家；

张申府（崧年），基尔特社会主义者、罗素哲学、数理逻辑学者，曾对辩证唯物主义的传播一度起过重要作用；

叶圣陶（绍钧），著名小说家、诗人、教育家；

杨振声（金甫），著名教育家、作家、教授，曾任国立青岛大学校长；

刘秉麟（南陔），经济学家；

孟寿椿，曾任上海国立暨南大学文学系主任；

冯友兰，著名哲学家和中国哲学史专家；

朱自清，著名散文作家、诗人。

《新潮》在创办之初就提出批评的精神、科学的主义和革新的文词的三条原则，他们支持《新青年》和《每周评论》所提倡的改革运动，在某些方面甚至比《新青年》和《每周评论》更激进，因此出版后即在新知识分子层面获得广泛欢迎和崇高声誉，虽诞生于北大校园，却具有全国性的影响。

由北大内部星星之火引发的新文化运动唤醒了一代“新青年”，自1917年起，许多年轻人纷纷组织各种各样的政治团体、学术团体，秉持不同的政治立场、学术立场，有自由主义的，有激进主义的，有无政府主义的，有基尔特社会主义的，有新村运动，有勤工俭学，有留学运动。这些团体或许在当时影响并不算太大，并不具有全局性的影响力，但他们中的大多数在后来的政治运动、社会改造运动中发挥了重要作用，甚至有的影响或左右了中国历史走向，如毛泽东。

毛泽东和他的一批朋友于1918年在长沙创办的“新民学会”，拥有七八十名成员，这些人后来差不多都成为中国共产党的领导人。新民学会成立后招募和组织学生去法国勤工俭学，并在那里发展扩大了激进分子的阵容，推动了后来的政治革命。

▲《新青年》

在毛泽东等人组织新民学会的同一年，留学日本归来的王光祈、曾琦、李大钊、张尚龄、雷宝箐和周芜等在北京创办“少年中国学会”，期待以“科学的精神，为社会的活动，以创造少年中国”。

同一年成立的新团体还有以北大学生为中心的“国民社”，编辑出版《国民》杂志，致力于鼓吹新知识分子和民众相结合，其宗旨为：一、增进国民人格；二、研究学术；三、灌输国民常识；四、提倡国货。其主要成员有邓中夏、高君宇、黄日葵、段锡朋等。

在新政治团体、文化团体出现的同时，中国思想界正在进行着文艺复兴和思想启蒙，新文学的狂飙正在疯狂地冲击着旧文学的大厦和根基。

文学是传统知识分子的职业，在19世纪中国文学领域中，占统治地位的主要有桐城派、文选派等，当时只有诗和非小说性散文才被视为严肃文学，负有“文以载道”的责任，先前几个世纪许多用白话文写作的小说、故事和剧本等常常遭到蔑视。

到了19世纪末和20世纪初，一些新派诗人和政治改革家受西方思想文化的影响，试图改革文体，提倡新诗，并开始在杂志报纸上用白话文进行著述。文学改良的运动正在悄悄进行，只是这种改良局限在狭小的圈子里和少数学者范围内，尚不足构成对传统文学的根本颠覆。

比较早且有意识提倡新文学的是著名记者黄远庸。他在1915年就著文反对“文以载道”的观念，主张“从提倡新文学入手”，为中国政治改革和社会发展开出一条新路。

与黄远庸的思路比较接近的是陈独秀。他在创办《安徽俗话报》和《新青年》时就非常注意现代文学的介绍，注意使用白话文字，甚至设想将中国文学从“古典主义”

转向“写实主义”或“现实主义”。

黄远庸、陈独秀关于中国文学的看法并没有引起国内读者的很大注意，但在美国留学的胡适却致信陈独秀，表示支持陈独秀关于中国文学应当是现实主义的观念，批评南社诗人迂腐陈旧的诗风，并提出关于“文学革命”的一些见解。

胡适的来信引起陈独秀的注意，应陈独秀的要求，胡适于1917年1月在《新青年》杂志发表《文学改良刍议》一文。这是胡适正式鼓吹文学革命，提倡白话文运动的第一篇宣言。在这篇文章中，胡适反对“文以载道”，主张“言之有物”，反对模仿古人，主张“实写今日社会之情状”；肯定白话文学为中国文学之正宗，又为“将来文学必用之利器”。

这些主张在今天看来或许算不上什么了不起的真知灼见，但在当日中国却引起了一场激烈大辩论。先是陈独秀“甘冒全国学究之敌，高张文学革命大旗”，以为“其首举义旗之急先锋”的胡适作“声援”，明确提出“文学革命”的口号。接着，钱玄同、刘半农、周作人、傅斯年、罗家伦等人也都撰文响应。而“新文化运动的旗手”鲁迅则更以他那卓越而犀利的文字显示了“文学革命”的实绩。

“文学革命”以及由此引发的白话文运动，是20世纪中国最伟大的事件之一。它的意义之所在，不仅是中国文学载体的革命，文学形式的解放，而且是中国文化基本范式、中国人的思维习惯乃至日常生活习惯的根本革命，正是从这个意义上说，胡适的主张便不能不引起一些争论乃至反对。其中反对最力者，先有胡适的留美同学梅光迪，后有著名文学翻译家林琴南、著名学者章士钊以及在现代中国颇负盛名的杂志《学衡》派的一班人，如吴宓、梅光迪、胡先骕等。只是由于文学革命和白话文运动毕竟代表着历史前进的方向，因此这些反对并不能达到阻挡历史前进的车轮。

1917年后，文学革命已从讨论转入“建设”的阶段，许多改革的倡导者开始试用白话文作文写诗，并取得一批丰硕成果。诗歌、散文、短篇小说、故事和戏剧等都开始了一个新的方向，文学批评和文学理论也有了较大进步。文学因此而变得与生活和社会现实更为接近，同时也受到更广泛的欢迎。

就诗歌方面而言，胡适、刘半农、鲁迅、沈尹默、俞平伯、周作人、朱自清、康白情、陈独秀、李大钊、刘大白、傅斯年、罗家伦等人都有白话新诗作品问世，尤其是胡适的《尝试集》更是名重一时。

至于现代小说的创作，当推鲁迅。他于1918年5月在《新青年》上发表的白话文小说《狂人日记》不仅向世人表明他的文学成就，而且为新文学的创作提供了成功范例，充分表现了新文学的生命力。

在散文创作方面,《新青年》、《每周评论》上发表的大量"随感录",刊登陈独秀、刘半农、钱玄同、鲁迅、周作人的不少作品,这标志着一种新形式的散文在中国出现。

随着文学改良运动的深入,1918年还开始了戏剧改良运动,《新青年》6月份发表了易卜生专号,10月份又发表了中国传统话剧和戏剧的改革专号,早期的戏剧评论显示了易卜生的巨大影响。

新文学运动兴起之后,来自旧营垒的反对在最初阶段是消极而无力的。北大教授刘师培、黄侃、马叙伦等人的反对基本上没有读者,而且也不那么激烈。即便是后来享有守旧恶名,并不断被新知识分子所讥笑和批评的林琴南即林纾与辜鸿铭的反对意见,其效果也不显著。

1917年初,钱玄同出面支持胡适的文学改良建议,并顺带对林纾加以攻击。而林纾当时对钱玄同的答复只是间接和谦和的,他不过是说古文文学作品也自有其价值,不应被革弃,而应当像西方对待拉丁文那样加以保存并研究。和林纾一样,其他反对新文学和新道德思想的旧文人也只是消极地参加辩论。

旧文学阵营中的这种态度在某种程度上激怒了新知识分子,这使得《新青年》的编辑们想通过人为的"炒作"来唤起公众的兴趣,于是他们于1918年3月决定假借编委钱玄同之手而署名"王敬轩",以一种令人生厌的旧文学体裁写了一封信,对《新青年》的主张进行种种荒谬可笑的指责。

钱玄同虽然个人竭力主张文学革命,但由于他是古文大家章太炎和刘师培的大弟子,因此在信的风格和内容上却相当忠实地模仿了旧文人关于孔教、旧伦理和文学的大部分观点,几乎看不出假托的痕迹。这封信由《新青年》的另一位编委刘复作答,详加批驳,痛快淋漓。这就是新文化运动中有名的一出"双簧戏"。自然引起读者的极大兴趣,当然也激怒了旧派文人。

1919年2月,林纾在上海的《新申报》发表攻击新文化运动的小说《荆生》,以虚构的名字影射蔡元培、陈独秀、胡适、钱玄同等人。肆意诋毁新文化运动所倡导的"白话文学"和对孔子学说的批评。

3月,林纾发表另一篇影射小说《妖梦》,隐约地希望政治势力能够干预和阻挠新文化运动的进程。

3月18日,林纾又公开致信北大校长蔡元培,指责北京大学"覆孔孟,铲伦常","尽废古书,行用土语文字",是对中国文化的摧残。凡此种种,均充分反映了这批旧文人的卫道心理。

至于极端复古主义者辜鸿铭,他从英国文学史的发展过程论证古文并不一定是一种死的语言。像莎士比亚的英文古文就是一种"典雅的语言",远比当代英语口语更优美。由此,辜鸿铭认为"文以载道"的中国古典文学不是死的文学,相反,文学革命论者带来的一种使人变为伦理侏儒的文学,才是真正的死文学。

对于这派旧文人的举动,新文化运动的健将们自然不能漠然视之。蔡元培以比较温和的口气复信林纾说,北京大学并无"覆孔孟,铲伦常"的过分言论,更没有"尽废古文而专用白话";至于《新青年》杂志中偶有对孔子学说进行批评的言论,然其真实用意也只是揭露历史上各派政治势力对孔子的利用,并不是直接与孔子为敌。

蔡元培的温和态度没有换来守旧者的理解,激进主义者的反批评更没有使这批守旧者有所收敛。林纾复信蔡元培表示:"终之以拼我残年,极力卫道,必使反舌无声,瘈犬不吠然后已。"新旧思潮之激战已是大势所趋,不可避免。所有问题的关键,都在于怎样理解东方文明特别是中国文明与西方文明的之间的差异,怎样理解所谓新,所谓旧。

1919年9月,杜亚泉撰文指出,思想上新旧的真实意义实际上是因时代的不同而不同。"新旧"二字在现代的意义颇为复杂,若仅以简单的观念,为现代思想界派别之标志,则诚有似旧非旧,似新非新,新中有旧,旧中有新,浑混而不易明者。盖"新旧"二字,本从时间之观念发生,其间自含有时代关系。时代不同,意义亦异,最简单而又能说明问题的例子是,戊戌时以主张仿效西洋文明者为新,主张固守中国习惯者为旧。但是到了第一次世界大战之后,西洋现代文明已远远不能适应新形势,而将失其效用。因此现时是主张维持现代文明者为旧,主张创造未来文明者为新。人类之思想上,既有如是之派别,则中国人之思想,自然亦随之而变迁。一部分思想家既觉悟西洋文明之缺点,知完全仿效之可危,且以世界各国关系日深,新时势之来,中国与西洋各国,必处于同一之境遇。故未来文明之创造,不能视为西洋人独有之要求,即不能诿为西洋人独具之责任。中国人既为人类之一部分,则对于世界之未来文明,亦宜有所努力,有所贡献。

根据杜亚泉的论证,新中有旧,旧中有新,此亦一是非,彼亦一是非。这样一来,杜亚泉便轻而易举将原来那些主张中国固有文化与习惯的旧观念解释成最具有现代价值的新思想,于是他便格外强调新旧思想之折中,东西文化之调和。他认为,中国固有文明虽然不能直接应用于未来世界,然而中国固有文明也颇有足以证明西洋现代文明之错误,为世界未来文明之指导者。用科学的方法去刷新中国固有文明,它就会成为世界未来文明之重要成分。因此杜亚泉断言,现时代之所谓新旧与戊戌时代之所谓新旧,表面上几有倒转之观。然详察之,则现时代之新思想,对于固有文明乃主张科学的刷新，并不主张顽固的保守，对于西洋文明亦主张相当的吸收，惟不主张完全的仿效而已。若以戊戌时代之思想衡之，固在不新不旧之间。因此在一定意义上说，现时所说的新思想，当是戊戌时期新旧思想之折中，即用中国固有文明来补救西洋现代文明之不足。总括而言，杜亚泉主张以现代文明为表，以未来文明为里。表面上为奋斗的个人主义，精神上为平和的社会主义。不奋斗不足以生存于现世，中国人决不愿以黄老派之玄谈，柏拉图之理想，自误误人。至共产均富之社会，虽不能实现于今日之世界，但不妨建设于中国人之心里。显然，杜亚泉的主张代表了当时一部分中国知识分子最为实际的政治理想，他们既厌倦于新旧东西之争，更无意于名词概念的详尽辨析。他们的关怀之所在，只是中国本位的富强发展。舍此，则别无他意。[1]

杜亚泉的看法引起了学术界的共鸣。就在杜氏发表这一见解的同一个月，章士钊在寰球中国学生会发表一篇引起极大争论的讲演。章氏反对新旧时代不相谋的观点，以为新时代既非截然为一时代，则在此时代中之青年，欲别于前一时代之人，自号曰新青年，与前一时代之人截然不同，亦不可得。夫无论何时代之人，宜讲究最适合于该时代政治学问，以求自分。若袭此最适合者以新之名号，斯亦可耳，但并不是一定要与旧的划分出一个疆界鸿沟。宇宙之进步，如两圆合体，逐渐分离，乃移行的而非超越的。既曰移行，则今日占新面一分，蜕旧面亦只一分。蜕至若干年之久，从其后而观之，则最后之新社会，与最初者相衡，或厘然为二物；而当其乍占乍蜕之时，固仍是新旧杂糅。

在章士钊的眼里，新旧时代连绵相承，不可能划出明确的新旧分界。宇宙之进化，只能是“移行”的，而不能是“超越的”。所谓移行的，就是说世界万物，不论进化到何种阶段，都是“新旧杂糅”的。新旧杂糅，就是调和；而调和者，乃社会进化的最高原则，至精之义。世上的一切无日不在调和之中。中国青年无论政治方面、学术或道德方面，唯一正确的态度无非是尽心于调和之道而已。

章士钊进而以欧洲第一次世界大战后的情况为例，论证道德上复旧之必要远甚于物质上之开新。然而这样一来，他虽然一再声明自己并不是一个文化保守主义者，因为他在十八年前就是一个激进的革命论者，并主废学以救国。但这种声明并没有多少实在意义，不过与汪精卫的“烈士情结”相似而已。过去的激进不能代表永远激进，过去的守旧也不能代表永远守旧。进入民国之后的经验可以证明章士钊思想在变化，只是这种变化可能并不是从激进到激进，也不是从激进到守旧，而是有一种折中

[1] 伧父（杜亚泉）：《新旧思想之折衷》，《东方杂志》第16卷第9号，1919年9月。

调和的意味。章士钊一再说“新机不可滞”,但他的那些原本具有相当意义和价值的调和论,在当时就不免显得具有浓厚的守旧与保守之嫌。因为他毕竟一再强调:“总之欧洲之所应为,一面开新,必当一面复旧。物质上开新之局,或急于复旧,而道德上复旧之必要,必甚于开新。此其所当知也。凡欲前进,必先自立于根基,旧者根基也,不有旧,决不有新,不善于保旧,决不能迎新;不迎新之弊,止于不进化,不善保旧之弊,则几于自杀。”[1]这里虽明着是说欧洲在世界大战之后所应作出的选择,但其根本用意无疑是为中国文化未来发展指出一条东西调和、新旧调和的道路。其主观目的或许是为了中国的进步与发展,但客观效果实际上并没有逃出十九世纪以来流行的“中体西用”的束缚,而带有浓厚的守旧嫌疑。

东西文化融合论者除了基于精神与物质二元结构困惑外,他们的另外一个重大失误,便是预设西洋文明在物质建设上的成就和东方文明在精神文化上的意义。事实上,不论是东方文化还是西方文化,区别来看,它们都只能是各自独立的整体,精神与物质不可能截然分开,更不可能存在物质文明超前进步条件下的精神文明破产。否则便不足以正确解释物质与精神之间的真实关系。

实际上,中国文化近百年在西洋文明的映照下逐渐觉得落后乃至破产,决不仅仅表现在物质方面,而是中国文明在整体上与西方文明存在差异。也就是说,不论这种差异是否意味着彼优此劣,彼今此古,但它只能是一种整体性的差异,而不可能将之分解为精神与物质的二元结构,更无法以此二元结构进行对应性的比较研究。果如此,中国自洋务运动发生以来,几乎没有停止过物质文明建设,何以时间过去半个世纪而依然从整体上落后于西方呢?相对正确的解释应该是,物质文明与精神文明都是任何一种文明的两种不同表现形式,二者初非各自分别发达,盖实相互协力而跻身于真正的进步。假如真的像一些人所说,物质与精神二者互相敌视互不相容,那么许多历史现象就不好理解。通常意义上的所谓物质文明,要亦不外为人类精神能力之表征;而精神文明,实发展于物质文明基础之上,其关系之密切,殆如形之与影,辅之与车,相俟而不可离。正确的比喻,大致如人类肉体与心灵的关系,离开肉体则心灵不能存在,而心灵之活动程度过低,则虽如何强健之肉体,亦不能出乎动物的生存以上。[2]基于此,要么承认中国文化整体性落后或进步,而决不可能存在中国的精神文明优于西方,而西方的物质文明优于东方这样含混不清的事实。

所以,当章士钊这种貌似调和而十足保守的观点一经发表,立即激起学术界的极

[1] 士钊:《新时代之青年》,《东方杂志》1919(11)。

[2] 三无:《文明进步之原动力及物质文明与精神文明之关系》,《东方杂志》1921(17)。

大反响。针对章氏的这种观点，张东荪著文批评道，章士钊的“移行”说乃完全是常识的揣测，因为他看见两个圆体移行，就拿来作个比喻，哪里晓得生物的进化和社会的进化却不是如此，所以不根据专门科学的事实而单靠着常识推理，必定要失败的。实际上生物的进化乃是突变，就是说生物到了一定时期突然自变其形态，在没有变的时候，那变的因已经潜伏在当中了，所以只有突变与潜变两种形式。突变是变的表现，潜变是变因的发生，凡是一个生物他表面上不变，但变的因已经在那里潜萌暗长，到了时候便突然呈露出来。生物的进化如此，社会的进化也是如此。在一个社会中，表面上没有变化，而里面不能没有变的种子。这个种子渐渐多了，一旦爆发，便成了一个新社会了。所以说只有突变和潜变，而没有移行。譬如我们鼓吹新思想便是创造潜变(即下变的种子)，决不能与旧的调和，一调和了，便产不出变化，等到我们新思想成熟，那突变就发生了，所以潜变是不能调和的，调和潜变便是消灭潜变。但突变以后可以调和，因为调和是谐和，不是调停，调停是敷衍，谐和是配置。凡是一个社会必要各部分配置得宜，方能协力互助。[1]因此张东荪强调，守旧论不足阻害新机，而调和论最是危险。现在是思想的潜变时代，所以不能调和，一经调和，那么成熟的新思想便消灭了。也就是社会的潜变时代，在社会改造以后可以调和，在未改造以前，一讲调和，就把改造的动因消灭了。[2]

在这场争论中，蒋梦麟未敢忘记自己的社会责任，他也曾著文系统说明新思想不能用时代来定，也不能以西洋人作标准。他指出，什么叫做新思想?这个问题大家以为是容易答的，但把这个问题提起来要人答，大家就知道是不容易答了。若把《说文》里的字义来讲，哪一个讲新思想的，竟想到《说文》的字义呢?若说从西洋输入的思想是新思想，那西洋的思想也有很多是旧的。若说西洋输入的新思想就是新的，那希腊的美术人生观，罗马的建筑在中国可算是很新的。所以新思想不能用时代来定，也不能以西洋输入做标准。

按照蒋梦麟的意思，新思想是一个态度，这一个态度是向那进化的一方面走的，抱这个态度的人视我国向来的生活是不满足的，向来的思想是不能得知识上充分的愉快的。所以他们要时时改造思想，希望得满足的生活，充分愉快的知识活动。他们既视现在的生活为不满足，现在的知识活动为不能得充分愉快，所以把固有的生活状况、固有有知识就批评起来，这就引起旧思想的反抗。旧思想的人说，你们天天讲什么新思想，迎和青年厌旧喜新的心理，把中国的国粹都抛弃掉了，把中国的道德都破坏

[1] 张东荪:《突变与潜变》,《时事新报》1919年10月1日。
[2] 张东荪:《答章行严君》,《时事新报》1919年10月12日。

了。于是凡有讲新思想的就送他一个过激派、共产主义派、无政府主义派一个徽号，这是他们消极的反抗新思想。从积极方面做，他们就讲起来古文是这样好，向来的道德观念是那样好，简单一句话，他们以现在的生活为满足。既不满足的，也是国粹伤失的缘故，以现在的知识活动为愉快的，既不充分，也是不尽心讲国学的缘故，但把国粹国学发挥起来，满足的生活就来了，充分的知识活动就“乐在其中”了。

蒋梦麟认为，怀有旧思想的人对于西洋文化未必是不欢迎的，不过不要和他们向来的见解太离奇。所以他们听惯了一种新学说，起初以为离奇，极力反对，后来渐渐地受不知不觉的感化，倒也赞成了。中国的新派，并不是说凡中国所固有的都不好，他们只是要推倒他们所据为安乐窝的固有观念。新派是要改造旧观念，组织一能使生活丰富的新系统。蒋梦麟因以两三年前怀抱旧思想的人反对“个性主义”、“自动主义”，如今这都已成人人的口头禅为例，认为所谓新旧调和是自然的趋势。抱新思想的人，渐渐地把他的思想扩充起来了；抱旧思想的人，自然不知不觉地受他的影响，受他的感化。旧生活自然渐渐被新生活征服，旧思想渐渐被新思想感化。新陈代谢是进化的道理，自然的趋势，不是机械的调和。所以从这个意义上说，新旧两派都是有价值的。

但是，现在中国新派的目的在求丰富的生活，充分愉快的知识活动，他们的方法并不是一个方法叫做新。他们正在创造方法的时候，正在试验时期，还没有认方法作目的。旧派的目的，在保守安乐窝，他们的目的与新派的目的是不同的，两个不同的目的，怎么能够调和呢？这样说并不是强调调和是没用的，而是说现在讲调和还为时过早，即使到了全国的学者都求丰富的生活，充分愉快的知识活动的时候，各派有了一个系统的方法，还用不着调和的地方。要到大家忘却了真目的，认方法作目的的时候，方才用得到调和。因此蒋梦麟认为，在新陈代谢的时候，是用不着来讲调和的。

蒋梦麟指出，新知识是一个态度，是求丰富生活，充分愉快的知识活动的态度，不是一个方法，也不是一个目的。旧的方面是对于这新态度的反动，也并不是方法，不是目的。新旧既不是方法，又不是目的，所以不是两个学派。两个学派之中能容调和派，新旧之间是用不着调和派的。[1]显然，蒋梦麟的主张比较倾向于张东荪，但也没有完全抹杀杜亚泉、章士钊思想主张的部分价值。这可以说是蒋梦麟“亦中亦西”、“不中不西”态度的具体表示和展开。

针对蒋梦麟“新思想是一个态度”以及“抱这个态度的人，视吾国向来的生活是

[1] 蒋梦麟：《新旧与调和》，《晨报》1919年10月13、14日。

不满足的，向来的思想是不能得知识上充分的愉快的，所以他们要时时改造思想，希望得满足的生活，充分愉快的知识活动”等观点，杜亚泉著文辩论道，新思想是有的，这个解答也确实可以在一定程度上承认其“确当”。但现代中国揭橥新思想者，大率主张推倒一切旧习惯，而附之以改造思想、改造生活之门面语。假如按照他们的主张，则思想二字实不能成立。态度非思想，思想非态度。谓思想是态度，犹之谓鹿是马耳。态度呈露于外，思想活动于内，态度为心的表示，且常属于情的表示；思想为心的作用，且专属于智的作用，二者乌能混而同之。至于以向来生活与智识为不满足不愉快，是为一种感情，感情非思想。因此而主张推倒旧习惯，要改造生活，要改造思想，是为一种意志，意志亦非思想。感情与意志，固有因思想而起者，但思想之范围内，决不附有些须之感情与意志，故若以新思想为问题，则前述之解答，可谓全然谬误。而人们之所以又承认其有确当者，则以他们所揭橥的新思想，实非思想而为态度。他们对于向来之生活与智识，暨抱有不满足不愉快之感情，因而发生推倒一切旧习惯之意志，惟其意志尚未表示于行为，今由其所怀抱之感情表示为一种态度，故谓之为思想，实不若谓之态度更确当。

对于当时思想界所倡言的思想之“新”，杜亚泉指出，今日之所谓新，实兼含有时代的及时式的两种意义。惟时之与新，乃部分之相同，绝非全体之合一，世固有新而不时者，亦有时而非新者。前述之态度，谓之时则可，谓之新则不可。故谓之为新态度，实不如谓之为时的态度更确当。基于这种分析，杜亚泉断言：“吾今敢对于彼等所揭橥之新思想，作一确实之解答，曰此非新也，此非思想也，乃时的态度而已。”

换言之，以《新青年》为主体的五四思想界鼓吹的所谓“新思想”，在杜亚泉们看来并不“新”，也不是“思想”。因为他们唯一的主张仅仅是“推倒一切旧习惯”，这只是出自感性的一种冲动，而不是出自理性的一种思想。杜亚泉认为，旧习惯的破坏，乃新思想成立后的自然结果，新屋既筑，旧屋自废；新衣既制，旧衣自弃。今不务筑新屋，制新衣，而惟卷人之茅茨而焚之，剥人之蓝缕而裂之，曰是即予之所谓新屋也，是即予之所谓新衣也。则人安有不起与之反抗者？不但其茅茨决不肯为其所焚，其蓝缕决不肯为其所裂，必且并新屋新衣而深恶之而深恨之，而其茅茨且永不能除，蓝缕且永不得脱矣。故以非新，非思想而揭橥为新思想者，实际上乃阻遏新思想最有力的力量。人们以为今日之主张推倒一切旧习惯者，实因其心意中并未发生新思想之故。在杜亚泉看来，中国思想进步与发展不能遵循先破后立的原则，而应遵循先立后破的道路。[1]应该说杜亚泉的这种见解多少还是有点道理的。

杜亚泉似乎并不反对新思想在中国的传播与发展，他所反感的只是那些打着新思想的旗帜而实则并不新的主张与态度。这从理论上说似乎并无大错，但在当时思想界显然是相当有害的一种主张。故此，蒋梦麟起而著文批评说，现在的所谓“新思想”，是指一个向进化方面走的态度，因为要进化，就要遇着阻挡的东西，就要碰见不可解的老习惯，就要问问他们是什么意思，就要批评他们。

蒋梦麟指出，这态度非内也非外，杜亚泉说“态度呈露于外，思想活动于内”，并且没有什么玄妙的意思，这是很平常，很普通的一个名词。其实，对于固有的生活为不满足，就是蒋梦麟的态度，杜亚泉说他固有的生活是他的安乐窝，就是他的态度。

态度变了，用官觉的方向就变，感情也就变，意志也就变，理性的应用也就变。

所以求新思想的劈头一斧，就是改变我们对于生活的态度。[2]

至于如何改变对于生活的态度，在蒋梦麟看来，还是他曾经提出的那些基本主张：

推翻旧习惯旧思想；

研究西洋文学、哲学、科学、美术；

把自己认作活泼泼的一个人。[3]

## 救亡压倒启蒙

1897年底，德国借口两名传教士在山东被中国散兵所杀而出兵强占胶州湾，次年3月，德国在沙俄帮助下，强迫清政府订立中德《胶澳租界条约》，期限九十九年，租期未完，中国不得治理，均归德国管辖。

第一次世界大战爆发后，山东问题的解决出现了机会，中国政府向德国提出交涉，希望德国能够将山东权益归还，然而遭到德国政府的无情拒绝。中国政府于是决定保持中立，寄希望战后国际格局重组，由列强协调解决这一问题。

然而国际格局的变动并不总是有利于中国，当美国、英国等主要国家的注意力被欧洲战场吸引后，亚洲均势遭到了破坏。特别是由于战事久拖不决，英国希望日本能够在亚洲向德国发难，牵制德国的力量。

日本也在盘算着自己的利益，英国人的建议正中下怀。其实，当第一次世界大战爆

[1] 伧父（杜亚泉）：《何谓新思想》，《东方杂志》1919（11）。

[2] 蒋梦麟：《何谓新思想》，《东方杂志》1920（2）。

[3]《改变人生的态度》，《过渡时代之思想与教育》，第29页。

发后不几天,日本的军舰就迅速出现在胶州湾海面上。1914年8月15日,日本向德国发出最后通牒,要求德国必须在9月15日之前将“胶州湾全部租借地”移交日本,但同时又向中国政府许诺“最终原本归还中国”。8月23日,日本对德宣战,旋即派兵两万多人登陆,占领了胶州湾。日本用最方便最便宜的方式赢得了战后有利地位,只是坑害了中国,原本只是中德之间的山东问题转眼间变成中日之间的山东问题了。

日本占领胶州湾之后,不仅无意实现其将胶州半岛“原本归还中国”的诺言,反而接着占领了山东省的大部。中国政府虽然向日本申诉了将使“政府失信于军民”的苦衷,但日本政府不仅置之不理,而且以种种借口继续西进。

中国政府步步退让,日本政府则是步步紧逼。1915年1月18日傍晚,日本驻华公使日置益违反正常外交途径,在与中华民国大总统袁世凯进行私人会晤时,不经意式的向袁世凯提交了几张纸写文件。这些文件所使用的纸张,刻意印上兵舰和机关枪之类的水印背影,很有向袁世凯向中国政府炫耀武力的意思。这个文件就是引发后来一系列重大政治变故的所谓“二十一条”。

“二十一条”实际上要求由日本人控制中国的满洲里、内蒙古、山东、东南沿海和长江流域。接受这些条件就等于让日本人在所有这些地区实行殖民统治,掌握整个中国的经济和行政控制权。它要求中国政府在政治、财政、军事事务方面聘用有影响的日本顾问;要求中国政府为日本人提供建造医院、教堂、学校的土地所有权;要求中国重要地区的警察要由中日两国共同组织、训练和管理;要求中国所需军火不得少于百分之五十从日本购买,或从在中国建立中日合办的兵工厂购买等。“二十一条”是一份灭亡中国的计划书,是对中国人的尊严、自尊极限的挑战,是中国自1840年以来所遇到的最大麻烦,其危害性实胜过任何真正的坚船利炮。如果这个条约实现了,中国也就不存在了,所谓的中华民族大概也就成了大和民族的一个组成部分。

当日本公使将“二十一条”的原文递交给袁世凯的时候,要求中国方面绝对保密,否则所引发的一切严重后果均由中国负责。日本担心条约的内容透露出去,将进一步激化日本与列强间的矛盾,引起第三国干涉。当中国的存在都成了问题的时候,中国人还担心什么“一切严重后果”呢?最严重的后果还能再大于亡国灭种吗?日本人的担心证明了他们的虚伪和不正义,而日本人暗示禁止的也正是中国人所要进行的。当时的中国如果仅仅凭借自己的力量与日本过手,或许难分胜负,或许被日本打败,但是中国并没有良心上、道义上的亏欠,所以中国人一定要设法将这件事张扬出去,一来争取国际社会的同情和支持,二来赢得民间舆论,以民间压力作为与日本进行交涉的筹码。

当然，为了能使袁世凯痛快答应日本的要求，日本政府也花了很多精力，巧妙地利用了袁世凯有意改变国体、恢复帝制的心理，所以当日本公使在递交"二十一条"时很露骨地向袁世凯暗示：大总统如接受日本政府的这个要求，那么日本政府对于袁大总统将感激不尽，当大总统遇事需要日本相助时，日本政府将义不容辞。这显然是指正在紧锣密鼓进行的帝制自为运动。

袁世凯帝制自为当然需要包括近邻日本在内的国际社会的支持，但是袁世凯更清楚地知道，他如果答应了日本人的这项要求，中国也就灭亡了，他即便当了中华帝国的皇帝，那也不过是末代皇帝、亡国之君，那还有什么意义？因此在谈判过程中，中国政府对于日本政府"绝对保密"的要求则有自己的想法。中国不仅不担心内容透露出去，而且由于弱国无外交的根本特征，反而期望将内容透露出去，以引起列强和国际社会的干预，从而形成对中国有利的局面。因此在此后长达四个月的谈判过程中，中国政府采取了前所未有、异乎寻常的做法，将"二十一条"的性质和主要内容，一点一点有计划有步骤地透露给新闻界，以争取国际社会道义上的同情和支持，换取国内民众和舆论界的理解、同情和声援。

正是由于袁世凯在谈判过程中异乎寻常地采取争取公众舆论支持的政策，遂使中国公众舆论第一次在政治混乱、政治落后、军阀统治的条件下，有了发言的机会。在谈判过程中，全国许多地方群情激愤，人民表达愤慨心情的来信每天都潮水般地"涌入"总统府；二十九个省的都督向中央政府呼吁，不要向日本屈服，无论如何也不能接受这个亡国的"二十一条"；知识分子传达公众民族屈辱感的心声，全国上下处处可闻，几乎所有的中国报纸都表现出强烈的反日情绪。

人民的支持依然不能从根本上提高袁世凯的政治"底气"和抗争勇气。5月7日下午三时，日本政府向袁世凯政府提出最后通牒，除个别过于苛刻的条款有所修改外，要求中国政府不得再加修改地予以接受。日本政府威胁说：如果届时不能收到中国政府满意答复，日本帝国政府有权力采取自己认为适当的必要手段。

日本的威胁起到了作用，称帝心切的袁世凯在没有得到国会批准的时候竟然于5月9日下午一时接受了日本在最后通牒中提出的所有要求，并以此为基础于5月25日签订了条约。

当中国政府接受最后通牒的消息传出后，中国人的愤怒心情达到了顶点。"勿忘国耻"的标语在全国触目皆是；它被刷在墙上，附入商标，或印在信纸信封上。5月7日和9日很快被命名为"国耻纪念日"。这个屈辱的历史也被写进了教科书。

同年底，袁世凯宣布改制，宣布洪宪王朝开张，可惜的是，好梦不长，仅仅八十三天，袁世凯就在全国人民的唾骂声中死去。黎元洪继任大总统，但实际权力掌握在国务总理兼陆军总长段祺瑞的手里。

1916年10月，日本政局也发生一些变化，内阁改组，寺内正毅继大限重信出任首相，遂改变对华政策。当时日本经济正经历着空前的战时繁荣，到处都有可供发展新企业的剩余资本，因此日本政府便试图通过贷款和投资的方式在中国建立经济根基，并使中国殖民化。这项新政策导致日本从1917年1月到1918年9月的一段时间向段祺瑞政府提供巨额的“西原贷款”。

由于这些贷款的影响，段祺瑞政府越来越倒向日本。1918年上半年，中日两国就《陆军共同防敌协定》进行谈判，5月16日在北京签字。5月19日，中日两国政府又签订《海军共同防敌协定》。根据这些协定，中国政府允许日本有权在北满洲和外蒙古驻军，借口是防止苏联入侵，允许日本使用中国的军事地图，为中国陆军和海军配备日本教官等。这样，日本政府通过借款行动用金钱买到了当年向袁世凯索要而没有全部得到的特权。寺内下台时曾夸耀：“大限内阁向中国要求二十一条，惹中国人全体之怨恨，而日本却无实在利益。本人在任期间，借与中国之款三倍于从前之数，其实际上持植日本对于中国之权利，何止什倍于二十一条。”中国殖民地化因段祺瑞政府的亲日政策而越来越严重。

段祺瑞政府的亲日政策激起了中国舆论和民间社会的愤怒和抗议。在日本和法国的中国留学生举行了游行示威，谴责段祺瑞政府“出卖中国”。留日学生甚至决议集体回国，以示反对日本政府对中国的欺凌。

1918年5月，中国民众反对《中日陆军共同防敌协定》的情绪空前高涨。5月21日，北京各大学、高等专科学校的两千多名学生举行声势浩大的示威游行，抗议中国政府与日本签订军事协定。此后，天津、上海、福州等许多城市的学生也举行了类似活动，他们敦促地方政府要求北京政府废除与日本的军事协定。各地商人鉴于第一次世界大战后期日本对中国市场的控制日趋严重，也在学生的影响下举行集会，抨击北京政府的亲日政策。这些活动虽然对政府的决策并没有多少直接和有效的影响，但它标志着新知识分子与其他社会力量较大规模合作的开始。

中国人民民族主义情绪空前高涨，与国际格局变化有关，协约国在战场上的胜利使中国人看到了新的希望，特别是美国总统威尔逊于1918年1月8日对国会发表的“十四点计划”的演说，提出战后国际秩序重建的基本方针和期待，大要是：公开外交、公海航行自由、贸易自由、全面裁军、公正处理殖民地争议、民族自决、恢复比利时、撤出俄罗斯领土以及建立国际联盟。

稍后，威尔逊总统又对“十四点计划”进行补充，提出美国外交政策四原则，即美国无意攫取别国领土；美国外交主要手段是和平谈判而不是武力征服；美国不承认任何通过暴力获得政权的外国政府；美国在国际关系中将恪守信用，遵守道义等。这四条原则完善了威尔逊总统关于战后持久和平的设想，被誉为“威尔逊主义”。

威尔逊主义显然想用集体安全体系的“快刀”斩断欧洲古老均势体系这堆“乱麻”，他好像要告诉欧洲人：从今以后，国际秩序不应再建立在均势的基础之上，而应以民族自决为基础；各国的安全不应依靠军事同盟，而应以集体安全为保障；外交活动也不宜由专家秘密进行，而应公开地达成公开的协议。

不管怎么说，威尔逊主义给中国人带来了新的希望和新的机会，十四条计划和外交四原则如果得到落实，日本在战争状态中攫取的中国利益就应该还给中国。政治预期给了中国人极大的勇气和激情，所以在中国的民族主义情绪更加高涨。

1918年11月11日，第一次世界大战结束，中国人欣喜若狂，政府宣布放假三天，并举行盛大的阅兵典礼和游行示威以示庆祝。一直被视为中国耻辱的“克林德碑”也被移走，中国人总算跟着协约国出了一口鸟气，一洗1840年以来所受到的屈辱。

当人们在庆祝协约国的胜利的时候，新知识分子的领导者相信，协约国胜利是民主战胜了专制和军国主义，工人和平民战胜了压迫者，是“公理战胜强权”。于是中国人对战后国际秩序的重建充满了期待，对威尔逊总统高度崇拜，相信威尔逊倡导成立的“国际联盟”及战争善后、重建国际秩序的巴黎和会一定能够给中国带来好运，更直接地说，就是自1898年以来德国抢占的中国领土和利益应该归还给中国，大战期间在日本的威胁下所签订的中日条约和协定应当废除或调整。

然而，巴黎和会不断传来的消息却令中国人深感失望：日本将取代德国在中国的地位。

由于当时的中国处在南北分裂状态，巴黎和会中国代表团由南北双方组成，总代表为曾在1915年和1919年任外交总长时签订了中日之间一系列协约的陆征祥，而这一系列协约均以“二十一条”为基础；全权代表还有南方领导人之一、广州参议院副议长王正廷；驻美公使顾维钧；驻英公使施肇基；驻比利时公使魏宸组（后由伍廷芳之子、南方政府代表伍朝枢接替）。成员共六十三人。从代表团构成看，其内部发生冲突发生分歧在所难免。北京政府大体上倾向于亲日，而南方政府则主张实行更强硬的对日政策，并一直试图推动中国民众对北京政府亲日政策的怀疑。职业外交官顾维钧由于受美国人的影响，在某种程度上也持同情南方的态度。这样，中国在巴黎和会的处境从一开始便显得有点不太妙。

而且,从多年来中日交涉的过程看,中国政府在许多问题上处理不慎,也为日本的骄横提供了口实,增加了中国在巴黎和会上的难度。

不过,中国毕竟也在战争进行过程中宣布参战,虽然贡献不大,但毕竟也是战胜国,也是巴黎和会的当然参加者。所以中国政府内部研判尽管有许多障碍需要克服,但也真诚期待利用这次机会尽可能多收回过去丧失的权益,介入国际社会大家庭的正常生活。中国政府代表团在会议之初提出的议案是"七点希望":

一、废弃势力范围;

二、撤退外国军队、警察;

三、裁撤外国邮局及有线无线电报机关;

四、撤销领事裁判权;

五、归还租借地;

六、归还租界;

七、关税自主权。

七点希望显然没有满足国人对巴黎和会的期待,在欧洲的中国学生对此很不满意,他们结成团体,派出代表,要求中国代表团必须向和会提出废除"二十一条"及山东权益问题。在这种情况下,中国代表团又向和会提交陈述书,请求取消1915年5月25日的中日协定即"二十一条"要求及换文,收回在大战期间被日本乘机夺取的德国在中国山东的全部权益。

然而,当这两个提案提交和会时,都遭到无情拒绝,认为不在和会讨论之列。在这种情况下,中国的唯一希望就是山东问题能够得到解决。

在列强中,美国政府比较同情中国,但却无能为力。1月27日,美、英、法、意、日代表举行五强会议,当会议开始讨论德属殖民地问题时,日本代表声称胶州湾租借地及铁路并德国在山东的所有权利,都应无条件让与日本。为此,日本还公开了英、法、意1917年2月与日本签订的秘密协定,这些协定保证三国在战后"支持日本有关德国在山东权利的处理主张"。有了这些秘密保证,日本在会议上的力量得到了加强,而原本有意支持中国的美国,则陷入孤立无援的境地。

第二天,五强最高会议所透露的消息更对中国不利。因为早在1918年9月24日,中日两国政府曾就修建济南—顺德、高密—徐州铁路进行秘密借款谈判,并达成秘密协定。其结果是这两条铁路的全部产权和收入为偿付借款而抵押给了日本。在借款同时,日本向中国提出七点建议,根据建议,胶济铁路沿线之日本军队除济南留一部队外,全部调集青岛。济南铁路之警备,可由中国政府任之,巡警队本部及枢要驿并巡警养成所内,应聘用日本人。胶济铁路所属确定后,归中日两国合办经营。对于日本的这个建议,中国驻日公使章宗祥在换文中答复说:"中国政府对于日本政府右列之提议,欣然同意,特此奉复。"所有这些内容在此前均被严格保密,甚至连中国代表团的某些全权代表都不知道。这样一来,日本在和会上所提出的对山东和有关铁路的要求,便具有某种法律上的依据。中国代表团为此感到尴尬,最想帮助中国的美国代表也觉得没有办法再支持中国。

对于日本代表提出的这些法律依据,中国代表尽其所能进行辩解,大要归为所有这些协定和合同都是中国政府在日本的胁迫下而被迫同意的,而且中国既然在大战中向德国宣战,则情形已大不同,故这些协定与合同亦为今日所不能执行。而日本代表则辩驳说,1918年关于铁路的合同和有关山东问题的换文是在中国参战以后签订的,因此不能说中国是受了日本的胁迫。

正是由于上述诸多原因,中国在巴黎和会上当然难以达到自己的目的。1919年4月30日,美、英、法等国秘密决定,把德国在山东的所有利益转让给日本,而根本没有提及日本1914年作出的将山东权益"交还给中国"的诺言。

巴黎和会一直引起国人的高度关注,和会上的一举一动时刻牵动着国人高度敏感的神经。遍布世界各地的中国人团体不断发表通电之类的声明向中国代表团施加压力,唯恐他们在日本的恐吓下放弃中国权益,要求与会各大国充分保证尊重人权,维护中国权益,表示中国决不会承认列强秘密协定,中国应有的权利一定能够收回。

然而当和会决定将德国在山东的权益转让给日本的消息传到北京时,中国公众顿时显得非常沮丧和高度愤怒。面对这一事实,中国人开始觉醒,他们逐步意识到,列强"仍然是自私和军国主义的,并且都是大骗子"。这种沮丧与愤慨的情绪在青年学生中更加强烈,到了4月底,包括新潮社、国民杂志社、工学会、同言社和共学会在内的学生团体联合召开会议,酝酿于5月7日举行游行示威,因为这个日子是"国耻纪念日"四周年,四年前的那一天,日本人向中国政府发出"二十一条"的最后通牒。

学生组织的这个决定很快得到北京所有大专院校学生团体的赞同,为首的有北京大学、高等师范学校、工业专门学校及法政专门学校,他们开始着手动员全体学生参加5月7日的抗议活动,并向全国报界和公共团体发出一份通电:

青岛归还,势将失败。5月7日在即,凡我国民当有觉悟,望于此日一致举行国耻纪念会,协力对外,以保危局。

进入5月,从巴黎传回的消息越来越使人震惊。这些报道说,和会即将拒绝中国关于公正解决山东问题的要求，中国提案受挫的主要原因是因为中国的“卖国贼”策划的“欣然同意”的换文。时逢中国驻日公使章宗祥自东京匆忙回国，并在天津与另一位著名亲日派陆宗舆聚谈。4月30日，章宗祥回到北京，但却住到曹汝霖的家中。第二天，外国报纸报道，章宗祥将不再返回东京任职。还有传言说他将接替陆征祥出任外交总长和巴黎和会总代表的职位。这个消息引起公众极大怀疑，人们普遍认为中国政府上层人物正在阴谋出卖国家利益。

中国人现在不仅怀疑中国政治领袖可能出卖国家权益，而且开始怀疑国际公正、正义和公理。陈独秀指出，“巴黎的和会，各国都重在本国的权利，什么公理，什么永久和平，什么威尔逊总统十四条宣言，都成了一文不值的空话。”这个“分赃会议，与世界永久和平人类真正幸福，隔得不止十万八千里，非全世界的人民都站起来直接解决不可。若是靠着分赃会议里那几个政治家外交家在那里关门弄鬼，定然没有好结果。”他号召人民公开站出来表达意见，寻求“直接解决”。

5月3日，北京民众的激愤情绪达到白热化程度。各政治团体和社会团体纷纷召集紧急会议，讨论时局。北京商会致电其他城市的同类组织，敦请他们支持中国在巴黎和会的要求。上海商会决定于5月6日举行会议，讨论对付时局的办法。国民外交协会派代表谒见大总统徐世昌，要求他命令中国代表团，如果山东问题不能合理解决，就拒绝在和约上签字。国民外交协会还决定邀请其他社会团体参加定于5月7日在中央公园举行的国民大会。留学生救国团还致电大总统徐世昌：宁愿公开决绝，亦不愿屈辱求生。

面对公众压力，北京政府不愿积极回应民众的期待和呼吁，反而采取严厉措施镇压骚动，这种火上浇油的举动事与愿违，学生团体决定将原定5月7日举行的抗议活动提前进行。

5月2日，北大学生许德珩从蔡元培那里获知中国在巴黎和会上的惨败，便约集参加在国民杂志社的各校学生代表于当天下午在北大西斋饭厅召开了一个紧急会议，讨论办法。高工的学生代表夏秀峰当场咬破手指，写血书，大家激动得眼里要冒出火来，决定第二天召开各校学生代表大会讨论应付办法。

5月3日下午一时许，在北京各大学校园出现一张布告，号召北京所有大专学校学生代表召开临时紧急会议，研究对策。

当晚七时许，临时会议在北京大学法科大礼堂举行，来自国立高等师范学校、法政专门学校和工业专门学校等校学生代表一千多人参加了会议，新潮社和国民杂志社成员主持会议，国民杂志社领导人之一易克嶷（一说为北大法科四年级学生廖书仓)作主席。北大新闻研究会邵飘萍发表演讲,分析巴黎和会的可能结果,紧接着,张国焘、许德珩等许多同学发表了慷慨激昂的演说。他们一致认为造成巴黎和会如此结果的原因是腐败和不公正,因此有必要作出某种举动予以回应,让中国人和全世界人民都看到强权绝对不是公理。

会场情绪激愤高昂,不可控制。北大法律系一学生当众咬破中指,撕破衣襟,以血书写"还我青岛"四个大字。面对此情此景,所有与会者肃然感动,会场气氛凄凉悲壮。还有一位学生大声哭诉,表示如果今天的会议不对明天的示威游行作出肯定决议,他就当场自杀。于是会议决定在第二天即5月4日而不是原定的7日举行集会,抗议政府的外交政策。

与会学生还意识到,在第二天的示威活动中决不能使用暴力,只能进行和平有序的抗议,以免秩序混乱而被其他政党所利用,他们希望明天的抗议活动只是学生团体的独立行动。

5月4日,星期天,上午十时许,包括北大、陆军学校在内的北京十三所大专院校的学生按照计划在法政学校集会,通过五项决议:

一、通电国内外有关团体,呼吁他们抗议巴黎和会的山东决议案;

二、努力唤醒全国各地的民众;

三、组织北京市民的群众集会;

四、建立一个北京全体学生的统一机构,负责协调学生的活动以及与其他组织的联系;

五、决定当天下午游行示威的路线为:由天安门出发,经东交民巷,转向哈德门大街商业区。

下午一点半左右,天安门广场上已有三千多名学生,他们代表着北京十三所大专

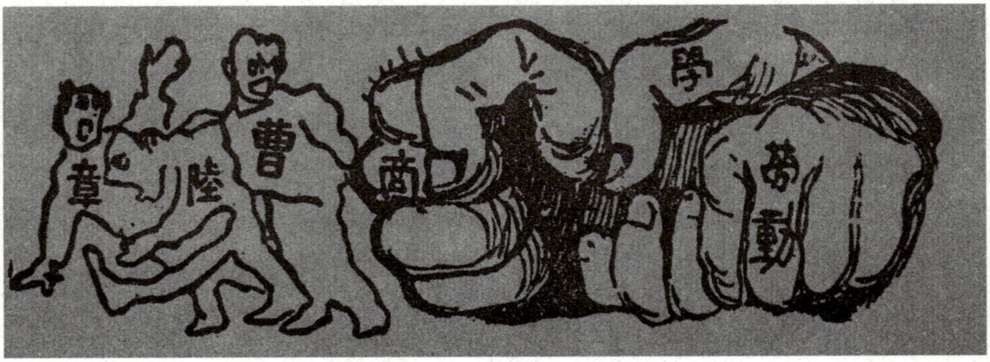


▲五四运动期间的宣传画

学校。北京大学的学生担任了这次集会和示威活动的领导角色。学生们还散发了《北京学界全体宣言》传单，呼吁全国工商各界团结起来，召开国民大会，外争主权，内除国贼。



半个小时的集会结束后，学生们按照既定计划于下午二时许便列队从天安门广场向南通过位于现在正阳门北侧、毛主席纪念堂一带的中华门。在队伍前头有两个学校各举一面巨大的五色国旗。随后是一副讽刺性的挽联：

> 卖国贼曹汝霖、陆宗舆、章宗祥遗臭千古
> 卖国求荣，早知曹满遗种碑无字；
> 清新媚外，不期章惇余孽死有头。
>
> 北京学界泪挽

示威学生给北京市民留下了深刻印象。许多市民感动得沿街而立，热泪盈眶，静听学生呼喊口号。许多旁观的外国人也向示威学生欢呼致意。学生队伍秩序井然地在大街上行走着。如果不发生意外，示威的活动将很快结束。

但是到了后来，示威学生的情绪发生了变化，游行秩序开始混乱。他们经过中华门到棋盘街，转向东到了东交民巷西口。东交民巷的巡捕和中国警察联合阻止示威学生进入这块享有治外法权外交使馆区。学生在与使馆方面电话联系后，推举罗家伦、张国焘等代表进入美国使馆拜访美国公使芮恩施。可惜芮恩施因事外出，学生代表只好留下一份说帖，希望中国学生今天的行动能够得到美国政府和人民的理解、同情和援助。学生代表还去过英、法、意三国公使馆，然而因为是星期天，各国公使都不在，只派官员接见，表示同情。

大约两个小时后，游行队伍仍未获得巡捕让他们通过使馆区的许可。同时，东交民巷入口处的中国警察和军队也对游行队伍强行干涉，企图迫使学生返回。在这双重失望境遇中，学生们包括一些加入游行队伍的市民显然已被激怒。忽然有人大声喊道："到外交部去！""到曹汝霖家里去！"

在这紧要关头，示威游行总指挥傅斯年劝学生不要去，但是如同所有群众运动一样，组织者已无法有效控制局势。于是游行队伍退出东交民巷向北行进，沿户部街、东长安街，到东单牌楼和石大人胡同，向曹汝霖的住宅赵家楼二号进发，因为有消息说那里正在举行秘密会议。

示威学生显然被警察激怒了，他们沿途高呼口号，打倒卖国贼曹汝霖、陆宗舆、章宗祥乃至段祺瑞、徐树铮等人的口号此伏彼起，响彻云霄。

大约下午四时半，游行队伍到达赵家楼曹宅，他们先是和平地要求曹汝霖亲自出面解释与日本签订秘密协定的原因。守护曹汝霖住宅的警察和宪兵对学生的要求充耳不闻，反而一再试图强迫学生退走。这使示威学生怒火中烧，他们不断呼喊口号，并开始有人向窗口和墙内扔石子和白旗。学生们试图冲进去，但没有成功。

就在学生准备撤退返回学校时，有五名不肯屈服的学生爬上墙头，打破窗户，跳进宅内。然后打开大门，于是大批学生冲了进去，满屋子搜索曹汝霖等人，然而什么都没有发现，学生显得很失望，于是有人将室内一些物品捣毁，并放火烧了房子。

大约五时左右，有人在地下室发现了章宗祥和交通部航政司司长丁士源及日本记者中江丑吉。学生们立即一起动手将章宗祥打倒在地。章宗祥顺势躺在地上装死。

大火着起，许多学生感到害怕，于是自动散去，有的回家，有的赶回学校。中江丑吉和一些警察乘机将躺在地上的章宗祥拖到邻近一家杂货店躲避，不料在那里被一些学生认了出来，结果遭到一顿狠揍，还有人将杂货店里的皮蛋摔到他的身上。

这时大批武装警察和宪兵已经赶到，把赵家楼一带围得水泄不通。他们逮捕了近六十位学生带往司令部，其余的一千多名学生跟在后面不肯散，各自承应对这次事件负责，要求入狱。结果全体被关到北京大学第三院（法学院），外面由宪兵和警察严密驻守。

## 蔡元培“引咎请辞”

北京的紧张气氛在上海也有些微感觉，但并没有人预感到会那样严重，更没有人意识到这将是一场改变中国历史进程的大事变。否则，北大教授胡适也不会在4月底离开北京，前往上海。

胡适前往上海是为了欢迎他的恩师杜威教授来华访问讲学。杜威教授此次来华，主要是他的中国弟子蒋梦麟、陶行知、胡适等人发起，并结合蔡元培等人促成的。

1919年3月，正在日本的北京大学社会学教授陶孟和在那里遇见正在东京大学讲学的美国哥伦比亚大学哲学教授杜威，谈话中提及能否到中国访问讲学的事情，杜威对此很有兴趣，他也确实希望有机会访问中国这个神秘的国家。

陶孟和将杜威的这个意思向胡适作了转达，[1]胡适很快与相关单位联系，迅即与陶行知等人相约去信邀请。陶孟和与南京高等师范学校校长郭秉文还专程拜会杜威，当面表达这个愿望，并希望杜威能够将访问时间延长至一年左右。这个建议使杜

[1]《陶履恭教授致胡适之教授函》，《北京大学日刊》1919年3月27日。

威感到非常高兴，他表示如果中国的大学能够与他所服务的哥伦比亚大学协商妥帖，他个人乐于这样做，因为几个星期或几个月的旅行很难看出什么道道，如果能够给他一年时间，他或许能够对“中国问题”有所建言。[1]



杜威访华计划确定后，胡适、陶行知、蒋梦麟等杜门弟子开始忙了起来，他们紧锣密鼓撰写出一批鼓吹杜威教育思想和哲学理念的文章发表，营造气氛，他们决定对杜威的文章、演讲稿的翻译一律使用白话，以尽可能地扩大传播范围。[2]在杜威抵达上海前，仅蒋梦麟一人就在《新教育》杂志一次刊载两篇文章，即《杜威之人生哲学》和《杜威之道德教育》，还撰文介绍《杜威的伦理学》。

4月30日午后，杜威夫妇和他们的女儿一起乘船抵达上海。胡适、蒋梦麟、陶行知等前往码头迎接，然后将他们送到沧州别墅住了下来。此后几天，就由蒋梦麟、胡适等人分别陪同在上海参观游览。

5月2日晚上，胡适与蒋梦麟商量后函请蔡元培商请教育部向哥伦比亚大学发一正式电，希望哥大同意延长杜威在华讲学时间。[3]也是在5月2日晚，胡适在江苏省教育会演讲杜威实验主义哲学旨意，为杜威明天开始的正式演讲预热，以为导言。

5月3日下午二时许，杜威教授在江苏省教育会正式开始他的系列演讲，题目是《平民主义的教育》。江苏省教育会是蒋梦麟此时的工作单位，他又是杜威教授的入室弟子，所以当天的演讲理所当然地由蒋梦麟担任翻译。这个题目在当天的演讲中没有讲完，第二天下午继续进行，依然由蒋梦麟翻译，听者之众，几乎无席可容。至四时许结束。晚间，教育会设宴款待杜威一行，蒋梦麟、胡适都在这次宴席上，他们谈笑风生，意气风发，谁

▲1919年杜威访问中国时合影。排前左起：史量才、杜威夫人、杜威。后排左起：胡适、蒋梦麟、陶行知、张作平

[1]《杜威博士致胡适教授函》，《北京大学日刊》1919年3月28日。

[2]《蒋梦麟致胡适函》，《胡适秘藏书信及函稿》（39），第416页。

[3]《胡适致蔡元培电》，《北京大学日刊》1919年5月8日。

也不知道北京天安门广场、赵家楼和北京大学在5月4日下午所发生的事情。

当时的北京政府仍旧在军人掌握之下，仅有民主政体和议会政治的外表，所以当学生运动起来之后，政府除了镇压之外，似乎也找不到其他办法。

军人政府对5月4日的事情实行严密封锁，尽管北京已经闹得天翻地覆，尽管那么多的学生被关押，但这个重要的消息却被严密控制着。

然而，无论怎样严密的封锁也无法彻底阻止消息的外传，因为这个消息太重大了。有几个学生终于蒙过政府的耳目，透过天津租界的一个外国机构发出一通电报。这份电报成了5月5日上海各报新闻的唯一来源。

5月5日一大早，借住在蒋梦麟家里的胡适刚刚起床正在吃早饭，就听见有人叫门，开开门，进来几位上海记者，他们向胡适、蒋梦麟报告了北京的消息。当天上海各报的首版都用大字标题刊登这条新闻，内容大致如下：

北京学生游行示威反对签订凡尔赛和约。三亲日要员曹汝霖、陆宗舆、章宗祥遭学生围殴。曹汝霖住宅被焚，数千人于大队宪警监视下拘留于北京大学第三院。群众领袖被捕，下落不明。

除此简短新闻外，别无其他报道。

▲五四运动期间军警逮捕学生

这消息震动了整个上海市。当天下午，公共团体如教育会、商会、职业工会等纷纷致电北京政府，要求把曹汝霖、陆宗舆、章宗祥三位大员撤职，同时释放被捕或被扣的学生。第二天一整天，全上海都焦急地等待着政府的答复，但是杳无消息。于是全市学生开始罢课，提出与各团体相同的要求，同时开始进行街头演说。

第二天早晨，各校男女学生成群结队沿着南京路挨户访问，劝告店家罢市。各商店有的出于同情，有的出于惧怕，就把店门关起来了。许多人则仿照左邻右舍的榜样，也纷纷关门歇市。不到一个钟头，南京路上的所有店家全都关上了大门，警察干涉无效。

罢市风潮迅即蔓延开来了，到了中午时，全上海的店都关了门。成千成万的人在街头聚谈观望，交通几乎阻塞。租界巡捕束手无策。男女童子军代替巡捕在街头维持秩序，指挥交通。由剪了短发的女童子军在大街上维持人潮汹涌的秩序，在上海公共租界倒真是一件新鲜的事。中国人和外国人同样觉得奇怪，为什么群众这么乐意接受这些小孩子的指挥，而对巡捕们却大发脾气？

几天之内，罢课成为全国性的风潮。上海附近各城市的商店和商业机构全都关了门。上海是长江流域下游的商业中心，这个大都市的心脏停止跳动以后，附近各城市也就随着瘫痪、停止活动，倒不一定是对学生表示同情。

租界当局听说自来水厂和电灯厂的雇员要参加罢工，大起惊慌。后来经过商会和学生代表的调停，这些人才算被劝住没有罢工。各方压力继续了一个多星期，北京政府终于屈服，曹汝霖、陆宗舆、章宗祥三位大员终于在各方压力下被迫辞职，全体学生均获释放。

在整个事件发生过程中，蒋梦麟与胡适等人似乎都没有多少介入，他们似乎没有预感到这件事情能够在后来发生那么大的作用。5月5日当天，蒋梦麟似乎依然按照原先的安排，陪同杜威夫妇去杭州，应浙江省教育会的邀请去演讲，计划在那里住上四五天。当日抵达杭州后，蒋梦麟陪同杜威夫妇游览了杭州景色。

5月7日，杜威教授在浙江省教育会演讲《平民教育之真谛》。第二天，杜威夫人也在同一地方演讲《女子教育新义》。一切都按照计划进行。5月12日，返回上海的杜威由胡适、蒋梦麟陪同，前往马利南路孙公馆拜访孙中山。孙中山在谈话中介绍了他的“行易知难”哲学及正在撰写的《建国方略》大要。当天晚上，他们共进晚餐，相谈甚欢，似乎也没有人提及北京正在发生的事情。5月18日，杜威一行离开上海前往南京，在南京高等师范学校演讲，那里是陶行知的地盘，因此一切接待，似乎都由陶行知负责。29日，杜威夫妇抵达天津，胡适专程从北京赶来迎接，然后陪同抵达北京。在这长达一个月的时间里，蒋梦麟并没有拿出多少精力过问北京所发生的事情，他根本没有想到北京的事情会和他发生如此紧密的联系。

北京所发生的事情与蒋梦麟发生联系，还是他的恩师蔡元培引起的。

北京大学学生鉴于学生被捕被关押的现实，于游行示威、火烧赵家楼的当天晚上齐集法科大礼堂开会，研讨营救被捕同学的办法。有的说一起去国务院交涉，又有的说去警察厅找警察总监交涉。群情激昂，意见不一。当此时，蔡元培邀同法律专家王宠惠步入会场，他那安静、祥和、从容的态度，使骚动不安、不知所措的学生立刻稳定下来。蔡元培走上讲台对学生说:“你们今天所做的事情我全知道了,我寄以相当的同情。”话未毕,全堂呼声雷动。蔡元培继续说:“现在不是你们学生的问题,是学校的问题;也不只是学校的问题,是国家的问题”;“我是全校之主,我自当尽营救学生之责。关于善后处理也由我办理。我只希望各位听我一句话:从明天起照常上课。”大家一致表示听从,于是学生们就散会了。

那时北京政权的实际权力还在“参战督办”段祺瑞的手里,所以要想使被捕学生尽快获释就必须由段祺瑞点头。蔡元培当晚离开学校后迳赴段祺瑞平日最敬重的老前辈孙宝琦的家中,请求孙宝琦对段祺瑞说明当日学生的举动并无恶意,全出自爱国热忱,因此希望政府能够尽快释放。孙宝琦当时因这件事闹得太大,稍感为难,犹豫彷徨,不肯表态,蔡元培就呆坐在孙家会客室里不肯走,至夜里十二时许,孙宝琦无可奈何,答应明天找段祺瑞试试看,这样,蔡元培方才回家休息。

第二天(5月5日)下午二时许,蔡元培在北大与北京十四所高校校长开会,讨论营救学生的方案,一致认为昨天的事件是多数市民的运动,不可让被拘捕的少数学生负责,若指此次运动为学校运动,亦当由各校校长负责。各校校长表示愿意负责,而蔡元培则坚定地表示由他一人“抵罪”。这就为后来的变故留下了契机。

当天的会议决定成立以蔡元培为首,包括高等师范校长陈宝泉、农专金邦正、工专洪镕、医专汤尔和、中国大学姚憾为代表的校长团,先赴警察厅找警察总监吴炳湘。吴炳湘推说逮捕学生的命令是国务院下的,因此释放学生也非有国务院的命令不可。接着,校长团前往教育部,教育总长傅增湘不在,他们只得再去国务院及总统府,但国务总理钱能训和大总统徐世昌均避而不见。[1]第二天的营救活动就这样结束了。

5月6日上午,蔡元培等十四所高校校长继续在北大开会,讨论营救学生的办法。午后,这十四位校长又一同前往教育部,教育总长傅增湘答应向钱能训商洽。晚间,蔡元培又率校长团前往警察厅,与警察总监吴炳湘争辩甚久。当时,全国各界纷纷来电,强烈要求释放被捕学生,一些社会名流,国民外交协会的汪大燮、林长民、王宠惠等也具呈保释。而且,明天就是“五七国耻纪念日”,北京学生及社会各界都正在酝酿筹备召开更大规模的国民大会,北京政府为避免酿成激变,由吴炳湘提出保释学生的两个条件:

一、明日不准学生参加国民大会;

二、各校学生明日一律上课。

---

[1]《民国日报》1919年5月8日。

对于警方的这两个条件，蔡元培和各校校长当即答应，目的是希望被捕学生尽快获得自由。[1]然而那些没有被捕的学生为了营救自己的同学，在5月5日就通过了一个罢课决议，所以当蔡元培等校长从警察厅出来，就直奔北大校长室，将那些学生领袖罗家伦、方豪等四五个人找来，介绍校长们与警方达成的谅解，表示只要明天全体复课，警察厅明天就可以放人。这些学生领袖闻言也表示为难，理由也很简单，就是昨天刚刚决议罢课，明天便复课，恐怕很难做到。罗家伦说：现在如果尽让同学们关在里面，也不是个事情。况且这一次游行活动，我们学生中也有放火及殴伤等重大情节。表示明天复课的事情可以再商量。不过，罗家伦担心的是，假如学生们明天复课，警察厅不放人，怎么办？对此疑问，蔡元培等校长严肃地表示："我们可以用生命人格为担保，而且吴炳湘也曾发誓过：'如果复课而不放学生，我吴炳湘便是你们终身的儿子'。"有了这些情节，罗家伦等学生领袖当夜就分成五个小组，分别去通知全体学生，所以第二天北京各大学均先后复课，为五四善后和解提供了比较好的环境。[2]

学生复课的承诺给了警方足够的面子，5月7日上午，北京各高校各备汽车前往警察厅，迎接被捕获释的同学。十时许，这些学生一起到达北大，然后各自回归各自学校。蔡元培和北大全体师生齐集红楼文科门外，列队欢迎。大家见面，格外激动，许多人哭泣不已。过了些时候，待各校同学离开，师生情绪平缓后，蔡元培方召集北大同学到操场训话。蔡元培说：诸君今天于身体上、精神上必然有些困乏，自然当略为休息，况且今天又是国耻纪念日，何必就匆匆上课呢？诸君或者疑我不谅人情，实则此次举动，我居间有无数的苦衷，所以不得不望诸君稍为原谅，坚持上课，自己略微受些委屈，并且希望诸君以后遇事能够坚持冷静的态度。[3]蔡元培的训话显得非常伤感，似乎有告别之意，只是学生当时没有感觉到而已。

被捕的学生被释放了，学生们也重新走进教室了，蔡元培觉得自己的责任也尽到了，于是他在5月8日向大总统徐世昌、教育总长傅增湘递送了辞呈，表示：

> 元培自任国立北京大学校长以来，奉职无状，久思引退。适近日本校全体学生又以爱国热诚，激而为骚扰之举动，约束无方，本当即行辞职，徒以少数学生被拘警署，其他学生不忍以全体之咎归诸少数，终日皇皇，不能上课，本校秩序，极难维持，不欲轻卸责任，重滋罪戾。今被拘各生业已保释，全体学生均照常上课，兹事业已告一段落。

[1]《民国日报》1919年5月11日。

[2] 罗家伦口述：《蔡元培时代的北京大学与五四运动》，《传记文学》1989（5）。

[3]《民国日报》1919年5月10日。

元培若再尸位本校，不特内疚无穷，亦大有累于大总统暨教育总长知人之明。谨竭诚呈请辞职，并已即日离校。一切校务，暂请温宗禹学长代行。敬请大总统简任贤者，刻期接任，实为公便。[1]

## “挽蔡风波”

蔡元培辞职有着复杂的背景和原因，并不像他在辞职信中所说的那样简单。

从学生一方面说，各地学生既然得到全国人民的同情与支持，不免因这次胜利而骄矜自喜。各学校与政府从此不会再有安宁之日，似乎不难预见。北京学生获得这次胜利以后，继续煽动群众，攻击政府的腐败以及他们认为束缚青年思想的旧传统。学生们因为得到全国舆论的支持，已经战胜了政府。参加游行示威，反对签订凡尔赛和约，是每一个中国人都愿意做的事。学生们因为有较好的组织，比较敢言，比较冲动，顾虑比较少，所以打了头阵，并且因此拨动了全国人民的心弦。曹汝霖、陆宗舆、章宗祥三位亲日官员辞职，被捕学生释放，上海和其他各地的全面罢课罢市风潮歇止以后，大家都以为五四事件就此结束，至少暂时如此。但是北京大学本身却成了问题。处于北大校长位置上的蔡元培恐怕比谁都清楚地意识到这一点，他不辞职可能会被免职，与其受辱不如先炒大总统和教育总长的鱿鱼，化被动为主动。

事实上，还在五四游行示威、火烧赵家楼的当天晚上，北京政府国务总理钱能训便召集内阁紧急会议，许多阁员纷纷攻击北大和蔡元培，教育总长傅增湘为蔡元培略作解释，迅即遭到钱能训的斥责：你说蔡元培的校长位置不能动摇，那么我问你，如果蔡元培不幸而死，你又如何？钱能训不惜屈格以如此恶毒的语言攻击北大和蔡元培，可见政府对当天事件的恼怒。

在政府倾向如此明显条件下，官方舆论对北大和蔡元培明显不利。有的建议解散北京大学，有的建议撤免蔡元培的校长，还有人不断扬言要焚烧北大校舍，杀死北大学生，甚至有人扬言准备以三百万元买凶刺杀蔡元培。鉴于蔡元培在当时学界、政界的地位，这种种传言、动议自然不难传到他的耳朵里。

蔡元培在游行示威、火烧赵家楼的当天就已知道，根据政府方面的观察，此次事件虽然有十三所高校参加，而主动者为北京大学学生；而北京大学学生之举动，悉由校长暗中指挥，故5月4日一系列事件的责任全在蔡元培。[2]这是一个合乎逻辑的推

[1]《北京大学日刊》1919年5月17日。

[2]《由天津车站南下时的谈话》，《蔡元培全集》(3)，第296页。

理。蔡元培是政府任命的大学校长，代表政府管理大学，却容忍甚至推动学生闹事，向政府施压。假如这些推理都能成立，那么蔡元培不去，难犹未已。政府诸公意识到这一点，蔡元培本人也看得非常清楚。蔡元培的处境和结局也不难预测。

蔡元培是一个敢作敢当的人，责任感、道义心，在使他不能萎缩不前，不能那样不负责任的一走了之。他明知自己和他所领导的北京大学处于敌对势力的严重包围和威胁之中，并且清楚地知道自己也不可能继续留任，但是为了营救被捕学生，为了给全体师生一个交代，他仍然以镇定的态度对关爱着他的朋友们表示，北京大学校长职务他肯定会辞去，但是必须等那些被捕学生安全归来。至于人身安全，蔡元培更是镇静以待，表示如果真的危及身体而保全了大学，那么亦无所不可。[1]

被捕学生获释当天，也就是学生全体复课的5月8日，谁都感觉游行示威、火烧赵家楼的事情应该告一段落了，然而政府却难以咽下这口气，准备在这一天连发三道命令：

> 一、查办北大校长；
> 二、整顿学风；
> 三、由警厅将已释放的学生送交法庭惩办。

查办北京大学校长蔡元培的命令据说因傅增湘拒绝而未能发出，另外两道命令则由各报发表，并已内定由安徽孔教会会长马其昶接替蔡元培出任北大校长，而马其昶的政治观点文化观点都与新文化运动相左。

政府内定的情况甚至讨论过程，蔡元培8日午后即由一平日甚有交谊且与政府接近之人告知。蔡元培知道这些情况后，并没有慌张失措，他以为，现在学生既然已经获释，此时自己如果再不辞职，倘若政府真的迫不及待，先下一道命令免去他的北京大学校长，那么一人之不体面犹为小事，而学生恐不免因此引起另一场骚动，尤其是他担心学生会因他的离职而发动拒绝马其昶的运动。基于这种判断，蔡元培不愿为难政府，更不愿连累学生，当即决定自行辞职。[2]他认为，如此一面保全学生，一面又不令政府为难。始可以保全大学，在他亦可谓心安理得。[3]

蔡元培在5月8日晚间决定辞职，还有另外一个解释，即有告诉他政府决策内幕，特别是有关将不利于他的传闻后，蔡元培并没有害怕，以为这种说词不过是反对派

---

[1]《民国日报》1919年5月12日。

[2] 张国焘：《我的回忆》，现代史料编刊社1989年版，第55页。

[3]《蔡元培辞去校长之真因》，《晨报》1919年5月13日。

的恐吓之辞而已，完全可以置之不理。但是有人告诉他：不然。君不去将大不利于学生。因为在政府方面以为君已去，则学生无能为力，故此时以去君为第一义。君不闻此案已送检察厅，明日即将传讯乎？彼等决定，如君不去，则将严办此等学生，以陷君于极痛心之境，终不能不去。如君早去，则彼等料学生当无能为，将表示宽大之意敷衍之，或者不复追究。这也是导致蔡元培匆忙辞职的背景和原因之一。[1]

5月8日晚，蔡元培托人将早已准备好的辞职呈文分头送出，请求自动解除北京大学校长的职务，然后不辞而别，携北大总务处职员段子均于9日晨五时三十分悄然离京，至天津，寓新旅社楼房四十一号。

临行前，蔡元培还留下一则令人困惑不解一直无法获知谜底的启事：

> 我倦矣！“杀君马者道旁儿。”“民亦劳止，汔可小休。”我欲小休矣！北京大学校长之职已正式辞去，其他向有关系之各学校、各集会，自5月9日起一切脱离关系。特此声明，惟知我者谅之。[2]

蔡元培这个启事在北大师生中引起了极大震动。特别是由于这个声明所使用的典故极易引起人们的误会，尤其是“杀君马者道旁儿”一语，许多人不理解，有人甚至曲解为“君”者指政府，“马”者为曹汝霖、章宗祥，“道旁儿”指北京各校学生。北大教授程演生引《风俗通》中“长吏马肥，观者快之，乘者喜其言，驰驱不已，至于死”等语，说明蔡元培用此语，“谓己所处之地位，设不即此审备所在，徒循他人之观快，恐将溺身于害”。还有的人曲解蔡元培以隐晦曲折的“道旁儿”典故指责北京各校学生误事。

为平息这一典故所引起的纠纷，蔡元培于途中专门致函北大学生进行解释，他表示自己深信北大同学及北京各高校学生5月4日的举动，纯粹出于爱国热忱，并无他意。我蔡元培个人也是国民一分子，岂有不满意于诸君之理？惟在官言官，在商言商，在校言校，我个人作为国立大学校长，理所当然必须在事件平息后引咎辞职。这是从职责所在，道义担当方面着眼，我的唯一选择。我之所以不在事件发生的第二天即5日提出辞呈者，主要是因为还有少数学生被拘警署，不得不立于校长之地位，以为之尽力。待政府诸公如教育总长傅增湘、警察总监吴炳湘等主持及他校校长援助，被拘诸生均经保释。我蔡元培个人所能尽之责止于此。如不辞，更待何时？至一面提出辞呈，一面出京，且不以行踪告人者，所以避挽留之虚套，而促继任者之早于发表，别无他

---

[1]《由天津车站南下时的谈话》，《蔡元培全集》(3)，第297页。

[2]《蔡元培启事》，《北京大学日刊》1919年5月10日。

意。[1]至于“道旁儿”的真实含义和他的心迹，他在多少年之后依然纠结在心，表示自己之所以坚定辞职，实为平日苦于应接不暇之烦忙，而亟思休息。这个解释虽然没有说清“道旁儿”的真实含义，但至少说明他对这件事情还是很在意。



其实，不论是蔡元培，还是知识界，对5月4日政治运动所可能产生的后遗症，都有比较清醒的认识。只是有的人说出来，有的人没有说出来而已。按照蒋梦麟的说法，5月4日的政治运动其实是一场很不幸的运动，知识界尤其是学生被这个轻而易举的胜利弄得迷失了方向，以为此后的政治主动权一定都会在学生手里，动辄就要运用手中的权利，游行、示威、抗议，简直成了当时的家常便饭。北京大学的纪律、秩序，可以预见此后将不易维持，因为学生们很可能因为胜利而陶醉。他们既然尝到权利的滋味，以后他们的欲望恐怕难以满足了。在这种情况下，如果说蔡元培对学生没有一点怨言，恐怕也不合乎实际。

当然，问题还有另外一层。在5月4日政治运动发生的背后，也确实有蔡元培的力量和影响，他确实在此事件发生前曾希望而且暗示过学生这样做。现在结果出来了，蔡元培当然应该承担自己的那份责任。

蔡元培悄然抵达天津后，第二天迁至法租界大来泰二十一号。在那里寓居数日，静观北京政局变化，然后转道赴杭州，寓居从弟国亲家，后又借寓西湖杨庄。临湖依山，环境非常优美。他此时似乎真的期待像传统社会文人雅士那样，就此退隐江湖，息影山林，在读书之暇，徜徉湖山，了此一生。无奈北大纠纷未已，代表叠来，函电纷至，非迫使蔡元培回京复职不可。

蔡元培是当时国内极负盛名的大教育家，他的不辞而别立即引起广泛反响。当天，北京大学即召集各校代表进行紧急磋商，决定以北京大学全体学生的名义呈请北京政府挽留蔡元培：

窃此次学生行动纯出至诚，乃本校校长过自引咎，呈请辞职，并已离校赴津。生等闻知，不胜惶恐，谨于本日决议全体停课待罪，无论何种谴责甘受无辞。若令校长得留，则生等虽去校之日，犹怀补过之思，否则非微贻教育前途以莫大之危险，且恐激起全国舆论之非难。伏乞万毋允准辞职，以维学务而平舆情。[2]

对于北大学生的要求，教育部在第二天（5月10日）给予不太积极的回应，表示此次蔡元培辞职出京，教育部获悉消息后已去电并派员挽留，但话题一转，严厉要求北大学生“务当照常上课”。这自然使北大学生略感不快。

[1]《告北大同学诸君》，《蔡元培全集》(3)，第296页。

[2]《近代史资料》1955(2)。

北大全体学生除向教育部请愿外，也于10日派出代表赶往天津挽留蔡元培，复致电上海唐绍仪，谓蔡元培校长因受外界胁迫，辞职他去，请唐绍仪一致挽留。又致电上海《时报》转各报、各省教育会、各团体，揭露政府当局迫使蔡元培出走的真实原因，表示蔡元培辞职离京后，群情惶惑，恐酿大变。

对于北大学生的举动，北大教授和北京各大学师生乃至北京社会各界都给予充分同情和支持。10日，北京中等以上学校学生联合会决定各校推派代表一人同至天津挽留蔡元培，并联合上书教育部，呼吁教育部接受北大学生的要求，表示此次学生行动，纯属全体公意，与各校校长绝不相关，尤非北京大学校长一人所能够代任其咎。且蔡元培校长德高望重，海内宗风，自其入长大学，招致贤哲，成绩斐然，不特亲立门墙者咸受熏陶，即其他学校学子亦得常亲教泽，全国舆论尤极推崇。万望教育部俯顺众情，对于蔡元培校长的辞职请求，不要批准，并迅速明令切实慰留，保此教育一线之曙光，即培国家后日之元气。我们完全可以承认这里所说的都是北京各校学生真情实感的流露，但是这样推崇蔡元培，这样强调蔡元培个人在教育界的作用，实际上是置教育部诸公非常难看非常尴尬的境地。教育部诸公在郁闷心情支配下，怎能真诚出面挽留蔡元培呢？

社会各界的同情与支持无疑激励北大师生的抗争勇气，10日下午一时许，由北大全体教职员推举出来的代表马叙伦、马寅初、李大钊、康宝忠、徐宝璜、王星拱、沈士远等一起前往教育部，谒见教育总长傅增湘，请其设法挽留蔡元培。傅增湘明确表示，他个人是诚恳挽留蔡元培。代表们复问大总统徐世昌和总理钱能训的意见，傅增湘默然有间，表示总统、总理的意见，他个人并不深知，因此不便代为回答。言下之意是告诉各代表，问题的关键不在教育部，而在总统府和国务院。

与北大教职员代表往访傅增湘同时，北京各高等学校中有十二所学校的教职员也在北大召开联合会议，讨论挽留蔡元培的问题。他们一致认为能否挽留蔡元培已经不是蔡个人问题，也不是北大一校的问题，而是关系到教育及外交前途的大问题，所以他们决定上书政府，务请挽留。第二天继续开会，然后由各校校长、教职员在所起草的呈文上签字，并亲赴政府呈递。[1]他们甚至通过各种方式向外界散布消息，表示如果蔡元培不留任，北大教职员甚至整个北京各高等学校都有可能联合起来进行抗争，最激烈的手段甚至有可能一致总辞职。蔡元培原本担心他的辞职会引发北大拒绝马其昶的风波，不料拒马风波还没有出现，就先发生了挽留蔡元培的大风波。

---

[1]《晨报》1919年5月11日。

这自然使政府诸公非常恼怒。

对于北大师生、北京各大学教职员挽留蔡元培的请求，北京政府起先毫无表示。这自然引起社会各界严重不满，更引起有意利用此次事件而达到倒阁或其他政治目的的派别、政党或个人的兴趣。5月9日，护法国会参议院议长林森自广州致电蔡元培，表示学生为收回国土，愤激击贼，北京政府逮捕多人，实在是太过分。“公愿以身代，仁者用心，令人感泣。讨贼得罪，是非倒置，何以立国？”这就将原本只属于法律和行政问题上升到政治层面的问题。

对于北京及全国各地的反应，“躲在”天津的蔡元培也不是一点不知道，但他可能根本想不到这件事情会越闹越大，所以他在以谈话方式表达自己辞职的原因后，并没有提出缓解时局紧张的方案。而在北京，教育总长傅增湘因对蔡元培深表同情和挽留，不同意那么严厉镇压学生娃，反而遭到安福系的责难，无奈中，傅增湘仿蔡元培的先例，于11日离部出走，由次长袁希涛暂时代行部务。

袁希涛字观澜，江苏宝山人，是地方成长起来的教育家，晚清时担任江苏学务处议绅，辛亥革命后与黄炎培一起参与江苏省教育设施事宜。后应蔡元培之邀，任职教育部。与蔡元培、黄炎培、蒋梦麟都是多年老朋友，有交情有感情。所以在他代理部务之后第二天（12日），情况就发生了变化，他致电上海江苏省教育会副会长沈恩孚（信卿），表示蔡元培校长9日辞职离京出走，各校员生，纷纷请留，情势急切，教育部已派佥事沈彭年前往上海当面挽留。我袁希涛个人昨天也亲谒总理钱能训，又谒大总统徐世昌，他们均嘱教育部迅速设法挽留蔡校长。他请沈恩孚一旦在上海见到蔡元培，务请先转达总统、总理及教育部挽留之意，并请沈恩孚将这个意思转达给以蔡元培关系甚好的张元济、蒋梦麟两先生。[1]至此，蒋梦麟正式介入由5月4日学生游行示威、火烧赵家楼所引起的风波。

13日，北京各校教职员联合会派出九名代表到总统府请愿。其他各高等学校校长也相率辞职，以示声援。同日晚九时，北京大学评议会和教授也举行联合会议，一致决议请蔡元培回校，并称以维持大学为挽回校长之唯一方法。蔡校长未返校就职之前，本校教职员及学生全体当竭力维持蔡校长年来所苦心经营之大学。奔走进行一方面，已由干事会担任。校中行政及教务、庶务各方面，应由评议会及教授会各举出委员三人襄同蔡校长所委托之温学长代行主持。[2]

北京教育界的局势令人焦虑，而蔡元培的消息几乎完全中断，上海方面的沈恩孚

[1]《五四爱国运动档案资料》，中国社会科学出版社1980年版，第235页。

[2]《评议会教授会联合会布告》，《北京大学日刊》1919年5月15日。

也没有及时回复，或许是沈恩孚还没有见到蔡元培，或许是见到了而没有结果。总之当袁希涛尚未收到沈恩孚回复的时候，他于13日又致电沈恩孚，倾诉现在的难处。他表示，北京直辖各校校长继续辞职，因为挽留蔡元培的事情尚没有结果，他们就不愿答应回校任事。现在各校学生代表每天开会，似乎也在酝酿更多的事情，现状如此，深以多延时日，无法维持为虑。[1]由此可以感觉到政府对学生运动特别是教职员的动向感到有点担心，担心失控，所以政府在挽留蔡元培的问题上开始转向。第二天(14日)，大总统徐世昌公开发布挽留蔡元培的指令：

该校长殚心教育，任职有年。值兹整饬学风，妥筹善后，该校长职责所在，亟待认真擘理，挽济艰难。所请解职之处，着无庸议。

大总统既然出面挽留蔡元培，那么当然也应该保证大总统不能太没有面子，何况此次挽留蔡元培并不是政府高层一致，徐世昌挽留蔡元培或许是真诚的，但毕竟段祺瑞并不赞成这种做法。所以袁希涛在徐世昌发布挽留指令的第二天(15日)，又密电上海黄炎培，请黄炎培无论如何也要劝说蔡元培接受政府的挽留，不要再节外生枝，以为反对者提供借口：

政府留蔡指令已发表。直辖各校长亦多允仍任职。蔡公已否过沪？倘对于挽留一节，遽仍表示决绝，则风潮难息，牵连教育大局，深可危虑。[2]

袁希涛的担心并不过分，不仅北京直辖各校骚动不安，人心惶惶，而且天津、上海学界、商界似乎也将卷入这场冲突。5月15日，上海学生联合会发表宣言，强烈要求政府维持蔡校长和大学尊严，以为蔡校长文章道德，中外推崇，自长北大以来，全国学界，始有发皇振厉之气。乃一二玩冥奸佞之徒，竟不容思想界有一线生机，竟不容世界潮流有一分输入。“夫蔡先生去，则大学虽存犹死，大学死，则从此中国之学术界，尽入一二有权威者掌握之中，而学界前途遂堕于万劫不复之境。岂惟蔡先生一人，北京大学一校之关系，中华将来之文明，实将于此决其运命。”[3]宣言甚至表示：“政府不维持蔡校长地位与大学尊严，一星期后将以最后法对付。”[4]蔡元培一人之去留关系中华民族生死存亡，或许太过，但此事如果不能获得很好解决，则是必然导致一系列的混乱则是事实。

[1]《五四爱国运动档案资料》，第235页。
[2]《五四爱国运动档案资料》，第236页。
[3]《民国日报》1919年5月15日。
[4]《黄炎培日记》(2)，第62页。

教育部或者说袁希涛挽留蔡元培、化解僵局的用意肯定是真诚的，这份真诚也感动了北京教育界的领袖。5月16日，北京国立各高校校长陈宝泉、洪镕、金邦正、汤尔和等人联名致电蔡元培：

公去留关系极大，万勿坚辞，为吾道留一生机。泉等现以时局艰难，暂出维持现状，仍视公为去留。[1]

这份电报表达了这样几层意思：一是他们现在之所以出来协助政府维持各校，这是责任所系，并不是与蔡元培的选择有了不一样；二是希望蔡元培不要把门关得太死，面子固然重要，但是也要适度，不要因一人之选择影响教育界的整体利益。

大总统徐世昌已经发布了挽留指令，教育部已经派员当面挽留，代理部务的袁希涛更是三番五次通过私人关系表达善意，但是蔡元培依然不为所动。从他个人尊严、大学尊严的立场看，他现在当然还不好竟自回去复职，因为在他感到政府的挽留带有某种程度的勉强或不情愿，而他现在真的回校复职很可能使北大师生乃至全国师生大失所望，因为教育界与政治界的纠纷由来已久，政治界对教育界的干预日甚一日，所以蔡元培这次大概有点得理不让人了，他似乎真的希望以自己的牺牲为教育独立教育自主能够赢得更大的空间，所以他在各方挽留声中毅然决然于5月16日午前十一时三十分自天津登上津浦车南下，翌日夜抵上海，寓法租界天主堂密采里旅馆。[2]

蔡元培的坚持使事情没有转好的迹象。16日，北京各高校教职员联合会推举代表前往教育部拜见次长袁希涛，商酌与教育部所派南下挽留蔡元培的代表一起出发。在北京大学内一贯反对新文化运动，自称与蔡元培“志不同道不合”的黄侃教授，竟然也因蔡元培的辞职而表示要离开，他的理由是：“环顾中国，除蔡元培，亦无能用余之人”，既然蔡元培不愿回来，我黄侃也就不必待在这里了。[3]

蔡元培能否复职成为时局好转的关键，在这种情况下，北京各校特派出学生代表十七人前往天津查找蔡元培的踪迹，各处探询，不得要领。于是又推出总代表八人，会同天津各校代表二人联合南下，于16日抵达上海，准备当面劝说、哀求蔡元培返回北大。可是他们到了上海根本摸不着门道，于是在上海各报刊登广告，公开查访蔡元培的踪迹。[4]

[1]《五四爱国运动档案资料》，第236页。

[2]《蔡元培年谱长编》中，第208页。

[3]《时报》1919年5月16日。

[4]《时报》1919年5月17日。

政府代表、学生代表寻找蔡元培的消息都是公开的,蔡元培当然都知道,他似乎也觉得这样僵持不是办法,至少不能将事情的焦点只集中在他一人身上。5月18日上午,他找来蒋梦麟、黄炎培、沈恩孚、赵厚生等人商量,最后决定给大总统徐世昌、总理钱能训、教育总长傅增湘发一电:

奉大总统指令慰留,不胜愧悚。学生举动,逾越常轨,元培当任其咎。政府果曲谅学生爱国愚诚,宽其既往,以慰舆情;元培亦何敢不勉任维持,共图补救?谨陈下悃,伫候明示。

这封电报应该就是蔡元培与他的友人18日拟定的,因为从口气上看,似乎是蔡元培自从北京"蒸发"后第一次与外界联系,这在国务院、教育部的两份复电中也可感觉到的。

国务院电报说:

> 来电诵悉。我公慨任维持,热诚至佩。群望所属,同跂德音。此次学生举动,逾越常轨,深堪惋惜。政府办理此事,本属持平,外间谣传,并非事实。前车来轸,群论纷庞。伫盼行旌,迅资整理。院号印。

教育部电报说:

> 来电敬悉。倾谒首揆,述及学生前事,政府并无苛责之意,深望我公早日回京,主持校务,以慰众望,曷胜盼祷。希涛号印。[1]

如果从双方此次通电大致情况看,在双方承认学生举动"逾越常轨"的前提下,似乎有了转机,问题应该很快解决,蔡元培也应该很快返回北京,返回北大。那几天与蔡元培有着密切接触的蒋梦麟曾于5月22日以黄炎培联名致函胡适,表示蔡元培已就回校任职事作出决定,此事若不另生枝节,北京大学可望恢复原状。这是从积极方面着眼。不过,蒋梦麟在这封信中也讲到一些情况值得注意:一、南方人士,大概也就是黄炎培、蒋梦麟这些教育界人士也考虑北京大学解散的可能性,如果北京大学不幸被政府解散,首先要面对的第一个难题就是杜威一年讲学如何继续进行,因为在此之前经蔡元培以北大校长的身份联系,哥伦比亚大学已经同意给假,假如北大真的散了,杜威在北大讲学的可能性就不存在了。为了解决这个问题,上海同仁已有心理准备,表示一旦北大解散成事实,当由上海集资礼聘。二、黄炎培、蒋梦麟表示,同仁

[1]《北京大学日刊》1919年5月23日。

所最希望者，为北京大学不解散，蔡元培复职，南方同仁当竭全力办南京大学，有蔡元培在北京帮忙，事较易。办成后渐将北京新派学者转移到南方，将北京大学留给旧派，任他们去讲老话，十年二十年后大家比比优劣。这大概是蒋梦麟的想法，而黄炎培则不愿意将北京大学拱手相让，表示“北方亦要占据，且逆料旧派无组织之能力。”看过此信稿的沈恩孚也认为，“此时未打败仗，万无退回老巢之理。”由此可见南方教育界比较一致地将北大因5月4日事件引发的学潮看作是一场新旧两派的冲突。三、蒋梦麟信中表示，如果北京大学万一不幸散了，那么教育界同仁当在南方组织机关，办编译局及大学一二年级，卷土重来。总之，蒋梦麟、黄炎培在此次事件中所领悟的经验和教训竟然是：南方大学必须组织，以为后来之大本营，因将来北京还有风潮，人人知之。所以他们竭力劝说胡适等北方教育界人士：“万勿抱消极主义，全国人心正在此时复活，后来希望正大也。”[1]不管蒋梦麟、黄炎培等南方人士如何设计，但从这封信中可以感觉到蔡元培在南方教育界人士的劝说下，似乎已下定决心准备返回北大复职。

然而到了5月26日，在上海、杭州往返观察时局的蔡元培竟突然决定不回北大了：

> 北京国务总理、教育总长钧鉴：
>
> 号电敬悉。卧病故乡，未能北上。元培。宥。[2]

蔡元培为什么在先前已答应复职后，这样突然反悔拒绝呢？一个重要的理由是他通过这些天的观察和思考，觉得北京政府对他的慰留并无诚意。而这些观察与思考，其实也是他周围那帮朋友的观察与思考。这在蒋梦麟5月24日致胡适的信中就有些微痕迹，蒋梦麟一方面劝胡适等北方教育界同仁委曲求全，尽量保全北京大学，另一方面却又怀疑北京大学很可能最终保不住，他一再告诫胡适注意这一点，“如你看来大学有不能保存之势，也要早些写信给我。我们可以早些儿预备你们来上海。”[3]这后一点怀疑肯定深深影响了蔡元培，使蔡元培觉得既然政府可能在他回北大复职后依然会撤销北大，那么他何必再回去第二次受辱呢？

或许蔡元培的敏感是对的，北京政府在外界压力下是表示过挽留蔡元培的意思，教育部代理部务的次长袁希涛也应该是出于真诚，但是政府政治高层鉴于学潮不断，罢课不断，游行不断的事实，也想来个根本解决，与其迁就外界压力召回蔡元

[1]《黄炎培、蒋梦麟致胡适》，《胡适往来书信选》上，中华书局1979年版，第47页。

[2]《晨报》1919年5月28日。

[3] 蒋梦麟致胡适函，《胡适秘藏书信及函稿》(39)，第419页。

培，北京教育界乃至全国教育界继续不得安宁，不如长痛不如短痛，快刀斩乱麻，准蔡元培辞职，另找听话的大学校长，示范天下，稳定政治秩序。蔡元培的开明民主，兼容并包、思想自由等主张，在政府高层看来，就是一切不安宁的根源。政府执意去蔡是基于这一点，而学术界、教育界执意要求政府挽留蔡元培，实际上也是基于这一点。这一微妙的心理较劲，在当时许多人都看到了。6月3日，蔡元培收到汤尔和的来信，汤尔和就不主张蔡元培北上复职，他理由是："来而不了，有损于公；来而即了，更增世忌。"[1]与其两面不讨好，不如暂时退隐。

为了向政府施加压力，北京、上海学界在教育界大佬的把握下，有节制的进行罢课、游行示威，甚至有节制地动员市民参加。5月19日，北京各校学生罢课；26日，上海各校学生跟着罢课，人数达2万多人。他们发表宣言，要求政府维持北大校长蔡元培的职位及大学的尊严。这些活动的背后，都有人主持或操刀，有人把握着火候。在上海，幕后重要人物其实就是蒋梦麟、黄炎培等南方教育界大佬。蒋梦麟在5月26日当天写给胡适的信中，就非常得意地透露出这一点，表示当天的罢课，"弟等已将舵把住，不至闹到无意识。"这样一来，五四前后的所谓"学生运动"，其实幕后都有"黑手"在"运动学生"。

▲1919年5月26日上海学生总罢课

蔡元培不愿复职的消息传到北京后，又引起一轮新的抗议。6月2日，北大学生张国焘等人在市区讲演时被警察逮捕。第二天，北京各校学生游行示威，北京政府出动警察进行镇压，又有四百余人被逮捕。6月4日，军警又拘捕学生七百余人。北京大学成了一个庞大的"临时监狱"。6月5日，北京学生五千余人向警察厅自请入狱，北京教育界处于一片混乱之中。学潮还引发了社会混乱，这一天，上海市民开始罢市，标志着学潮有向社会蔓延的趋势。

北京政府在蔡元培请辞后曾任命马其昶为北京大学校长，但这一计划在北大

[1]《蔡元培年谱长编》中，第212页。

师生的反对下并没有实现。现在蔡元培依然不愿返校复职，其实政府也确实不想让他复职了，于是蔡元培不愿复职的声明实际上也给政府打开僵局提供了一个重要的口实。6月5日，北京政府内阁会议决定准蔡元培辞去北京大学校长职务，以胡仁源继任。翌日，徐世昌照此发布大总统令。[1]胡仁源如果能够顺利接下北京大学这个摊子，北京乃至全国的学潮可望很快结束。

胡仁源曾为南洋公学特班生，与蔡元培有师生之谊，按照蔡元培的印象和评估，胡仁源富于哲学思想，文笔工雅，蔡元培爱才心切，当然也比较器重。胡仁源后来留学英国，习工科，这在蔡元培看来也是一大优点，以为以性近文哲的学生肯习工艺，尤为难得。回国后入北大，1916年任北大工科学长，并代理校长。蔡元培主持北大后，仍请胡仁源任工科学长，而胡仁源不愿，遂改聘他人。以曾经代理校长的人来接替蔡元培，资格恰好。但政府内外推戴胡仁源的人，似乎手段太不高明。他们一方面运动少数北大学生欢迎胡仁源，一方又发表所谓"燃犀录"，捏造故事，丑诋蔡元培及沈尹默、理科学长夏元瑮等人，于是激起大多数北大学生的公愤，公言拒胡，并查明少数迎胡之同学而制裁之。[2]

6月6日晚，北大学生举行全体大会，就政府任命胡仁源为校长事通过两项决议：

一、举代表谒见胡仁源，警劝其万勿来校；

二、上书总统，请收回成命。

北大全体学生在上总统府呈文中以为大总统任命胡仁源为校长不合乎情理，因为蔡校长第二次来电，只说卧病故乡，未能北上，并没有说坚决不北上。蔡校长既然没有再次辞职，政府亦没有罢免明文，那么突然任命胡仁源，不仅不合乎情理，而且也没有依据。现在这样突然任命，显然是想拒绝蔡校长北上复职。这是从期待蔡元培回校复职的立场上说的。

从胡仁源情况看，学生们在呈文中表示其学问信望，均不足为大学校长。学生为自身学问计，为教育前途、国家前途计，决不敢妄从明令，听其蠡贼大学，戕害国本。

北大学生的要求依然是：拒胡迎蔡。

第二天（6月7日）下午一时许，北大教职员也召开全体紧急大会，到者二百余人，一致决议不承认胡仁源为北大校长，继续坚持要求政府催蔡元培返校复职。[3]同一天，全国学生联合会筹备处也公开致电总统府、国务院、教育部，坚决拒绝胡仁源出

[1]《顺天时报》1919年6月6日。

[2]《自写年谱》，《蔡元培全集》（3），第299页。

[3]《晨报》1919年6月8日。

任北大校长，继续坚持挽留蔡元培。[1]

11日，北大教职员集会声明，北大校长除了蔡元培之外，"绝不承认第二人"。北京中等以上学校教职员联合会也向大总统徐世昌、总理钱能训递交呈文，反对任命胡仁源为北大校长，请求政府继续挽留蔡元培。该会还致信胡仁源，警告胡仁源不要贸然就职，因为时局的关键主要是恢复教育原状，而恢复教育原状的关键就是各校校长一律复职，而各校校长一律复职的关键又是蔡校长能否复职。[2]12日，全国和平联合会也致电总统府、国务院、教育部，表达类似看法，请求政府平息此次风潮，出以诚意，似当坚持到底，挽留蔡元培，不应另委他员，致发生种种误会，而使教育前途陷于危险。[3]

很显然，教育界挽留蔡元培大致是真诚的，政府中的一些人挽留他也是真诚的，但政府中还有一些人比如当时可以公开认定的那些安福系的人就不一样了，他们不仅不愿意挽留蔡元培，而且坚决主张罢免他甚至追究他的责任。现在政府内一再出台后来被认为是"馊主意"的换人方案，在很大程度上说明了安福系的心迹。鉴于此种状况，蔡元培太清楚不过地知道自己应该如何做，为了自己的羽毛，更为了北大的未来，为了北大不至在僵局被撤销，蔡元培于6月15日再发宣言，重申不肯再任北大校长的决心：

一、我绝对不能再作那政府任命的校长：为了北京大学校长是简任职，是半官僚性质，便生出许多官僚的关系，哪里压呈，哪里用咨，天天有一大堆无聊的公牍。要是稍微破点例，就要呈请教育部，候他批准。什么大学文理科叫作本科的问题，文理合办的问题，选科制的问题，甚而小到法科暂行学长的问题，附设中学的问题，都要经那拘文牵义的部员来斟酌。甚而部里还常常派了什么一知半解的部员来视察，他报告了，还要发几个训令来训饬几句。我是个痛恨官僚的人，能甘心仰这些官僚的鼻息吗？我将进北京大学的时候，没有想到这一层，所以两年有半，天天受这个痛苦。现在苦痛受足了，好容易脱离了，难道还肯投入去吗？

二、我绝对不能再作不自由的大学校长：思想自由，是世界大学的通例。德意志帝政时代，是世界著名开明专制帝国，他的大学何等自由？那美法等国更不必说了。北京大学向来受旧思想的拘束，是很不自由的。我进去了，想稍稍开点风气，请了几个比较的有点新思想的人，提倡点新的学理，发布点新的印刷品，用世界的新思想来比较，用

[1]《民国日报》1919年6月7日。

[2]《民国日报》1919年6月16日。

[3]《晨报》1919年6月17日。

我的理想来批评,还算是半新的。在新的一方面偶有点沾沾自喜的,我还觉得好笑。哪知道旧的一方面看,看了这点半新的,就算洪水猛兽一样了。又不能用正当的辩论法来辩论,鬼鬼祟祟,想借着强权来干涉。于是教育部来干涉了,国务院来干涉了,甚而什么参议院也来干涉了,世界上有这种不自由的大学吗?还要我去充这种大学的校长吗?

三、我绝对不能再到北京的学校任校长:北京是个臭虫窠(这是民国元年袁项城所送的徽号,所以他那时候虽不肯到南京去,却有移政府到南苑去的计划)。无论何等高尚的人物,无论何等高尚的事业,一到北京,便都染了点臭虫的气味。我已经染了两年有半了,好容易逃到故乡的西湖、鉴湖,把那个臭气味淘洗净了。难道还要我再去作逐臭之夫,再去尝尝这气味吗?

我想有人见了我这一段话,一定要把"我不入地狱,谁入地狱"的话来劝勉我。但是我现在实在没有到佛说这句话的时候的程度,所以只好谨谢不敏了。[1]

这大概就是蔡元培此时的心声。

不过,这篇措辞激烈的宣言在亲友劝说下在当时并没有公开发表,而是由其堂弟蔡元康拟了一个广告稿交给上海各报发表,以回应北京政府的一系列举动:

孑民家兄回里后,胃病增剧,神经非常衰弱,医生切嘱屏绝外缘,现正紧要关头,不许见客,不许传阅函电。辱承亲友存问,深以不能接见为歉。特用代为声明,凡我至亲好友,务请勿劳驾,勿惠函电,俾得静养。种种不情,诸希亮察。[2]

按照蔡元培手拟的声明,北上复职的大门似乎完全关闭了,毫无弹性;而按照蔡元康的这个广告,事情还有回旋余地,并没有把大门完全关上。关键还是看各方势力的较劲。

## 一个聪明的"留蔡助蒋"方案

北京政府方面是希望不惜代价尽快平息学潮,恢复秩序,于是出台一个又一个"馊主意",先是马其昶,继则胡仁源,现在看胡仁源在各方面的反对下也没有希望了,教育部遂于6月17日发布训令:"署北京大学校长胡仁源现经调部办事,所有校务,仍由工科学长温宗禹代理。"[3]事态又回到任命胡仁源之前的胶着状态。

其实,政府要想打破这个胶着的僵局并不难,学术界、教育界不是一再呼吁蔡元

[1]《不肯再任北大校长的宣言》,《蔡元培全集》(3),第299页。

[2]《申报》1919年6月17日。

[3]《北京大学日刊》1919年6月17日。

培复职吗？蔡元培不是因为身体不好需要静养吗？那么为了减少冲突，北京政府此时如果打开思路，从蔡元培方面选择替补者，事情或许就那么简单，比如蔡元培离校时委托的工科学长温宗禹，再比如从北大评议会、教授会中选择一个与蔡元培有比较密切关系的新派人物比如胡适，应该能够很快平息风潮。然而政府不愿再任他人，乃循北大教职员及学生之请，继续以挽留蔡元培为第一选择。6月17日，国务院、教育部分别致电蔡元培，催促北上，并派教育部徐鸿宝秘书专程前往杭州面商迎接。[1]

国务院、教育部此时希望蔡元培北上复职的心情是真诚的，但是在法律上似乎还存在一层障碍。教育部在6月17日的训令中调胡仁源到教育部任职，但是大总统徐世昌先前发布的任命胡仁源为北大校长的命令并没有撤销，而在政府内部，还有安福系贼心不死，至少在蔡元培的观察中，总觉得安福系的那帮人时刻与他过不去，时刻准备"倒蔡"。基于这样的心理状态，蔡元培于6月20日复电国务院、教育部，仍拒绝复职。[2]

蔡元培的坚持或许有自己的考虑，有法律上的依据和担心，但是这种坚持并没有坚持多久。6月24日，北京中等以上学校教职员联合会康宝忠、马叙伦致电蔡元培：

号电闻部已代复，仍坚挽留，勿再辞。君默、幼渔祃日南谒，当能接洽。[3]

康宝忠即康心孚，陕西城固人，生在四川，为章太炎的大弟子，也是章门学派此时在北大的掌门人，此时为北大教职员干事会干事、北京教职员联合会总务干事、主席，最先在北大讲授社会学，因而被誉为中国第一位社会学家。五四运动发生后，康宝忠被推举为教职员会负责人，他办事认真，不辞辛劳，终致心力交瘁，于当年11月在授课时发病身亡。

马叙伦字夷初，浙江余杭人，北大哲学系教授，是政治上最热心的人物之一，五四运动起，他被推为北大教职员会书记，后又出任北京中等以上学校教职员会联合会书记。他们两人介入许多次与政府代表的谈判，对于内情当然知道的比较多。

君默即沈尹默，原名君默，浙江湖州人，与蔡元培有比较好的乡谊和友谊。

幼渔即马裕藻，字幼渔，浙江鄞县人，章太炎的大弟子，精通文字学、音韵学，其弟马衡、马鉴、马准、马廉均为北大教授，被誉之为"一门五马"，与周树人、周作人的"二周"，沈士远、沈尹默、沈兼士的"三沈"及钱玄同合称为"一钱、二周、三沈、五马"，他们在北大的时候，真的是北大的黄金岁月，也是经典组合。马裕藻为人忠厚，有长者风

[1]《北京大学日刊》1919年6月23日。
[2]《民国日报》1919年6月23日。
[3]《蔡元培年谱长编》（中），第218页。

范，任北大国文系主任达十四年，被称为“好好先生”。他与蔡元培也有着非同寻常的关系。

基于这种分析，我们不难看到，北京方面委派沈尹默、马裕藻于“祃日南谒”，必将能够带来事情的重大转机。

“祃日”为22日的电报韵目代码，也就是说，当康宝忠、马叙伦6月24日致电蔡元培的时候，沈尹默、马裕藻已经到了杭州或者正在路上了。据蔡元培的记载，他于6月26日进城，晤学生代表狄福鼎、李吴桢，又晤沈尹默。28日，又进城，晤马幼渔即马裕藻、徐森玉即徐鸿宝，又晤李吴桢、狄福鼎。

徐森玉即徐鸿宝为教育部秘书，是教育部派来专门迎接蔡元培的。沈尹默、马裕藻为北大、北京各校教职员联合会的代表。狄福鼎江苏昆山人，李吴桢也是江苏人，他们两人此时都是北大学生，在五四运动中比较活跃，所以被推为南下请求蔡元培北上复职的代表。他们在与蔡元培见面时，反复劝说蔡元培打消辞职念头，尽快回京复职。

在各方面劝说下，蔡元培的心情大为好转，似乎也准备接受劝说回京复职，所以蒋梦麟在6月28日复胡适的信中，就明确告诉胡适及北方朋友，他24日刚从杭州见过蔡元培回上海，那时蔡元培似乎对是否回京复职可能还有犹豫，但在各方朋友的不断劝说下，蔡元培终于来了信，表示有回校的意思。照蒋梦麟看来，蔡元培终究是要回北大的，所以他对胡适等一班朋友在他离开北大那些天里辛苦维持心存感激，同时也劝胡适等人不要着急。言下之意，回北大复职的大原则可以定下来了，但怎样复职似乎还没有想好。

蔡元培是一个勇于负责的人，他之所以在各方劝说下放弃辞职想法，可能也与胡适来信进行指责有关。胡适在信中似乎批评蔡元培这样一走了之的做法对大学太不负责任，一是一大批朋友先前看在蔡元培的份儿上制定有五年十年计划，现在忽然一抛，似乎太不负责任了。二是胡适等人在协助蔡元培主持北大时不遗余力，曾经手定了五年七年契约，还有与杜威教授之间的合同，现在蔡元培忽然一抛，使留在北大的朋友感到很尴尬。[1]

胡适指责蔡元培的话并不涉及私德，所以蔡元培看了之后并不太生气，他除了为自己辩解外，也不能不考虑到胡适等一班朋友的感受，不能不考虑他们的意见。这大概也是蔡元培决定返回北大复职的原因之一。

---

［1］《蒋梦麟致胡适函》（1919年6月28日），《胡适秘藏书信及函稿》（39），第429页。

现在有足够的证据表明蔡元培决定回京复职是在6月28日那一天，但对于怎样复职、何时复职，似乎蔡元培还没有考虑清楚，至少到目前为止，蔡元培回京复职还没有蒋梦麟什么事。

6月29日，小诸葛汤尔和抵达杭州，汤尔和与蔡元培关系密切，而且他的主意也往往被蔡元培所接受。晨八时许，汤尔和乘船至杨庄，晤蔡元培，历述蔡元培5月9日离开北大后的情形，为蔡元培支招，言此后出处之策。蔡元培对汤尔和有言必听。这使汤尔和格外高兴和自负，以为“在云山隐约之中，推襟送抱，亦一乐也”，其自喜可想。[1]

30日，心情好转的蔡元培从杨庄进城，在那里与汤尔和、沈尹默晤谈；又与马裕藻、徐森玉、童亦韩等人晤谈；并见了学生狄福鼎、李吴桢两人。童亦韩是蔡元培的绍兴小同乡，1898年蔡元培出任绍兴中西学堂监督后，童亦韩曾与蔡元培一起去临安、余杭等地为绍兴的侨农办了一所小学。后来，童亦韩也进入北大，担任国史馆征集编纂。与蔡元培关系似乎也不错。

连续多日的讨论特别是汤尔和的到来，大致趋势已经不会有多少改变，然而当此时也有一些干扰或者说是善意的劝阻。7月3日，与蔡元培关系密切的张元济致信蔡元康，劝蔡元培不要回京复职。其理由有三：

一、政权必归安福系，其专横无理，可以想见；

二、所谓旧学家必依附攀援，大张旗鼓，恐难免文字之祸；

三、学生气焰过盛，内容纷纠，甚难裁制，纳之轨范。

在张元济看来，蔡元培出而有补于世，固所甚盼，唯恐现在非其时。为大局计，为友朋计，张元济反对蔡元培回京复职，他请蔡元康将这个意见务必转达给蔡元培。[2]

张元济的提醒当然有根据，特别是他对安福系的判断，也正切中时局变化的要害。7月4日，安福系众议院议员克希克图发表《恢复民国元年大学学制意见书》，[3]准备提交安福国会通过，以此破坏蔡元培在北大的改革。

针对克希克图的意见书，胡适立即撰文批驳，以为这个提议很不通，是公然破坏蔡元培过去两年多在北大进行的内部改革，“使蔡校长难堪，使他无北来的余地。”[4]傅斯年说得更清楚，他指出，克希克图的意思原不是什么学制不学制，因为安

[1]《汤尔和日记摘抄》，《胡适来往书信选》中，第223页。

[2]《致蔡元康》（1919年7月3日），《张元济全集 · 书信》（3），商务印书馆2007年版，第479页。

[3]《民国日报》1919年7月5日、7日。

[4] 胡适：《论大学学制》，《民国日报》1919年7月9日。

福系不是个有心教育的东西，克希克图不是个懂得学制的人，况且他的这个意见书又不成理由，造了许多谣言，动人听闻，其目的只有一个，那就是阻止蔡元培北上复职。因为对人的关系，克希克图牵连到制度上，为了达到阻止蔡元培复职的目的，竟然不惜把几年来惨淡经营的大学制根本推翻，不惜使这硕果仅存的国立大学成个落花流水的现象，这居心真不可问了。[1]

张元济的劝说引起了蔡元培的思考，克希克图做法更激起蔡元培非回北大不可的信心，因为这不是过去两年的心血问题，而且实在关涉中国教育的前途与未来。所以，到了这个时候，蔡元培回京复职已经没有什么悬念了。用汤尔和的话说，至少在7月10日，蔡元培回京复职"大约不致中变"。他的证据是，在7月9日这一天，蔡元培对代理教育部部务的傅岳棻6月26日来电予以回复，对于能够复职给予比较明确的答复：

> 宥电敬悉。元培才力短浅，重以宿疾，迭经辞职。乃辱叠电慰留，并由徐秘书面达盛意，感歉之余，宁敢固执初见？谨当暂任维持，共图补救。惟月来旧恙屡发，迭经医家劝告，谓系胃疡前兆，尚须严重摄生。倘允俯鉴区区，宽以时日，一经就愈，即当束装北上。[2]

这个态度已经非常明白，只是出于面子的原因，还是得拿身体说事，否则与先前的理由不好对接。同一天，蔡元培还致电全国学生联合会、北京中等以上学校学生联合会、北京大学学生干事部，讲了大概一致的理由，就是身体突然有点问题，但是各方雅意、重责，也使自己不容坚持先前辞职息肩的初意，所以他准备答应大家的要求，回京复职，不过他在这里要求学生"亦能推爱仆之心，有所觉悟；否则，教育前途必生障碍。非特仆难辞咎，诸君亦与有责焉。"[3]很显然，希望学生们不要因为五四运动的胜利而飘飘然，不再愿意接受纪律约束。

蔡元培的意思学生们很快领悟，第二天，全国学生联合会、北京中等以上学校学生联合会、北京大学全体学生分别复电，表示"此后自当严循轨道，力学报国，藉答我公至意"；[4]"蒙以诚恳之辞促其觉悟，敢不拜嘉"；[5]"此后当益自策励，求学救国，万不至逾越轨范，以贻先生忧。"[6]

---

[1] 傅斯年：《安福部要破坏大学了》，《晨报》1919年7月20日。

[2]《申报》1919年7月13日。

[3]《民国日报》1919年7月10日。

[4]《民国日报》1919年7月11日。

[5]《北京中等以上学校学生联合会复蔡元培电》，《晨报》1919年7月11日。

[6]《北京大学全体学生复蔡元培电》，《晨报》1919年7月11日。

凡此，均为汤尔和所说蔡元培北上复职不致中途再生变化的理由。但是从当时实际情况看，蔡元培虽然答应可考虑放弃辞去北京大学一职，但一来他的身体实际情况似乎确实不允许他立即赶回北京；二来他先前信誓旦旦地表示决不回北大，因此也必须给他留下一个回旋时机和面子。所以，汤尔和在说服了蔡元培放弃辞职，同意回京复职后，便提出一个折中方案，即蔡元培答应回北大，但并不需要他立即去，而是派遣蒋梦麟暂时赶去代理。蒋梦麟是蔡元培最信任的弟子之一，由蒋梦麟去代理，应该可以代表蔡元培的意思；而蔡元培暂时不北上，在面子上更显得庄重。

于是，汤尔和在同一天（7月10日）又与蒋梦麟谈及"遣代"问题。由于是第一次提及由蒋梦麟代表蔡元培去管理北大，蒋梦麟似乎并无足够的思想准备，或者说根本没有想到这件事会与自己有关，且这样密切，所以他在开始可能觉得汤尔和是在开玩笑，稍后即以在上海的工作太过于繁忙而加以拒绝。

在上海的工作对于蒋梦麟来说确实太忙，但是最重要的可能还是蒋梦麟并不想现在就去北大，试想不久前蒋梦麟还向胡适说如果北大不幸解散之后怎么办的考虑，在北方教育界的眼里，蒋梦麟、黄炎培等南方教育界对北方教育界似乎始终不怀好意，现在因蔡元培辞职而引起的风波，结果由蒋梦麟去掌管北京大学，这不是使那些谣言成了真的事实了吗？所以，蒋梦麟唯一的选择是婉拒。

整个6月，蒋梦麟往返于杭州上海之间，但他从来没有想到过蔡元培的辞职会和自己有关。那时，蒋梦麟也算是上海滩上的大人物，在运动中起到相当重要的作用。6月6日，上海商学工报界假总商会开会，时有南京路某商店代表到会报告工部局干涉罢市事，会议遂推蒋梦麟与虞洽卿等五人前往英美领事公馆疏通，继有蒋梦麟宣读推定上海商学工报联合会临时干事名单，蒋梦麟出任临时干事。13日，蒋梦麟致信胡适，述说这一段时间的忙乱和不堪："学潮已告一段落。以后不知道什么样。上海因工人相继罢工，危险极了，几乎闹大乱子。我吃了不少苦，倦极了。昨晚警报来，谓学生被巡捕打死了几个。使我悲痛了一晚。次早方才知道流弹打死的系商人，非学生，我才放心。否则又要放出大花筒来。我实在担不起第二遭的乱子。罢了罢了。快快关门读书罢。

▲东南教育界领袖黄炎培

你给东荪的信中，谓我打电与你，劝学生上课。我实在记不清楚有这些话。恐怕有人托名打电。这会闹学的事，我虽吃了一番苦，倒得了不少经验。看见中国人不少的好性质，也看见不少的中国人臭脾气。中国，中国，你若要翻身，还要做大大儿的一番苦工呀！你还要来上海吗？有许多的话，只好从口头上说的。"[1]

由五四学生运动引发的社会的社会运动使蒋梦麟受到极大震动，他当时就决心抱定宗旨，"信仰惟学可以为人，惟学足以救国，毁誉成败等浮云耳。"[2]所以，蒋梦麟不可能想到离开上海，离开他的《新教育》，离开江苏省教育会，他似乎期待以思想家、教育家名世。他在6月发表的一篇文章中对五四新文化运动大加赞扬，以为这个运动必将像欧洲文艺复兴运动那样推动中国历史进步，欧洲文艺复兴运动的起始是要求人类本性的权利，后来引到发展自然界的新观念和研究的新方法。而中国的五四学生运动，就是这解放的起点。改变你做人的态度，造成中国的文艺复兴。解放感情，解放思想，要求人类本性的权利。这样做去，我心目中见那活泼的青年，具丰富的红血轮、优美和快乐的感情、敏捷锋利的思想，勇往直前，把中国萎靡不振的社会、糊糊涂涂的思想、畏畏缩缩的感情，都一一扫除。[3]

基于这种要做思想家、教育家的心理期待，蒋梦麟怎么会轻易答应汤尔和的要求的，他的理由就是在上海的工作已经很忙，他确实无力再分散精力去顾及北大的事务。

蒋梦麟婉拒的理由实在是不太过硬，所以当汤尔和劝他半年留京，半年在沪，可兼顾而不至偏废时，蒋梦麟的理由也就不成立，反而对汤尔和的建议颇以为然。于是，在蔡元培暂时不能北上的时候，由蒋梦麟作为蔡元培的个人代表前往北大处理日常事务。至此，由蔡元培辞职而引发的教育界风潮总算结束了。

[1]《蒋梦麟致胡适函》(1919年6月13日)，《胡适秘藏书信及函稿》(39)，第463页。

[2]《蒋梦麟致罗家伦函》(1919年6月13日)，《胡适秘藏书信及函稿》(39)，第464页。

[3]《改变人生的态度》，《过渡时代之思想与教育》，第29页。

# 五　为北大辉煌奠定基础

在北京大学一系列组织系统中，蒋梦麟担负着重要角色，除总务长外，还兼任了多个委员会委员。尤其是总务长一职，自北大改组后，所有行政上一切事宜，均由总务处负责，而取决于总务委员会。总务委员会实际上成为北京大学最高行政机关，负责管理全校之事务，由此可见蒋梦麟此时充当北京大学实际管理者的角色，是蔡元培不可须臾离开的重要助手。北京大学在蔡元培主持下的一些成就实际上都有蒋梦麟的一份功劳和苦劳。

蔡元培选定蒋梦麟作为自己的代表前往北大执掌学校日常事务，自然有自己的考虑，最简单的一个目的就是延缓一下他北上的时间，否则先前那样大动干戈闹着辞职、远离闹市实在不好解释。这是一般情理中可以理解的考虑。不过，从当时人际关系看，蔡元培选择蒋梦麟，可能更多的还是他周围那些复杂的人际关系冲突的结果。

## 无招胜有招

蒋梦麟的背景是江苏省教育会，是黄炎培，但他在蔡元培那里又是蔡的学生，而且是比较好的学生，这是一层重要关系。另外一层，动议这件事情的可以肯定是汤尔和，汤尔和此时是北京医专校长，是北京国立各专门以上学校校长联合会的代表，此一时期，他与北大教授马叙伦联手，掌控北京教育界，是五四运动过程中非常重要也是非常善于生事的主。马叙伦与蔡元培有着很好的互动关系，也是敢于负责任的人，但是马叙伦似乎比较容易冲动，比较容易弄权，所以马叙伦又与蔡元培身边的沈尹默有点不和。因此当汤尔和于7月10日向蔡元培第一次提及由蒋梦麟“遣代”问题，沈尹默似乎根本就不知道，根本就被蒙在鼓里。直至三天后即7月13日，这件事情已经完全决定，已经没有丝毫更改可能性的时候，汤尔和才将这一方案向沈尹默转述，然而双方观察不同，“所见略有不合”，汤尔和自信自己的观察较沈尹默更周密，况且自己的方案已被蔡元培采纳，所以尽管沈尹默对他说了很多不好听的言辞，但汤尔和“亦不必辩”，对于沈尹默的未来出处，汤尔和劝其出洋，并表示甚至从内心深处发誓将来一定帮沈尹默完成出洋这件事，“将来当为力图”。[1]但不管怎么说，同在杭州，同在蔡元培身边的沈尹默竟眼看着被汤尔和耍了，其心中的郁闷不难想见。

对于身边幕僚或学生们的矛盾与利益冲突，蔡元培或许是清楚的，或许根本不清楚，甚至他也无意弄清楚。蔡元培接受汤尔和的方案后，即约请蒋梦麟从上海到杭州面谈。13日，蒋梦麟到杭州。14日，蒋梦麟冒雨陪同蔡元培游花坞，蔡元培大概就在这个时候讲了这个方案。

那时，蒋梦麟在杭州上海之间来回走动，几天前当汤尔和刚刚想出这个主意后就与蒋梦麟谈过，蒋梦麟说了自己的难处，又都被汤尔和一一化解，所以这一次蔡元培直接出面谈，蒋梦麟应该一点都不会感到吃惊，他们所谈只是具体细节，以及到北大

[1]《汤尔和日记摘抄》，《胡适来往书信选》中，第284页。

后应该怎样应付的问题。这一次，蔡元培谈得似乎很高兴，他在当天连写六首七绝记录游兴和观感。[1]

当天晚上，蒋梦麟、汤尔和与蔡元培共进晚餐，至此，蒋梦麟"遣代"问题终于说定，蔡元培决请蒋梦麟作为他的代表，替他回校办事。[2]

方案大致决定后，就是具体细节，也就是蒋梦麟怎样才能名正言顺地代表蔡元培的手续问题，这使不善于或者说很烦那些程式主义的蔡元培苦于手续繁重，但对善于料理行政的汤尔和来说实在是小菜一碟。

7月15日，汤尔和、蒋梦麟再至杨庄，会晤蔡元培，谈细节。16日，他们两人又来，继续谈。对于蔡元培的疑惑与顾虑，汤尔和津津乐道一一疏解。蔡元培闻言恍然，遂定议。

接着，蔡元培与蒋梦麟谈话，具体规划蒋梦麟北上后的步骤以及如何处理可能会出现的各种问题。蔡元培对蒋梦麟说："大学生皆有自治能力者，君可为我代表到校，执行校务，一切印信，皆交君带去，责任仍由我负之。"蒋梦麟稍经思考，提出两点要求请蔡元培同意：

一、只代表蔡元培个人，而非代表北京大学校长；

二、仅为蔡之督印者。

对于蒋梦麟的两点要求，蔡元培没有不同意的道理，并告以三点注意事项：

一、各界代表之至杭者日必数起，迄未答谢，请代表致谢各界；

二、代表蔡说明有回北大之决心；

三、大学责任，蔡愿意继续完全担负。

然而蔡元培又告诉蒋梦麟："自今以后，须负极大之责任，使大学为全国文化之中心，立千百年之大计。"

谈话毕，蒋梦麟当天返回上海，他还要抓紧料理江苏教育会事务以及与黄炎培等人交接，因为汤尔和约他六天后一起北上就职。[3]

蔡元培之所以选择蒋梦麟代替他前往主持大学事务的原因，除了汤尔和竭力推荐外，据说还有如下三点：

一、蒋梦麟是蔡元培的学生和同乡；

[1]《蔡元培年谱长编》(中)，第226页。

[2]《我在六十岁以前》，第65页。

[3]《汤尔和日记摘抄》，《胡适来往书信选》(中)，第284页。

二、蒋梦麟当时在北京大学任有职务，他与北大多位教授在上海办《新教育》月刊，而《新教育》的方针是蔡元培在南京临时政府教育总长任内提出来的；

三、国民党总理孙中山对蒋梦麟非常欣赏，这也似乎是蔡元培将北京大学校务委托给蒋梦麟的原因之一。

不管怎么说，因蔡元培辞职而引发的风波终于因蒋梦麟的“遣代”而结束，蒋梦麟或许有他自己所说的“情势所迫，只好勉强同意担负起这副重担”的原因，但总体上说，这一方案的提出实际上得益于汤尔和，汤尔和不仅实际上操控整个局面，而且是他劝说各方接受这一方案，不仅化解了各方矛盾，解决了各方一直胶着的问题，而且对蒋梦麟个人来说，也至关重要。正如胡适后来所认识的那样，“尔和先生是当日操纵北京学潮的主要人物，他自命能运筹帷幄，故处处作策士，而自以此为乐事。”“尔和爱护蔡先生，自是诚意；其推崇梦麟，似也是处于诚心。尔和自是好事者，然八年（1919年）夏秋之间，他于北大是有功的。他拔出梦麟，亦有造于梦麟，不然，他（蒋梦麟）也许被黄任之（黄炎培）诸人完全毁了。”胡适甚至直截了当地对汤尔和说：“五四之后，留蔡之事，先生用力最勤，而梦麟兄之来北大尤为先生第一大功。倘梦兄不北来，他也许要被任之兄一班人毁了。故梦兄北来之举，先生实大有造于他，亦大有功于北大。”[1]

按照相关制度规定，蒋梦麟要代蔡元培行使校长权力，首先要成为北大教授，然后出任总务长，再以总务长的名义暂行代理校长职务。于是蒋梦麟在接受“遣代”安排后，第一件事就是受聘为北大教育学教授。

20日，蒋梦麟与汤尔和及南下请蔡元培回校的北大学生代表张国焘等一起北上，第二天晚上九时半抵达北京，寓医校。一个小时后，十时半，胡适、马叙伦、沈士远三人专程前来拜访蒋梦麟，谈学校事务，并约定明天下午五时召开教职员干事会。

对于蒋梦麟“遣代”这个方案，在上海在杭州的北大教职员代表和北大学生代表都表示接纳蔡元培的意见，以为是当时所能找到的最好方案。他们还认为北京政府教育部对蒋梦麟暂代校长职务一事是会认可的。所以，还在上海的时候，正在那里的北大学生代表，实际上都是学生领袖级的人物张国焘、段锡朋曾到江苏省教育会专门拜访住在那里的蒋梦麟，向蒋梦麟表示他们代表北大同学欢迎他去北大任代理校长的职务。[2]这一点肯定对蒋梦麟也非常重要，至少坚定了他的信心。

[1]《胡适致汤尔和（稿）》，《胡适来往书信选》（中），第285页。

[2] 张国焘：《我的回忆》，第65页。

随蒋梦麟北上，蔡元培还让蒋梦麟随身携带一份他写给北大教职员的信，解释由蒋梦麟“遣代”的原因：

本校教职诸君公鉴：

元培因各方面督促不能不回校任事。惟胃病未瘳，一时不能到京。今请蒋梦麟教授代表。已以公事图章交与蒋教授。此后一切公牍均由蒋教授代为签行，校中诸事务请诸君均与蒋教授接洽办理。特此奉布。[1]

这封信说得很清楚，到京后，即由马叙伦油印送发给各教职员，并揭示校中。

正如张国焘、段锡朋所估计的那样，教育部对于这个替代方案也只有接受一条路可走。何况，蒋梦麟低调行事，也给足了教育部面子，所以教育部方面并没有构成问题。

蒋梦麟到京的第二天（22日）一大早，就前往教育部拜谒代理部务的次长傅岳棻，一一解释蔡元培委托他前来代理的原因与背景，大概意思有二：

一、关于蒋梦麟的教授资格问题；

二、只是蔡元培个人代表。[2]

代理部务的教育部次长傅岳棻对蔡元培的这个方案大致认同。7月24日，教育部通过秘书传话，表示胡仁源在法理上的“署北大校长”问题已由教育部呈总统请示办法，大约很快可以发布解职令。至于蔡校长病已就愈，先派蒋教授来京维持校务，教育部也没有什么意见，甚至准备直接以公文致蒋君，请其执行职务。

教育部的态度发生了根本的变化，这与人事布局的调整肯定有关系，但更主要的还是各方都希望尽快结束学潮，使教育界趋于平静。但是，由教育部的态度变化，汤尔和也感到了危机，这个危机就是教育部在未来势必对他个人更加戒慎，因为汤尔和的活动虽然化解了危机，但实在使教育部丢了不少面子。[3]不过，这毕竟只是汤尔和个人的事情，可以忽略不计。

7月25日，教育部批准蔡元培的请求，同意由蒋梦麟代理北大校长职务。教育部的批准令说：

北京大学蔡校长元培函称，侵电敬悉，屡承敦促，本思早日北行。胃病未瘳，尚难

[1]《校长启事》，《北京大学日刊》1919年7月23日。

[2]《蒋梦麟致蔡元培函》（1919年7月21日），《蔡元培年谱长编》中，第229页。

[3]《汤尔和日记摘抄》，《胡适来往书信选》（中），第284页。

就道，欠仄万分。元培既负责任，岂敢放弃？今特请本校教授蒋梦麟君代表主持校务，已将公事图章交与蒋君。一切公牍均由蒋君代为签行，与元培在校无异等因。查该校校务久已无人主持，亟需董理，以重责成。准函前因，除敦促蔡校长早日回校并令知蒋教授代表主持校务外，合即令行该校知照。此令。[1]

蒋梦麟在北大毫无根底，他到了北大拿什么资格来替蔡元培代办校长事务呢？北大内部原有几位早就害怕黄炎培、蒋梦麟的江苏省教育会可能会利用五四运动政治教育危机来抢北大的权力，所以在五四运动还没有发生时，他们就向外面放了空气。五四运动发生后，北京政府酝酿解散北大的时候，江苏教育会的黄炎培、蒋梦麟等人也确曾有染指北大的想法与动议，他们或许是出于善良的愿望，担心万一倡导新文化运动的北京大学果真保不住了，那么就请北大内部的新派教授到南方来，所以他们那时确实准备在南方大概是在南京创办一所新的大学，以便作为新教育的重镇，而将北大交给那班旧派人物。

不论黄炎培、蒋梦麟当日这项动议出于什么样的原因，但这个建议传出后，确实引起北大教授们的不满和戒心，总觉得江苏省教育会手伸得太长，尤其是乘人之危的设计总有点趁火打劫的意味，心中难免不结下梁子。

现在好了，蒋梦麟不仅来了，而且来了就是蔡元培的个人代表，是一人之下，众人之上。先前反对黄炎培、蒋梦麟觊觎北大的人，现在确实面临一个选择问题，他们究竟是拥护呢，还是迎合安福系的思路，继续"迎胡拒蔡"，拒绝蒋梦麟代理呢？

识时务者为俊杰，何况蒋梦麟将姿态做得很低很低，给足这些教授们面子，他们怎么还会反对呢？先前那些反对的人，一时间差不多都变成了衷心拥护代理方案的人。当然，他们也明白，既然蔡元培这样决定了，既然教育部都不反对了，那么他们继续反对有什么用呢？而且，假定不让蒋梦麟来做代表，那么连蔡元培也不回来了，仍旧妨碍了大局。更何况，在蒋梦麟将到未到已到之时，胡适、马叙伦等人都在教授会中进行疏通。

蒋梦麟的低姿态也为他迎来了开门红和满堂彩。大约到京的第二天下午五时许，按照计划召集教职员干事会，面对友好和不太友好的教授们，蒋梦麟很识相，放低身段很谦虚地说：他到北京大学来，主要是接受蔡元培先生的委派，代蔡先生捺捺印子的，一切仍请各位主持。

[1]《教育部训令》，《北京大学日刊》1919年8月2日。

这样的低姿态，这样的真诚与谦虚，使反对他的人都不好意思再反对了，所以大家也就没有怎样他，只得在评议会上通过了聘他做教授，担任总务长，蔡元培离开学校的时候，蒋梦麟就名正言顺代理校长了。[1]

蒋梦麟无招胜有招的治事功夫和办事手腕为他赢得很多好处和方便，自他来了之后，北大各方面公认的均有宁息之象。“教育部以范源廉先生一言，降心相从。一面明文呈总统，以胡仁源调部任用，一面训令大学，承认蒋君代蔡校长主持校务。安福一方面亦复中止攻击。仅以无名小卒请愿恢复工科。”[2]

北大内外均因蒋梦麟的到来暂时消停。7月29日晚，蒋梦麟与他的杭州同乡邵裴子及汤尔和聊天，讨论大学事务。邵裴子、汤尔和对于蒋梦麟到来之后的一切举措，均表示认同，以为一切均措置得宜。邵裴子甚至认为行有余力，天假此缘，使蒋梦麟充分展示其才干，挥其健腕，“不独外得众心，而内部亦消灭许多反侧，其发挥力诚足使人起敬也。”[3]北大同仁、浙江老乡都在蒋梦麟的身上看到了北大的希望与未来。

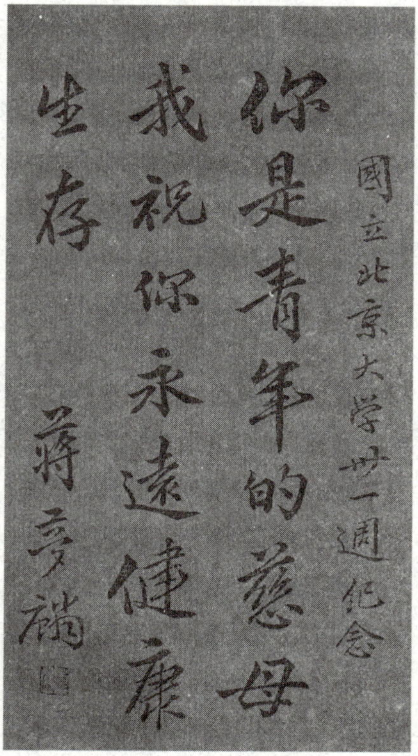


▲蒋梦麟为北大31周年校庆题词

7月23日上午十时，北京大学学生全体集会欢迎蒋梦麟代表蔡元培到校主持校务。蒋梦麟在这次会议上发表即席演讲，系统阐述蔡元培之伟大精神，并由此勉励学生必须求学始能救国。他说：

余尝论蔡先生之为人，具中国固有文化之优点，而同时受西洋文化之陶镕。昔孔子以有温良恭俭让五种美德，因以洞悉各国政治。蔡先生以具此种美德，故每至一地，于当地事，人无不乐告之。蔡先生因受西洋文化之影响，极喜音乐，以其能发人至感，且能收人生各部平均发达之效果。又倡以美术代宗教。有谓其反对宗教者，误也。不过，蔡先生于宗教之误谬处，不肯赞同耳。又蔡先生平时待人接

[1]《我在六十岁以前》，第66页。

[2]《汤尔和日记摘抄》，《胡适来往书信选》中，第285页。

[3]《汤尔和日记摘抄》，《胡适来往书信选》（中），第285页。

物,大度包容,温厚可亲,但一遇重要大事,不肯丝毫改变其主张,所谓富贵不能淫,威武不能屈。总括以上所言,蔡先生所具者有三种精神而熔合于一炉:

> 一、温良恭俭让,蔡先生具中国最好之精神;
>
> 二、重美感,具希腊最好之精神;
>
> 三、平民生活,及在他的眼中,个个都是好人,是蔡先生具希伯来最好之精神。

蒋梦麟接着指出:

> 此次五四运动之所以能感动全国者,未始非此种精神于不知不觉间灌输于诸君脑海中之效果。故做事时,困难不成问题,危险不成问题。所患者,无此伟大之精神耳。讲到这里,我们要问一声:蔡先生这种精神是怎样得来的呢?是从学问中得来的。故诸君当以学问为莫大的任务。西洋文化先进国家到今日之地位,系累世文化积聚而成,非旦夕可及。千百年来,经多少学问家累世不断地劳苦工作而始成今日之文化。故救国之要道,在从事增进文化之基础工作,而以自己的学问功夫为立脚点。此岂摇旗呐喊之运动所可及?当法国之围困德国时,有德国学者费希德在围城中之大学讲演,而作致国民书,曰增进德国之文化以救德国。国人行之,遂树普鲁士败法之基础。故救国当谋文化之增进,而负此增进文化之责者,惟有青年学生。昔人有诗云:"可怜年年压针线,为他人做嫁衣裳。"现在青年作救国运动,今日反对这个,明日反对那个,忙得不得了。真似"可怜年年压针线,为他人补破衣裳"。终不是根本办法。吾人若真要救国,先要谋文化之增进。日日补破衣裳,东补西烂,有何益处?深望诸君,本自治之能力,研究学术,发挥一切,以期增高文化。又须养成强健之体魄,团结之精神,以备将来改良社会,创造文化,以负各种重大责任。总期造成一颗光明灿烂的宝星,照耀全国,照耀亚东,照耀世界,照耀千百年而无穷。[1]

这篇演讲词就是蒋梦麟教育思想的宣言,也是他此后几十年治理北大的基本原则。

演讲之余,蒋梦麟还对自己此次来北大作了说明,表示自己仅代表蔡先生个人,非代表北京大学校长,仅为蔡先生之监印者。并向各位转述临行前蔡元培委托的三句话:

---

[1] 蒋梦麟:《初到北京大学时在学生欢迎会中之演说》,《过渡时代之思想与教育》,第395页。

一、各界代表之至杭者日数次，迄未答谢，请君代表我而致谢各界；

二、代表我有回校之决心；

三、大学责任，我愿完全担负之。[1]

面对校内不安的纷扰和北京政府官僚政客与旧势力，蒋梦麟自到达北京后不顾一切，努力前进。正如8月10日上海《时事新报》刊载蒋梦麟致张东荪的信中所陈述的那样："我21日到北京以来，吃了不少的苦，好像以一个人投在蛛网里面，动一动就有蛛子从那屋角里跳出来咬你。唉！若无破釜沉舟的决心，早被吓退了。人人说市中有虎，我说我任凭虎吞了我就罢了；没有吞我以前，我不妨做些做人应该做的事。我记得王守仁有句话：'东家老翁防虎患，虎夜入室衔其头；西家儿童不识虎，执策驱虎如驱牛。'我又记得《四书》里有句话：'不忮不求，何用不臧？'我本了这个精神，向前奋斗，过了半月，诸事已有端倪。我对于校内校外帮我忙的人，终身感激他们——他们不是帮我的忙，是帮中华民国的忙。现在大学里面，教务事务都积极进行，新生取了四百人，上海投考的结果亦已揭晓，取了九十一人。下半年的课程，已经起首安排。教职员方面，精神一致，都天天兴高采烈的做事。你若来看一看，必以为大学这回并没有经过什么风潮。学生方面更不必说了，这班青年，个个是很可爱的。并不是说空话，我实在爱他们。他们对我说，此后他们要一心尽瘁学术，定要把这个北大成了中国的文化最高中心；这班青年的眼光是很远的。我有一句话，要给在上海的诸位先生讲，北大学生是全体一个精神的，并没有分迎甲迎乙的派别。"

在谈到北京大学远景规划时，蒋梦麟动情地说："从教育的眼光看来，教训青年的地方，是在山林花草鸟鸣虫嘶的天然景内，不在臭虫跳蚤的囹圄内。你想这句话对不对？我已面托教育部长傅治乡先生在西山的地方为大学多觅些地，以备将来把北大迁到西山去，使青年日日在天然景内涵养其身心精神。傅部长允为竭力去做。我们意思最好请清室把圆明园送给北大，这园有四里阔，六里长，有山有泉，是最好的地方。你所抱的'新村'思想，在这个园附近建设好吗？蔡先生对于大学百年大计，如能在这个地方来实行，真是中华民国的大幸了。"[2]

蒋梦麟初来北大便能顺利地开展工作，取得成效，实在是得力于汤尔和、马叙伦以及胡适等一批朋友的帮助。此点从当时蔡元培复马叙伦的一封信中也多少有些反应。蔡元培说："五四以后，承公苦心维持，北大得以保存，众口同声，弟闻之不胜钦佩。

[1]《晨报》1919年7月25日。

[2]《北京大学的近状致张东荪先生》，《过渡时代之思想与教育》，第398页。

奉前月28日惠书，恳切周详，令人感泣。迟迟未报，歉仄万分。弟既不能与北大脱离关系，本宜如来示所揭，早日北行。惟胃病未痊，尚不堪舟车之劳。而代理蒋君到校以后，内之教职员及学生，均表示欢迎；外之教育部以正式公牍承认，正可以盘根错节，试其利器。……然则弟之疏失，必能蒙其鉴谅，而必能与蒋君和衷共济，以尽力于北大，弟敢断言。”[1]

当然，也不是说蒋梦麟到了北大之后就将所有的人都团结到了一起，这肯定是不可能的，因为只要有人群的地方，总会有不同看法，看法差异是社会存在的必然。而蒋梦麟到北大最先感到失落的其实来自他的友朋圈子，最明显的就是沈尹默，而这一点又与汤尔和有关，是汤尔和推荐蒋梦麟“遣代”所留下的后遗症。

7月25日，沈尹默默然南归，汤尔和约他在西车站便饭，有饯行的意思。席间，汤尔和故意调侃沈尹默，告诉他原先主张送他出洋，所以向蔡元培先生说了多次，并获得他的同意。现在看来条件不一样了，估计这件事可能会泡汤，所以汤尔和表示要撤销自己的推荐。汤尔和这个调侃的关键就是蒋梦麟来了，条件不一样了，暗示蒋梦麟的不同意，试探沈尹默对蒋梦麟的态度。

沈尹默对汤尔和的说法信以为真，为之色变，但并没有将之归咎于蒋梦麟。汤尔和知道沈尹默对蒋梦麟的真实态度后，又告诉他刚才的说法只是一个玩笑。

这件事可能对沈尹默造成一定程度的伤害，同时也引起汤尔和的反省。汤尔和在第二天写给蔡元培的长信中，坚持认为自己当时推荐蒋梦麟前往“遣代”没有错，因为蒋梦麟是研究教育学的，深知学生心理，其学问手段足以服人，所以蒋梦麟到北京不数日，学生心安，其余当可迎刃而解，则不出所料。不过，汤尔和感到遗憾和可惜的是，当时推荐蒋梦麟没有与沈尹默充分沟通与协商。

至于为什么没有与沈尹默充分沟通与协商，汤尔和也有一个分析。他认为，沈尹默认为蒋梦麟之代理是汤尔和一手策划包办的，其实是为江苏省教育会出力。汤尔和曾就这个问题与来自杭州邵裴子交谈，邵裴子则认为，沈尹默素来利用蔡元培，今见蒋梦麟负重命来北大，徒生吃醋意，又恃在教育部有背景有后台，故而敢于放肆。[2]

邵裴子也是南洋公学毕业生，也是蔡元培的学生，后毕业于斯坦福大学，此时在财政部任职，兼法政大学英文系教授及教务长，与蔡元培、蒋梦麟、汤尔和、沈尹默都有错综复杂的关系，他的分析或许有根据，但这至少也说明蒋梦麟北上代理蔡元培，

---

[1]《复马叙伦函》，《蔡元培全集》(3)，第315页。

[2]《汤尔和日记摘抄》，《胡适来往书信选》中，第285页。

总体上是成功的，是得到大多数人的支持的，尽管也有个别人稍感失落。



### 体制创新

暴风雨过去以后，乌云渐散，霁日重现。蔡元培受各方面的督促，不得已于9月12日抵达北京，重返北大复职视事。然而由于旅途劳顿，胃病又发，一时间并没有直接处理北大事务。直到9月20日，北大新学期正式开学时，蔡元培才到校处理校务。[1]而前此两个月便为蒋梦麟第一次代替蔡元培出掌北大校务。[2]

蔡元培重新主持北大校务后，蒋梦麟的校长代理自然取消。在此后的日子里，他主要以总务长身份，将主要精力用在协助蔡元培进行北大体制方面的改革和创新。

作为美国著名教育哲学家杜威教授的得意门生，蒋梦麟对现代教育的许多问题都有相当深入的研究，他在主编《新教育》时所发表的那些文章，足以表明他的现代教育理念和理想。现在的问题是他如何将这些理念和理想用在北大的改革实践上。他认为，正像西方谚语所说的那样，"旧瓶不能装新酒"。作为新思潮的发祥地，北大既有新精神，便不能没有新组织。犹如有了新酒，不可不造一个新瓶。因此在他协助蔡元培再度改组北大的过程中，主要在体制方面进行了一系列改革与创新。

蔡元培重返北大主持校务后，蒋梦麟于9月29日前后一度因事返回南方一段时间，[3]大约在同年11月11日回到北京，[4]依然担任教授及一些行政事务，协助蔡元培对北大进行各方面的改革。诚如蔡元培在多少年之后所评价的那样，"那时候，蒋梦麟君已允来北大共事，请他通盘计划，设立教务、总务两处；及聘任、财务等委员会，均以教授为委员。请蒋君任总务长，而顾孟余君任教务长。"[5]新设并由蒋梦麟担任总务长的

▲蒋梦麟与蔡元培、胡适、李大钊在一起(左起)

[1]《蔡元培启事》，《北京大学日刊》1919年9月16日。
[2]《蔡校长回校视事呈部备案》，《北京大学日刊》1919年9月25日。
[3]《教务处布告》，《北京大学日刊》1919年9月30日。
[4]《蒋梦麟启事》，《北京大学日刊》1919年11月11日。
[5]《我在北京大学的经历》，《蔡元培全集》(5)，第354页。

总务处是新北大的行政中枢,由总务长处理校中庶务。原有处室也有所调整,使之成为一个系统化的有机体,教务长负责教务。校中最高立法机构是评议会,会员由教授互选,教务长、总务长以及各院院长为当然会员。评议会有权制订各项规程,授予学位,并维持学生风纪。各行政委员会则负责行政工作。北大于是走上教授治校的道路。学术自由、教授治校以及无畏地追求真理,成为治校的准则。学生自治会受到鼓励,以实现民主精神。

此后七年中,虽然政治上狂风暴雨迭起,北大却在有勇气、有远见的人士主持下,引满帆篷,安稳前进。图书馆的藏书大量增加,实验设备也大见改善。国际知名学者如杜威和罗素,相继应邀来校担任客座教授。

这两位西方的哲学家,对中国的文化运动各有贡献。杜威引导中国青年,根据个人和社会的需要,来研究教育和社会问题。毋庸讳言,以这样的方式来考虑问题,自然要引起许多其他的问题,在当时变化比较迟钝的中国实际社会中自然会产生许多纠纷。国民党的一位领袖胡汉民有一次就对蒋梦麟说:各校风潮迭起,就是受了杜威学说的影响。此可以代表一部分人士对于杜威影响的估计。他的学说使学生对社会问题发生兴趣也是事实。这种情绪对后来的国民革命及北伐战争的顺利推进却有很大的贡献。

罗素则使青年人开始对社会进化的原理发生兴趣。研究这些进化原理的结果,使青年人同时反对宗教和帝国主义。传教士和英国使馆都不欢迎罗素。他住在一个中国旅馆里,拒绝接见他本国使馆的官员。蒋梦麟曾经听到一位英国使馆的官员表示,他们很后悔让罗素先生来华访问。罗素教授曾在北京染患严重的肺炎,医生们一度认为已经无药可救。他病愈后,蒋梦麟听到一位女传教士说:“他好了么?那是很可惜的。”蒋梦麟转告罗素先生,他听了哈哈大笑。

第一次世界大战后,中国的思想界,自由风气非常浓厚,无论是研究社会问题或社会原理,总使惯于思索的人们难于安枕,使感情奔放的人们趋向行动。战后欧洲的西洋思想就是在这种气氛下介绍进来的。各式各样的主义都在中国活跃一时。大体而论,知识分子大都循着西方民主途径前进,但是其中也有一部分人受到1917年俄国革命的鼓励而向往马克思主义。《新青年》的主编陈独秀辞去北大文科学长的职务,成为中国共产运动的领袖。反对日本帝国主义的运动也促使知识分子普遍同情俄国革命。第三国际于1923年派越飞到北京与中国知识分子接触。某晚,北京撷英饭店有一次欢迎越飞的宴会,蔡元培校长于席中致欢迎词说:“俄国革命已经予中国的革命运动极大的鼓励。”

俄国曾经一再宣布,准备把东北的中东铁路归还中国,并且希望中国能够顺利扫除军阀,驱除侵略中国的帝国主义。苏俄对中国的这番好意,受到所有知识分子以及一般老百姓的欢迎。

在这同时,许多留学欧美大学的杰出科学家也纷纷回国领导学生,从事科学研究。教员与学生都出了许多刊物。音乐协会、艺术协会、体育协会、图书馆学会等纷纷成立,多如雨后春笋。教授李大钊并领导组织了一个马克思主义研究会。当时北京报纸附栏,称这研究会为"马神庙某大学之牛克斯研究会",不过作为嘲笑之对象而已。马神庙者北京大学所在地也。此时北大已经敞开大门招收女生。北大是中国教育史上第一所给男女学生同等待遇的高等学府。教员和学生在学术自由和自由研究的空气里,工作得非常和谐而愉快。

北大所发生的影响非常深远。北京古都静水中所投下的每一颗知识之石,余波都会到达全国的每一角落。甚至各地的中学也沿袭了北大的组织制度,提倡思想自由,开始招收女生。北大发起任何运动,进步的报纸、杂志和政党无不纷起响应。国民革命的势力,就在这种氛围中日渐扩展,同时中国共产党也在这一环境中渐具雏形。

在蔡元培、蒋梦麟的主持下,北大的改革也颇具成效,影响深远。这些改革大致有:

甲:实行选科制。北大内部体制的改革,几乎一直在进行。在蒋梦麟到北大的时候,实际上已有一段时间。先是援美国哈佛大学的体制,采用选科制。往日规定四年功课,不论学生性之所近与否,均须一律学习。犹如西谚所云"强马饮水"。现在开始实行选科制,准许学生于性之所近,于规定范围内自由选择,愿饮水的马则饮水,愿吃草的马则吃草,人人各随其个性而发展其学力。

乙:在学校的组织系统方面,蒋梦麟协助蔡元培进行了调整,他根据教授治校的原则,于1920年3月正式创设组织评议会、行政会议、教务会议、总务处四大部。评议会司立法;行政会议司行政;教务会议司学术;总务处司事务。教务会议仿欧洲大学制,总务处仿美国市政制,评议会、行政会议,为北大首创。各部功能与职权有:

1.评议会

评议会的设置为北京大学首创,也是蒋梦麟在北大所从事的改革中最为重要的一项改革。按照评议会的组织规定,评议会之委员由教授互选,教务长、总务长,以及各院院长为当然会员。在教授的互选中,约五人中举一人,取民主之义。北大当时有教授八十余人(讲师、助教一百五十余人不在内),举评议员十七人。校长为评议长。在评议会的第一次选举中,蒋梦麟以教授身份参选,并以相当高的票数当选。[1]

评议会的功能,简单而言,相当于民主政体下的立法机关,为学校最高立法机构。举凡校中章程规定,均需经评议会通过。评议会有权制定各项规程,授予学位,并维持学生风纪。

2.组织委员会

评议会为协助校长调查策划大学内部组织事务起见,又于1919年年11月5日下午召开本届第一次常会,议决成立一个组织委员会,定额九人,由校长指认,并征求评议会同意。蒋梦麟是这个组织委员会的委员长。按照简章规定,组织委员会的主席为校长,但校长不能出席时,则由委员长主席。[2]因而在一定意义上说,蒋梦麟此时实际上是北京大学行政上的第二把手,是一人之下,众人之上。

组织委员会成立后,首先由蒋梦麟负责起草修改完成《国立北京大学内部组织试行章程》,先后开会讨论四次,于12月1日通过试行。这个章程规定了北京大学组织管理的基本模式,即校长为大学最高领导,评议会为大学立法机构,大学行政由行政会议负责。其组成方式由各常设委员会委员长组成,校长为当然议长,教务长为当然会员,总务长为当然会员兼书记,协助校长,推行全校大政;各常设委员会有组织委员会、预算委员会、审计委员会、聘任委员会、入学考试委员会、图书委员会、庶务委员会、仪器委员会、出版委员会、学生自治委员会、新生指导委员会,以及由校长指定的各种临时委员会。各委员成员由校长指定,但明确规定以教授为限,显然这是为了实现教授治校的理想。[3]

3.行政会议

行政会议的组织体制实际上亦为北大首创,这个组织有点类似于西方民主政体中的行政执行机构。行政会议及各委员会之委员由校长推举,经评议会通过,一半采纳民主的意思,一半采取行政效能主义。行政会议由十一个委员会委员长(临时委员会不在内)及教务长、总务长组成。校长为当然议长。会员资格,以教授为限。行政会议操全校行政之权。各委员会由校长推举,评议会通过,操一部分行政之权。当时设立的专门委员会有:

[1] 此次评议会得票最高者为胡适,为六十票,其次便是蒋梦麟和俞同奎,各五十二票。详见《本校布告》,《北京大学日刊》1919年10月27日。

[2]《评议会开会纪事》,《北京大学日刊》1919年11月7日。

[3]《本校布告》,《北京大学日刊》1919年12月6日。

庶务委员会，操校舍杂务斋务卫生之行政；

组织委员会，主管大学改组，整理、起草章程，修改规定等事项。此次改组即由该委员会负责起草；

学生自治委员会，接洽学生自治事项。有学生代表三人；

出版委员会，审查出版书籍，并策划出版之行政；

预算委员会，制造大学预算；

审计委员会，审查大学账目；

图书委员会，操图书馆之行政；

仪器委员会，操仪器室之行政；

聘任委员会，审查各方面推荐来的教职员资格；

入学考试委员会，定入学考试标准；

新生指导委员会，为新生入学后的顾问。

4.教务会议

教务会议的组织体制仿欧洲大学制，其功能主要是司学术。教务会议成员由教授互选，亦取民主之义。教务处为教务会议所组织，各系主任互选教务长一人，长全校之学术，任期一年。

5.总务处

总务处的设置是仿照美国市政制，司事务。总务长及总务委员为校长所委任，纯采行政效能主义，盖学术重民主，事务重效能。总务长操全校事务之权，负责处理校中庶务。原体制中的各处室也有所调整，使之成为一个系统化的有机体，共分设校舍、杂务等十三科。其组织，合数科为一部，以总务委员长之，曰某部主任。现合校舍、杂务、斋务、卫生四科，曰庶务部，庶务主任掌之；合介绍、询问、注册、编制四科为一部，曰注册部。注册主任掌之；出版自立一部，出版主任掌之；文牍、会计两科，直隶于总务长；图书自立一部，图书主任掌之；仪器自立一部，仪器主任掌之。各员合之称总务委员，公决事务之进行，总务长执行之。分之为各部主任，执行一部之事务。

丙：诸系：此时北大各科分四组，计十八个系。已有数科而尚未成系者计五系。现已实行者计十三个系。将来添一门学科，多一系便可。各系有一主任，由教授互选，任期二年。十三个系的系主任合组教务会议，操全校学术大政。[1]

除学校正常组织系统外，蒋梦麟和他的一些同事觉得大家在一个学校里做事，

[1]《北京大学新组织》，《申报》1920年2月23日。

很应该有一个联络情谊的组织，依互助的精神，筹谋学校全体的发展，增益全体生活的趣味。他们曾把这个意思和许多同人谈过，都认为有组织一个“北京大学教职员会”的必要。[1]1920年1月21日，北京大学教职员大会推举出来一个组织大纲起草委员会。31日，北京大学教职员大会决议由前此大会所举出之本校教职员会组织大纲起草员十一人组织临时委员会。蒋梦麟为临时委员之一。2月7日，临时委员会推举胡适担任临时委员会主席，沈士远、李大钊、胡春林三人担任交际，其余诸委员从2月8日起于每日上午八时起至晚十时在总务处行使职务，轮流值班，并于每日下午六时至七时开全体委员会议。此种情况直至正式会议成立时为止。[2]3月7日，北大教职员会召开成立会，公决仍推前起草各委员为筹备选举委员，并公决由各委员公请其他教职员会同办理选举事务，于是蒋梦麟等又具名聘请一些教职员参加这项工作。[3]3月21日，星期日，投票结果全部统计出来，蒋梦麟得二百二十四票，居第三，当选为北京大学教职员会正式委员。[4]至此，北京大学教职员会正式成立。

▲老北大第三院

在北京大学一系列组织系统中，蒋梦麟担负着重要角色，除总务长外，还兼任了文牍、会计部主任、[5]预算委员会委员、聘任委员会委员、学生自治委员会委员、[6]修改预科课程委员会委员等职。[7]尤其是总务长一职，自北大改组后，所有行政上一切事宜，均由总务处负责，而取决于总务委员会。该会规定每星期一会议一次。并规定时间为下午四时至六时半，只是从实际情况看，有事稍长，无事则短。不过从总体上说，每次时间都相当紧凑。也就是说，时间虽不长，但对于校内一切事务，多所整

[1]《马叙伦等启事》，《北京大学日刊》1920年1月10日。

[2]《本校教职员起草委员会启事》，《北京大学日刊》1920年2月10日。

[3]《本校教职员会筹备选举委员致黄黼馨等君函》，《北京大学日刊》1920年3月12日。

[4] 得票多者为胡适，共二百四十八票，第二位陶孟和，二百二十六票。教员当选委员为二十六人，职员当选为十五人。蒋梦麟以教员当选。详见《本校教职员会委员选举结果》，《北京大学日刊》1920年3月23日。

[5]《本校布告》，《北京大学日刊》1919年12月8日。

[6]《各部委员及委员长之指任》，《北京大学日刊》1919年12月11日。

[7]《修改预科课程委员会启事》，《北京大学日刊》1920年3月13日。

顿。[1]总务委员会实际上成为北京大学最高行政机关，负责管理全校之事务，举凡注册、编制、文牍、咨询、介绍、图书、仪器、出版、校舍、斋务、杂务、会计、卫生等，都是总务长所必须负责管理的事情。由此可见蒋梦麟此时充当北京大学实际管理者的角色，是蔡元培不可须臾离开的重要助手。北京大学在蔡元培主持下的一些成就实际上都有蒋梦麟的一份功劳和苦劳。

在蒋梦麟主持完成的这一系列改革中，其基本精神就是要北大能够走上教授治校的道路，从而实现学术自由、教授治校的现代教育的基本理想和教育理念，以使大学真正成为不受政治干扰，相对比较独立和自主的学术机关，并以无畏地追求真理作为治校的基本准则。学生自治会受到高度鼓励，以实现民主精神。

1920年11月，蔡元培赴欧美各国考察教育及学术研究机关的状况。在他出国期间，蒋梦麟再度代理北京大学校长。[2]通过过去几个月的实践，蔡元培对蒋梦麟的能力、才干高度放心，这在他的告别演说可见一斑。他说："我这次出去，若是于本校不免发生困难，我一定不去。但是现在校中组织很周密，职员办事很能和衷，职员与学生间也都是开诚布公。我没有什么不放心的事了。自今天起，至我回来之日止，这个期内，所有职务已请蒋梦麟先生代理，诸位可以和他接洽。"[3]也正是在这个时候，蒋梦麟接到孙中山的一封信，对北京大学各种改革运动大加赞赏，勉励蒋梦麟好好管理北大，待将来条件成熟，率领北大三千子弟，投身革命。由此也可见外界对蒋梦麟几个月来工作实绩的肯定。

## 转型期的青年心理问题

1919年暑假，蒋梦麟自北京往天津、南京、上海、杭州等大城市，与各界人士交谈，并阅读全国新出版物二百五十余种中之五十余种，由此获得一个重要的结论，即五四运动以后，青年的态度已有极大改变，而这种改变又与中国将来的事业有很大关系。清末时，到处闹学潮，青年心理态度大大变迁：从尊师尊君的心理，变到反对学校主持人和反对清朝的心理，并终于引发了辛亥革命，推翻了清王朝。这一次的五四运动，如狂风怒潮扫荡全国，大家都感觉到几年里面终有一个大事业生出来。这是什么东西，人们不敢预言，但人们可以预见终有一出好戏将要上演。怎样矫正青年心理，使之健康成长；怎样看待青年心理的这些变化，都是五四后教育家必须面对的问题。

[1]《总务会议纪事》，《北京大学日刊》1920年3月25日。
[2]《由蒋梦麟代理北大校长启事》，《北京大学日刊》1920年10月16日。
[3]《在北大话别会演说词》，《蔡元培全集》(3)，第452页。

蒋梦麟指出，五四运动以后，青年已有一"心理革命"。其基本特征大概有三：

一是全国青年心里都有了一个疑问号，遇事总要问一个为什么？在这种怀疑精神支配下，不但把我国固有的思想信仰动摇了，而且把"舶来"的思想信仰也动摇了。若非真金，无论是中国铜，外国铜，都被这个"疑火"烧熔。这是五四运动与辛亥革命的一个重要区别。[1]

二是青年自己想自己说。所以现在一般青年最痛恨的是两件事，即一件就是说命令式的老话，阻碍他们的思想；一件是封报馆阻碍他们的言论。

青年心理变化的第三个特征是要求一个新的人生观。蒋梦麟说："青年心理是社会的寒暑表，掌政权的人，不要闭了眼睛不去看它的度数。亦不要看了热度增高，就以为把这寒暑表打破，热度就会减低；那就大错了。办学校的人见热度增，也不要责寒暑表。须知学生行动，是恶社会挑拨起来的。其原因在社会，不在学生。若以此责学生，好像天气的热，来责寒暑表的上升，是愚极了。"为此，蒋梦麟提醒政府及学校行政负责人应早注意及此，要知道青年的要求，帮助他们，来求满足的生活，研究社会的问题。学校与学生以互助的精神，共同做一番功夫，方是正当的办法。蒋梦麟为此提出四项具体建议：

一、奖励学校自治。遵循杜威教授提出的"教育即生活"的名言，学生自治团体就是学生求丰富生活的一个团体。学生在校时，要有丰富的生活，方能达到教育是生活的目的。

二、给学生思想自由的机会。人生问题和社会问题，要用智慧来解决。思想不自由，智慧就不发达，头脑就不清楚。若以头脑不清楚的人来研究问题，一定没有好结果。要养成头脑清楚的人，入手办法就是使思想自由发展。中国以前的教育重记忆，后来进一步重领悟，现在还要进一步，不但须领悟，还须自由下批评。做教员的要欢迎学生自由下批评，才不致阻碍思想自由之发展。

三、协助学生研究社会问题。蒋梦麟指出，使学生批评历史上一段事，或书上一句话，不如使他们批评社会状况。从现在社会状况中提出几个问题，和学生一起研究，照此办法，学生既得批评的机会，又得机会去研究社会活泼泼的问题；从实际问题上运用他自由的思想，最有益处。使他知道思想是研究社会问题的一个利器。思想自由，并不是悬空幻想的意思。

四、协助学生建立丰富的生活。蒋梦麟认为，学校满足学生丰富的生活至少有这

---

[1]《这是菌的生长呢还是荀的生长》，《过渡时代之思想与教育》，第69页。

样几种方法可以考虑:一是伦理学的研究,二是培养对自然的兴趣,三是音乐戏剧的熏陶。校内丰富多彩的生活,就是青年天天兴高采烈做种种健全活动。如此,学生还会有什么不满足,还会走上怎样极端的道路呢?很显然,蒋梦麟的这种观点确实是懂教育办教育的智者之言。[1]

蒋梦麟强调,五四后的文化新潮只有思想一方面,这也是新潮不完全的地方,也是青年心理发生问题的关键。其实,从西方社会走过的道路看,真正的文艺复兴的起始,也只是要求人类本性的权力,如思想自由、感情自由,后来引到发展自然界的新观念,和研究的新方法。照此看来,中国在五四后的新潮,广义文化的大发展,才是文艺复兴运动的第二段功夫。这就要求丰富的生活,要求科学、美术的发展。因为没有科学和美术,生活是不会丰富的。科学能制驭天然力,供给人生的需要。用科学讲卫生,能减少疾病的苦痛;用科学讲农事,能增进产量,减少乏食的贫民;用科学讲商务,能发达贸易,增进社会的富量;用科学讲哲学,能使我们的思想清楚。

至于美术的功能,蒋梦麟的看法与蔡元培比较相近,或者说他是接着蔡元培的说法,认为美术能使人的感情融合,理想高尚,精神活泼。人生在世上,其精神需要不仅在思想,感情的需要也很大。人没有丰富的感情,就可算是没有生活。

蒋梦麟还希望中国的文艺复兴运动不要渐渐地变成纸上的文章运动,在图书馆和试验室里面,不要忘却活的社会问题,不要忘却社会服务,不要忘却救中国这班苦老百姓。这是蒋梦麟对中国新文化运动的期待,是他认为中国新文化运动最应该走的方向。[2]

不幸的是,就在蒋梦麟提出"过渡时期"青年心理问题之后一个月的样子,北京大学学生林德扬竟于1919年11月16日在三贝子花园投水自杀,震动京城教育界。

林德扬原是北大法律系三年级学生,五四运动开始前,他因病在西山疗养。当他听说五四运动的消息后,立即赶到山下,抱病参加学生会国货维持股的工作,抵制日货,每天还写一篇白话文送到新闻股,帮助编辑新闻,到处奔走呼号,相当地负责任。后来他又觉得诸同学为国货负贩,事倍而功微,非根本之计。而中国之所以贫弱,也主要在于没有实业作为基础。于是他个人纠集同志创办实业,拿出七百多元,自认巨股,在东安市场开设了"北京第一国货点",以期以自己的行动为国人树立一个榜样,使中国人都来开点办厂,那样中国自然便会得救,便会强大。然而残酷现实使他处处碰壁,他所经营的国货点也以完全失败而告终,实业救国的理想彻底破灭。而他自己也就因

[1]《学潮后青年心理的态度及利导方法》,《过渡时代之思想与教育》,第66页。
[2]《这是菌的生长呢还是荀的生长》,《过渡时代之思想与教育》,第69页。

“夙疾屡发”，悲观厌世，只好投水自杀。林德扬的死是五四后青年心理脆弱的表现，由此也充分证明蒋梦麟关于社会转型期青年心理疏导意见的正确性。然而在当时北京知识界，各种认识应有尽有，林德扬的死也自然引起各界关注和议论。

11月19日，林德扬的同学罗家伦发表文章，详述林德扬自杀情形和原因，认为林德扬决不是因病想免除痛苦而死，乃是万恶社会逼着他自杀。罗家伦在文章中提出三个补救办法：

一、美术的生活；

二、朋友交际的生活（并男女朋友交际的生活）；

三、确立新人生观。[1]

罗家伦将林德扬的自杀原因推给了社会，自然有其道理，但实在说来也有其不足。蒋梦麟为此撰文指出，罗家伦的三个补救方法他都能接受，但对罗家伦文中的错误观点，也有必要指出，有必要纠正。蒋梦麟指出：

第一，中国对于自杀不算是不道德，这是不好的观念。因为杀人尚有人要抵抗，自杀就无人能抵抗。所以西洋法律上对于尝试自杀者加以罪。宗教上也视自杀为罪过。天生我堂堂的一个人，要我自己保护。我不保护，还要自杀，岂不是罪？罗家伦把这个罪加在社会身上，中国这种恶劣社会，固当承受这个罪。但社会本来不能自己改良，要我们个人去改良。社会还没有改良，人们就把自己杀了。这社会还有改良的希望吗？

第二，罗家伦的文章认为中国自杀之风稀少，正是中国人心气薄弱的一种表现。对此，蒋梦麟认为，青年自杀足以表现中国人心气薄弱，德国因中学功课太重，学生时有自杀，但德国通行的风气是决斗，不是自杀。两人决斗，败者伤或死，伤也伤了痛快，死也死了痛快。这是人心强毅的表演，自杀是自示其弱，自杀是一个大罪恶。

第三，罗家伦认为，我们要奋斗到极点，才可自杀。这个观点，蒋梦麟认为也是不对的。蒋梦麟指出，我们奋斗到极点，还要奋斗。人家杀我，我没法想，我们万不可自杀。

蒋梦麟强调，新的人生观不可能一时造成，在过渡时代，总会有许多困难和失望的事情，这是一定要经过的。困难是成功的路，开辟一个新天地，终要遇着许多荆棘。我们终须用大刀阔斧斩出一条路，为后人造幸福，从地狱里造天堂。生命只有一个，是可宝贵的，我们常常要抱乐观才好。自杀算是杀了社会上一个人，而且是杀了社会上一个有用的好人。[2]

正在北京的杜威夫人听说学生自杀的事件后表示：“我不自杀。若是我自杀，必须

[1] 罗家伦：《是青年自杀还是社会杀青年》，《晨报》1919年11月19日。

[2] 蒋梦麟：《北大学生林德扬的自杀》，《晨报》1919年11月21日。

先用手枪打死两个该死的人。”这个意思大概与蒋梦麟所说的相同或者相近，即珍惜生命，死得其所。

社会黑暗还有罪恶或许都是林德扬走向悲观的原因之一，但是无论如何人都不应该走向自杀，以自杀抗议社会。瞿秋白在林德扬事件发生后接连写了《林德扬君为什么要自杀呢》、《自杀》和《社会运动的牺牲者》一系列文章，探讨自杀与社会的关系，以为林德扬的自杀在于青年人对社会现实认识不足，抱着满腔热情去改造社会，结果社会没有被改造，反而被黑暗、罪恶的社会所改造，一遇挫折，便心灰意冷，失去信心，毫无抵御挫折、失败的信心与勇气，于是悲观，于是失望，于是颓唐，于是自杀。这种自杀固然有社会的原因在，但究其根本，还是缺少挫折教育，缺少对社会黑暗、罪恶的正确认识，要学会在挫折中振奋起来，重新开始；要学会在困境中寻找出路，寻求突破；要学会在困难中寻找乐趣，自信自强，开朗乐观，将困难仅仅看作是一个过程，看作是天将降大任于斯人的必然结果，是一次难得的机遇。果如此，就不会遇到挫折就想到自杀，而是享受挫折，遇到挫折就亢奋，就能激起奋斗前进的勇气。

蒋梦麟等人坚决反对任何情况下的自杀行为，而蔡元培虽然没有鼓励自杀，但对林德扬的自杀还是充满了敬意，着力从爱国的立场上张扬、解读林德扬自杀的意义。12月24日，蔡元培在林德扬追悼会上发表演说，强调大家今天开这个追悼会，是可怜林德扬的自杀。林德扬的自杀，是北京大学生第一个自杀的人。从林德扬的经历和精神状态看，他的脑筋也未免过敏。他对于五四运动很出力，并且创办国货店，抵制日货。这是林德扬的第一层意思。但是林德扬理想的国货店，规模是很宏大的，这种小买卖算不得提倡国货，要自己能够制造出来。但是现在哪里能做到，他就心急得很，等不及慢慢地去做了，所以决然自杀，要以此刺激他的同志，继续去实行他的计划，所以牺牲自己一身，做发展国货的广告。这是林德扬的第二层意思。现在林德扬已死，不能再活了。只有我们活着的人，努力去振兴国货，达到林德扬的第二层意思。追悼是可惜的意思，我们既然可惜他，就要体谅他的志愿，去做完林德扬没有做完的事体。[1]很显然，蔡元培是借题发挥，借林德扬之死表达自己的爱国情怀，激励青年奋发向上。只是蔡元培没有像蒋梦麟那样更多地强调生命的尊严，强调生命的不可再。

与蔡元培意思相近的还有李大钊。李大钊认为，能自杀的人固然比偷生苟活的人好，但是再转一个念头，能用自杀的精神去改造世界，比消极的自杀更好。

在此前后，《晨报》还刊登一首《读〈自杀论〉有感》：

[1]《在林德扬追悼会上的演说词》，《蔡元培全集》(3)，第368页。

凡物皆有死，死了仍再生。死死生生何劳苦！不若永死了不复生。

我昔曾绝望，自杀岂粗鲁？当我自杀时，万象皆空，情志自由，乐难数。

神魂即与体魄离，茫然如睡，无知无识，更何许？

谁谓自杀是懦夫？懦夫也能自杀，甘为虏？

利己利他两不亏。何罪，求死不自主？

今且追恨援救我的人，把我解了；死乃生之祖。

茫茫宇宙何时停？我怎能够永久死了不复生？我怎能够永久死了不复生？

与蔡元培、李大钊等人看法相近的还有陈独秀。陈独秀更是以林德扬自杀的例子说明改造社会的重要性。他以为林德扬自杀，是青年自杀中的一件。青年自杀，是全般自杀中的一件。要评论林德扬自杀的问题，就不能不从全般自杀问题说起。陈独秀指出，自杀是一种重大的社会现象，在社会学上是一个重大问题；因为自杀若成了一种普遍信仰，社会便自然破灭，哪里还有别的现象，别的问题发生呢？这样重大的问题，不是简单的感想可以解答的。基于这样的认知，陈独秀对自杀问题进行了非常复杂的社会学研究，得出的结论是林德扬的自杀是厌世而不是失恋，是对社会的不满，是社会的罪恶。这班现代的青年心中充满了理想，这些理想无一样不和现社会的道德、信条、制度、习惯冲突，无一样不受社会的压迫；他们的知识又足以介绍他们和思想潮流中危险的人生观结识；若是客观上受社会的压迫，他们还可以仗着信仰鼓起勇气和社会奋斗；不幸生在思潮剧变的时代，以前的一切信仰都失了威权，主观上自然会受悲观怀疑思想的暗示，心境深处起了人生价值上的根本疑问，转眼一看，四方八面都本来空虚、黑暗，本来没有奋斗、救济的价值，所以才自杀。像这种自杀，固然是有意义有价值的自杀。但是我们要注意的，这不算是社会杀了他，算是思想杀了他。忠节大义的思想固然能够杀人，空观、悲观、怀疑的思想也能够杀人。主张新思潮运动的人要注意，要把新思潮洗刷社会的黑暗，别用新思潮去杀光明的个人以增加黑暗。[1]

### 对于学生的期望

五四运动爆发后，蔡元培和蒋梦麟等教育界人士最大的担心是学生可能更难管理，因为学生们对于通过游行示威能够迫使政府让步可能会越来越有兴趣，学生与政府，与学校，与老师的关系可能会越来越紧张。有过晚清学潮经历的蔡元培、蒋梦麟似乎都坚信这一点。蔡元培之所以在被捕学生释放的当天毅然辞职，可能也是基

[1] 陈独秀：《自杀论》，《独秀文存》，安徽人民出版社 1987 年版，第 277 页。

于这一判断；而蒋梦麟到了北大后，对学生苦口婆心劝说致力于学问，可能也是基于这样的考量。

在主持北大日常事务的日子里，蒋梦麟不惮辞费，谆谆告诫青年学生要弄清自己真正职责与奋斗目标之所在。当五四运动一周年时，蒋梦麟与胡适联名发表文章，建议大家一起认真检讨五四运动的成就与得失，他们写道："当去年的今日，我们心里只想留住杜威先生在中国讲演教育哲学；在思想一方面提倡实验的态度和科学的精神；在教育一方面输入新鲜的教育学说，引起国人的觉悟，大家来做根本的教育改革。这是我们去年今日的希望。不料时势的变化大出我们的意料之外，这一年以来，教育界的风潮几乎没有一个月平静的；整整的一年光阴就在这风潮扰攘里过去了。"

对于五四后一年来断断续续的学生运动，蒋梦麟与胡适的基本估计是："从远大的观点看起来，自然是几十年来的一件大事。从这里面发生出来的好效果，自然也不少：引起学生的自动精神是一件；引起学生对于社会国家的兴趣，是二件；引出学生的作文演说能力，组织能力，办事能力，是三件；使学生增加团体生活的经验，是四件；引起许多学生求知识的欲望，是五件。这都是旧日的课堂生活所不能产生的，我们不能不认为学生运动的重要贡献。"

不过，蒋梦麟、胡适话题一转，他们对于这种运动的得不偿失，对于青年学生辜负不可再的光阴深感惋惜，以为是这些幼稚的青年替老年做了一些爱国的事情，是老年人的不负责任。他们认为这种状况的出现，是社会政治不清明所导致的，是中国的成年人和老人不肯出来负责任的必然结果。社会若能保持一种水平线以上的清明，一切政治上的鼓吹和设施、制度上的评判和革新，都应该有成年的人去料理；未成年的一代人（学生时代之青年男女），应该有安心求学的权利，社会也用不着他们来做学校生活之外的活动。但是我们现在不幸生在这个变态的社会里，没有这种常态社会中人应该有的福气；社会上许多事被一班成年的或老年的人弄坏了，别的阶级又都不肯出来干涉纠正，于是这种干涉纠正的责任遂落在一般未成年的男女学生的肩膀上。这是变态的社会里一种不可免的现象。现在有许多人说学生不应该干预政治，其实并不是学生自己要这样干，这都是社会和政府硬逼出来的。如果社会国家的行为没有受学生干涉纠正的必要，如果学生能享安心求学的幸福而不受外界的强烈刺激和良心上的督责，他们又何必甘心抛了宝贵的光阴，冒着生命的危险，来做这种学生运动呢？

蒋梦麟、胡适接着指出，简单一句话，在变态的社会国家里面，政府太卑劣腐败了，国民又没有正式的纠正机关（如代表民意的国会之类）。那时候，干预政治的运动，一定是从青年的学生界发生的。汉末的太学生、宋代的太学生、明末的结社、戊戌政变以前的公车上书、辛亥以前的留学生革命党、俄国从前的革命党、德国革命前的学生运动、印度和朝鲜现在的运动、中国去年的五四运动与六三运动,都是同一个道理,都是有发生的理由的。

但是如果从学生方面来说,胡适和蒋梦麟劝告学生们不要忘记:这种运动是非常的事,是变态的社会里不得已的事,但是它又是很不经济的不幸事。因为是不得已,故它的发生是可以原谅的。因为是很不经济的不幸事,故这种运动是暂时不得已的救急的办法,却不可长期存在的。

蒋梦麟和胡适强调指出,荒唐的中年老年人闹下了乱子,却要未成年的学生抛弃学业,荒废光阴,来干涉纠正:这是天下最不经济的事。况且中国眼前的学生运动更是不经济。何以故呢?试看自汉末以来的学生运动,试看俄国、德国、印度、朝鲜的学生运动,哪有一次用罢课作武器的?即如去年的五四与六三,这两次的成绩可是单靠罢课代武器的吗?单靠用罢课作武器,是最不经济的方法,是下下策,屡用不已,是学生运动破产的表现。罢课于旁人无损,于自己却有大损失,这是人人共知的。同时,用罢课作武器,还有精神上的很大损失,不利于青年世界观的养成和心理的健全:

一、养成依赖群众的恶心理。现在的学生很像忘了个人自己有许多事可做,他们很多时候似乎以为不全体罢课便无事可做。个人自己不肯牺牲,不敢做事,却要全体罢了课来呐喊助威,自己却躲在大众群里跟着呐喊,这种依赖群众的心理显然是一种懦夫的心理。

二、养成逃学的恶习惯。现在罢课的学生,究竟有几个人出来认真做事?其余无数的学生既不办事,又不自修,究竟为了什么事罢课?从前还可以说是激于义愤的表示,大家都认作一种最重大的武器,不得已而用之。久而久之,学生竟把罢课的事看作很平常的事。我们要知道,多数学生把罢课看作很平常的事,这便是逃学习惯已养成的证据。

三、养成无意识行为的恶习惯。无意识的行为,就是自己说不出为什么要做的行为。现在不但学生把罢课看作很平常的事,社会也把学生罢课看作很平常的事。一件很重大的事,变成了很平常的事,还有什么功效和灵验?既然明知没有功效灵验,却偏要去做,一处无意识地做了,别处也无意识地盲从。这种心理的养成实在是眼前和将来最可悲观的现象。

基于这种分析,蒋梦麟与胡适真诚地期望学生从今以后要注重课堂里、操场上、课余时间里的学生生活:只有这种学生活动是能持久又最有功效的学生运动。这

种学生运动至少要有这样三个重要部分:

一、学问的生活。五四后一年来,最可使人乐观的一种好现象,就是许多学生于知识学问的兴趣渐渐地增加了。新出的出版物的销数增加,可以估量学生求知识的兴趣增加。希望学生充分发展这点新发生的兴趣,注重学问的生活。要知道社会国家的大问题决不是没有学问的人能解决的。蒋梦麟、胡适所说的"学问的生活"并不限于从前的背书抄讲义的生活。他们希望学生,无论中学大学,都能注重这样几个细目:(1)注重外国文;(2)注重观察事实与调查事实;(3)建设的促进学校的改良。现在的学校的课程和教员一定有许多不能满足学生要求欲望的。他们希望学生不要专做破坏的攻击,须要用建设的精神,促进学校的改良。与其提倡考试的废止,不如提倡考试的改良;与其攻击校长不多买博物标本,不如提倡学生自己采集标本,这种建设的促进,比教育部和教育厅命令的功效大得多;(4)注重自修。灌进去的知识学问是没有多大用处的,真正可靠的学问都是从自修得来的。自修的能力是求学问的唯一条件,不养成自修的能力,决不能求学问。

二、团体生活。蒋梦麟与胡适指出,五四运动以来,总算增加了许多学生团体生活的经验,但是现在的学生团体有两大缺点,一是内容太偏枯了;一是组织太不完备了。内容偏枯的补救,应注意这样几个方面的俱分并进:(1)学术的团体生活,如学术研究会或讲演会之类,应该注重自动的调查、报告、试验、讲演。(2)体育的团体生活。(3)游艺的团体生活。(4)社交的团体生活。(5)组织的团体生活,如学生会、自治会,各校联合会、学生联合总会之类。要补救学生组织的不完备,蒋梦麟和胡适还根据他们的留学经验,建议学生应该注重世界通行的议会法规,简单地说来,至少须有下列几个条件:(1)法定开会人数。这是防弊的条件。(2)动议的手续与修正议案的手续。这是会议法规里最繁难又最重要的一项。(3)发言的顺序。这是维持秩序的要件。(4)表决的方法。(5)凡是代表制的联合会,都应该设有复决制。(6)议案提出后,应有规定的讨论时间,并须限制每人发言的时间和次数。他们强调程序正义比结果正义更重要,而现在许多学生会的章程只注重职员的分配,却不注重这些最要紧的条件,这是学生团体失败的一个大原因。

此外,蒋梦麟、胡适建议学生一定要注意团体生活最不可少的两种精神:

一是容纳反对党的意见。现在学生会议的会场上,对于不肯迎和群众心理的言论,往往有许多威压的表示,这是暴民专制,不是民治精神。民治主义的第一个条件就是要使各个方面的意见都可自由发表。用西方政治语言说,我不同意你的意见,但我誓死捍卫你说话的权利。容忍比自由更重要,没有容忍,即便你的意见一时正确,也无法保证你永远正确。独裁者并不都是傻瓜或阿斗，他们都是一群极端聪明极端智慧的人，但是他们无法保证永远不犯错误，因为独裁体制没有纠错机制；而民主体制之所以使人少犯错误或不犯错误，是因为这个体制保证了每一个人说话的权利。

二是人人要负责，天下有许多事都是不肯负责任的“好人”弄坏的。好人坐在家里叹气，坏人在舞台上演戏，天下事所以败坏了，不肯出头负责任的人，便是团体的罪人，便不配做民治国家的国民。民治主义的第二个条件就是人人要负责任，要尊重自己的主张，要用正当的方法来传播自己的主张。

三、社会服务的生活。胡适与蒋梦麟认为，学生运动是学生对于社会国家的利害发生兴趣的表示，所以各处都有平民夜校、平民讲演的发起。他们希望今后的学生继续推广这种社会服务的事业。这种事业一来是救国的根本办法，二来是学生的能力做得到的，三来可以发挥学生自己的学问与才干，四来可以训练学生待人接物的经验。在这方面，他们提醒学生应注意如下几点：(1)平民夜校。(2)通俗讲演。(3)破除迷信的事业。(4)改良风俗的事业。

显而易见，蒋梦麟与胡适苦口婆心，并不是要学生再不关心社会、关心政治，而是期望他们步入正轨，真正达到救国建国的目的。而且，他们再三向政府当局强调，学生运动已经发生了，是青年一种活动力的表现，是一种好现象，决不能压下去的；也决不可把他压下去的，我们对于办教育的人忠告是：不要梦想压制学生运动，学潮的救济只有一个法子，就是引导学生向有益有用的路上去活动。他们对学生的忠告是：单靠用罢课作武器是下下策，可一而再再而三的吗？学生运动如果要想保存五四和六三的荣誉，只有一个法子，就是改变活动的方向，把五四和六三的精神用到学校内外有益有用的学生活动上去。[1]

这大致是蒋梦麟主持北大那些年的基本原则和教育理想。

作为大学行政负责人，蒋梦麟始终强调学生要认真读书做学问，不要辜负了大好时光，不要书到用时方恨少。五四运动后一年，胡适有一天很痛心地对蒋梦麟说：现在的青年连一本好好的书都没有读就飞叫乱跳地自以为做新文化运动。其实连文化都没有，更何从谈新？五四之后，学生对于政治一直处于异端亢奋的状态，一直没有完全回到课堂，一直无法静下心来。这其中可能有政治的、政府的、成人的原因，但从青年学生自身说，学生不读书，读书不认真，就是失职，就是辜负了大好青春。

接着胡适沉痛的话语，蒋梦麟告诫学生一定要立定志向，切实读书。还有一层，

---

[1]《我们对于学生的希望》，《过渡时代之思想与教育》，第 171 页。

就是物理、化学等物质上的文化也应该同文字方面的文化并重。比如现在饥民这样多,因为交通等关系,赈济就这样的困难。有时传染病发生,也往往弄得手忙脚乱,死丧无算。这都是物质文化太不发达的弊病,我们不可不注意,青年一代学生不能不立志从物质文化上寻找解决办法,技术的进步往往也是推动社会进步的一大利器,不能让所有青年学生都在改造社会上下功夫,总要有人去钻研学问,钻研技术,钻研科学,直接造福于人类。

在谈到学生自治问题时,蒋梦麟依然强调程序正义,建议青年学生从民主的ABC入手。他指出,许多学校的学生会没有很好地发挥作用,没有成为学生向往的家园,可能有很多原因,但最可惜的就是学生会总没有好好地组织,开会时秩序也不甚整齐。我们时常说国会、省议会如何捣乱,其实像这样子,叫学生去办国会、省议会,又何尝不会捣乱呢?所以开会时必须注意议会法才好。

民主的真谛是个人主义精神的彻底释放和张扬,所以在蒋梦麟主持北大的时候,格外重视学生个性主义的养成。他时常告诉北大学生:东西文明的不同,即在个性主义。比如希腊的文化,即以个性为基础,再加以社会的发达,方能造成今日西方文明。孔子虽然也讲个人,但是相对的而非绝对的,讲起个人总是联说到家族和社会上去。所以真正的个人主义,就是以个人为中心,以谋社会的发达,并不是自私自利。西方近代文明之所以如此发达,就因个人与社会同时并重。譬如双马车,定要两匹马步骤和谐,这车才能走得快。北大这么大的一个学校,研究学问、注重品行的件件都有,就是缺少团体的生活。所以蒋梦麟始终希望北大学生一方各谋个人的发达,一方也须兼谋团体的发达。从前严厉办学的时代,是“治而不自”,后来又成了杜威新教育理念所说的“自而不治”。蒋梦麟认为,任何偏颇都是不好的,合理的最好的结局是既要“治”,又要“自”,要“治”与“自”双方并重才好。因为办学校仅仅用法律手段进行管理,是决计不行的,必须借助于感情化导,使大家互以良好的情感相联络。这样,充分的个性主义得到释放和张扬,愉快的团体生活得以建立和推广。[1]这就是蒋梦麟理想中的大学形态。

五四运动的结果是那几个被当时认定为卖国贼的官僚当了替罪羊,中国的政治格局、政治体制并没有因为五四而改变,民主政治体制的大格局使学生运动在五四后一发不可收拾,学生一度成为中国政治舞台上的主力军和最大的牺牲者。这是中国政治的不幸,也是中国政治的悲剧。究其实质,很多时候不是“学生运动”而是官僚政客

[1]《北京大学开学演说词》,《过渡时代之思想与教育》,第403页。

“运动学生”，是官僚政客利用学生的幼稚、热情和冲动，将学生作为人质，作为牺牲。所以作为大学行政负责人，就有一个怎样才是真正保护学生、爱护学生的问题，是鼓励学生无休止地介入政治，充当政治的牺牲呢，还是告诫学生谨慎地介入政治，热情地投身于学问呢？在具有“左”倾思想的学生和政治家看来，蒋梦麟几乎始终是右倾，因为他素来不赞成学生放弃自己的主要责任，去做那些本不该自己去做的事情，去承担的责任。

蒋梦麟对于学生的态度是一贯的，素来反对学生进行政治斗争，更反对学生为了政治斗争而作无谓的牺牲。他于1923年北京大学成立二十五周年纪念时曾感慨地说：今天是北京大学过第二十五诞辰的日子，北大已生存了二十四年，将占一世纪的四分之一了。这二十四年内，正是中国生活剧烈变迁的时代。她在北京首都城内，真所谓饱经世故！北大出世不久，就遇着戊戌政变。继遇着义和团变乱，管理北大的管学大臣许景澄因极谏清廷勿妄信义和团的神功，而处极刑。生徒分散，校舍封闭。又遇着辛亥革命，清帝退位；袁氏称帝；张勋复辟。种种变故，本校均身历其境。这些变故，均是先一新动机，连接一反动。戊戌政变是新动机，义和团动荡是反动。辛亥革命是新动机，袁氏称帝，张勋复辟，是反动。世界进化，原是如此。进化从来没有一帆风顺的。近几年来，学生运动是新动机。现在又遇一反动；这反动就是教育破产。蒋梦麟指出，北大今天过第二十五生日的日子，刚遇着教育破产的时期。我们还要庆祝什么呢！我们不是庆祝这破产的反动。我们庆祝的，是这反动之后，极而复反，将来未来的一个新动机。这新动机是什么？这是我们的希望，因我们的希望而努力。希望什么？努力什么？这要我们全校师生的反省。[1]

### 知识阶级的责任

反省的结果，就是分清各自的责任，尤其是知识阶级的责任。蒋梦麟指出：在没有讨论知识阶级的责任问题以前，必须问谁是知识阶级中的人。现在我们所谓知识阶级，大都指投身于教育事业者而言。其次为出版界的著作者和编辑者，再其次为其他操必以高等学术为基础的职业者。再其次为散于各界中之对于学术有兴味者。教育界及著作界以知识为终身职业，故为知识阶级之本位，余者只可谓与知识阶级接近者，因其职业本不为单纯之知识。若以全国之人口区域两者而论，此种人在中国实居少数。以少数之少数，欲负何等重大之责任，而能胜任愉快者，实为不易之事。

---

[1]《北京大学第二十五年成立纪念日的感言》，《过渡时代之思想与教育》，第418页。

更进一步，蒋梦麟认为，知识界是否能成一阶级，在今日中国亦属一疑问。因既成一阶级，必须具有两个条件：第一，在社会上必占有一种相当势力；第二，本身必有一种团结和组织。现在中国知识界，不能谓在社会上无相当势力，亦不能谓无一种比较薄弱的团结。但组织两字，实在还谈不到。现在所有的组织，或者为太近于形式的，定期开几次会，通过不关痛痒的或肤浅可笑的几个议案，打几个铺张门面的通电。即使有几个有价值的议案，事后大家也都忘了的。或者为特别事故，临时结合的团体，风潮一过，就无人过问。

照此看来，蒋梦麟认为中国所谓知识阶级人数既少，又加散漫无组织，哪里配得起这个名称。所以在社会上虽占有一部分的势力，其薄弱也可想而知了。不过其中还有几个个人，比较的思想尚清楚，事实尚能研究。这几个个人有时发言，尚能唤起一般人注意，所以外面的人看着，似乎有一个知识阶级存在于中国，实际上亦不过是一个“纸糊老虎”罢了。只要“有枪阶级”的枪刺一戳，就成一个窟窿，从窟窿窥视，里面是一个空架子。不过有几个人，尚能在“纸虎”以外单独的奋斗，这“纸虎”也仅仅因为靠着他们的奋斗，还在那边雄赳赳地蹲着。

蒋梦麟指出，“纸虎”终有一天要戳破的，人们何苦要这个“纸糊老虎”呢？现在所谓什么会，什么团体的本身，是要不得的了。其中的个人，快快释放出来，单刀直入的奋斗。匹夫之勇，究比睡觉的大队人马好些。很显然，蒋梦麟不认可知识界的少数人去绑架多数人，更反对知识界的少数人以多数人作人质。有本事有兴致的知识人完全可以凭借个人的力量闯荡江湖，发挥影响，而不必躲在多数人的后面充当军师，充当幕僚，充当领袖。

在蒋梦麟看来，外边的人们或社会上，要认这几个个人为知识阶级的代表也好，只认他们是个人也好。只要是精神上的联络，暂时无形质上的组织，也不妨事。与其为奄奄无生气的组织，不如和活泼泼的个人联络。

外界的人们，或者说社会上对于知识界的希望，或者说人们对知识界最关心的，就是切身苦痛。大多数的人们，大凡利害不切身，是无动于衷的，是愿不顾及的。这也是人类共同的弱点。一旦痛苦切身，有能力的，就直接求解免的方法，间接求他方之同情和助力。能力薄弱的，自己无求直接解免的能力，就间接地希望他人代为解免。乱世愚民希望“真命天子”的出现，乡民遇水旱之灾，希望老佛爷发慈悲心，都是从这个心理中出来的。就是我们希望军阀自己觉悟的人，也是同一心理。然而要希望军阀自己觉悟，简直就是希望老虎不吃人了。

蒋梦麟郑重告诉人们：“真命天子”是不会出来的，北京城里有了一个“假命天子”，前几日还被冯玉祥等人给撵跑了；老佛爷坐在莲花池上，在极乐世界里闭了眼打坐，早忘却了我们小百姓。老虎不吃人，是生物学上所不许的。老虎真的不吃人了，生物链或许就中断了，人类的灾难或许就更大了。

自己无直接解免痛苦能力的人们，他们的希望不会临到知识界的头上来的。知识界现在所负的责任，在尽力负间接求同情和助力的人们的希望。知识界也可以间接求他们的同情和助力，不必抽象地唱救国拯民的高调了。抽象的国和民，是无从着手拯救他们的。

蒋梦麟强调，我们把知识界的责任，已假定了一个范围。不能自助者，除灌输常识给他们为自助之资料外，不必助他，也无从助他。反言之，知识界不能自助，也不必求人助。知识界的责任，在与有相当能力者之互助。

在这互助范围以内，蒋梦麟推测他界希望知识界的帮助，或者说他界那些切肤之痛就是政治上的捣乱，影响于经济和治安。表面上似为军阀问题，基础上究是政治问题。这不但是他界所受的苦痛，也是知识界所受同样苦痛。

对于政治问题，他界视之过于近；知识界视之过于远。他界看政治上的捣乱，以为赶掉几个贪官污吏、强暴军人，求几位贤父母来做省长、督军，就好了。稍远的以为把制度改订，如废止议会，设立委员制等类，政治就可改良。这种办法，我们不能不承认是有益的。但不过是头痛医头，脚痛医脚的办法。根本的病症，还潜伏在里面。知识界看政治上的捣乱，以为根本在社会不良的缘故，社会一日不改良，政治清明一日无希望。要改良政治，先要改良社会。更进一步说，社会不良，根本原因在科学、学术、思想的不发达。要改良社会，先要提倡科学、学术、思想等。

他界希望知识界的，是用什么帮助他们来解决现在的政治问题，减少他们的切肤之痛。而知识界答他们的，是先改良社会，或发展学术、科学、思想等。这不但在他界看了有些迂远，知识界自身有时也觉得有讨论的必要。因为政治不良，于改良社会，发展学术、科学、思想等，有许多的阻力；有时简直是行不通。知识界这几年来自己所受的苦痛，所得的经验，足以证明这话是不错的。

知识界看政治问题、社会问题、学术问题，彼此循环不息，好像走进一个万恶的圈子里，转来转去转不出来。这个问题好像古代的一个老问题：鸡生蛋呢，还是蛋生鸡？这个问题，以纯粹逻辑学去辩论，是达不到断语的。人们只好说，鸡是蛋所生的，蛋亦是鸡所生的。有了好鸡，自然能生好蛋；有了好蛋，自然能生好鸡。善养鸡的，择好鸡来生好蛋，择好蛋来生好鸡，两面都要做。社会能影响政治；政治也能影响社会。社会能影响学术；学术也能影响社会。无论从哪一方面做起，都是有效的。这种循环论证,其实就是“正确的废话”,等于什么都没有说,这当然是社会各界对知识界所失望的。

但知识界往往借口社会和学术的重要,来躲避实际政治的麻烦问题,这是不对的。许多人看见实际问题解决的困难,知道唱几句社会和学术的高调,最容易交卷,就把学术和社会的研究,作为避世的桃源。或者钻进学术和社会的研究里面,忘了应世的目的。前者之结果,必养成万恶的政治;后者之结果,产生一班不切世务的迂儒。照此看来,研究实际政治的责任,知识界是不能逃避的。

若我们承认知识界应负研究实际政治问题的责任:更进一步说,知识界对于政治,以发表言论,必引起政治界的干涉而起冲突,因冲突而引起实际参与的兴味,故最后是避不了参与的。不过我们须认定参与要有界限罢了。

根据这些分析,蒋梦麟以为知识界参与实际政治问题要有两个条件:

一、维持现状的实际政治,是不必参与的。因为维持现状的政治人物,任何一个国家都有很多,不必知识界来供给。

二、改革或革命的实际政治,才有参与的价值。然亦须以不妨害研究学术和较远的问题为界限。不然,知识界失去自己的本职,还有参与政治的资格吗?蒋梦麟据此引申,譬如五四运动,我们不能不承认有相当效用,但结果还是一个失败。其流毒于全国学校,其害与驱逐几个恶人和阻止巴黎和约签字之利相比较,人们实难定哪个轻哪个重。外交上的利益,是人们所承认的。政治的恶劣如故,是人们也看见的。学校成绩的退步,青年的堕落,人们不能不承认自大学至中学,全国滔滔皆是。这样下去,不但现今的政治无法改良,将来的政治仍是没有希望。悬崖勒马,能发能收,这是知识界的本职。

总而言之,蒋梦麟认为,知识界要讨论或参与实际政治,决不可忘了自身本职:发展学术、科学、思想等。于本身上站不住脚,就不配谈改良政治;也不可利用自身本职,作避世的桃源,或忘了那学术、科学、思想等和现实世界并不都是可以隔离的。亚利士多德说人们是政治动物,就是说人们不仅不能逃避政治,反而对政治有一种本能,有天然兴致。只是蒋梦麟再三致意,知识阶级讨论政治不要忘了自己的本职,不要拉别人作人质作牺牲。[1]

这是蒋梦麟的一贯主张,我们在后面民族危机日趋严重的时候,还会看到蒋梦麟勇于担当的大无畏气质,但他同时又坚决反对鼓动学生,以学生作人质作牺牲。

---

[1]《知识界的责任问题》,《过渡时代之思想与教育》,第91页。

蒋梦麟的这种认识与坚持，既与其所受西方民主教育的影响密切相关，也是他在北京大学工作几年的切身体会，似乎也与孙中山此时所思考的“革命军的基础在高深学问”的思维路数相一致。事实上，孙中山此时正启程北上，且着意准备各种参考书刊，计划在北京大学完成民生主义的讲演。行经日本时更着意搜集了一些新的资料。不幸的是，孙中山一抵达北京，即因病而住进医院，且在那里不幸逝世。他的演讲计划也就成为永远的遗憾。

基于这种政治理念，蒋梦麟在主持北大校务的那些年里，他虽然一再要求北大学生不要轻易地介入政治纷争，要求北大教师在参与政治纷争的时候，使用自己单独的力量，而不要轻易介入某些政治团体。但是，出于知识阶级最起码的社会责任心，蒋梦麟几乎一直对社会问题、政治问题保持高度警惕和重视，不断就政治问题、社会问题发表他自己的见解，并与志同道合者结成团体，以团体的力量作政治上的努力。1921年5月21日，蒋梦麟与胡适、王徵、丁文江等决定发起组织“努力会”，并由胡适为“努力会”起草了一个章程，主要内容有：

一、在会的人共同信守下列四项信条：

1.我们当尽我们的能力谋我们所做的职业的进步。

2.我们当互相联络，互相帮助，并当极力使我们所做的各种职业也互相联络，互相帮助。

3.我们当尽我们的能力，或单独的或互助的，谋中国政治的改善与社会的进步。

4.我们当随时随地地援助有用的人才。

二、凡有下列资格者，得会员三人的介绍，经本会会员审查后，复经当地全体会员议决，皆得为会员：

1.有正当的职业，或有职业的能力。

2.有诚实可靠的人格。

三、本会由创始人公推理事会秘书一人主持会务。以后，凡有本会会员三人以上之地方，得组织分会，公推理事秘书一人。

四、本会的总会与分会皆应有会员审查会，以入会最早的会员三人组织之。此外遇必要时，理事得组织长期的或临时的委员会，或委任长期的或临时的职员。

五、有关经费。（略）

六、本会的性质为秘密的。（后经王云五建议改为“此会暂时为不公开的”）

七、本会会员每月至少须聚会一次。分会理事每月至少与总会通信一次。不在一处的会员，每月至少与本会理事通信一次。

八、本会会议时，概用西洋通行的议会法规。

九、本会第一年为试办期。

十、本会以中华民国十年六月一日为成立日期。

“努力会”成立后，王云五、蔡元培、任鸿隽、陈衡哲、朱经农等先后加入，此后并没有什么发展，似乎更没有什么突出的活动，组织机构似乎也没有按照章程所设想的那样建立起来，但是这个组织在一定程度上反映了蒋梦麟等自由主义知识分子在当时政治条件下确实试图在政治方面进行某些“努力”，以回应社会各界对知识界的期待。

在积极参与团体生活的同时，蒋梦麟更愿意像他要求别人那样，更多时候以个人力量参与现实政治，而不是利用自己的政治背景和职业背景。譬如在当时成为社会舆论焦点的裁兵运动，蒋梦麟就于1923年1月1日与黄炎培、余日章、聂云台等一起被全国商会联合会推举为裁兵劝告员，并联名发表通电，提出裁兵与和平统一的政治主张。[1]他之所以被推举为这些机构的成员，肯定与其职业及北大行政负责人的地位有关，但他所发表的言论和主张，从来刻意剔除职业背景，而是从广义的知识阶级立论发言。

## 北大之大

自从蒋梦麟到了北大之后，他便将自己的生命与北大紧紧地联系在一起，他每日所思所想，实在都是如何建设北大的事情。只是碍于经济及政治环境方面的困难，蒋梦麟的许多理想并不曾实现。他理想中的北大一定是世界第一流的大学，一定是要在世界教育、科学方面占有重要地位的高等学府。因此他在录取新生时便格外重视学生的素质和质量，不愿以数量牺牲质量，不愿扩招，不愿轻易扩大规模，因而往往引起外界的许多误解和责难。对于这些责难与误解，蒋梦麟总是耐心解释，反复表示北大之大不在其规模大，而在其质量高，北大历年招生，录取新生，标准为重，不甚拘守定额。然而由于中等教育的原因，在好多年的录取中，不想各地中学毕业生能合北大标准的，竟一年少似一年，这是现在教育界一个重大的问题。从北大方面当然有检讨的余地，北大在蒋梦麟主政的那些年，经常以表册统计分析各年录取情况，报告各地中学，使各地中学知道他们的学生有几分之几不及格，所欠缺的是哪些功课，请他们注意改良。北大在蒋梦麟的主持下，宁缺毋滥，从不以数量牺牲质量，所以那时的北大

[1]《复聂其杰等函》，《孙中山集外集补编》，上海人民出版社 1994 年版，第 308 页。

虽然受到一些批评或责难，但人们对北大还是由衷赞佩和仰视。[1]

在硬件方面，蒋梦麟的理想也是要建设一个像样的大学，各种设备应有尽有，理想的北大希望拥有世界上最好的“工具”，要有世界上最好的实验室，最好的图书馆，最好的大礼堂，为师生提供最好的研究和创造学问的地方。[2]这是蒋梦麟的梦想。在那些年里，他就为这样的梦不懈奋斗，不懈追求。

在科学研究和教学方面，蒋梦麟也有自己的一套想法。他认为，北京大学是中国一所高等学府，而且是中国新文化的中心，承担着引领中国文化进步的责任。所以北大在规划自己的未来时，决不能从自己狭隘的立场去考虑，而应该放在整个中国发展的大框架中去盘算去衡量。他在1920年提出北大的三个奋斗目标，以为这三件事最值得北大去做：

一、当输入西洋的文化，用全力去注意它。蒋梦麟说：这话虽是老生常谈，不过现在我们是要去实行。从前张之洞说“中学为体，西学为用”，总要体用兼备才对。现在我们却要把这话反过来说了，当以“西学为体，中学为用”，或者简称为“西体中用”。这是蒋梦麟的一个朋友说的话，非常有道理。因为中国的国学须经过一番整理的功夫才行；整理国学，非用西洋的科学方法不可。所以第一步还是先要研究西学。况且现在应用的学问，大半须从西方得来。以北大而论，想着实的来输入西方文化，先要改良图书馆，多买西籍，更重要的是诸位导师，诸位同学，都能够熟悉英、德、法等各种语文，能直接看各种文本的书，不至于有不懂和误解的地方。在北大，要是外国文不太好，无源之水，将来一定是要干涸的；能谙习了外国文，能多读外国的书籍，那么宝藏兴焉，北大才不愧为中国第一高等学府的称号。否则，北大学生外国文程度虽然也有

▲蒋梦麟与北大国学研究所同仁在一起

[1]《北京大学开学词》，《过渡时代之思想与教育》，第408页。

[2]《北京大学第二十五年纪念日演说词》，《过渡时代之思想与教育》，第420页。

好的，但多数同学的外国文程度总有些儿不够，那就是很丢人的，是北大很没有面子的事。

二、当整理国学。蒋梦麟认为要是随随便便地拿起中国的什么书籍来看，是没有用处的。我们如果有了学问，应当去做乾嘉时代一般学者的功夫，以科学方法去研究，去整理，经过研究和整理，待条件成熟时，好出一部北大的《国学丛书》。现在商务印书馆虽说出了一部《四部丛书》，其中善本虽不少，但未经今人用科学方法整理过的。我们若能够以科学方法研究出来的结果，出一部《国学丛书》，使将来一般国民，领会了国学以科学方法来研究的好处，更能使将来的中学中或是一般国民，拿起一部《国学丛书》来，便可以知个国学的大概，用不着再要拿许多的书来读才知道，这就是有益于国家有益于民族的求学方法，也是最经济求学方法。

三、当注重自然科学。蒋梦麟认为，注重自然科学对北大来说具有不言而喻的重要意义。现在文化运动基础不稳固，缺点就因为不注重自然科学。我们若想使文化运动的基础稳固，便不得不注重自然科学。西洋文化所以如此发达者，就是因为它们的根基打在自然科学上。而且现在我们首当明白的，要晓得在中国十年或十五年后，必有一种科学大运动发生，将来必定有科学大兴的一日。所以无论是文科的、法科的、理科的诸同学，凡关于天文、地理、物理、生化类的自然科学上，都当着实地注意才好。在学校方面，要把经费节省下来，把理化的仪器室特别地推广，好请一般同学和教职员诸君切实地去研究切磋，使有最新式最完全的实验室来实现。蒋梦麟的理想是，北大不仅要研究西洋已发明的科学，且要来发明新原理。这样下去，庶几方有稳固的根基。要有争当世界第一的勇气和信心。[1]

除了要将北大办成世界一流学校外，蒋梦麟同时期望北大能够具备自己与众不同的精神，成为中国教育特别是高等教育的楷模。他指出，北大屡经风潮，至今犹能巍然独存，绝非偶然之事。北大全校一致的奋斗，在历史上已不止一次。当在奋斗的时候，危险万状，北大命运有朝不保夕之势；到底每一次的奋斗，北大终得胜利，这是什么缘故呢？蒋梦麟的解读是：

第一，北大具有大度包容的精神。俗语说“宰相肚里好撑船”，这是说一个人能容，才可以做总握万机的宰相。若是气度狭窄，容不了各种人，就不配当这样的大位。凡历史上雍容有度的名相，无论经过何种大难，未有不能巍然独存的。千百年后，反对者、讥议者的遗骨已经变成灰土，而名相的声誉犹照耀千古，时愈久而名愈彰。

[1]《北京大学第二十三周年纪念日演说辞》，《过渡时代之思想与教育》，第416页。

个人如此,机关亦如此。凡一个机关只能容一派的人,或一种思想,到底必因环境变迁而死。即使苟延残喘,窄而陋的学术机关,于社会决不可能有什么大的贡献。虽不死,犹和死了的一般。

蒋梦麟认为,北大自蔡元培掌校以来,七八年间这个"容"字已在北大肥沃土壤里根深蒂固了,所以北大内各派别均能互相容受。平时于讲堂之内,会议席之上,作剧烈的辩驳与争论,一到患难的时候,便共力合作。这是已屡经试验的了。

但容量无止境,我们当继续不断地向"容"字一方面努力。宰相肚里好撑船,那么北大的肚子里就应该能够行驶飞艇才好。

第二,北大具有思想自由的精神。人类有一个弱点,就是对于思想些许越出本身日常习惯范围以外,一般人们恐慌起来,好像不会撑船的人,越了平时习惯的途径一样。但这种思想上的胆小鬼,被北大渐渐地压服了。北大是不怕越出人类本身日常习惯范围以外去运用思想的。虽然北大自己有时还觉得有许多束缚,而一般社会已送了北大一个洪水猛兽的徽号。

北大里面,各种思想能自由发展,不受一种统一思想所压迫,故各种思想虽平时互相歧异,到了某种思想受外部压迫时,就共同抵御外侮。引外力以排除异己,是北大从来所不愿为的,所以北大虽处恶劣政治环境之内,尚能安然无恙。

蒋梦麟指出,北大正是有了兼容并包、思想自由的精神传统,正是有了这样两个特点,因此又产生两种缺点:能容则择宽而纪律弛;思想自由,则个性发达而群治弛。所以,蒋梦麟强调,要建设世界一流的北大,就必须在坚持传统,坚持兼容并包、思想自由的同时,要在相当范围内整饬纪律,发展群治,以补传统之不足。[1]

文化的积累是社会进步的根本条件,这是蒋梦麟的一贯思想,也是他在北大负行政责任那些年不断向师生们进行鼓吹的一个观点。他经常以"能发能收是知识界的本职"告诫师生,严格要求并衷心希望北大师生不要介入不必要的政治纷争之中。然而由于形势所迫,蒋梦麟的这一观念在那时不仅收效甚微,而且他本人有时也不得不介入那些不必要的纷争之中。

在当时,蒋梦麟所介入的纷争中,最为严重并最具影响的当数北大及北京教育界与政府之间在经济上的纠纷,历史上又称作"索薪运动"。这是一个非常荒唐的运动,是一个具有正常运转机制的国家根本不可思议的事情。然而这种事情就在那时发生了,而且还影响那么深远。

[1]《北大之精神》,《过渡时代之思想与教育》,第473页。

那时的北京政府拥有民主初期的所有特色，几乎一直没有形成稳定的政府机制，不仅内阁更换频仍，即便是大总统也是不停顿地换来换去，因此包括北大在内的北京各国立高等学校很容易陷入经济困难之中。再加上五四运动后政治方面的原因，政府对学生们不断闹事确有反感，因此政府对学校的态度便有相当大的改变，并不是全力支持学校安心办学，甚者还有各学校的心思。傅岳棻之来就是为安福系出力，他曾口出大言，谓能一手包办，以致各校异常激愤。傅岳棻的目标据汤尔和的观察首在北大，尤为蔡元培，他先是用胡仁源以去蔡，已见事实。[1]

从当时实际情况看，北京政府既然对北大以及北京其他一些学校不太信任，因此便自然期望从根本上加以解决。即便在蔡元培已经回校复职后，北京大学在蔡元培、蒋梦麟的主持下已基本恢复正常，但北京政府尤其教育部某些人恰当此时确曾试图用胡仁源或蒋智由去取代蔡元培出掌北大。

蒋智由是蔡元培的老朋友，他们早在1902年就一起创建中国教育会，后又一起参加同盟会，再后来蒋智由虽然与梁启超的《新民丛报》、政闻社关系更加密切，但那还只是政治理念上的分歧，还不至于深刻影响他们之间的关系，更不足以使他决心与蔡元培为敌。所以当他获悉这条传闻后，迅即致函蔡元培，表示自己根本无意于取而代之，劝告蔡元培不要听信谣言，伤害友谊。

收到蒋智由的来信时，蒋梦麟已在北大主持事务一个多月了，北大的各项秩序已大致恢复，蔡元培也正在准备北上复职。然而这个消息太重大了，北上复职的事似乎还值得重新考虑。所以，蔡元培于1919年9月2日复信蒋智由表示：

政府拟请公任北大校长，为事择人，可为教育前途幸。在公不愿任此，自有苦心。弟已电告蒋梦麟君，并同时发一快函详言之矣。惟弟衰病侵寻，久思息肩，如公肯接办，以赎弟数年来溺职之咎，在弟实为深幸。务祈惠然允任，幸务固辞。[2]

北京政府拟请蒋智由出任北大校长的消息或许是事实。不过在蒋智由看来却绝对不可能。他在次日复信中明确告诉蔡元培：

孑民先生：

得书深幸。先生乃反劝弟就任校长之职耶？弟却未敢劝先生之复职。为之一笑。今取赋诗断章之义，曰我心匪石，不可转也，此之谓也。弟平生正言直行，如果有益大学，欲就则就。今既言不就，则必不就矣，岂有二语哉？谨附上《入山明志告白》一纸，先

[1]《汤尔和致胡适》，《胡适来往书信选》（中），第89页。

[2]《复蒋智由函》，《蔡元培全集》（3），第339页。

生览之,亦可知其金石之志。

蒋智由的《入山明志告白》见于当时京沪各报,文曰:

> 现以北大开校,蔡先生病未北上,校长莫定,有拟以智由长大学者,业已驰书决谢,必不望就,坚如铁石。智由以超然之身,发公正之论,必处于不官不党之地,方能副此素志。校长之职,虽异仕途,亦决不投身其中,致受牵率。日内便拟入山,取古人如有复我则在汶上之义。暂时有来往信函,或未及收到,恕失答复。毁誉亦不闻问,明此志于天下。蒋智由启。[1]

很显然,北京政府虽然对蒋梦麟主持北大日常事务还算满意,但对教育界始终不得安宁则非常不满,究其因,政治高层认为还是蔡元培兼容并包,学术自由惹的祸,解铃还得系铃人,因此要想教育界安宁,可能还是要寻找机会去掉蔡元培这个象征。所以政府欲以蒋智由或其他人来取代蔡元培的说法并非空穴来风,而是确有其事。

但是,对于这件事情的价值与可能性,胡适在后来曾表示怀疑,并指责汤尔和无论如何不该在1919年下半年以这个并不太能成立的理由煽动学生罢课,煽动老师与政府进行斗争。胡适说,1919年底北京教育界罢课的事情,汤尔和也是为流言所误。当时,蔡元培已归来坐镇,北京教育界何畏一个傅岳棻?北大和北京各高等学校只要能好好地办教育,政府哪里有力量动摇教育?不幸我们教育界自己毁自己,不惜先后罢课至近两年之久,就使北京教育界纲纪荡然,名誉扫地。此岂傅岳棻之过哉?这简直就是汤尔和与马叙伦等少数人不明大体所造成的罪恶。

对于胡适的指责,汤尔和当然不能同意,他说1919年冬天的罢课,他自己也曾不以为然,并不热心。然而胡适根据汤尔和的日记指出,即便1919年冬天的罢课不是你汤尔和主动,但汤尔和替马叙伦起草罢课宣言则是事实。所以胡适深深怀疑汤尔和终是为理学书所误,自以为是,嫉恶如仇,故不免为马叙伦等人所利用,结果就是给北京教育界带来了一系列危害乃至造孽。

汤尔和反复声明,对于当时罢课举动,他并不以为然。即使造孽,亦不在此。以别一意义言之,"留蔡助蒋"真乃孽障。而这一层既是胡适对汤尔和的肯定,以为他在"留蔡助蒋"中立了大功,不仅有功于北大,而且有功于蒋梦麟。假如蒋梦麟不是此次来到北大,还真的不知道蒋梦麟会在黄炎培的影响下发展成什么样。但是不知何故,汤

[1]《蒋智由入山明志》,《蔡元培全集》(3),第340页。

尔和到了这个时候竟然有点后悔。[1]

胡适表示，造孽一层，历史如此，本不值得争论。但汤尔和一再提及“留蔡助蒋，真乃孽障”，这使胡适颇有感触。胡适说，当时他从上海赶回北京时，蔡元培已离京。当时如果胡适在北京，必劝阻蔡出走。领袖做事，当有风度，蔡元培当年之出京，以当日胡适的眼光观之，实甚失领袖之风度。蔡元培这样的学界领袖岂能是徐树铮等人所敢危害的？即便以后来的眼光看，胡适也坚信，如果当年蔡元培不出京，1919年下半年的纷争或者没有，至少亦不至如当日之扰扰至半年之久。[2]

北京政府在1919年下半年学潮大致平息后依然有换掉蔡元培的想法或许是真的，但由此而来的问题便是胡适所说的以汤尔和、马叙伦为中心的浙籍人士对此决不会轻易答应。然而他们此次向政府发难的理由毕竟不能名正言顺地以维护蔡元培为口号，于是便有要求政府及时支付北京各国立学校薪水的斗争。

而在当时这种特殊历史条件下，北大以及其他七个国立大专学校的教师，确实从五四运动结束后，几乎一直不能按时领到薪水。他们常常两三个月才能领到半个月的薪俸。但是颇为奇怪的是，当他们一罢课，他们通常便可以从教育部挤出半个月至一个月的薪水。政府政策的漏洞为那些试图闹事的师生提供了机会。于是罢课、罢教成了当时的家常便饭，也成为北京师生对付政府的一个屡试不爽的战斗武器。于是汤尔和、马叙伦们便决定利用这一点向政府发难，组织发起一场又一场声势浩大的北京学校教职员“索薪运动”。

按照胡适的说法，这次索薪运动起于1919年10月10日国庆日。那时他正在山西，到他回来的时候，教职员代表马叙伦等人已在进行中了，想阻止已经来不及了。胡适等人就只好听马叙伦等人领着大家胡闹。

其实，这次“索薪运动”的发动，很难说是谁利用了谁，谁蒙骗了谁。这次运动与政府改组特别是政府内部矛盾也有关联，而政治派系的详细情况在当时并不都为学界所知。1919年11月，靳云鹏预备组阁，靳云鹏与安福系都提出了各自的阁员名单，双方的主要争夺在内务部、财政部这样的肥缺，并没有人将精力、关注点放在教育部。到了12月3日，靳云鹏内阁名单出台，财政、内务被靳云鹏和安福系分别瓜分，各占一个。至于教育部，原本并没有人注意，然而由于北京政府任命傅岳棻为代理教育总长，否决了靳云鹏提出的夏寿康，这就使政府内部的矛盾突然激化，引起新的利益纷争。

傅岳棻原为优级师范毕业，历任山西抚署文案，1904年起任山西大学堂教务长

[1]《汤尔和致胡适》，《胡适来往书信选》（中），第292页。

[2]《胡适致汤尔和》，《胡适来往书信选》（中），第295页。

及代理监督、监督，京师学部总务司司长、普通司司长，还算有资历。只可惜他在五四运动中给教育界留下的形象不太好，在被任命为次长代理部务时，就被马叙伦给予尖刻的批评与嘲弄，以为傅岳棻“有资无望”，与教育界太无渊源，由他担任教育部代理总长，简直是莫名其妙，所以一场以反对傅岳棻为实际目标的斗争立即酝酿起来了。

在靳云鹏内阁名单公布的第二天即1919年12月5日，北京教职员公推代表前往教育部，面见傅岳棻，质问教育部为什么不能一视同仁，而是单发教育部员薪金而置广大教职员于不顾？这样的问题要么否认，要么不理，而傅岳棻竟然这样回答：现在全部发给现金实在困难，教育部所领经费不多，只能先发部员薪水。这样的回答理所当然惹恼了教职员代表，这些代表当即决定再访内阁总理靳云鹏进行交涉。

教职员代表与傅岳棻交涉情况当天就传了出来，第二天（12月6日），晚饭后，“好事之徒”汤尔和信步来到马叙伦处，在财政部任职且兼法政大学英文系教授及教务长的邵裴子也在坐，我们早已知道，邵裴子也是与汤尔和、马叙伦、蔡元培、蒋梦麟等人渊源极深的浙江老乡，更是对学生运动、政治事务比较热心的人。他们在当天晚上讨论的什么我们不太清楚，不过在汤尔和的日记中确实记载了这样几句话：“各校要求发现事，闻昨日代表至部交涉一次，恐非到罢课不济也。”也就是说，汤尔和他们几个人至少是汤尔和个人判断，北京教育界代表昨天到教育部交涉薪水问题，教育部没有答应，他们或汤尔和个人估计非闹到罢课不能有结果。

确实，五四之后的教育部、财政部、北京政府在这一点确实太不像话，教育界的经费尤其是教职员的薪水总是不能按时足额发放，更奇怪的是，教职员一旦闹一下，政府就像挤牙膏一样的总能挤出一点，三件敷衍两件，两件敷衍一件，要三百给五十。这样不负责任的应付，在“弱势群体”教职员方面只能将就了事，得过且过，无法与政府较真。所以政府每每得势，一次次风险安然度过，并没有引起太大的麻烦。然而这一次则不然。这一次就有人要与教育部，要与政府过不去。

12月8日下午，汤尔和等人在法校开临时校务讨论会，以教职员要求发现之事，决定明早往教育部交涉，不论结果如何，决定午后并须往国务院。第二天（9日）上午九时许，汤尔和至法校，十时许与各校校长同往教育部，教育部次长傅岳棻获悉这些校长代表来见的消息后，似乎故意姗姗来迟，让这些校长在那里静等半个小时之久，这使汤尔和等人很不高兴。傅岳棻在接见这些校长代表时，“骄横之色于眉宇”，一再强调正在竭力张罗，总以给教职员发放现金为原则，即或不能，亦会参照过去的例子格外加成，并答应第三天即12月12日给准确的消息。

此后几天并没有什么后续消息，到了11日，京城传闻纷纷，大要谓由于教育部无法答应教职员的要求，专门以上学校教员对政府欠薪不满，酝酿罢课。果然到了第二天（12月12日），教育部并没有在约定的时间就发现之事给各校代表一个准确消息，傅岳棻也没有通过什么渠道解释原因。于是当天下午，各校教职员代表四十余人在法政学校召开代表会议，推举马叙伦、王桐龄任“北京公立小学以上学校教职员联合会”正副主席，并通过三项决议：

（一）决定于本月15日实行全体停止职务；

（二）停止职务后举出纠察员若干名调查各学校是否一致行动；

（三）继续执行职务时亦应取一致行动。

这样一来，北京教育界的中小学除了私立各校外，其余的几十个学校都联合起来了，声势自然不小。

马叙伦为北大名教授，也是北大教职员联合会的主席，同时兼有高师、医专的教职，所以由他出任“北京公立小学以上学校教职员联合会”主席，不但统一了全市中小学教职员的行动，而且将中小学与大学联系起来了。

傅岳棻获悉教职员联合会准备罢课的消息后非常恐慌，遂于13日下午邀请各校长到教育部商议，傅岳棻这时方答应小学教员全部发放现金，中学教员发八成，专门以上学校发七成。这个结果应该说比较令人满意，即便是汤尔和也在当天的日记中承认“此事将近解决矣”。

但是在这次面商中，对于教职员关心的每月薪水能否按时发放以及如何清理以前的积欠，傅岳棻根本没有提及，而只是为了平息或者是欧为了阻止教职员联合会15日的罢课计划而使出的缓兵之计。于是当天（13日）晚上，北大教职员在第三院礼堂开会，马叙伦、沈士远等代表报告为发现之事与教育次长傅岳棻交涉的经过，并报告联合会已决议自下星期一起各校一律罢课。胡适那时正在代理教务长，遂起立表示反对，尤反对自下星期一起罢课。因为五四、六三之事使上半年无考试，现已决定下星期一补考，一切都预备好了。若此次不举行补考，以后永无法补考，亦无法整顿学校纪律了。胡适还声言，代表的职权仅限于全权与政府交涉发现之事，并不能代表全体教职员宣布辞职决定罢课。罢课与否，应由各校教职员自己决定。

胡适一个人的反对力量太弱小了，而且按照胡适的意思去做，不罢课不辞职，那就很可能是只劳动，取不到报酬，为了饭碗不打破，大家不可能支持胡适，而只能支持马叙伦。

马叙伦当然看到这一点，所以他在胡适发言后立即起立表示：既然适之先生对代表的职权发生质疑,发生问题,那么代表只好辞职不干。马叙伦以此要挟与会者授权。

与会者那天当然都怕丢掉饭碗,于是大家一致表决维持代表的全权,表示代表有代大家决定辞职决定罢课的权力。从此以后,代表就有全权替大家辞职,替大家罢课。胡适只好承认失败了,并从此辞去代理教务长的职务。从此不再问此事,从此教员罢课下去,1919年夏的补考固然全免了,以后北京教育界的情况也就不堪过问了。[1]

汤尔和原本已认为傅岳棻的答复可以接受,发现之事情可以告一段落,但是不知为什么到了当天晚上,他竟然又代马叙伦起草了一份罢课的宣言书,“其重要者略谓部中始则百般延宕,继则枝枝节节,形同商卖,若使同人等亦效市侩行为,正不妨索价论价。惟此等举动在稍有知识者亦羞为之。次则教育当局公然向各校宣言谓总理大发雷霆。某等请求,不涉政治,总理何怒之有?即有此言,教育当局亦不应出口,迹近激怒,又类邀功。某等若以总理一怒即俯首帖耳,是真所谓威劫利诱者矣。”[2]这显然有点儿类似吹毛求疵了,但这种吹毛求疵竟然真的成为后来索薪运动的理由。

14日下午,京师小学以上各学校教职员再开各校教职员代表联合会,决定按先前计划进行,自12月15日起,北京小学以上各校教职员全体停止职务,也就是罢教,并表示不能得到教育部满意答复绝不复课,宣称“审议再四,忍无可忍,始有此举”,其目的除了讨回自己那份应得的薪水外,也期望以此引起国人之注意,促政府之反省。

这一天罢课开始,汤尔和还给出一个道义上的理由,即“教职员因教育当局侮辱代表,欺诈恫吓,自大学至小学一律罢课,事务人员停止到校”。汤尔和到校后,还出一揭示,文曰:“北京各校教职员宣言停止执业,此系团体行为,本校未能独异,除呈部请示办法外,合行揭示。”一语不着边际。法校来询,即以此告知。大学亦照此宣言。汤尔和并亲草一文呈送教育部。

15日,北京公立小学以上各校教职员真的全体停止了职务,北京教育界立即陷入瘫痪。下午,教育部召集各校校长代表开会,傅岳棻在会上似乎有点气急败坏,他质问教职员目的何在,是否攻击个人?否则即欲发现十成,亦无不可之理。总理发怒云云,不妨对质。请各校长召集教职员,询其命意究竟何在。各校校长唯唯而出,汤尔和似乎躲在众人之间故作镇静,始终不发一言。但是到了晚上,他又迅速与马叙伦接洽,交换意见。

[1]《胡适致汤尔和》,《胡适来往书信选》(中),第287页。

[2]《汤尔和日记摘抄》,《胡适来往书信选》(中),第286页。

为保证罢课不被政府破坏，教职员联合会派出纠察员十二人（小学六人，中学三人，专门以上三人）检查全市罢教情况，结果令人振奋，公立小学以上六十余校教职员无一人执行职务者。

罢课第二天（16日），傅岳棻在教育部传见已停课各校校长，但并没有给予什么明确的答复。在此情况下，教职员们要想达到索薪目的，必须明确奋斗目标不可。19日，教职员联合会在美术学校开会，讨论制定了第二次宣言的五大纲领：

（一）不信任无诚意无实力之教育当局；

（二）请政府命令预定期限，妥筹全国教育基金；

（三）请政府于教育基金未筹足以前，明令指定以某种款项作为教育经常费及预备费不得挪用或减少；

（四）此后政府任用教育当局，应尊重教育界之趋向，谋教育之独立；

（五）关于教育经费务期发现并每月按时一次发给。

很显然，这个宣言改变了先前索薪运动单纯要回政府欠薪的经济目的，而带政治上、制度上的改革意味，更重要的是萌生了教育独立的自觉意识，不仅要求政府妥筹全国教育基金，在制度上保证教育经费，而且要求政府在政治上尊重教育界，在教育主管的任命使用上应与教育界的倾向一致，明确提出了教育独立的政治主张。

教职员索薪具有天经地义的正当性，最初也是对事不对人，只是向政府要回自己的权益，并没有攻击政府的意思。然而多少天的索薪，多少天的罢教，多少次的交涉，始终不能打动教育主管的心，一无所获，而教育部代理总长傅岳棻却还在对话中一而再，再而三地"教导"教职员甘于清苦，坚守高尚职业，不能为利忘义，似乎教职员向政府索要欠薪就是不坚守高尚职业，就是见利忘义。教职员代表感到傅岳棻的不当言论侮辱了他们的人格，索薪运动由此转化为既对事又对人驱逐傅岳棻的运动。这就使得政府内部人事纠纷与矛盾暴露在光天化日之下。

20日下午，教职员代表前往国务院拜见国务总理靳云鹏，除要求发薪外，更当面向靳云鹏提出罢免傅岳棻的教育部代理总长职务，以示负责。

其实政府内也不是铁板一块，当傅岳棻陷入四面楚歌境地时，政府主流抛弃他也就只是时间问题，只是这种抛弃要值得，要能够换来事件的平息。国务总理靳云鹏在对话中向教职员联合会表示关爱，大概也答应了一些要求，最主要的似乎是希望这些校长们能够出面作调人，平息风波，恢复秩序。

从国务院回来后，教职员代表继续开会，一致决定"傅一日不去职，一日不开课"。傅岳棻成了冲突中的焦点。

24日午后，各校教职员又在美术学校开会，公举代表陶孟和、许绳祖、马叙伦、关景山、赫锐绪五人于25日见靳云鹏，同时发表以五大纲领为主要内容的第二次宣言，宣言中称“今日教育界之阻力者莫如教育当局之傅岳棻，其无诚意与能力固已为吾辈所公认，其寡廉鲜耻无复人格，抑亦为吾辈所共悉，自吾辈停止职务以来，彼为保持禄位计，屡施其狡诈卑劣之行为，在彼若行其当然，而吾辈实在所不屑言者”，将教育界种种乱相一律推到傅岳棻的身上，表示如欲恢复“北京教育界之原状，必须去全国教育上之障碍”，傅岳棻只好成了替罪羔羊。

“去傅”声明发表后，傅岳棻的态度并没有减弱，他责令各校长向教职员疏通立即上课，校长们当然不敢让步。29日，国务总理靳云鹏派代表向教职员联合会问计，汤尔和明确表示，除了使傅岳棻即刻去职外，别无他策。[1]31日，北京自小学至大学各校校长及学务局长总辞职，教职员联合会又通电全国，表示不达圆满目的，决不停止奋斗。北京教育界在新年到来之际终于陷入大瘫痪。

教育界本身也不是铁板一块，内部的派系冲突、利益冲突，也可以利用。所以当傅岳棻看到教职员毫无退意时，便利用行政权力离间教职员团体，而在这次运动中一直被边缘化的北京教育会则有一些人想趁火打劫、火中取栗，准备乘混乱状态夺取北京中小学教育领导权，他们中的一些人向傅岳棻出谋划策，建议用金钱收买各小学校长脱离教职员联合会，对于不接受者，就利用此次各校长总辞职的机会顺手牵羊予以换掉，代之以听话的人选。这样一来，不怕教职员联合会不解体。

北京教育会中还有人向傅岳棻献计，主张裁撤京师学务局，改为京兆教育厅，将北京地方教育划归北京地方自办，一劳永逸解决北京教育界直属中央，动辄闹事的隐患。这个建议的根本用意就是要乘机抢占京兆教育厅、各学校校长的位置，控制北京教育界。而北京教育会拟出来的后备人选，大都是先前被摈出教育界的恶劣分子。

翌年1月5日，北京教育界全体罢课进入第二十一天，春假在即，年关将届，教育部不顾教职员要求，继续虚与逶迤，敷衍推托。傅岳棻在这一天给各校校长的复信中表示要想根本解决欠薪问题，当从确定教育专款着手，必使教育经费具有切实可靠之款。教育部已呈请大总统明令财政部就关盐余款项下指拨国立专门以上各校经费，就崇文门税款项下指拨学务局所辖中小学校经费。

傅岳棻的方案公平地说是欠薪问题根本解决的最佳方案，只是在火烧眉毛的时候，这种体制上的大变动根本就是远水解不了近渴。教职员闻讯情绪激奋，社会舆论

[1]《胡适来往书信选》(中)，第287页。

反应强烈。北京五十八所公立中小学校长组成联席会，决心与专门以上校长取一致行动，发布宣言，表示不达目的决不罢休。

面对教职员联合会的压力，傅岳棻开始不太着急了，因为北京教育会的建议似乎可以化解危机。所以在1月7日，傅岳棻批准北京教育会要求将警示中小学收归地方自办的呈文，以为如此办法，就可以不再顾忌教职员联合会的索薪、去傅等项要求了。

傅岳棻想得太简单了，不要说将北京中小学教育交给地方办理涉及体制改变，涉及各方利益的均衡，即便是这项政策真的可行，其权力也不在教育部。所以说，傅岳棻误信北京教育会的这个馊主意，不仅无法化解纠纷，反而徒添新的混乱。

8日下午，教职员联合会在美术学校开会，一致表示“傅氏一日不去，教育界一日不安”。政府如果再不采取措施，如果继续听任傅岳棻胡来，那么瘫痪中的北京教育很可能迅即全面破产。

教育界的混乱引起国人的愤怒与抗议，在各方压力特别是全国学生联合会声援下，国务总理靳云鹏于1月9日向教职员代表承诺，教育经费概发现金不成问题，而且国务院已经明令将来教育基金拟以庚子赔款全数充用，绝不令此款项付之流水，必用之于最要紧之教育事业。而对于五项要求中的“去傅”一事，靳云鹏虽然声称实有困难，但答应会尽快满足教职员的要求。

既然政府已有规划教育基金的明令，教职员联合会的努力也算获得一部分成功。1月10日，教职员联合会议决12日恢复职务，并电告全国，持续二十多日的罢课风潮结束。

20日，内阁例会决定各机关薪俸一律发给现洋七成，国库券三成。此项国库券定一年后支给现金，自1920年1月起实行；在京教育部所辖各校每月共需薪俸十二万余元。教育部于21日决定从1月起开始实行，每月26日按期发薪。在“索薪发现”问题上，教职员的要求基本获得满足。

1919年底至1920年初北京教育界的索薪运动是五四后的一件大事，它不仅预示着教育独立意识的自觉，而且使此后学潮、教育界的风波更加日常化、复杂化，教育界由此得出的经验是，必须依靠组织的力量进行集体抗争，必须有一批热心的智囊和领袖人物。于是在这次运动结束后，北京公立各学校反而于1月25日联合成立了一个永久性的组织“北京各学校教职员公会”，以此作为保障教职员权益的合法机构。

在1919年底的索薪运动中，中小学教师当了先锋队，大学教师反而是陪衬，除了马叙伦、汤尔和等少数教授外，大多数大学教授并没有冲锋陷阵。但是，当时大学经济的困难丝毫不亚于中小学，蒋梦麟在那些年的一个最大困难也就是办学经费往往没有着落。他在1920年9月16日向北大全体大会报告所说:“本校最困难之一问题,为校款不能按期领到。因经费不按时来,实行预算,甚为困难。移甲补乙,移乙补丙,把预算破坏了。譬如去年校中决定,拨图书、仪器费各二万元。仪器之费,颜先生把它先从会计科领来,所以今年我们学校里办了不少仪器,这是使我们满意的一件事。当时图书馆未曾即刻把款领来,以为存在校中,是万妥万当的。不料后来只领了几百元。这笔钱用到别的地方去了。诸位要知道,凡一个机关里四五个月领不到钱,有一文钱到手,就用了去。譬如电灯、电话、自来水,不能欠钱太多,欠了太多,电和水就不来了,电话也要叫不通了。还有其余的赊账,长久不付钱,下次就赊不动。这种钱,看了不少,在一个大机关里各部分拼拢来,就可观呢。本来购图书的钱,迫得不了时,就把它送到电灯、自来水公司,和木厂子、纸铺子里去了。去年有一个建筑公司,我们欠它一笔巨款,屡次问我们来讨,我们因为没钱,只好搪塞过去。将到中秋节的时候,他们到我的家里来讨,每天来一次。到了中秋节,我就逃到西山去,不敢见他们。同学最感痛苦的,就是寄宿舍不够。住在公寓里吃寓东的苦。这事我们早想到。但请拨公地拨不到,购地一时无款,造房更没钱,所以迁延过去。现在我们还要极力想法。”[1]这样的大学校长,当得实在有点累确实累,其过节躲债的情形真的像个小业主,真的有点斯文扫地。

政府拖欠学校尤其是教职员的薪水,给学校的正常工作尤其是教职员的生活带来很多困难。如果政府对此能够有一个善意解释或圆满解决,双方或许并不至于闹到不可开交。然而政府此时或许确实难以完全解决此事,或许是政府觉得此事不至于闹得太大,因此往往采取满不在意态度。故而到了1921年,北京教育界的索薪事件不仅没有结束的迹象,而且越演越烈,双方的冲突达到一触即发的状态。

直皖战争后,北京政府的财政权仍然掌握在旧交通系手里,使刚刚上台的靳云鹏内阁财政状况发生困难。在这种情形下,曹锟、吴佩孚却出于政治上的考量,继续扩军备战,推行武力统一,使本已十分窘迫的中央财政更加困难。1921年春,靳云鹏内阁鉴于财政实际困难,竟然断绝北京国立专门以上八校的教育经费和教职员薪俸,使北京国立八所高等学校的正常运转无法维持,教职工的生活难以为继。

3月14日,北京工业专门学校突然发起罢课、辞职的倡议,北京国立专门以上八校教职员立即联合起来向政府索要所欠四个月的薪俸。他们除索薪外,还提出教育基金和教育经费独立的口号,并且拒绝了政府一切敷衍办法。

对于这次突然发起的罢课活动,胡适发自内心不赞成,但终究因为担心这样僵持

---

[1]《北京大学全体大会演说辞》,《过渡时代之思想与教育》,第405页。

下去对谁都不利，于是暗中出主意，建议向交通部要钱，这个主意后来就成为八校的共同主张，但胡适依然不愿出头做代表。这也他后来后悔莫及的事情之一。

为了能够很好地领导组织这一次斗争，北京国立专门以上八校教职员代表二十人于16日上午在美术专门学校举行会议，会议决定由每个学校选派三名代表共二十四人组成“北京国立专门以上各校教职员联席会议”。北京大学哲学系教授马叙伦被推选为联席会议主席，他已经是那个年代的“老运动员”，有智慧有激情有经验有热心。北大教授李大钊和美术专门学校的代表徐瑾被指定为新闻干事。不过自4月26日起，马叙伦生病，遂由李大钊代理联席会议主席，参与领导这场索薪斗争。

此时的教育总长为范源廉，范源廉是一位与教育界有着密切关系的人，其本身也是教育界中人，知道教育的甘苦和不易。所以他个人还是比较能够理解和接受这些被欠薪教职员的心情和要求，只是教育部本身并没有钱，想要钱，就必须找交通总长谈。

此时的交通总长为叶恭绰，为旧交通系的重要人物，是那时最有名的财神爷之一。3月31日，范源廉偕北京各校教职员代表与叶恭绰商筹拨各校经费事，但是毫无结果。4月6日，北京国立各校教职员联合会限政府于明日作确实答复，否则总辞。第二天，政府并没有给予确实答复。不得已，北京国立八校教职员遂于4月8日全体辞职，教育总长范源廉亦因此向政府提出辞呈。4月15日，包括蒋梦麟在内的北京各校校长因政府不肯发经费，全体辞职。北京教育界又陷入空前危机之中。

教育危机终于迫使政府考虑解决问题。4月30日，国务院终于接受北京国立八校教职员关于经费要求，正式宣布三条办法：

一、自4月份起，财政部对于北京国立专门以上八校及北京师范暨公立中小学每月经常、临时各费二十二万元未筹有的款及确实保障办法以前，由交通部每月尽先拨付财政部特别协款二十二万元，充该八校及北京师范暨公立中小学校经常、临时各费（按八年度预算支配）。此款由财政、交通、教育三部订明不作别用，俟财政部筹有的款或教育基金筹足时，前项协款即行截至。

二、其他教育部应向财政部额领之款（以向来额领之数为准），由财政部筹定拨付。

三、民国九年12月份起至本年2月份止之八校及中等各校积欠经费约四十余万元，先拨付一个月，与本年3月份经费同时并发；其余分为三期，由银行担保于四、五、六三个月各付一期。

这个答复虽然没有解决最根本的教育基金问题，但大致说来表达了政府的诚意，因而获得教育界的认同。5月2日，以北大为首的教职员联席会议决定取消辞职，第二天对外宣布时表示“暂先留职”。但对是否上课以及何时开始上课的事情却没有形成决议，因为还有一些善后办法未了。[1]胡适主张见好就收，立即上课，但马叙伦、谭熙鸿一班人坚持不可，谭熙鸿差点因此问题与铁如打架，于是立即上课的事也就不再议。后来就更不可收拾了，因为政府也不信守约定，为马叙伦等人也留有口实。

但不管怎么说，这个方案还是使大家感到轻松，当天下午，蒋梦麟、胡适、张慰慈、王徵、郑寿仁诸教授不期然游公园，谈及近日教职员罢工事和国务院三条，大家还是比较高兴。

国务院4月30日的三条办法是北京国立专门以上八校宣布结束罢课的基础，然而没有过几天，政府第一个月即失信用，迟迟不能兑现，不能划拨给各校的经费。再加上内阁动摇，教育部无人，教职员又人心惶惶，原本宣告中止的罢课似乎又不能收束了。这当然使蒋梦麟这些校长很郁闷。[2]

5月14日，北京政府内阁改组，国务总理靳云鹏，外交总长颜惠庆，内务齐耀珊，财政李士伟，陆军蔡成勋，海军李鼎新，司法董康，教育范源廉，农商王乃斌，交通张志潭。范源廉亦未到任。

按照教育界人士的观察，那时的教育总长根本没有人敢做，在范源廉未到任前，委托马邻翼代。这个马邻翼为湖南邵阳人，为回族穆斯林，曾留学日本，归国后参与新教育的设计与组织，1908年任学部普通司主事，与侍郎严修、咨议范源廉被教育界誉为“学部三杰”，说来也是有来历有资历的教育界人士。进入民国，被委任为教育部首席参事，后任甘肃提学使、教育厅厅长等，1918年调直隶教育厅厅长兼国务院咨议，1921年5月任教育部次长。

政府改组后，各项政策都发生了相应变化。5月19日，北京政府忽然改用强硬手段对付教职员罢工风潮，有公函致教育部：

京师高等专门以上各校经费，前经议定办法，原为维持各校克日开课，以免诸生旷误学业。兹经国务会议议决，以该八校迄未开课，所有八校教员薪费，应暂行停拨，由财、交两部查照前议储款以待，俟各校实行开课，再行照发。至从前积欠经费，仍照原议，分月陆续发给。其中小各校，现均照常上课，其经费自应仍由部按期拨发等因。除分函外，相应函达，即希贵部查照办理。

这个公函被胡适视为是政府太笨的一个典型，这样不顾事实将立即复课作为拨

[1]《胡适全集》(29)，第323页。
[2]《胡适全集》(29)，第242页。

款发薪的前提，显然有点倒因为果。这样一来，正如胡适当天所判断的那样，事体更糟了，我们倒要看看这个新上台的“杂碎内阁”究竟能硬壮几时。[1]5月21日，北京国立八校教职员再次宣布辞职。25日，京师中小学宣布罢课，以为国立八校之后援。连日来，京师中小学学生代表赴国务院请愿，以总理拒见，留宿不去。而远在安徽的安庆各学校也因教育经费案，请愿被阻，一律罢课。

在这罢课的日子里，蒋梦麟除了介入一些必要的活动外，无所事事，他没有事时就跑到公园游玩，仅在胡适的日记中就有好多次记载。

说起来这个教育部次长也是个老教育了，从学部到教育部，也算是一个资深的教育主管了，然而他的性格或许太冒失了，或许特大意了，所以当别人都不愿就教育总长时，他就在毫无准备的情况下贸然就职，而且对几十个来教育部谈判的教职员代表老夫子礼貌不周，已经引起了反感。他又答应了发还积欠薪金，他不晓得积欠薪金总数有七八十万，政府是无法筹措的，而且他也不先查一查，各校教职员一再地辞职在先，才后“索欠”的，他不经过慰留，便许发清积欠。这样，请愿代表就要他立刻发清。对此，马邻翼自然办不到。同时，北京政府国务院的秘书长郭则也不会应付，早为教职员所不满。

有一次，教员们拥到财政部要求发放欠薪，部里的人一个个从后门溜走，结果留下一所空房子。有一次因为学生不满政府应付某一强国的外交政策，冲进外交部打烂一面大镜子和好些精致的坐椅。学生、教员和工人联合起来罢工、罢课，反对北京政府和侵略中国权益的外国列强。多事的那几年里，差不多没有一个月不发生一两次风潮，不是罢课就是罢工。所以那时当大学校长的真是伤透了脑筋。政府只有偶然发点经费，往往一欠就是一两年。学生要求更多的自由行动，政府则要求维持秩序，严守纪律，出了事时，不论在校内校外，校长都得负责。发生游行示威或暴动时，大家马上找到校长，不是让他阻止这一边，就是让他帮助那一边。由此可见，作为大学代理校长的蒋梦麟其日子并不是那么好过。

6月2日，京师公立小学以上学校男女学生代表二十二人赴国务院请愿，并请见总理。然而总理不仅不见，反而下令关闭院门，将那二十多名代表困在院中，绝其饮食，冻其肌肤。经两昼夜，饥寒虐待，已备尝之，中且有十余龄之幼年男女。此辈纯洁之青年何辜，竟使其维持教育而遭此大难。

所以到了6月3日下午，北京国立八校的教职员既决议向北京政府总统徐世昌说

[1]《胡适全集》(29)，第266页。

话，上年分手的公立中小学教职员也自动地临时加入，还有小学以上的学生也共同来做教育经费运动。教职员到教育部去讨债的人有一百零八人之多，而再加上那些非代表和学生，据马叙伦说当天在教育部门口共集齐了有三五千人。他们占据了整个教育部的办公厅，要求发放欠薪。包括蒋梦麟在内的八个大学校长也到了教育部，担任居间调停工作。

马叙伦是一个爱激动爱热闹的人，他看到这么多的人追随他，他怎能愿意放弃这么好的示威机会。于是，马叙伦在教育部大会场用传声筒演说，主张请马邻翼次长领大家同去总统府请愿，意在向总统陈述政府摧残教育，及一再失信不能负维持教育之责任等情，并质问总统对此有无维持办法，借以援救学生代表。他们计划如果仍不得要领，那么就誓不退出新华门，饥寒困苦，愿与昨日各校二十多学生共之。

▲马叙伦

这个建议获得了全场同意，这时候突然有人大喊："不要让次长跑了！"说着他们便簇拥马邻翼次长，强迫他与八位大学校长一起前往总统府，要求发薪。马邻翼走到教育部门口时，借口天在下雨，不肯继续往外走。一位走在他旁边的学生汪瀚马上把自己的雨伞打开递给他，并且很直率地说："喏，这把雨伞你拿去！"于是这位次长只好无可奈何地继续前进，后面跟着八位心里同样不怎么乐意的校长。

到了新华门，东辕门铁栅早已紧闭，西辕门外早已有武装士兵一队，列阵以待。游行请愿的教职员请次长马邻翼及八校校长并学生代表等人总统府，不料卫兵不准通过，蛮横异常。请愿队伍以堂堂民国政府岂有禁人请愿之理，遂与其理论，令其放行。教员与学生在门外吵着要进去。马叙伦大概以为总统府兵士不致行凶，又挟有马邻翼次长，故首先往里冲。

这时，大门忽然打开了，大群武装宪警蜂拥而出，刺刀乱刺，枪把乱劈。是时天方阴雨，新华门外血肉横飞，请愿师生相继伤仆，枕藉于泥涂之中。上了年纪的教员和年轻的女学生纷纷跌到沟里，有的满身泥泞，有的一脸血迹，叫的叫，哭的哭，乱成一片。后来士兵知教育部次长马邻翼亦在被打的人之中，就把他抢进去，马叙伦不肯放手，故受伤甚重，额头被打肿一大块，鼻孔流血，对着宪兵大喊："你们只会打自己中国人，你们为什么不去打日本人?”

血流满面的马叙伦骂完宪兵、警察,就开口大骂那些不敢上前与宪兵警察互殴的大学校长、教授和学生:“你们为什么不要脸,都跑了!既怕打,何必来!”

法政大学校长王家驹被挤,腰部受伤,晕倒在地,不省人事,像死人一样躺在地上一动不动;

北京医学专门校长张黻卿头部被击重伤,血流如注;

北大政治学教授李大钊挺身与士兵理论,责备他们毫无同情心,不该欺侮饿肚皮的穷教员。结果,李大钊被打得昏迷倒地,不省人事,后被送往医院治疗,结果也就错过了本月下旬在上海召开的中国共产党第一次全国代表大会;

医专代理校长张焕文后脑骨一根被打断,血流不止;

北大教授沈士远头部受伤,口长寸许,额头打开,流血甚多;

高师教授黄人望两肩受伤;

女高师教授汤璪真内部重伤,两眼发直,全身失去知觉;

职员刘兴炎额轧破;

医专教授毛咸,背肋受伤;

高师教授张贻惠,工专教授许绳祖,学生中法专何玉书,美术封挺楷,女高师王本仪、陈激、梁惠珍、刘因民、赵林书等,受伤尤重;女高师附中女生及附小女生被枪柄击伤,仓促间由卫生队报送回家调养者,尚有多人。甚至教育部次长马邻翼头部也遭到卫兵的枪击。[1]

卫兵等用枪击伤多人后,复将其余诸人包围在新华门前大街上,行动失去自由,等于俘虏。这些人被困于雨中者达三小时之久,始被驱散。迨至下午八时许,院中复令卫兵数十人先将2日闭在院中的医专学生代表梁铎捕去,不知下落,更不知如何处置,后复将其余男女学生代表轰出院外。

据不完全统计,在6月3日新华门前的冲突中,被士兵殴伤的有数十人,重伤者十余人。[2]

马叙伦事后被送往法国医院诊治,政府派了一位曾任省长的要员前往慰问并致歉意。马叙伦的老母亲当时就坐在病榻旁,这位老母亲对这位政府要员说:“这孩子是我的独子,政府几乎要他的命,请问这是什么道理?”

曾任省长的那位要员回答道:“老伯母请放心,小侄略知相法,我看这位老弟的相

[1]《八校教职员通电》,《胡适全集》(29),第286页。

[2]《胡适全集》(29),第283页。

貌，红光焕发，前途必有一步大运。老伯母福寿无疆，只管放心就是。至于这些无知士兵无法无天，政府至感抱歉。老伯母，小侄向您道歉。”

老太太居然被哄得安静下来，病房里其余的人却几乎笑出声来了。躺在病床上的其他教员，也都因为这位要员的风趣而面露笑容。

新华门“六三事件”引起社会各界强烈不满，并发出“京中已无教育”的呼声。马叙伦甚至为此而绝食。

六三事件并没有解决政府欠薪和罢课问题。6月4日，北大临时委员会举行会议，讨论措施，但也没有议出什么结果，只是胡适提出两个应对办法请大家考虑：

一、自今日起与政府停止交涉；

二、组织筹备“联合大学”委员会。

胡适的第二个建议似乎有另起炉灶的考虑，但是并没有获得各方响应。

下午，联席会议开会，也没有什么结果。当时以蒋梦麟为首的八校校长向政府提交了辞职呈文，抗议国务院卫兵殴伤校长、教职员及学生，表示士兵如此横暴，实属目无法纪，若不严行惩办，置国法于何地？况教育为立国根本，如此摧残士子，必致动摇国本。此后，大学行政实在无法维持，更无力担负如此重任，故请即日批准辞职，并迅派员接替。

与此同时，北京八校教职员还向社会各界发表通电，揭露政府摧残教育，特别是6月3日下午在新华门血腥屠杀、摧辱民权的事实，以换取国人同情。鉴于这样的情形，八校教职员只好集体声明立即辞职，停止职务，并呼吁全国同胞起而问政府之罪。[1]

通电之后，问题依然没有解决。6月10日为端午节，郁闷的蒋梦麟邀请胡适等人去西山游玩，根据胡适的观察，蒋梦麟在此次索薪运动中处境最难，憔悴也最甚。今天他们同到八大处脚下的西山旅馆座谈三个多钟头，也可算是偷闲寻快活了。

交谈中，蒋梦麟说：北京的教育界像一个好女子；那些反对我们的，是要强奸我们；那些帮助我们的，是要和奸我们。胡适闻言道：“梦麟错了，北京教育界是一个妓女，有钱就好说话，无钱免开尊口。”[2]

## 大学之难

没完没了的学潮不仅没有解决多少实际问题，反而消耗了许多无谓的时间和精力，使得教育界四分五裂，人人生厌。6月28日，丁燮林、李四光、王世杰邀请胡适、陶孟

[1]《胡适全集》(29)，第289页。

[2]《胡适全集》(29)，第301页。

和、顾孟余、王星拱、陈启修、陈聘丞等，同到他们寓所商量学潮的事情。他们都觉得厌倦了，故今天大家都说要走了。丁、李与二王都希望恢复西南大学，其余人都承认此事为不可靠。他们又谈到走的法子，有的说须"软"走，有的说要"硬"走。胡适说，与其做好汉而走，不如做小人而走。怎么叫"做小人而走"呢？那就是他们应当写一个公函给联席会议、校长团及学生会，提出最低限度的条件，请他们限期进行；如无效，则代表可以不干了，我们更不干了。这样做去，一定可以早日解决，但解决之后一定有人骂他们让步。胡适说：我们若不负此恶名，谁也不肯负。这种走法，就是胡适说的做小人而去。接着胡适又提出一个善后办法如下：

1.暑假中，筹办招考事。

2.提早开学，约在8月中旬到下旬。

3.自开学至11月底，为第三学期，补完上学年。

4.自12月1日到2月底为第一学期，3月1日到5月底为第二学期，6月一个月加上暑假学校为第三学期，赶完下学年。

5.开学后，不放假期。

6.如此，则下学年的课程、书籍、教员等事，尚可从容筹备，而上学年的功课也不致敷衍过去。

从这里可以看出，胡适是希望将学潮耽搁的时间补回来，对得起学生，对得起家长。

对于胡适的这个善后办法，参加者基本表示赞成。但他们大多数都不赞成胡适的"做小人"的办法。后来的结果，是请北大临时委员辞职，让别人去干。这样一做，也可以促进一般人的注意，或可以使现在这种不死不活的情形起一点改变。王星拱、陶孟和、陈聘丞、顾孟余都是临时委员会的委员，都赞成此议。陶孟和拟了一份辞职书，定明天召集其余各委员，开会议决。[1]

第二天，即6月29日，北大临时委员会在第一院召集会议，胡适等把昨天的议论和议决告诉了其他委员，请他们商议。忽然蒋梦麟来了。他说，他昨天到天津，见到了范源廉先生，请他出来任调人。范先生居然肯出来，他说，教育总长他是决计不就的，但是在他任内发生的欠薪事至今未了，他总不安，故愿意出来做调人。

蒋梦麟还说，教职员联席会议方面，已声明不反对范源廉来做调人。范先生已把各条件研究过了。他说，这些条件都没有什么大困难。

---

[1]《胡适全集》(29)，第326页。

这样一来，胡适等人昨天拟定的决议又不能实行了。因为范源廉既肯出来调停，他们如继续坚持辞职，恐怕又要发生误会，范或许会以为他们是反对他的；社会上或许也会因为他们有意又起波折。因此他们今天讨论的结果，都赞成暂缓实行昨天的办法，让范源廉试试看，若再无结果，他们再走也不为迟。[1]

范源廉的调停并没有很快收到效果，7月7日，胡适却收到了陈独秀的一封长信，大骂三孟（大概指顾孟余、陶孟和及蒋梦麟）、王星拱和胡适，以为这一帮人纯粹为了饭碗问题竟然闹了一年的学潮，如何对得起自己的良心？

对于陈独秀的痛骂，胡适觉得句句都对，因为胡适也认为这一年半的学潮确是“饭碗风潮”。他反省的结果，承认自己在这一年半以来，太“不好事”了。好人因为太不好事，故好人竟然都要让马叙伦们带着乱跑，甚至跑向地狱里去。[2]

对于调停的难度，范源廉显然估计不足。当他出面调停十余日时，能解决的问题尚只有一部分。对此，胡适觉得时间问题很重要，于是在7月9日打电话问蒋梦麟究竟调停到了什么地步？蒋梦麟说的大概是：

1.六三事件，政府大概肯做到他们要求的条件。

2.4月30日的阁议三条，可以履行。

3.最困难的是保证问题，就是那值两百万元的保证。政府现在实在没钱，财政部长潘复回家娶媳妇去了，前晚始回来。交通部长张志潭又病了，不能见客。

在这种情况下，胡适又邀蒋梦麟来谈，他把陈独秀的来信交给蒋梦麟看，蒋梦麟也觉得陈独秀骂的话并不错。胡适主张仍旧实行他前次提议的“做小人‘的办法，把保证一项除去，以求尽速解决。

当天下午两点，胡适去看范源廉，问他调停进展。范的说法与蒋梦麟所说基本相同：

1.六三事件：

A.谢罪与慰问，行的。

B.医药费归教育部担任。

C.命令可由政府下，但须似安徽事件了结之后。

D.两方撤销诉讼，略有手续上的困难，但做得到。

2.4月30日阁议三条可履行；6月份经费可即发；前两月不足之临时费，由各校以临时费手续领发。

---

[1]《胡适全集》（29），第327页。

[2]《胡适全集》（29），第351页。

3.保证金事尚未得张志潭的回话。

范源廉颇主张做到保证金，因为他觉得，若无保证金，以后经费偶缺，或又致罢课，所以不如一劳永逸。他这话也有理，所以胡适也就不说“取消”此一层的话了，只劝范源廉于15日之前了结此事，因为15日上海将开全国学生会，若他们一唱高调，北京方面就不易下台了。胡适还给范源廉出主意，说保证金两百万如果做不到，其实有一百万亦可。

与范源廉告别后，胡适又与蒋梦麟在北京饭店见面，他将与范源廉所谈情况向蒋梦麟作了转述。[1]

7月12日，范源廉将调停学潮的条件通过蒋梦麟转交教职员代表进行讨论，因为是一个非正式的方案，不意马叙伦等人还要“别生枝节”，要求加入“将来政府指定的款时，须得教职员代表同意”这一条。根据胡适的观察，马叙伦之所以如此，就是不希望这件事完全由蒋梦麟等人去办，故生此风波。当天的条件里已有两百万的担保品，即由政府拨给两百万的证券，用1924年与1925年度盐余作抵，每月由盐余下拨付八万，计25个月可得两百万。有此一条，已出胡适等人希望之外，故而在胡适等人看来，怎么能再去争呢？

当天晚上，蒋梦麟、王星拱一起到胡适家转告这些情况，并说明天下午四时代表王兆荣须去正式接受条件。王兆荣即王宏实，四川秀山人，曾留学日本，肄业于东京帝国大学法科政治系。大概正是在日本留学时，通过东京帝国大学同学陈启修与李大钊建立了密切关系。五四运动中，参与创建全国学生联合会，1920年受聘任北京法政专门学校教务长，1921年代表学校参加“国立北京八校教职员联合会”，马叙伦6月3日受伤后，一度代理主席职务。

蒋梦麟、王星拱对此非常着急，他们遂邀胡适一起去看李大钊。李大钊为北京国立专门以上各校教职员联席会议新闻干事，在联席会议主席马叙伦生病期间代理主席。

蒋梦麟、胡适、王星拱同坐汽车去李家，与李大钊谈了很久，李也不赞成节外生枝，答应明天一早就去力劝王兆荣与马叙伦。[2]

在李大钊的劝说下，王兆荣等人在第二天下午四时许前去接受了条件，虽有一点“讨债”，但尚无变局。晚七时，胡适邀蒋梦麟等人在长美轩吃饭，他们认为这个结

[1]《胡适全集》(29)，第354页。

[2]《胡适全集》(29)，第357页。

果还算不错，关键再看明天上午的联席会议。[1]

翌日（7月14日）上午，联席会议召开，对于条件都无甚异议，但担保品两百万一层虽已言明，而盐余分还一层不在条文内。因为财政部方面不愿正式如此说，所以双方还有一些争执。

午后一时许，胡适、蒋梦麟等人在西车站吃饭，蒋梦麟依然为这件事情担忧。胡适劝他去找范源廉等五个调人，请他们写一封信，解释盐余一层的背景，这样或许可以免去别生枝节了。

蒋梦麟接受了胡适的建议，饭后即找调人、校长代表、教职员代表及学生代表这四个方面的人开会，最后决定盐余一层明天（15日）由财政部用公函通知教育部，然后由教育部发表。此一层通过后，全部都解决了。四个月的学潮（3月14日至7月14日）至此终于有了一个比较可以满意的解决。当晚八时许，蒋梦麟专门前往胡适家中转达这个结果，大家都很高兴。[2]

胡适认为，此次调停之所以能够成功，是各方面都作了适当妥协，因为此次调停的主旨在于认定教育经费为本题，而认六三事件为一件不幸的枝节。六三事件之发生，确能促进教育经费之解决。如此次两百万之保证品，若无新华门之惨剧，恐怕还不能做到。这就使六三事件所发生的间接效果。至于六三事件本身怎样才能获得满意解决，在胡适看来，非根本打倒军阀之专横不可，绝非惩办一二军警即可满意。因此北京教育界对于六三事件之以政府慰问与赔偿医药费为解决条件，虽不能满意，然为保存北方高等教育计，亦只得委曲承认，予以妥协。

至于学潮引发的另一个后果就是教育经费问题，胡适认为，按照现在谈妥的条件，此后每月由交通部筹拨二十二万元，此款由财政部、交通部、教育部三部订明不移作别用。这大概可以救教育部无一文收入之危险。万一此款有一二月不能付出，则此次新增之两百万元证券，既有盐余作抵，亦有抵押之效用，可由银行界暂垫款应急。所以依照胡适比较乐观的估计，北京教育界的经费在未来几年大概不会再发生太大困难，应该能够维持下去。

第二天（7月15日），胡适应邀前往上海考察商务印书馆编译所。在南下火车上，兴奋的胡适热情致信蒋梦麟、顾孟余、陶孟和、李大钊等人，说学潮问题终于解决了，现在有振作精神办事的必要。他提议至少应该做这样两件事：

一、倡议为北大图书馆捐出一个月薪俸，并立即组织图书馆募捐委员会。

---

[1]《胡适全集》（29），第358页。

[2]《胡适全集》（29），第359页。

北大图书馆就在新大楼的第二层，但在这次学潮中差一点被奸人纵火烧去，所以新建一所图书馆就成了学潮后北大急务。正在美洲访问的蔡元培校长和北大教授卜思先生已开始在那里募捐，据说已有数万元。所以胡适建议北大教职员捐出一个月的收入，可得四万余元。以此两款作基础，加上国内捐款，一二年内当可有一个完好的大学图书馆出现。

二、实行不放假，以此弥补学潮期间对功课的耽搁。

胡适从来不愿因学潮耽搁学生的功课，一年多的学潮不幸荒废了无数学子的无价光阴，所以他建议：一、暑假内，一面赶办招考新生事，一面设学术讲演。二、提前开学，8月中旬或能开学。三、开学后第一学期作为上学年的第三学期。四、开学以后，不再放假，如天津南开学校本年办法。

到了上海后，胡适又写了一封信给蒋梦麟，请他将前已议决的添办科学实验仪器费二万元即于上两月应补领之经费中扣除，否则物理系主任颜任光等理工科名教授可能另寻高枝，不会留在北大了。[1]

胡适对北大，对北方教育有一种执著的爱，他认为北方决不能没有一个教育中心，我们无论如何终当竭力奋斗，保存北京这几个高等教育机构。胡适的希望是，学潮终于结束了，我们以后总要努力做点学问上的真实事业，总要在黑暗的北京城里努力保存这几个“力薄而希望大”的高级学校，总要使这一线的光明将来逐渐战胜那现在弥漫笼罩的黑暗。[2]

显然，胡适的估计太乐观了，事实上，当北大等北京各学校预备开学的时候，政府或许是因为湖北前线军事花钱太多，第一月就失信，竟然拿不出钱给各学校。8月1日，学校拿着支票到银行取不到钱，银行说没有钱，财政部也说没有钱。蒋梦麟这些大学校长毫无办法，蒋梦麟只好与邓子渊两个人跑到天津，约调停人范源廉回北京，催促政府积极想办法。起初，政府还天天说几天内发钱，可一直没有结果，到末了，连范源廉也说：“没办法了，政府要倒了！”至于两百万保证金，更是一个空城计。蒋梦麟跑了银行和英国使馆，才弄清事情的真相并不像约定时说的那样简单。

经费的困扰使教育界人士非常失望，北大教务长顾孟余明白告诉蒋梦麟：“我们与其这样敷衍下去，将来学校办不好，受社会指责，不如现在取一个决然的态度，以明责任。”而蒋梦麟自己也觉得有点绷不住了，他表示他与范源廉在未来数日内再作最后之奋斗，如果不成，他也只好宣告打败悬白旗了。教职员的饭钱都不知道在哪里，更

[1]《胡适全集》(29)，第362页。
[2]《胡适全集》(29)，第379页。

不要什么图书馆了。

顾孟余的“决然态度”就是一个多月前(6月28日)在丁燮林家里议论过的方案,离开北大,离开北方,恢复西南大学或到南方办大学去。只是后来调停人出来,所以暂停。现在知道政府应允的办法最终还是一句空话,调停人也没有办法,这种情形又回到了一个多月前,人心涣散,希望渺茫,各自想着自处的方法。就连一向沉稳的蒋梦麟在这种突然变故冲击下,也深感失望和焦灼,他向胡适诉苦说:“北京的事一败涂地了!我费了九牛二虎之力,弄到这样结果,我道可怜不可怜!(我真拼命奋斗。)”

胡适也承认政府第一个月就失信确实非常糟糕,但是他又相信政府的失信只是偶然的,是政局“大变”的结果。所以他不主张再辞职,再罢课,再罢工,否则更不可收拾了。他建议教育界同仁暂时忍耐,因为他到南方看了一圈,深刻意识到在当时的中国其实只有一个北京大学可以大有为,弃了可惜。[1]不过他还是劝慰蒋梦麟道:“即便此次失败真无可挽救,我们总同你一块儿进退的。”[2]

好事多磨,事情还真的像胡适所期待的那样有了转机。8月28日、29日,蒋梦麟两次致电还在上海的胡适,希望他赶快离开回京,说有“要事面谈”。[3]9月2日,北大教务长顾孟余致电胡适,表示“校务急待进行,请即回京”。原来北京各校终于拿到了6月份的经费,交通部以后直付教育部的办法也获得了通过。教育独立或许还看不到曙光,但教育经费终于获得了一个初步解决。[4]

经费解决了,蒋梦麟这些大学校长稍感轻松,只是先前一年多一直冲锋在前的“索薪”领袖马叙伦感到莫名的失落,他和蒋梦麟、顾孟余、陶孟和等人发生剧烈冲突,一气之下离开了北大。[5]

学潮、经费、索薪、闹事,只是大学之难的一个方面,大学更难的地方则是整个社会环境的恶化。由于社会环境恶化,政治上、经济上的困难不必说,即便在治安方面也遇到过去从来没有遇到过的困难,一些地痞流氓竟然都敢与大学为敌,故意捣乱。

1921年4月24日,北大第一院二层楼上厕所门背后一只木箱内起火,发现一个鸡蛋壳内有硫磺臭味,幸发现尚早,未酿成大灾。这肯定是有人故意放火。四天后,(28日),北大第一院二层楼西头一个讲堂内火起,延烧一室,而窗户皆上锁。火起于上锁的讲堂内,有人故意放火,更无可疑了。幸有出版部诸人未散,发现烟焰,急呼人来救,没有

[1]《胡适全集》(29),第408页。
[2]《胡适日记》(29),第413页。
[3]《胡适日记》(29),第435页。
[4]《胡适全集》(29),第442页。
[5]《胡适全集》(29),第445页。

酿成更大灾难。到了晚上,又在第四层楼一个讲堂内发现烟焰,门也是锁了的。开门进去看,火起于讲座下,讲座下置有蜡烛,正燃着,旁堆着鸡毛及讲义纸一堆,烛尚未烧到底,故未大烧起来。四楼上扑救很不易,放火的人可谓下毒手了!

当天傍晚,大火还没有发生时,就有人打电话给各报馆,说北大第一院被火烧了,又说步兵统领王怀庆也到了,警察总监殷鸿寿也到了,独校长蒋梦麟没有到场。提前预告新闻,足见这是有人故意放火,故意向报馆通风报信,就是要看北大的笑话。[1]

大学的仇敌竟用如此卑劣手段!可恨!在这种条件下,如何能办好北京大学呢?怎么不使蒋梦麟经常感到失望乃至绝望呢?他在1922年底曾这样说:我们办教育的人近来真觉得日暮途穷了。从前我们以为政治不良,要从教育上用功夫,养成人才,去改良政治。近年以来,政治逾趋纷乱,教育界经济上和心理上都因此受莫大打击。不但经济破产,精神上破产的征象已渐渐暴露了。于是数年前只讲教育,不谈政治的迷信,渐渐打破。学生借群众的势力,去干涉政治,如烧房子、围攻省议会、开国民大会等;教员批评政治,或发通电对于政治有所主张。此种举动,于实际政治问题不无小小的影响,但对于政治基本问题还搔不着痒。若以学校本身而论,因此反惹起外患与内乱。我们办教育的人,更觉苦于应付。

20世纪20年代的北方教育界确实处于蒋梦麟所说的这种困境之中。学校里人心惶惶,数年前勇往直前的精神为沉闷不堪的空气所包围,好像一轮红日为黑沉沉的云雾所围绕,弄得一点都不通光了。教育界在五四运动之后三年所用于自卫或攻击的武器只有一件,就是罢课。但是这件武器一用再用,再而三,三而四,已破烂不堪,不能再用了。杀人不下,近来竟用以自戕了。武器破烂,教育自卫之道,从此穷矣。自卫之道既穷,于是沉闷之气日甚一日。

稍后又发现一件很困难的事,即是"学风"问题。什么叫学风呢?一个学校里,教员学生,共同抱一种信仰,大家向那所信仰的方向走。清末的时候,这个学风就是欧化。一个学校里,能多请几位外国人,或多请几位洋文优长的教员,多造几座洋房,大家就高兴得了不得。自1917至1920年间,大家所抱的信仰就是"文化运动"。那个时候,一旦讲起文化运动,大家都抱无穷的希望。后来又渐渐地消灭了,哪里还能用"文化运动"这四个字来唤起人们的精神呢?那么,人们的共同精神究竟在哪里?这个问题,实在无人能作一个正确的答复。

对于此类"学风"问题,蒋梦麟试图给出一个答案。他认为,当时人们所能勉强提

[1]《胡适全集》(29),第221页。

出的一个办法，就是提高学术。但这办法实行很不容易。一来是提高学术，不是短促时期内所能办得到的。二来是不能马上用来出风头。三来是要在图书馆、试验室里用苦功，哪里能耐烦呢？所以要把提高学术来唤醒精神，养成一个学术化的风气，谈何容易？

况且，学术两个字也显得太抽象了。哪一门学科不是学术，要提高哪一种？说提高学术，好像说要做好人。好人是人人愿意做的，不过要怎样做，便成好人。就是一个困难的答案了。再者说，好人的种数正多呢，要做哪一种好人？这又是一个困难的答案。

学术也是如此。提高学术，是人人所欢迎的。但怎样才能提高？要提高哪一种？普通的谈提高，是唤不起精神来的。学术在一个时代里，有比较的价值。非提出一种学术来，作一个普遍的运动，唤起多数人的兴会，怪闷地在图书馆里是坐不出来的。针对这种现实情况，蒋梦麟哀叹：

为什么还要高谈阔论！我们那一种残缺不全的学校，今年还过不了年。经费没有了。没有经费，哪有设备？学生哪有书看？教员哪有机会增进自己的学问？说什么提高学术！

政治腐败，我们哪里能不谈政治？既谈政治，教育界哪里能不遭政客的摧残、仇视、利用？即退一步，我们可以不谈政治，然而哪里能不主持公道？主张公道，那不公道的一班人就会与我们捣乱。

这种捣乱也不要紧，不过多加一层麻烦罢了。到底我们本身问题，还在提高学术上下功夫。提高学术，第一要工具，第二要人才。人才就是专门学术上之导师，工具就是学校的设备，如图书、仪器等。学校无适当的设备，先生口授，学生耳听，限学术于口耳之间，哪里配说是学术？

设备要有经费去办，学术上的导师要有经费去养。没经费怎么办得动？设备不完，人才不够，哪里配讲学术？[1]大教育家遇到了不能克服的小问题，一分钱照样可以难倒人。

教育与政治的关系，是教育界一直难以很好处理的复杂问题。但蒋梦麟素来认为，从事教育的不能绝口不谈政治。不谈政治必须要有一个明确的界限，若漫无限制，则非惟教育将不成教育，政治亦将不成政治。中国社会中坚从来以为教育事业较为清高，而投身其间者，颇不乏人。若此班优秀分子社会中坚，绝不注意政治，绝不谈论

---

[1]《学风与提高学术》，《过渡时代之思想与教育》，第189页。

政治，那么就是将政治拱手相让给那批政客，任其肆意摧残。教育家不关心政治，则学生亦将间接受其影响，将来政治之改良，也就没有足以凭借的政治力量。所以真正的大教育家并不排斥谈论政治，参与政治，而是将政治一物分作两方面观：

一曰政党与政事，教育界所不当涉足或干涉之。涉足政党，则政党之变迁，将影响乎学校。学校之破裂，可立而待。干涉政事，则阻碍行政，抛荒职务，均不可也。若夫抛荒学校职务，运动选举，口虽不谈政治，而实则贻祸教育，罪莫大焉。

二曰政论，若剖明是非，主张正义，启发后生，养成平民政治之习惯等是也；操教育权者责无旁贷，弃而不顾，是弃其天职。[1]

基于这种认识，蒋梦麟早在1920年就与胡适、陶孟和、李大钊、高一涵等人联名发表《争自由的宣言》，强调他们本不愿意谈实际的政治，但是实际的政治却没有一时一刻不来妨害他们。自辛亥革命直到现在，已经有九个年头，这九年在假共和政治之下，经验了种种不自由的痛苦。政治逼迫他们到这样无路可走的时候，他们便不得不起一种彻底的觉悟：认定政治如果不由人民发动，断不会有真共和的实现。但是，如果想使政治由人民发动，不得不先有养成国人自由思想，自由评判的真精神的空气。蒋梦麟等人相信，人类自由的历史，没有一国不是人民费去一滴一滴的血汗换来的。没有肯为自由而战的人民，绝不会有真正的自由出现。这几年来军阀政党胆敢这样横行，便是国民缺乏自由思想自由评判的真精神的表现。

蒋梦麟等人认定，有几种基本的最小限度的自由，是人民和社会生存的命脉，那就是人民最基本的人身安全保障、行动自由、言论自由、出版自由、发表自由、集会自由、书信秘密自由、身体的自由等。这些"普世价值"其实也是"普适价值"，既适合西方，也适合东方，其来源既有西方文明传统，又有东方文明精神，并不单单是西方的。中国可以一时做不到全部，但是必须在价值上认同这些普世和普适的观念，以作为永久的奋斗，作为不懈的追求。[2]

政治环境的恶劣，经济环境上的持续困难，使蒋梦麟焦头烂额。1923年9月10日，蒋梦麟向北大同仁报告学校状况时凄惨地表示：今天同大家聚会一堂，行开学礼，本来是一件愉快的事情，所不好过的就是我们最敬爱的蔡先生不在此地。学校在这种政治的和经济的关系之下，竟能如期开学，是同人精神奋斗的结果。至于物质方面，可说是已到了山穷水尽的地步。恐怕诸位不甚详知，特地略为报告。政府里积欠了我们八个月的经费，计有五十余万元，此外学校里还垫出了七十万余。两项合计，差不多一

[1]《教育评论》，《过渡时代之思想与教育》，第437页。

[2]《争自由的宣言》，《晨报》1920年8月1日。

年的经费没有了,所以去年开学时说过要建筑大会堂和图书馆的计划都成了泡影。同人数月来终日奔走经费的事,忙得不得了,几乎天天在街上跑。上次京师各法团保安会、京师治安维持会和教育基金委员会,议决每月筹八十万元,五十万元为军警费,三十万元为教育费。请汇丰、汇理、正金、道胜四银行垫借。议定之后,即向使团接洽,英、法、日三使现尚在磋商中,此事能成与否,实难预料,不过我们尽我们的能力罢了。[1]

经费困难有多方面原因,而政治的不良却是导致教育破产的直接根源。为了改变这种状况,蒋梦麟与北方教育界人士一起与北京政府之间进行了一系列斗争。1923年1月,为了抗议北京政府非法拘捕罗文干,蔡元培再次愤而宣布辞去北京大学校长职务,旋离校出国,以示其与北京政府之间的"不合作主义"。蔡元培离校后,仍委托蒋梦麟代理校务。

蒋梦麟代理校务后,北方各公立大学为了团结一致共同对付北京政府,遂组织成立"国立北京八校校长联合会",蒋梦麟被推为主席。1月25日,"国立北京八校校长联合会"通电全国,不承认北京政府教育总长。2月4日,北京学生举行露天演讲。9日,北京政府下令整顿学风,随即派警察监督学生行动。3月2日,为农历上元节,北京各团体联合会举行市民提灯大会,警察干涉,引起冲突,发生惨案,三十余名学生重伤,近百名学生轻伤。第二天,学生联合会开会决议,通电全国否认国会及反对北京政府等案。与此同时,各团体联合会也举行紧急会议决议,反对北京政府。北大、高师学生均举行全体大会,发表宣言。北京政府与教育界出于完全对立的状态,无人敢出任教育部总长。

同年10月10日,曹锟在推翻黎元洪之后就任总统,公布《宪法》。各地掀起声讨曹锟贿选运动的同时,北京教育界又为教育经费问题与政府发生冲突。10月24日,教育部全体职员因长达四个月之久无教育总长负责,遂推派代表将公文封送国务院处理,并通电全国宣布实情。11月17日,北京国立大学及专门学校八校教职员联席会议宣告八校关闭,理由是政府积欠经费九个月,学校实在难以维持,交涉多次,政府言而无信,故不得已而为之。11月20日,国立八校教职员集体向教育部索薪未得,宪警又用枪刀镇压,于是联席会议决议八校关闭。但在蒋梦麟主持下,八校实际上仍勉力维持照常上课。12月6日,教育部宣布经国务会议议决,自1924年2月起,每月拨盐款十五万元专指为京师国立八校及公立学校教育基金。1924年1月21日,张国淦出任教育总长。5月,内

[1]《北京大学开学词》,《过渡时代之思想与教育》,第407页。

阁会议通过发行特种国库券一百万元作为北京国立专科以上学校经费。9月14日，内阁改组，曹锟任命黄郛为教育总长。因北方战事发生，特种国库券一百万元由直省拨归军用，北京国立八校又因经费无着，延期开学。到了1925年，政府拖欠北大的款项已有十二个月以上，物质上的痛苦，真是一言难尽。[1]

与政府发生变动的同时，北京大学也在发生新的变化。1923年12月27日，北京政府教育部令：国立北京大学校长蔡元培在欧洲考察未回校以前，派蒋梦麟代理校长。

蒋梦麟代理北大校长后，面对北京政府的腐败和险恶的政治环境，益且感到责任重大，当然也感到更需要北大同人密切配合与合作。他念兹在兹的，就是要维持北大的生命，继承蔡元培的余绪，使北大在任何情况下都不被中断，留有青山在，不怕没柴烧。只要北大的生命还在，北大就有重现辉煌的那一天。[2]

[1]《临别赠言》，《过渡时代之思想与教育》，第425页。

[2]《为北大廿五纪念事致学生干事会书》，《过渡时代之思想与教育》，第423页。

# 六　建构现代中国教育体制

官兴不佳也不能不做事，当一天和尚就必须撞一天钟。何况，蒋梦麟、马叙伦都是给点机会就不要命，给点阳光就灿烂，有点权力就亢奋的人，所以他们主持中华民国教育部的那段时间，还是力所能及利用一切机会、一切可能做了一些事情，尤其是在现代高等教育体制的建构方面。对于各省学校及其体制，蒋梦麟更是领导教育部大力整顿。

军阀之间的冲突正在这古都的附近间歇进行着。在这些时断时续的战事中，北京各城门有一次关闭几达一星期之久。枪炮声通常在薄暮时开始，一直持续到第二天早晨。有一次，蒋梦麟和一批朋友曾经跑到北京饭店的屋顶去眺望炮火，那真叫做隔岸观火，你可以欣赏夜空中交织的火网，但是绝无被火花灼伤的危险。炮弹拖着长长的火光，在空中飞驰，像是千万条彩虹互相交织；隆隆的炮声震得屋顶摇摇晃晃，像是遭到轻微的地震。从黄昏到清晨，炮火一直不停。蒋梦麟回家上床时，根本不能把耳朵贴着枕头睡，因为这样炮声显得特别响亮。因此蒋梦麟只能仰天躺着睡，让耳朵朝着天花板，同时注意到电灯罩子在微微摇晃，玻璃也嘎嘎作响。蒋梦麟有一只德国种的狼犬，名叫狼儿，它被炮声吵得无法再在地板上安睡，一直哼个不停。它的耳朵一贴到地板，它就惊跳起来，哼唧几声之后，它冲到房门旁，拼命在门上抓，它一定以为怪声是蒋梦麟卧房的地板下面发出来的。第二天早上，蒋梦麟骂了它一顿，说它上一晚不该那么捣乱。它似乎自知理屈，只用两只眼睛怯生生地望着蒋梦麟。早餐时蒋梦麟到处找不到狼儿，从此再不见它的踪影。大概它跑出去想找块安静地，夜里不会有恶作剧的魔鬼在地下大敲大擂，好让它安安稳稳地睡觉。不过，蒋梦麟想它大概是很失望的。

## 别了，马神庙

有一天，蒋梦麟和一位朋友在围城中沿着顺城门大街散步。老百姓还是照常操作，毫无紧张的样子。拉黄包车和坐黄包车的也与平常毫无异样。蒋梦麟和他的朋友从西单牌楼转到西长安街，然后又转到中央公园。皇宫前半门谯楼上的黄色琉璃瓦，在夕阳下映着澄碧的秋空闪闪发亮。他们在一棵古柏的浓荫下选了一个地方坐下。这些古老的柏树是几百年前清朝的开国皇帝种植的，有的排成长列，有的围成方形。空气中充塞着柏树的芳香，微风带着这些醉人的香味吹拂着他们的面庞。他们围坐在桌子旁，静听着邻座酒客的议论。大家都在议论战事，猜测着谁会胜利，谁将入据北京。谁胜谁败，大家好像都不在乎。操心又怎么样？北京已经见过不少的战事，饱经沧桑之后，北京还不是依然故我？沉默的午门谯楼就是见证。

“城门都关了，不知道我们能不能叫条鱼吃吃。”蒋梦麟的朋友说。

堂倌拿了一条活生生的鱼来问他们：“先生们喜欢怎么个烧法？”

“一鱼两吃。一半醋熘,一半红烧。”

鱼烧好端上来了,有一碟似乎不太新鲜。

“这是怎么回事?这一半是死鱼呀!”蒋梦麟的朋友质问堂倌,堂倌鞠了一躬,只是嘻嘻地笑。

“哦,我知道了!这条鱼一定是从城墙跳进来的,碰到地的一边碰死了,另一边却仍然活着。”蒋梦麟代为解释。

堂倌再度跑过来时,蒋梦麟的朋友从桌上抓起一把空酒壶,翻过来给他看:“怎么!你给我们一把空酒壶呀!”

“对不起,”堂倌笑嘻嘻地说,“酒烫跑了!”他马上给他们重新拿了一壶。当然,两壶酒都记在他们账上。

蒋梦麟和他的朋友在黄昏时回家。那天晚上,战斗停止了,蒋梦麟又想起狼儿。这一晚,它大概可以在城里找个地方,安静地睡一觉了。第二天早上,蒋梦麟发现政府已经易手。皇宫依然无恙。老百姓照常过活。各城门大开,成千成万的人从乡下挑着蔬菜、肉类、鸡蛋、鱼虾涌进北京城。小孩子们在战场上捡起废弹壳,以几块钱的代价在街头出售。许多人拿这些炮弹壳制花瓶。

城外有些人家破人亡,蒋梦麟亦失掉了狼儿。

一般而论,在这漫长痛苦的日子里,因战事而丧失的生命财产并不严重。使中国陷于瘫痪而成为邻邦侵略之目标的,实为人心之动荡、交通之破坏、经济之崩溃以及国民安定生活之遭破坏。国家陷于四分五裂,全国性的建设计划几乎成为不可能。中国当务之急就是统一。恰当此时,南方吹来一股温暖的风,为中国带来了新的希望。

1925年夏,“五卅”惨案后,民情激愤,邹鲁、林森等奉国民党中央党部的命令率领工农商学各界代表三十余人北上,扩大宣传组织打倒帝国主义运动。北京国立八校教授会举行欢迎大会,北大教授顾孟余、周鲠生、王星拱及徐炳昶等出席。据邹鲁《回顾录》记述,国民党与北京知识界的此种接触,使他有更深的印象,他们除讨论北京国立各校和广东大学如何切实联系外,还谈到南北教育互通声气的一般问题。并对于国民党中央表示同情。在向来沉息的教育界中,骤见曙光,是全国思想一大转变的枢纽。在这种情况下,不仅国民革命在北方开始兴起,而且连带所及,共产主义革命也因李大钊等人在北方的鼓吹而骤然兴起。

面对不断兴起的革命形势,北京政府极为恐慌,镇压也更加残酷。于是相互激荡,终于爆发了“三一八”惨案。

学生心理的不稳定是他们不断闹事的主因。他们与学校当局作对,是因为无法寻求到与政府作对的机会。如果有机会与政府作对，他们更乐于与政府作对。但是像段祺瑞的执政府，显然在学生闹事时一般并不会采取和平的解决方式，而是用武力进行弹压，他们认为只有武力才是说服闹事学生的不二法门。因此在一群学生包围执政府时，段执政就老是不客气地下令用机关枪扫射。

“三一八”惨案的起因非常简单。1926年3月初，奉系军阀的舰队运送张宗昌的直鲁联军，企图在大沽口登陆，进攻国民军。结果，却在北塘被国民军击败。3月12日，日本的两艘军舰擅自闯入大沽口，炮击守军，造成伤亡。国民军被迫还击，将日舰逐出大沽口。事后，日本政府竟向中国政府提出抗议，并纠集《辛丑条约》签字国公使向中国政府提出最后通牒，要求中国政府：

一、由大沽口至天津之航道须全行停止战斗行为；

二、应除却水雷、地雷及其他一切障碍物；

三、恢复所有航行标识，且须保证将来不再发生任何妨碍行为；

四、一切兵船须停泊在大沽口之外，且须对外国船泊不加以任何干涉；

五、除海关官吏外，应停对于外国船泊之一切检查等。

各国公使要求中国政府在四十八小时内答复，他们还在大沽口集结了大约二十艘军舰，驻天津的外国军队也进行战争状态，准备协同动作，大有重演八国联军进攻中国的旧戏。

大沽口事件使北方正在轰轰烈烈开展的革命运动更加高涨。3月17日，北大等学校和社会团体代表在北大三院召开紧急联席会议，决议要求北京政府即日驳复各国最后通牒，驱逐署名于最后通牒的各国驻华公使出北京。会后，代表即分成两组到外交部和国务院请愿。下午五时，百余名代表到达国务院，要求面见执政段祺瑞和国务总理贾德耀。然而，执政府不仅不派人接见，反而令守卫行凶，刀伤代表多人。

18日，按照联席会议的决定，北大、北师大等学校和社会各团体共十万余在天安门广场举行集会，强烈反对列强对中国政府的最后通牒。大会由徐谦、顾孟余、李大钊、陈启修等人组成主席团。会场上高悬前一天受伤请愿代表的血衣，上书“段祺瑞铁蹄下之血”八个大字。大会由徐谦报告开会宗旨，顾孟余发表演说，师大代表报告昨天向国务院请愿时遭镇压的情况。最后，大会通过《通电全国民众一致反对八国通牒》、《通电全世界被压迫民众一致反对八国政府进攻中国》、《督促北京政府严重驳斥八国通牒》、《驱逐署名最后通牒之八国公使出境》、《严惩昨日执政府卫队枪杀各团体代表之祸首》及《电勉国民军为反帝国主义而战》等八项决议。大会还决定立即组织北京国民反对各国侵略中国大同盟。中午十二时，大会结束。由两千多人组成的请愿团开始举行游行示威,到执政府请愿。

当游行队伍到达执政府门前时,执政府所在地铁狮子胡同布满了荷枪实弹的军警卫队,附近的街道胡同到处都埋伏着武装的便衣特务和打手,执政府门前广场上仅有的两个出口也被封锁了。当请愿团推举的代表正在与卫队进行交涉时,政府大楼的指挥枪突然响了,广场上的军警向游行队伍开枪,并以马刀、刺刀向徒手者砍杀。

蒋梦麟事前曾经得到消息,说政府已经下令,学生如果包围执政府,军队就开枪。因此蒋梦麟曾警告学生不可冒险,并设法阻止他们参加;但是他们已经在校内列队集合,准备出发,不肯听从蒋梦麟的劝告。他们一到执政府,子弹就像雨点一样落到学生们的头上。

蒋梦麟在下午四点钟左右得到发生惨剧的消息后立即赶到出事地点。执政府门前广场上,男女学生伤亡枕藉,连伤者与死者都难以辨认。救护车来了,把所有留着一口气的人全部接走,最后留下二十多具尸体仍旧躺在地上。许多重伤员在送往医院的路上死去,更有许多人则在手术台上断了气。此次事件死亡四十七人,伤者达两百多人。其中北大学生三死五伤。这个数字还不包括经包扎后自行回家的那些人。

"三一八"惨案激起全国各界普遍愤怒,段祺瑞政府后来终于垮台,此为远因之一。"三一八"惨案发生的第二天,北京学联决定举行总罢课,开展更大规模宣传活动。北大学生会向全国发出紧急通电,控诉段祺瑞政府血腥罪行,号召全国人民一致奋起,打倒段祺瑞的政府,驱逐八国公使并与其断绝外交关系,废除一切不平等条约。

段祺瑞政府为了掩盖罪行,开脱罪责,于惨案发生当天急急忙忙发表一份文件,声称此次惨案系因李大钊等人"假借共产学说,啸聚群众,屡肇事端";"率领暴徒数百人,手持枪棍,闯袭国务院,泼火油,抛炸弹、手枪、木棍袭击军警,各军警因正当防御,致互有死伤"。于是通缉捉拿李大钊、徐谦等,白色恐怖一时间笼罩在北京上空。

正当段祺瑞执政府对人民进行更加残酷镇压并欲与奉军进行联合时,国民军领导人鹿钟麟得到情报后先发制人,于4月10日将执政府卫队缴械,段祺瑞事先得到通报逃匿东交民巷。次日,鹿钟麟通电宣布段祺瑞残杀人民的罪状,段祺瑞执政府实际上就此结束。4月20日,段祺瑞在直鲁联军保护下遁往天津,并通电全国,宣布"引退"。北京政权落到奉直军阀手中。

段祺瑞"引退"前后,政局极度混乱。入主北京的奉系军阀干了不少胡作非为的事情。驻扎北京的直鲁联军总司令张宗昌嗜赌成癖,终日与骨牌为伍,是声名狼藉的"狗肉将军"。他体健如牛,脑笨如猪,性暴如虎,他的利爪随时会伸向他垂涎的任何漂亮女人，更会伸向他不喜欢的任何人。他无端仇视教育界和新闻界，《京报》著名报人邵飘萍就死在张宗昌的手里，张宗昌给他的罪名是“宣传赤化”。

蒋梦麟曾在一个有关社会治安的委员会上见过张宗昌几面，因为蒋梦麟是这个委员会成员。蒋梦麟并没有得罪过张宗昌，但在邵飘萍被杀的那个晚上，即1926年4月26日，孙宝琦突然告诉蒋梦麟，说在张宗昌的黑名单上有蒋梦麟的名字。孙宝琦是北京政府前总理，他的消息自然比较可靠。蒋梦麟感到魔爪的影子已经向自己伸过来了。

得知这一消息时，王宠惠刚好来访。求生的本能使蒋梦麟不假思索，连忙跳上王宠惠的汽车，直驶东交民巷使馆区，在六国饭店住了下来。王宠惠曾任北大教授，又当过北京政府教育总长、内阁总理，与蒋梦麟、胡适都是好朋友，又是当时政界炙手可热的人物。他的车为红色特殊牌照，军警不会盘查，这也是蒋梦麟得以顺利逃脱的关键。

▲蒋梦麟在东交民巷躲藏了很久

匆忙离校之际，蒋梦麟将北大校务交给总务长余文灿代理。这与北大一别，就是好几年。

住在六国饭店，蒋梦麟思绪万千。第二天，他到美国使馆向一位美国朋友开玩笑说：“我天天叫打倒帝国主义，现在却投入帝国主义怀抱求保护了。”

与蒋梦麟同时寻求外国人保护的还有北大校长室秘书、政治学教授李大钊等六七人，李大钊是遭到段祺瑞执政府通缉而避入苏联大使馆兵营的，但在后来却被奉系军阀张作霖派人抓捕，并处以绞刑。

蒋梦麟则在六国饭店住了三个月，百无聊赖，经常以写字消遣。这确实是他自1919年北上协助蔡元培主持北大以来从未有过的空闲时间。

住在六国饭店的还有北大地质学教授朱家骅，朱家骅后来出任中央研究院院长。朱家骅也是浙江人，他之所以也来避难，是因为他也是反对段祺瑞政府的主要人物。段祺瑞垮台后，他又成为张宗昌的眼中钉，所以第二次逃入六国饭店，时间上与蒋梦麟一致。

他们在六国饭店消磨着时光，能来的朋友虽然不时来探望，但是在一个饭店里关了三个月，即使那是一个豪华的“监狱”，也有点吃不消。于是他们一直在设法逃出北京。5月13日，北京军政府大元帅张作霖任命王宠惠为教育总长，6月24日，又改为任命任可澄为教育总长。到了秋天，北京的局势总算比较松弛一点，为蒋梦麟、朱家骅等人想方设法相继溜走提供了可能。

蒋梦麟之所以能够顺利逃出北京，除大环境有所改善外，主要应该归功于他的一位朋友，尤其是这位朋友年轻能干的太太。这位太太冒充蒋梦麟的太太，陪同蒋梦麟乘坐一辆古老的马车从六国饭店大方地驰往北京东车站，一路上居然逃过警察的耳目。到了车站，蒋梦麟挤在人潮中搭上一辆去天津的火车。别了，北京；别了，马神庙；别了，蒋梦麟奋斗差不多七年之久的文化古都。

## 投身“革命”

蒋梦麟是孙中山的忘年之交，也是孙中山的忠实追随者，他虽然长时期在北方主持教育，主持北大，但他与孙中山依然有着非常密切的来往。1921年他受上海总商会等团体推举，前往华盛顿监督参加太平洋会议的中国代表，行前专程前往广州拜谒孙中山，听取孙中山的意见以决定行止。1924年孙中山应邀北上时，蒋梦麟更是鞍前马后一阵忙乎，不离左右。他甚至计划邀请孙中山到北大演讲民生主义，可惜因孙中山政务繁忙，且不久因病去世而未果。

孙中山逝世后，国民党内部发生一系列急剧变化，由于尚未出现一致拥戴的领袖，大致形成了一个“集体领导”模式，蒋介石、汪精卫、胡汉民等分别掌控党政军等各方面，特别是在中国共产党的推动下，国共合作进一步深化，共产党支持国民党出兵北伐，统一国家，并且身先士卒，派出以中共力量为主的叶挺独立团作为先头部队，长驱直入，进入湖南，1926年9月，北伐军在湖南初战告捷，东向长江下游五省。10月，北京政府任命的福建都督、五省联军福建总司令周荫人倾巢西移，企图窜犯潮梅，国民革命军第一军军长何应钦乘机率部袭击周荫人总部驻地永定，全胜后挥师绕道，12月占福州，进闽北，控制福建全省。稍后又乘胜进军浙江，攻克杭州。

或许是南方的革命形势吸引着蒋梦麟，或许是北京政府早已觉察到蒋梦麟与南方政权有着非同寻常的关系，总而言之，在北伐军还没有直捣北京时，蒋梦麟肯定无法继续在这个魔窟中存在。他自天津搭乘英国商船到达上海，终于平安逃出了虎口。

在船上，蒋梦麟又遇到了朱家骅。朱家骅正准备转道上海赴广州，因为正在广州的国民党领袖张静江、戴季陶正需要人手，他后来便出任中山大学校长。而蒋梦麟则计划由上海转赴杭州。当时沪杭铁路已告中断，蒋梦麟就没有急着前往，而是在上海蛰居差不多半年，然后绕道赴杭州。

当蒋梦麟到达杭州的时间大约在1926年10月，因为根据他的记忆，此时已升任为国民革命军东路总指挥的何应钦尚未率部到达浙江，北京政府任命的浙江省长夏超慑于南方的革命形势，正准备反戈一击，背叛北方，加入南方。这个时间大概就在1926年10月，因为此时广东革命政府任命夏超为第十八军军长兼浙江省民政长。

当北方的孙传芳听说夏超叛变后，迅即命令上海警备司令宋梅村任总指挥，发兵攻浙。夏超派保安第二总队赴嘉兴布防抵抗。当蒋梦麟去拜访夏超时，夏超谈了他的抵抗计划，说他已经派了一千人沿铁路进驻江苏边境，江浙之间的铁路已告中断。

听了夏超的介绍，蒋梦麟在心里想，这位省长准是被别人的胜利所陶醉了，否则他怎么会企图与实力强他十倍的敌人作战呢？第二天早上，蒋梦麟就和马叙伦一起离开了杭州，渡钱塘江到绍兴，住了一个晚上，第二天走宁波，由宁波乘轮船到上海，找钮永建想法帮助夏超。只是钮永建也没有办法。[1]

几个星期之后，夏超的军队被宋梅村的军队打得落花流水。10月21日，夏超在指挥战斗中咳血晕倒，经抢救，败退杭州，遂交出省长印信，由张载阳暂时维持地方秩序，自己去富阳、桐庐一带搜集残部。船到富阳，大风骤至，船无法上行，折回江干，被宋梅村的军队逮捕，并按孙传芳令，割其首级，转送九江验明无误，抛入江中。另一说宋梅村军队10月23日进入杭州后，即派兵追击夏超，在余杭路上发现了便衣队，双方一番枪战，夏超中弹毙命。

不久，北洋军阀命运逆转。国民革命军于1927年2月初进军浙江，孙传芳委派的浙江省长陈仪早已对孙离心离德，所以在北伐军何应钦部进入浙江后，陈仪开门迎接，归服广东国民政府，浙江遂为北伐军唾手而得。2月18日，何应钦的北伐军雄赳赳、气昂昂进入杭州。

蒋梦麟也在这个时候再度回到西子湖畔。杭州人热烈欢迎国民革命军。这些装备现代的军队进军杭州时，成千上万的市民满面笑容列队欢迎。蒋梦麟也和一般市民一样站在人丛中观望，一颗心高兴得怦怦乱跳。他内心深处感到高兴，因为不管怎么说，中华民国经过长达十六年的艰苦斗争，一支现代化的中国军队终于重新建立起来了。

国民革命军进占杭州时，国民党中央宣布成立国民党中央政治会议浙江分会，负责浙江全省一般政策的制定，政策决定后即交省政府执行。党政分开，以党领政，国民党居于政治生活的中心位置。

浙江政治分会主席由省主席张静江兼任。张静江，名人杰，浙江湖州人。早年与

---

[1]《我在六十岁以前》，第89页。

吴稚晖交好，后支持孙中山改组国民党为中华革命党，任财政部长。袁世凯死后，回国开办上海证券物品交易所，与蒋介石交往密切，是蒋介石的“二哥”。1925年出任广州国民政府委员、国民党中央执行委员。后转任国民党中央监察委员，与吴稚晖、蔡元培、李石曾四人一起被合称为“国民党四大元老”，是蒋介石的重要主持者。

在张静江之下，蒋梦麟、马叙伦、宣中华、庄崧甫等都是政治分会的委员。马叙伦是北大的名教授，与蒋梦麟的关系是有分有合，但总体上说还算比较融洽。宣中华，浙江诸暨人，1915年考入浙江省立第一师范，五四运动爆发后，活动积极，被誉为“革命运动先锋”，当选为杭州学生联合会理事长。后加入中共，国共合作后为跨党党员，差不多一直在浙江省内活动，在浙江拥有很深的根基。1926年底，他赴南昌与蒋介石会晤，协商有关浙江临时省政府人选问题。1927年1月，以特派员身份赴宁波，组建浙江临时省政府。随后，率省党部代表去温州等地迎接北伐军由福建进军浙江。

庄崧甫，浙江奉化人，老同盟会会员，辛亥光复上海时，协助陈其美筹饷。杭州光复后，任浙江省军政府财政司长。后辞职致力于林牧公司，植树造林，饲养牛羊家禽，勤于实业。

3月1日，蒋梦麟又兼任浙江临时政治会议秘书长。这是蒋梦麟第一次担任国民党要职。后来浙江省情势趋于稳定，政治体制调整，政治分会遂告撤销。

在蒋梦麟担任浙江政治分会委员和秘书长的那段时间里，中国现代史上发生了一次重大政治事件，即国共两党分裂。而由于蒋梦麟身处政治要冲，自然脱不了一定的干系。

那时，蒋梦麟虽然在杭州任职，但他的家似乎还设在上海，上海是国民党政治势力的大本营，所以他与国民党要员都有很多联系，有机会介入中枢事务。早在北伐军进入杭州的当天即2月18日，国民党中央青年部部长邵元冲偕程远帆往访蒋梦麟。邵元冲是蒋梦麟的绍兴小老乡，也是浙江高等学堂同学，他们都是1904年进入这所学校。程远帆也是浙江绍兴人，与蒋梦麟同年，也是美国哥伦比亚大学毕业生，归国后任湖南明德大学经济学教授等。他们这几位同乡在当天的交谈中对杭州收复的事情已经能够完全证实，但对于此后浙江省政局发展似乎并不乐观，其原因是内部之不统一不一致尤为可虑，不知道发展方向在哪里。[1]

2月23日晚，邵元冲在上海寓所邀请蒋梦麟、高一涵、周鲠生、王世杰、陈翰笙、程远帆夫妇等晚餐，兼谈时事。根据邵元冲的观察，“连日以总罢工之故，确息不易得，民

[1]《邵元冲日记》，上海人民出版社1990年版，第306页。

情益皇皇不自聊，虽云摧毁积弊，不宜有所瞻徇依违，然为之过骤而无计度，则殊未见其为当也。”[1]这里所说的“总罢工”显然是指中共领导的上海工人运动，上海工人运动的蓬勃发展引起了国民党内一部分人的焦虑。

国民党内一部分人的焦虑又与国共合作中的裂痕有关，特别是随着北伐军步步推进，中共势力在合作的同时，实际上一直在经营自己的地盘，在北伐军所到之处几乎都发生了国共两党军事势力控制与反控制的冲突，而且由于国民党的主要力量在向前推进，所过之处又几乎成了共产党的地盘。这自然引起国民党中相当一部分人的不满。2月26日上午，邵元冲又往访蒋梦麟，对于干部及各地之纠纷有所讨论。邵元冲自认为以其与浙江地方党务历史上的关系，不愿坐视，决定抽时间到浙江各地视察，“相机规劝，以尽微责”，至于地方上的干部能否领悟，是否真的听其劝说，邵元冲表示也没有多少把握。

第二天（2月27日）上午，邵元冲往访国民党元老吴稚晖及国民党中央驻沪特派员钮永建，就时局及国共两党关系交换意见，吴稚晖对两党间之纠葛及张继的态度有所讨论。张继在国民党内是老资格反共分子，他早在1924年6月就提出弹劾中共提案。翌年，他与林森组织西山会议派，公开反对孙中山联俄、联共和扶助工农的三大政策。吴稚晖在这时提及张继的态度，大概是期待从张继已有的言论中汲取有用的资料。午后，邵元冲又去拜访李孤帆和国民革命军南京围攻军总司令部参谋陈其采，李孤帆告诉邵元冲武汉与南昌“诸当道相倾事，又言汉口方面颇多不满于静江者。”听了这些介绍，邵元冲的结论是：“总之猜嫌不泯，则一切无从措手，而劳精敝神于应付之中，难矣！”邵元冲似乎有了要寻找根本解决方法的思路了，所以他当即决定明天到杭州去找国民党内拥有实权的东路军总司令何应钦谈谈，看看能够从哪些方面突破。

第二天午后，邵元冲拟乘船经宁波转至杭州，后因人众无舱位而没能成行。直至3月4日，邵元冲才费了好大劲抵达杭州，寓西湖饭店。当天午后即拜访何应钦，兼晤国民革命军东路总指挥部参谋长蒋伯诚、东路军第一路中将指挥官王俊、国民革命军第一军军长顾祝同、国民革命军第二军军长鲁涤平及东路军总指挥秘书长兼办公室主任潘宜之等，对于党务问题，何应钦等人的意思是只有等蒋介石拿出主张，一切始有办法。他们对蒋介石在过去一段时间一直在这个问题上“游移”不定稍有不满，且事后每有他人受过，所以他们现在也就不敢充分表达自己的主张。当晚六时许，邵元冲又在青年会宴请国民党中央监察委员蔡元培、浙江省政治分会委员马叙伦、王俊、

[1]《邵元冲日记》，第308页。

浙江省防军总指挥陈其蔚及郑炳垣等，对于浙江省善后问题均有所讨论，似乎没有涉及国共关系。

3月5日上午，邵元冲又访何应钦，再以各方情形与之切谈，并望其对蒋介石有所建议。很显然，邵元冲希望何应钦就国共关系如何处理向蒋介石建议。这大概也是他此次杭州之行的主要目的。当天晚上，他又到何应钦的总指挥部与何共进晚餐，继续谈话，大概还是这些内容，参与此次谈话的还有潘宜之。之后又与国民革命军总司令部经理局长、国民党第二届中央执行委员缪斌、葛武棨等谈浙江党务。邵元冲的思路大致明朗。此后数日，邵元冲在杭州与军界当轴及党务同志磋商此后救济办法，同人等皆切望有一具体步骤计划，并望邵元冲有所主张。在大家的激励下，邵元冲遂为草订一进行计划大纲，预备于北伐军攻克南京后，即由军界同志请蒋介石来宁商决大计，以期根本整理党务。参与这些讨论的国民党军界将领似乎普遍认为，“军界同志以半年来之努力奋斗，其结果不过为造成共产党扰乱地方之基础”，故而谈到这个问题时多激昂唏嘘，以为此问题不能获得根本解决，恐怕军心将随之解体。

邵元冲在杭州活动的这些天，蒋介石与何应钦之间也有数电往还，蒋介石告诉何应钦，“共产党在武汉破坏军事更烈，非克复南京自立基础，决难立足。”据此，邵元冲判断：“情势盖益为急迫。且武汉方面，用中央执行、监察委员会联席会议之名，议决军事委员会组织条例，以剥夺总司令之职权，凡一切任用军官，核发饷械皆由军事委员会主之；又订所谓财政统一、外交统一案等，以集权于中央，其中皆由邓演达、徐谦所主持，而发纵指示者实为鲍罗廷氏。当大军北伐正激进之时，而有此扰乱后方之计划动作，其蓄谋破坏可见矣。”[1]

▲邵元冲

当邵元冲在杭州活动的这些天，另一具有政治军事力量的重要人物白崇禧一直在嘉兴前线，3月11日返回杭州，与何应钦会商总攻击上海的计划，邵元冲便中亦以各方情形及此后抵沪后之措施有所陈述，白崇禧亦以为然。

大概当邵元冲在杭州活动串联军界将领的同时，受命筹组上海临时政治委员会的吴稚晖与国民党中央驻沪特派员钮永建及杨铨，也在上海进行类似的活动。他们约

[1]《邵元冲日记》，第311页。

共产党领袖陈独秀、罗亦农会面，试图商讨怎样整理上海党务。由于双方意见分歧很大，而且陈独秀似乎在谈话中还有“不出二十年中国即将实行列宁式共产主义”的说法，这就使两党磋商解决分歧的可能性大为降低。中共继续咄咄逼人，国民党只好另谋他途。吴稚晖转而找到同为国民党中央监察委员的李石曾和蔡元培，似乎准备利用监察委员会的权力促使蒋介石下决心解决共产党的问题。吴稚晖不无夸张、怒气冲冲向李石曾、蔡元培转述陈独秀“二十年”的说法，故意激怒李石曾和蔡元培。于是李石曾、蔡元培也倒向吴稚晖一边，主张用强硬手段解决共产党问题。

光阴像箭那样地去了，东路军指挥部前敌总指挥白崇禧的部队已经迫近上海，不日可下。何应钦的总指挥部也开始向南京进发，蒋介石也有到上海的消息了。形势变得越来越紧迫了。

1927年3月21日，马叙伦和邵元冲、蒋梦麟在杭州的大街上碰到一支队伍，后面一串的藤轿，最后又是队伍，邵元冲一眼瞟着一乘轿里躺着一位，很像张静江，后来一打听，果然是他，住在新新旅社。

当晚，邵元冲、蔡元培、马叙伦等一起去新新旅社看望张静江。由于张静江是刚从南昌来，与蒋介石见过面，所以他谈话中告诉各位蒋介石对于与共产党分离事已具决心，南京定后，即当来宁共商应付。

第二天（3月22日），邵元冲上午与张静江讨论此后应付机宜，下午陪同张一起游玉泉及灵隐寺。当天获悉上海已于昨天收复。由于上海已收复，所以张静江等皆主立即到上海处置一切，并决定3月24日成行。

3月24日下午五时许，邵元冲、张静江、蔡元培、蒋梦麟、马叙伦等一同乘车前往上海。由于这天沪杭铁路经破坏后刚刚通车，车子还是到处遇险，车行迂缓，他们坐的还是一辆货车，搁了几张椅子，直至第二天上午九时许始抵达龙华。下车即至白崇禧的前敌总指挥部旧署办公署。当天在那里与白崇禧、潘宜之、东路军总指挥部参谋长兼淞沪卫戍司令部参谋长张定璠、黄郛等，旋吴稚晖、李石曾亦同来晤，共商应付党务办法。吴稚晖以屡为陈独秀所绐，亦愤然以为非分裂不可，李石曾意亦激昂。当天还知道蒋介石已有赴南京的消息，于是众推邵元冲第二天前往南京，敦促蒋介石迅速来上海商榷大计。

第二天（3月26日），邵元冲本拟按计划去南京，但他在张静江处获悉蒋介石将到上海，而订商轮又不易，遂中止。至傍晚，知蒋介石已至新西区对门丰林桥上海交涉使署。当天晚上，邵元冲、吴稚晖、李石曾、蔡元培、张静江等一起前往蒋介石处一谈，但因为有杨杏佛等在座，故不能尽言，约明日再商而别。

3月27日午前，蒋介石前往邵元冲等人借住的白崇禧司令部，约同迁入丰林桥总部行营，邵元冲遂与吴稚晖、李石曾、蔡元培、张静江、马叙伦等迁入，寓旧沪海道尹公署内。马叙伦、蒋梦麟与中央党部没有关系，但张静江邀他们同来，所以也就一起搬来住在一块。邵元冲是国民党中央委员，常常想找国民党四大元老吴稚晖、蔡元培、张静江、李石曾打探消息。但是这四老并没有与马叙伦、蒋梦麟住在一起，而是住在另一院。司令部出入是不得自由的，马叙伦、蒋梦麟虽有"派司"，总是小心不随便走动。吴稚晖向他们几个约定，清党命令未宣布以前他们几个人都不得离开此处外出，以免外人探知吴稚晖、蔡元培等人的行踪，多所推测。

有一天，蒋介石约了四老在马叙伦、蒋梦麟卧室间壁一间屋里（蒋介石常在这间屋里会客）谈话，邵元冲撞了进去，立刻被撵了出来；又一天，胡汉民来访蒋介石，也在这屋子里，马叙伦看见他们主客毕恭毕敬地坐着。这间屋子和马叙伦、蒋梦麟的卧室，实在只隔一扇窗帘，不过，马叙伦、蒋梦麟也没听他们多说什么话。

迁入总部行营的当天，他们就开会讨论与共产党分裂办法，吴稚晖主张由中央监察委员会提出弹劾共产党员及跨党分子谋危国民党、动摇后方及卖国行为，其证据则根据数星期前陈独秀对吴稚晖的谈话，谓共产党于二十年内可实行共产，又于去年"双十节"共产党在湖北秘密散发的传单意在阴谋破坏国民党者为证，然后再由检查委员会召集中央执行委员会之非附逆者开会商量以后办法，而开除及监视一切附逆及跨党之首要等，听候代表大会裁判。

当天的会议大概只是属于"谈话会"，为非正式会议，正式的预备会议于第二天即3月28日晚八时许召开。国民党留沪中央监察委员吴稚晖、张静江、李石曾、古应芬、蔡元培等参加了这次会议，这是中央监察委员全体会议的预备会或称临时会，蔡元培主席，马叙伦记录。议决由吴稚晖拟具检举共产分子之草案，提交监察委员会全体会议公决。[1]这次会议还决定4月2日下午七时召集中央监察委员等全体紧急会议。

会议的讨论并不是很顺利，由于不断从外地赶来的国民党军政要员意见不一，从而使蒋介石很难下决心，特别是汪精卫由欧洲回国，经莫斯科到达上海，4月1日在那里与蒋介石、吴稚晖、蔡元培、张静江等会晤，表达了自己的不同看法，这对蒋介石还是很有影响，使他无法下最后的决心。不过，坚持清党的力量依然很强大，态度更坚定。4月2日晚七时许，国民党中央监察委员会举行会议，到会三分之二，吴稚晖、张静江、李石曾、蔡元培、古应芬、陈果夫、李宗仁、黄绍竑等主席会议，公推蔡元培主席，

[1]《民国日报》1927年7月1日。

马叙伦记录。吴稚晖在这个会上提出“请办覆党卖国之共产派党员案”，这个提案似乎又称为“共产党连结容纳于国民党之共产党员同有谋叛证据”一案。经出席委员共同讨论，复由各委员报告最近在湖南、湖北、江西、安庆、上海共产党之所为，皆有不利于国民党、受外人指使之事实。其骚乱社会，扰乱后方，尤其余事。故全场一致决议，将访查所得首要各人，咨请国民党中央执行委员会以非常紧急处理。

在咨送国民党中央执行委员的议案中，详细附有所谓首要名单，建议中央执行委员会姑将所开各人及各地共产党首要危险分子，经党部举发者，就近知照公安局或军警暂时分别看管监视，免致活动，致酿成不及阻止之叛乱行为。仍须和平待遇。一面由中央执行委员会公决，召集全体中央执行委员会，共议处分。再所有汉口联席会议及第二届第三次全体中央执行委员会议，皆徐谦、邓演达、顾孟余等受俄顾问鲍罗廷之指挥所颠倒。所有由该会议产生之机关，其所发命令，中央监察委员会也在咨送的议案中提出质疑，并请中央执行委员会按着事实，分别接受与否。其准予接受施行者，以备下届全体中央执行委员会讨论追认。其有不得不否认者，应暂时搁置。因中间杂有便于叛徒之命令，恐酿大患。咨送议案表示，中央监察委员临时会议的这个建议，因防止非常大乱，恐亡党卖国不及救止，为万不得已之所为。[1]

随议案附送的，还有吴稚晖提呈一件。这个提呈大概就是前面提及的“请办覆党卖国之共产派党员案”。

正如中央监察委员们所估计的那样，他们提出的这个议案并没有能够得到中央执行委员会的同意。4月4日，邵元冲偕古应芬到白崇禧的司令部，与白崇禧、李济深、李宗仁、黄绍竑等人谈，稍后又到孙中山故居访汪精卫，至则吴稚晖、李石曾、蔡元培、蒋介石、宋子文等已在那里谈话，估计就是交换意见。[2]但是很显然，意见并没有获得一致，因为第二天（4月5日），汪精卫与陈独秀联名发表宣言，表示国共两党亟应合作到底，不宜在此时分裂。这不仅使外界惶骇，而且使蒋介石很难下决心。

汪精卫、陈独秀的联合声明引起国民党高层的强烈反响。当天（4月5日）上午，汪精卫、蒋介石、柏文蔚、宋子文、李济深、李宗仁、黄绍竑、白崇禧、古应芬、甘乃光、蔡元培、李石曾、吴稚晖等在旧沪海道尹公署楼上开谈话会。吴稚晖与汪精卫就“汪陈宣言”进行激烈的辩论，[3]似乎并没有得出一致的结论。

当天（4月5日）下午二时，国民党中央监察委员会举行会议，黄绍竑、陈果夫、李宗

[1]《民国日报》1927年4月16日。
[2]《邵元冲日记》，第315页。
[3]《民国日报》1927年4月6日。

仁、李石曾、吴稚晖、蔡元培、古应芬等出席会议,蔡元培主持,马叙伦记录。会议先讨论中央执行委员会要求将中央监察委员会4月2日议决案暂行保留一事,议决俟适当时,再集会议,决定发送。继讨论中央执行委员会请将武汉方面不合法之行动提出弹劾案,议决:应列举事实草就警告书,送各委员审定,并推定陈果夫、黄绍竑起草警告书。[1]

还是在这一天(4月5日),吴稚晖、李石曾、蔡元培等往访似乎一直没有参加相应会议的胡汉民,告以汪精卫往武汉,实约各委员来南京,在上海的中央监察委员会委员和中央执行委员会委员似乎都应该赶往南京,准备开会。胡汉民答应届时一同前往。

4月6日,以关于党务事犹有所犹豫,邵元冲、蒋梦麟与蔡元培、古应芬、吴稚晖、李石曾、马叙伦等共同迁出外间,[2]即搬出旧沪海道尹公署,各自回家。

根据马叙伦的回忆,当天下午(或7日下午),说开中央监察委员会了,也就在上面说的这间屋里,马叙伦等进去看看,桌上有一张油印品,好像学校里的讲义,邵元冲拿来一看,便说:“这像是我寄给总司令的,上面还有我写的话,已裁去了。”马叙伦等仍旧退了出来。一忽儿,张静江叫人请马叙伦进去,说委员会秘书都不在这里,请马叙伦“权充”一下,马叙伦当然只得担任下来。这天,就决定了“清党”,根据的是蒋介石提出的那张油印品,连同一张油印的名单。傍晚消息恐怕要有事变,就是共产党要占上海,到了晚八九点,又得消息,没有问题了,已由帮里朋友出来维持了。马叙伦等人不过听听,安慰安慰自己。

马叙伦的回忆稍有偏差,比如他代理会议记录是很早以前就开始了,并非始于此时,另外会议的时间似乎也有误。事实上,国民党中央监察委员会会议的举行在4月8日下午三时,邓泽如、张静江、李石曾、陈果夫、吴稚晖、蔡元培、黄绍竑等出席,蔡元培主持,马叙伦记录。上次会议委托黄绍竑、陈果夫起草的对武汉方面警告书,已拟就付讨论。议决:对于草内涉及个人问题,主张删除,并交秘书处整理文字送出。[3]

第二天(4月9日),由邓泽如领衔,黄绍竑、吴稚晖、李石曾、蔡元培、古应芬、张静江、陈果夫等中央监察委员联名列举武汉联席会议乖谬措施致国民党全体同志电公开发表,指责目前国民党面临的许多问题,都是武汉联席会议以来种种错误措施造成的,警告书详细列举武汉联席会议的十一条罪状,望全党同志念党国之危机,凛丧亡

[1]《民国日报》1927年7月3日。

[2]《邵元冲日记》,第316页。

[3]《民国日报》1927年7月3日。

之无日，披发缨冠，共图匡济，扶危定倾。[1]

此后数日，上海的形势确实越来越紧张，国民党要人的活动越来越频繁。至4月11日，国民党方面的各项准备似乎已经就绪，一触即发，只待令下。这一天上午，邵元冲至龙华接洽清党办法，并与白崇禧、潘宜之等接洽。第二天即4月12日，国民党在东南各省实行全面清党，上海一夜之间陷入白色恐怖之中。

国民党下令清党的第二天即4月13日上午，邵元冲往访蒋伯诚、蔡元培、蒋梦麟，商量明天回杭州的事情，张静江当天前往南京。在当天举行的政治会议浙江分会上，决定推陈其采、马叙伦、蒋梦麟主持政务，邵元冲及国民党浙江省政治分会委员兼浙江"清党"特派员姜次裂主持省党部。

4月14日午间，邵元冲偕蒋伯诚、蒋梦麟、马叙伦等由上海南站启行赴杭州。当晚八时后到杭州，寓总指挥部。他们旋与罗鸣白、陈其蔚等将领召开军事会议。当晚用政治会议浙江分会名义，布告受派来浙办理党政。此后数日，蒋梦麟也在浙江省政治分会中忙碌。

4月18日，国民政府定都南京。南京各界举行盛大庆祝活动及阅兵典礼，标志着南京国民政府正式开张。4月20日，上海各报刊登中央政治会议通过的浙江省政治分会及省政府委员名单，政治分会的委员有张静江、蒋介石、蔡元培、马叙伦、何应钦、周凤岐、庄崧甫、陈其采、蒋梦麟、邵元冲十人，省政府委员为马叙伦兼民政，蒋介石、蒋伯诚兼军事，陈其采兼财政，程振钧兼建设，阮性存兼司法，周佩箴兼土地，朱家骅兼农工，蒋梦麟兼教育，周觉、陈希豪、陈屺怀、孙鹤皋及邵元冲共十七人。25日下午四时，政治会议浙江分会举行成立大会及分会委员就职典礼，推定邵元冲委员兼分会秘书长。4月26日上午九时至下午四时，召开浙江政治分会会议，决定明日召集省政委员会。第二天（4月27日）午后召开省政委员会成立会及各委员就职典礼，推定邵元冲任秘书长，又推定周恭先、马叙伦、蒋伯诚任常务委员。晚，省党部举行茶会，省政各委员参加，邵元冲主持，张静江、蔡元培等演讲。4月28日上午，召开政治分会会议，提出设立杭州市政事厅，公推邵元冲任市长。下午，召开省政务委员会会议，审查各厅组织条例。[2]

蒋梦麟是政治会议浙江分会的委员、省政府委员兼教育，从5月6日开始，他又正式兼任浙江省教育厅厅长，重新回到他的老本行。在那些日子，他的工作情形就是这样忙于各种各样的会议和应酬。

---

[1]《国民政府公报》1927年5月1日。

[2]《邵元冲日记》，第321页。

不管怎么说,杭州是蒋梦麟在政府中担任工作起点,他后来的一些政府工作经验其实就是从这里开始。杭州是浙江的省会,也是蒋梦麟青年时代读书的地方。省政府由省政府委员、政府秘书处及各厅等专门机构组成,其成员大致都是由中央政治会议决定,并不需要选举一类的程序,因为这个时候的政治还处在孙中山所设计的军政阶段,完全由国民党说了算,其实也就是蒋介石个人说了算。

在浙江省教育厅长任上,蒋梦麟先是迎合国民党一党独裁的需要,于1927年5月完成国民党浙江省党部拟定的《党化教育大纲》,成为国民党统治区党化教育的典范。7月26日,蒋梦麟以浙江省教育厅长的身份召集全省中学校长会议,讨论实施《浙江省实施党化教育大纲》的具体措施。该大纲要求中学以训练党员的方法训练学生,以党的纪律为学校规约,强调建设新道德应从求知入手,依训政时期国家组织为学生自治组织,以三民主义之中心思想确定学生人生观。8月4日,南京国民政府教育行政委员会议决学校施行党化教育办法草案,在某种程度上参考了蒋梦麟在浙江任内的思路和做法。可见蒋梦麟既然吃了国民党的饭,也就不像他在北京大学主持教育时那样刻意强调教育与政治分离,教育独立。

在浙江省教育厅长任内的另外一件大事是收回外国人在中国的教育事业。

外国人在中国创办教育事业已有很久的历史了,这些教育机构对近代中国历史进展有推动有阻挠,但大体上说是利大于弊。然而到了五四运动后,民族主义情绪几度高涨,每每将帝国主义视为中国落后的重要根源,帝国主义国家在中国创办的教育机构也被认定为奴化中国人的团体,必欲取消收回而后止。1923年10月,少年中国学会提出"民族主义教育"的口号,以为在中国的基督教教育肆意传播宗教,严重威胁了中华民族的生存,以为教育的目的就是要培养有民族意识的公民,因而提出"收回教育权"的口号。在这个口号激励下,1924年起,广州、南京、福州、苏州等教会学校的学生纷纷起来,举行罢课、示威游行,甚至全体退学,反对教会学校,要求政府收回教育权。同年7月,中华教育改进社在南京召开年会,主题就是讨论怎样收回教育权的问题。陶行知、范源廉、章太炎等人参加会议并在了演讲,会议通过《关于收回教育权的决议案》,要求教会学校必须向中国政府注册。10月,全国教育联合会在开封举行第十届会议,明确提出取缔外国人在办理教育事业的权力。"五卅"惨案发生后,外国人在中国土地上对中国人的野蛮屠杀更激起强烈的民族主义情绪,极大推动了收回教育权运动向实质性问题伸展。1925年11月,北京政府制定外国人在中国办学的请求认可管理办法,是中国政府第一次对外国人在中国办学提出规范,要求外国人在中国创办的学校一律冠以"私立",校长必须为中国人,中国人应在学校董事会中不少于半数。

也正是在这种气氛下和历史连续性,使蒋梦麟在浙江发起一场收回教育权的运动。

1927年5月29日中午,蒋梦麟与邵元冲夫妇及张慰慈、程远帆等同餐于楼外楼。餐后同至葛荫山庄茗谈。程远帆对青年会收管事,深虑外族反对,故对财政事有所恇怯。蒋梦麟对程远帆的忧虑不以为然,"以正义责之",程远帆"始无辞"。程远帆、蒋梦麟同为哥伦比亚大学留学归来,而两人对教会教育、外国人在华教育事业态度如此迥异,辩论又那么玄虚或抽象,以至于邵元冲觉得"美国留学生之无聊至此,抑何可叹!"[1]

6月8日,浙江省第十九次省务委员会议决通过蒋梦麟代表省教育厅提出的收回外人教育事业办法案,规定外国人所办教育事业必须于9月1日前移交浙江省政府或有中华民国国籍之人民或团体接办,听候审查立案。立案后可与私立学校享受同等待遇。外国人或外国人团体,不得担任董事或校长。这个办法显然是几年来舆论的关切点也是北京政府已经做过的事情。

当时的浙江省政府虽然是在国民党野蛮屠杀共产党后成立的,但从其工作实际情况看,确实充满着改革和建设精神,其政治上的廉洁似乎也是他们当时追求的目标之一。在这方面,刚刚参与实际政治的蒋梦麟当然也不让人。据马叙伦回忆:

这时候,"廉洁政府"是省政府门前的"饰物",浙江第一次省政府委员,除了陈其采先生以外,都是从书堆里来的,我们本来"清白乃心",而且张静江先生和我们约,要做点成绩,给各省作榜样,我们自然更兴奋了。一天,晚上十点钟的时候,马寅初先生来找我说:"明天恐怕要罢市了。"我诧异起来,什么话?他告诉我,为的是中国银行杭州分行经理金顺泉的弟弟金某某包办丝茧捐,找孔凤春粉店的老板孔继庸担任丝茧委员;这种事情,每年照例的公事,作弊赚钱,也是公开的秘密,不想在萧山正是省党部"主委"沈玄庐宅子相近的地方,被踏着了,沈先生就叫邵元冲、蒋梦麟报告了张静江主席,立刻命令省会公安局长章烈把金顺泉弟兄两个都扣留起来;金顺泉当然优待些,留在公安局;各银行首脑大商家的领袖都在商会会长王竹斋家里开会,因为是革命的廉洁政府,不敢向政府说话,尤其是公安局归民政厅管的,我马叙伦的难以情说,他们是领教过的;因此,大家束了手,不过说"如果政府太厉害了,我们只有大家共同来对付",银行方面尤其一致。马寅初先生得了这个消息,着急了,特地来告诉我。可是我满不晓得,我怪沈先生们不该这样鲁莽,张静江先生也该和我接洽一回,我立刻往见张静江主席,问他有没有这件事?他说:"元冲、梦麟叫我立刻命令公安局这样

[1]《邵元冲日记》,第330页。

办，否则要被他们逃脱了。”[1]

7月25日上午八时，临时法庭开庭审讯孔继荣案，全体省政府委员及高等法院庭长黄序宾等均列席为审判官，由黄问话，孔为萧山茧捐委员，以贪黩被举发逮捕，遂由此特别审讯之事，至中午十二时仍然没有审理完毕，定下午三时再讯，至五时顷案情已略明了，遂告辩论终结，定期宣布判决。

不管这件事情的是非曲直如何，从这里不难看出蒋梦麟这些“革命官僚”不一样的精神面貌和办事风格。

除廉洁和负责任外，在当时的政治气氛下，应该说国民党刚刚获得全国统一，刚刚建立一党独裁的政治统治，他们在建设方面也颇有雄心和气势，其建设计划相当庞大。但是“革命”之后，此项庞大的计划难免受到经费支绌的制约，因此只能把工作集中在修筑公路等基础设施上面。经过大约两年的建设，杭州城内已经修筑许多宽阔的马路。西湖沿岸和苏堤也开辟了马路，直达西山各旅游名胜点。另一条公路与上海衔接，于是通过这条公路招徕不少上海的周末游客。短短三年时间，杭州几乎焕然一新了。市区之内，西湖之滨，以及湖边山麓，新建洋房别墅像雨后春笋一样出现，人口激增，商业盛极一时。

随着经济复苏，浙江省扫除文盲的运动也开始了。经过六七年时间，除了普通小学外，短期的民众识字班增加了几千个。

### 大学区的尝试与失败

1924年，孙中山亲手将清末以来在广州地区建立的一批近代教育机关如广东高等师范学校、广东公立法科大学、广东公立农业专科学校进行整合，组建国立广东大学。孙中山逝世后，广东大学于1926年被更名为中山大学，以示对孙中山先生的纪念。随着北伐军向长江领域挺进，武汉国民政府将武昌大学与其他几所学校合并，组建国立武昌中山大学。

国民政府定都南京后，建立了一党独裁的政治体制。为了使这种政治体制得到巩固，国民党开始了在教育体制上改革。1927年4月25日，国民政府召开第二次常委会议，议决任命蔡元培、李石曾等为中央教育行政委员会委员。5月，蔡元培、李石曾、褚民谊三人被推为教育行政委员会常务委员。蔡元培再一次成为掌握全国教育的实权人物，中国教育体制如何发展又一次成为人们瞩目的焦点。

[1]《我在六十岁以前》，第99页。

自民国成立以来,中央政府一直设立教育部,作为主管全国教育行政的最高领导机构。广东国民政府改为教育行政委员会,行使教育行政的领导职权。现在,国民政府定都南京,具有自民国元年以来教育行政经验的蔡元培等人鉴于过去北洋时代教育行政经常横遭干涉的事实和经验,以为必须对教育行政体制进行大幅度的调整,改变北京政府教育部的腐败官僚性质。

蔡元培指出,中国近年来大学教育之纷乱,与一般教育之不振,其原因固属多端,而行政制度之不良,实在是一个重要的原因。教员勤于诲人者已不多得,遑论继续研究?欠薪累累,膏火不继,图书缺略,设备不周,欲纠正这些问题,自宜注重研究之一端。蔡元培指出,凡大学,应确立研究院之制,一切庶政之问题,科技兴邦可交议,以维持学问之精神。此民国教育体制必须改良的一个重要理由。

基于这种认识,蔡元培在1927年6月7日召开的国民党中央政治会议第一百零二次会议上提出变更教育行政制度,以大学区为教育行政单元的议案。议案指出,一般教育行政机关,薄书而外,几无他事。其所恃以为判断之标准者,法令成例而已,不问学术根据之如何,于是而与学术最相关之教育事业,亦且与学术相分离,岂不可惜?自宜仿法国制度,以大学区为教育行政之单元,区内教育行政事项,由大学校长处理之,遇有难题,得由各学院相助以解决之,庶几设施教育得有学术之根据。这就是大学区制度有利于中国教育发展的理由。

法国的大学区制度有一个复杂的演变历史,大致而言这个制度要求所有十五岁以下儿童必须入学,全国教育统一整齐,所有教育计划均由国民教育部进行制定和管理,所有公立中小学教师都是国家公务员,从而使国民教育部成为法国最大的雇主。法国大学的教授和研究员也受雇于国家。法国全国划分为若干大学区,一个大学区通常跨越几个省,甚至覆盖位于海外的法国学校。大学区总部通常位于有关地区的最大城市,其职责是管理属于教育制度的人事和国家财政预算,充当地区差异性与中央教育行政机构之间的纽带,确保教育部制定的官方教育程序得到执行。大学区的学术委员会负责管理指定地区的大学教育的各个方面,大学向所属的大学区负责,而大学区向中央教育部负责。不过,私立大学独立于政府,所以也就独立于大学区。

法国的大学区制度确实促进了法国教育的发展,这一制度一度受到中国知识精英的赞赏。与蔡元培相比,具有法国经验的李石曾更熟悉源自法国的这一制度,更热衷于推行这一制度,事实上,也是他最先提出借鉴这一制度,建立中国的大学区。李石曾认为,学制之完善,法国大学学制所以优于其他各国者,以其具有两大特长:一曰整齐划一,二曰升学、转学,又极方便。法国每个大学区设一所大学,这个大学包括文、理、医、法等学科和附属中学、小学,这样就使中小学与大学能够有效衔接,不似他国学制。

李石曾、蔡元培对大学区制的赞赏深刻影响了政治当局。6月12日,国民政府训令在广东、浙江、江苏三省试行大学区制。于是有设在江苏的第四中山大学,以张乃燕为校长;设在浙江的第三中山大学,以蒋梦麟为校长。

6月23日,国民党中央执行委员会政治会议通过蔡元培、李石曾、褚民谊等人提出的建议,决定设立中华民国大学院作为全国最高教育学术管理机关,类似于法国中央政府的国民教育部,负责管理全国学术及教育行政,任命蔡元培为大学院院长,总理全院事务。27日,政治会议通过并颁布《中华民国大学院组织法》,规定大学院设大学委员会,为大学院最高立法机关,由各国立大学校长、大学院教育行政处主任、国内专门学者等组成,议决全国学术与教育之重大问题,保持教育对政府的相对独立性。同时决议设立中央研究院、劳动大学、图书馆、博物院、美术馆、观象台等国立学术机关。在各省区则实行大学区制,废止教育厅,以国立大学作为该地教育行政管理机关,大学校长总理区内一切学术与教育行政。10月1日,中华民国大学院在南京成立,院长蔡元培宣誓就职。到了1928年底,北平也开始试行大学区制。

根据设立第三中山大学的命令,蒋梦麟出任校长,开始了繁忙的筹备工作。7月6日中午,蒋梦麟在杭州楼外楼宴请自上海来的中央教育委员蔡元培、李石曾、胡适以及邵元冲、马寅初、马叙伦、邵裴子等,并于餐后在舟中召开第三中山大学筹备委员会会议,对于章程有所讨论。

按照《中华民国大学院组织法》的规定,大学区由所在地区大学校长负责主持,所以蒋梦麟不仅是第三中山大学校长,而且还是浙江大学区的最高负责人,甚至在某种程度上说比他先前所担任的浙江省教育厅厅长的职责还要繁重。

根据《大学区组织条例》相关规定,大学区设立评议会,为本区立法机关。下面分设秘书处,辅助校长办理本区教育行政上一切事务;设立研究院,为本大学区研究专门学术之最高机关;设立高等教育部、普通教育部、扩充教育部,各置部长一人,分别管理区内大专学校、公立中小学校、劳农学院及关于社会教育之一切事项。按照设想,以大学区为一独立的教育行政单元,区内所有教育行政事项,均由大学校长负责处理;遇有难题,得由各学校相助解决。

蒋梦麟就职后,迅即召集地方教育行政人员研讨区内教育设施及规划,调整浙江省内教育设施布局。8月1日,浙江省务会议决议,将浙江省立甲种工业专门学校、浙江省立甲种农业专门学校改组为国立中山大学工学院、劳农学院,并决定另行筹备文理学院,以这几个学院作为国立第三中山大学的基本架构。

第三中山大学成立后,蒋梦麟的第一个举措便是在刘大白等新派学者的支持下以官方权威下令禁止在小学教育中继续使用古文。1927年11月3日,蒋梦麟以第三中山大学校长的身份致函浙江大学各市市长,通令浙江各市县,限期禁止各小学采用文言,决定自1927年度第二学期即1928年2月开始,全省各小学,不论初级高级,一律不得再使用文言文教科书或教材。倘有违令,立即辞退改聘;如果校长违令,立即撤换。这一强硬政策在实践中取得良好效果,其影响已不限于浙江一省。后来全国教育会议通过一些同样议案,浙江大学区的一些专家教授在这方面出了不少的力,有效推动新文化运动的深入。[1]

在浙江大学区,蒋梦麟还进行了一些制度性试验。他真诚期望在自己的故乡建立起一所可以与北大相比的大学,他利用自己先前主持北大所积累的人脉,集中精力财力先办自然科学之关于实用者,如农学、医学,以及社会科学中的经济学等,以备省政府各项建设事业需要。至于国学、文学等基础性学科,由于浙江大学区、第三中山大学一时很难吸引到第一流人才,所以蒋梦麟接受蔡元培、胡适等人的建议,暂行缓办。他的北大经验告诉他,以浙江的地缘因素和新设大学的基础,在这些基础性学科上是根本无法与北大较劲的,与其浪费精力财力办的不伦不类,不如不办,集中精力财力办好本地区所需要的学科。[2]

一所大学能否办出特色,能否办到一流,关键还是看能否吸引到一流的教授,在这一点上恐怕再也没有谁比蒋梦麟更清楚。所以他在浙江省教育厅厅长、浙江大学区、第三中山大学校长任上,他的主要工作就是利用人脉挖别人的墙脚,充实浙江,他通过胡适邀请马寅初回故乡的大学任教职,至少多回来讲讲课;更不忘邀请他的老朋友、名教授如胡适等人来校讲学,开阔学生的眼界;他更是期待胡适能够帮助物色中国史、西洋史、英语学及语音学等方面的教授。[3]

第三中山大学的组织架构来源于大学区制度,是大学区制度设计中的规范。这个规范当然有其好处,但也似乎有其不便的地方。所以当第三中山大学成立不久,浙江省内教育界似乎就对这个名称稍有意见,于是几经酝酿终于动议将之改为"国立浙江大学",以为如此命名方合乎实际,有利于地方教育发展。1928年2月6日,大学院同意了浙江省政府的请求,于是浙江大学正式成立,于是蒋梦麟又成了浙江大学的第一

[1]《跋〈白屋文话〉》,《胡适文存》(三集),黄山书社1996年版,第525页。

[2]《蒋梦麟致胡适函》(1927年6月22日),《胡适秘藏书信及函稿》(39),第466页。

[3]《蒋梦麟致胡适函》《胡适秘藏书信及函稿》(39),第474页。

任校长。[1]

成立浙江大学，是蒋梦麟等教育界浙籍人士很久以来的想法。从目前能够看到的资料说，至少在1918年前后，蒋梦麟已就成立浙江大学提出过自己的看法，并专程“赴杭与教育厅一谈此事”。[2]

1927年5月24日，蒋梦麟就任浙江省教育厅厅长不久，即与浙籍政治元老张静江、蔡元培以及李石曾、邵元冲、马叙伦等探讨成立浙江大学及浙江大学研究院的事情。第二天上午，浙江省政府省务会议通过成立浙江大学研究会筹备员名单共九人，内有张静江、蔡元培、李石曾、蒋梦麟、马叙伦、邵元冲、胡适、陈世璋、邵裴子等。6月18日上午，浙江大学研究会筹备会正式成立。

筹备会的成立推动了浙江大学的筹备和规划，然而稍后出现的大学区一度打断了浙江大学筹备的进程，浙江大学实际上被纳入大学区的规划中，原来拟议中的浙江大学工学院、农学院，转眼间成为第三中山大学的两个学院。稍后，蔡元培主持的大学院颁布《大学区组织条例》，对大学区内大学命名给予新的解释，强调“全国依现有之省份及特别区，定为若干大学区，以所在省或特别区之名名之，如浙江大学、江苏大学等。”[3]这个新规定又使浙江大学的成立出现了曙光，所以浙江省政府向大学院提出改名的申请。[4]

浙江的改革引起另外两省试验区的仿效，各自成立大学。又经过一段时间的试验，另外几省因大学区发生内部纠纷和政治争执，特别是北京大学因大学区制而必须改名，遂引起极为严重的学潮。

按照大学区制度规定，国民政府为在北京地区推行大学区制，于1928年6月18日决定改组北京国立九校为中华大学，任命原北大教授李石曾为校长，李书华为副校长。对此，北大学生坚决反对。8月16日，国民政府迫于社会舆论及北大学生压力，宣布将中华大学改称为北平大学，隶属北平大学区。对此，北大师生仍坚决反对，要求恢复原有校名和组织，表示绝不受北平大学区管辖，并组织“恢复北京大学委员会”，领导复校工作，教学活动完全停顿。

11月29日，北大学生向北平大学校长李石曾、副校长李书华请愿，要求学校独立，增加经费，恢复公费，未有结果，遂愤而破坏二李住宅。11月30日，国民政府任命马叙伦

[1]《复浙江省政府电》，《蔡元培全集》(5)，第200页。
[2]《蒋梦麟致胡适函》，《胡适秘藏书信及函稿》(39)，第413页。
[3]《蔡元培年谱长编》(下)，第52页。
[4]《蔡元培年谱长编》(下)，第156页。

为教育部政务次长，吴震春为常务次长。12月1日，李石曾派员率武装士兵强行接收北京大学，为学生所拒。12月5日，教育部电令北平大学严切晓谕北大学生，对大学区之设施及北平大学之定名作了解释，并告学生“期即悛悔，如执我梗令，即当依法制裁”。12月6日，蒋梦麟与蔡元培以私人名义电劝北平大学生毋轻信谣言，致走极端。后由蔡元培、吴稚晖等人调停，于1929年初达成协议，将北京大学改称为北平大学北大学院，分文、理、社会科三院。停课达九个多月的北大于1929年3月重新开学。

北大保校风潮引起国民党政治高层的警觉与反省，再加上自从大学区实行以来常有人反对，甚至有人以为命名为“大学”有蔑视普通教育的趋势或意思，不利于教育事业的均衡，提议在大学院之外再设教育部。

1928年2月初，国民党二届四中全会召开，国民党中央执行委员经亨颐、朱霁青、丁惟汾、白云梯、陈树人等人分别提出两个提案反对试行大学院制。经过讨论和辩论，会议决定大学院制暂时保留，待三次会议再决存废。7月，国民党二届五中全会召开，反对大学区的提案更多，经亨颐、郭春涛等中央执行委员历数江苏、浙江两省实行大学院的流弊，要求取消大学院，改设教育部。

大学区试验或许真的有问题，不得已，蔡元培于1928年8月17日请辞本兼各职；9月1日续辞；10月3日，国民党中央政治会议批准蔡元培辞去本兼各职，特任蒋梦麟为大学院院长。10月7日，中央大学区中等学校联合会致函大学院院长蒋梦麟，请求取消大学区制。10月23日，国民政府下令改大学院为教育部，教育部设总务、秘书、编审三处及高等教育、普通教育和社会教育三个司，特任蒋梦麟为教育部部长。

1929年初，中央大学区中等学校联合会向国民党中央建议撤销大学区，以为大学区制有名实颠倒、制度庞杂、权责不分、效率减低、侵渔太甚等嫌疑，普教经费横被侵占，教育事业渐趋政治化，新学阀把持操纵，宵小横行，行政乖张。

大学区制的争执已经引起政坛不安。1929年6月15日，国民党第三届中央执行委员会第二次全体会议决定由教育部定期停止试行大学区制。6月18日，在中央大学区中等学校教职业联合会代表请愿压力下，蒋梦麟当即表示浙江大学区立即取消，中央大学区半年后取消，北平大学区俟与李石曾会商后再定取消日期。6月25日，国民政府行政院会议决议停止试行大学区制，恢复教育厅制。折腾了两年之久的大学区终于成为历史陈迹，成为中国现代教育史上一个不曾真正试验过的理想。

## “大臣之风”

1928年秋，国民政府大学院院长蔡元培三上辞呈，坚辞本兼各职，并明确建议政府任命蒋梦麟接替大学院院长。10月24日，蒋梦麟正式出任中华民国教育部部长。

废除大学院而设立的教育部，基本延续民国初年和北京政府时期的大致构架和功能，主管全国教育行政，下设高等教育、普通教育、社会教育和总务四个司，翌年又根据情况增设蒙藏教育司与华侨教育设计委员会。这是少数民族和华侨教育提升为国家教育的开始。

与教育部功能定位相对接，废除大学区后的各省也恢复了先前的教育厅，各县恢复设立教育局。

在蒋梦麟主持教育部期间，聘请马叙伦任政务次长。马叙伦在北大，在浙江都与蒋梦麟有过很多密切合作，在许多事情上可以代蒋梦麟做主，而且马叙伦性格爽直，敢作敢为，所以对蒋梦麟的性格有着一定的互补。然而由于体制本身的局限，马叙伦后来回顾时依然感到遗憾，依然觉得有许多事情想做而没有做成，因为教育部根本不可能独善其身，在腐败的官僚体制包围下，每天总是要见许多不想见的人，说许多不想说的话，甚至吃许多不想吃的饭。只是他们毕竟由于出身不同，在不能达兼天下的时候，只能独善其身，而这个身就真的是个人修养了。据马叙伦回忆：

我还是每天早到迟归，“案无留牍”，也办了一件改革大学制度的事情，又替蒋部长顶了二次大学潮；但是总叫人灰心的，为了国民教育问题，我们正在计划，中央党部政治会议竟把中央考试院院长戴传贤的计划发到教育部照办，我觉得戴先生的计划要得要不得，另是一个问题，政治会议直接把他的计划，不经国民政府和行政院而直发到教育部，将来这种事情多了怎么办？又一次，国民政府秘书（陈立夫）来了一封“便函”说：“奉主席（蒋介石）谕：着教育部发给留日学生某某某书籍费两百元。”蒋梦麟部长问我：“怎么办？”我说：“搁着吧，我们部里预算，都有规定，这笔款子，数目虽小，没法支出，而况主席命秘书‘便函’叫我们部里发款，怎样能照办？就是主席正式的命令，也该由行政院转来，搁着吧，不会有问题的。”这样事，实在不易应付，就是做官，官兴也不佳了。[1]

官兴不佳也不能不做事，当一天和尚就必须撞一天钟。何况，蒋梦麟、马叙伦都是给点机会就不要命，给点阳光就灿烂，有点权力就亢奋的人，所以他们主持中华民国教育部的那段时间，还是力所能及利用一切机会、一切可能做了一些事情，尤其是在现代高等教育体制的建构方面。

1929年7月26日，在蒋梦麟的主持下，以国民政府的名义颁布《大学组织法》、《专科

[1]《我在六十岁以前》，第102页。

学校组织法》,以及《中学课程暂行标准》、《小学课程暂行标准》、《中学课程暂行标准》、《大学规程》、《专科学校规程》、《私立学校规程》等,为教育均衡、持续发展提供了法律上的依据,尤其是《大学组织法》的制定和公布施行,终于完成了近代中国高等教育体系的建构,是一部非常重要的法规,直至今天都有很强的示范意义和学理启示。

《大学组织法》是中华民国高等教育基本法,从法律上规定了大学性质、定位、功能、管理及组织,尤其是对大学分类与鉴别,起到了很大的作用。《大学组织法》对中华民国的大学分为国立、省立、市立及私立几种性质,规定国立大学设置的权力在教育部,由教育部根据全国各地情形酌情设立。省立、市立及私立大学之设立变更及停办须经教育部核准。大学分文、理、法、教育、农、工、商、医八大学院。各学院的名称大致规范,不似现在有的大学既有文学院,又有历史文化学院,莫名其妙,不伦不类。大学组织法规定凡具备三学院以上者始得立为大学,不具备三学院以上条件者为独立学院。这就在很大程度上拒绝了那些"野鸡大学",避免对高等教育不甚了解的学生轻易上当。组织法还规定,大学得设研究院。大学各学院教员分教授、副教授、讲师、助教四种。这些职称的认定并不像我们现在这样由一个或几层什么"职称评定委员会"进行评定,以外行去认定内行,或者说以几天甚至几个小时的时间,由几个莫名其妙的人决定一个人多年努力而取得成就,以集体分担可能要承担的眼力责任,正像人所说的那样是将最不该民主的事情进行民主处理,其实就是怕负责任。大学组织法将这个权力交给大学各学院的院长,所有高中低职称均由各院院长商请校长聘任。学院院长均为专业人士,均具有专业眼光,这种认定远较现在这种每年几天评定职称要科学。

为改进和理顺中国现代教育基本体制,蒋梦麟在主持教育部期间,特设立"教育方案编制委员会",并于1929年10月14日召开第一次会议。1930年3月,完成全部"教育方案"的编制。4月15日,教育部在南京召开第二次全国教育会议,各省市教育厅局长、各国立大学校长及专家等一百二十二人出席。经过长达十天的讨论,会议通过了《中华民国教育方案》。这个方案是根据蔡元培于1928年5月主持第一次全国教育会议决议的若干原则,以两年来的实际经验,并经教育编制委员会约一年时间制定出来的,可以说是近代中国面对西方冲击而重建自己的教育体系之后第一次经过详细考虑后而制定的教育方案,具有非常重要的价值和指导意义。这个方案共计十章:实行义务教育计划、实施成年补习教育计划、改进并发展华侨教育计划、实施蒙藏教育计划、确定教育经费计划、全方案经费概要等。

为了推行国语教育，蒋梦麟在主持教育部时，曾于1930年1月24日以教育部令的形式要求除通商口岸外国人聚集较多地区的高级小学学龄儿童为将来应用起见，经呈准得设外国语一科外，其余各小学无须教授英文或其他外国文。次日，教育部又通令，禁止小学采用文言文教科书，一律遵照部颁《小学国语课程暂行标准》切实试行，并令各师范学校积极推广国语教育，养成师资。2月17日，通令各省市转饬各书坊：以后编辑初中教科书，除国文得兼用文言文、语体文外，一律须用规范的语体文编辑。3月10日，通令各省市所属中小学教员一律用国语为教授用语，以利国语之推行。显然，这是用行政力量强化新文化运动的成果，对于现代中国文化发展与繁荣有着不可估量的正面意义。

▲蒋梦麟（前左二）与全国教育会议代表合影

对于各省学校及其体制，蒋梦麟更是领导教育部大力整顿。1930年1月27日，教育部令：凡未按照私立学校规程呈准设立之中等以上学校，其开办在1930年2月1日以后者，如进行招生，应由各该地教育行政机构厉行禁止。2月11日，教育部又通令各省市：对于教会学校应行注意各点，应严密查察，随时取缔。又令各省市：此后派遣公费留学生，对于留学国语言文字务须严加考试。2月26日，教育部令上海市教育厅：停闭上海私立建设大学、上海艺术大学。3月，令金陵大学、沪江大学停止宗教系及神学科。同时又通令各大学：自1930年度起不得再招预科生，遇必要时，得另办附属高级中学。凡此种种力求制度化，以提高一般教育水准。1932年，国民政府教育部宣布废除综合中学制度，将中学、师范和职业三种学校分别设立。这是民国教育史上又一次比较重要的学制改革，有利于中国教育体制的真正理顺。此事虽在蒋梦麟离开教育部之后，但基本方案还是在蒋梦麟主持教育部时所拟定的。

当蒋梦麟在教育部长任上干得津津有味，对重建中国教育体制正兴趣盎然之际，一个小事却迫使他辞去了这一职务。

事情的经过是，1930年4月26日，教育部通知财政部，请按照教育部核准的各地大学经费数目予以划拨。其中国立中央大学每月支十六万元，北平各大专学校每月共支三十五万元，上海劳动大学每月支六万四千元。按各校院系数目及师生人数比例观察，劳动大学的经费数额可能有点明显偏高。此时，劳动大学的校长是易培基，易培基是当时教育界重要人物李石曾的左右手，因此当时在南京政坛高层即有李石曾利用国民党清客地位，貌为清高，却借党行私，专干一些不光明的勾当之类的批评。怀疑劳动大学的经费可能是李石曾、易培基通过不正当手段获取的。

劳动大学的背景确实不一般，据说它是由国民党元老吴稚晖等人创办，其前身为上海大学，成立于1927年4月。后由易培基任校长，但这所学校的学术水准似乎一直没有上去。而蒋梦麟主持教育部之后的一个重要工作思路就是调整清理大学布局，他以为上海一地大学，过多过滥，良莠不齐，如果不加整顿，显然不利于教育发展，更有害于青年学生，所以他主张坚决取缔一批“野鸡大学”，净化教育环境。没想到，他拿劳动大学开刀，触犯了国民党元老的利益，尽管这个利益并不仅仅是经济上的。1930年6月6日，蒋梦麟主持的教育部宣布奉令停止国立劳动大学招生，决定改组该大学。

教育部的命令引起劳动大学教职员的强烈反对。教职员集会宣言明确反对教育部的命令。劳动大学教职员的反对并没有动摇蒋梦麟和教育部的决心，因为蒋梦麟此时最大的愿望之一就是理顺高等教育的关系，剔除那些劣质学校，支持优质学校的发展，特别是要对得住学生，不让那些“野鸡大学”蒙骗学生。6月14日，教育部布告：将已准立案及命令停闭的私立大学及学院名称开列，希各地学生慎重投考。进一步封杀包括劳动大学在内的一批不合格学校。

劳动大学的风波激起复杂的政治风波，易培基并非等闲之辈，他不仅在教育界盘根错节，而且在政治层面也有很复杂的关系，他同时身兼劳动大学校长和农矿部部长、故宫博物院院长等多个职务，所以要想对劳动大学进行整顿也不是那么容易。9月1日，国民政府免去易培基兼任的国立劳动大学校长职务，为进一步整顿开了一个好头。

然而，当劳动大学的风波尚未平息时，国立中央大学又发生了风波。这个风波给了蒋梦麟沉重一击。

中央大学由大学区制时的国立第四中山大学改名而来，时间在第三中山大学改名为浙江大学之后。按照大学院的构想和大学区组织条例、浙江大学成立，第四中山大学应该改名为江苏大学，而事实上这所学校也是先前几所江苏的学校如国立东南大学、河海工科大学等合并而来，但是这个“江苏大学”的名称并没有得到师生的同意，他们请愿要求改名为"国立南京大学",以为"江苏大学"既不足以冠全国中心之学府,又不足以树首都声教之规模。至于他们提议中的"国立南京大学",其最主要的理由是:东西文化各国均有以首都命名的大学代表国家大学的最高水准,如德国的柏林大学,法国的巴黎大学,日本的东京大学,所以中华民国定都南京,就应该有与之相匹配的国立大学。



师生的要求并没有获得大学院的积极回应,相反,大学院对师生游行示威非常反感,于是双方矛盾激化,形成一个规模很大的风波,后经吴稚晖等人调停、出主意,1928年4月24日大学委员会临时会议接纳各方意见,将"江苏大学"改名为"国立中央大学",仍由张乃燕任校长。

中央大学成立前后,最重要的问题其实还不是名字,而是其经费,经费不足不仅困扰着第四中山大学—江苏大学—国立中央大学的发展,而且引起一次又一次的风波。

在东南大学时期,学校经费由江苏省财政负担,其款项主要来自屠宰税、牙税及卷烟税等收入。第四中山大学,特别是国立中央大学时期,经费依惯例仍由江苏省教育经费管理处支付。但当财政部将卷烟税划为国税后,江苏省财政收入顿减,遂要求国立大学经费由中央财政负担。然而1928年11月召开的全国预算委员会并没有接受这个建议,依然决定中央大学经费暂时仍旧案办理。中央地方两相推诿,引起中大师生请愿抗议,学潮不断。1929年8月,经过各方讨论,国民政府行政院训令中央大学经费由江苏省负担,在本年度预算不足处由财政部每月补助五万元。然到1930年财政部却有三个月未付补助款,而江苏省亦积欠一个半月的经费未付。实实在在的经费困扰引起了中大师生的不满,校长张乃燕与教育部长蒋梦麟发生争执。1930年10月21日,张乃燕愤而辞去国立中央大学校长职务,学潮再起,27日,中大学生驱逐总务长。11月25日,国民政府行政院国务会议决定调朱家骅为国立中央大学校长。

▲吴稚晖

中央大学换校长及劳动大学停办,原本是教育部极为正常的工作业务。但是,部长蒋梦麟年轻气盛，有理想有担当，有决策有决断，必贯彻到底，不肯通融，在他个人自以为是励精图治，尽心尽责；在他人看来或感觉到不过是一意孤行，不懂圆融，不肯与党内元老通融。

蒋梦麟后来反省此事说，自己世居越中，耳濡目染，颇知绍兴师爷化大为小化小为无的诀窍。但他生性不愿重走绍兴师爷的老路，不愿因循应付，往往背道而驰，自然碰壁。武力革命难，政治革命更难，思想革命尤难。

劳动大学、中央大学相继发生的风波引起政治高层的不满，1930年11月26日夜，国民党元老吴稚晖突然来到教育部，来到蒋梦麟的办公室，他双目炯炯有光，在南京当时电灯朦胧的深夜，看来似乎更觉显明。吴稚晖老先生问蒋梦麟中央大学、劳动大学两校所犯何罪，并为两校讼冤。据吴稚晖的看法，教育部长是当朝大臣，应该多管国家大事，少管学校小事。吴稚晖侃侃而谈教训一番蒋梦麟之后，用指头一点蒋梦麟，说道："你真是无大臣之风。"言毕，拂袖而去。

作为小辈的蒋梦麟毕恭毕敬地听吴稚晖训话，待老先生说到此，遂站答道："先生坐，何至于是，我知罪矣。"

第二天，蒋梦麟就向国民政府请辞，不待批准，就离开了教育部。两头算起，蒋梦麟主持中央教育行政不过两年时间。

刘半农知道吴稚晖训斥蒋梦麟的故事后，专门为蒋梦麟刻了一方闲章，文曰："无大臣之风。"

# 七　风雨飘摇中的一叶小舟

1931年9月17日，经过长达八个月的整顿，蒋梦麟领导的新北大终于迎来了一个新的学期。蒋梦麟在主持开学典礼时宣布了北大的新班底，公布了根据合作研究特别款项顾问委员会通过的研究教授名单，并在演讲中为北大的未来发展描绘出一幅令人神往的蓝图。蒋梦麟和北大全体师生对此都感到格外兴奋。北大的希望就在明天。然而正是在“明天”即1931年9月18日，在中国却发生根本改变中国历史进程的大事变。

蒋梦麟愤而辞去教育部长职务后，国民政府任命高鲁为教育部长，高鲁未到任。1930年12月6日，国民政府明令由行政院长蒋介石兼理教育部长，同日任命蒋梦麟回北大，任国立北京大学大学校长。转了四年时间，蒋梦麟又要回到沙滩红楼，回到马神庙。

## “再作冯妇”

蒋梦麟在获得北京大学校长任命后并没有北上就职，而是在南京稍事逗留就回杭州去了，而且不打算北上，不打算接收北大那个烂摊子。

北大在蒋梦麟1926年不得不离开前，已经有了相当好的基础，那时虽然政府在经费上时常出问题，闹了一次又一次学潮，甚至很让读书人难为情的索薪运动，但大体上说，那时的办学环境由于是教育独立，思想自由，学术上兼容并包的精神传统还能得以传承，而且由于北京是中国的首都，北京大学的老大地位根本无法动摇。

然而在蒋梦麟离开之后的第二年，北大的地位就开始动摇。1927年8月，入主北京的奉系军阀张作霖对大学突然发生兴趣，下令改组北京所有国立高等学校，将北京当时所有的师范、农、工、医、法、政、艺术等科及女子师范大学、女子大学等单独建制的学校统统归并在一起，成立所谓“京师大学校”，北京大学遂成为京师大学校的一个组成部分。国民政府建都南京后，张作霖退回关外。北京大学师生开始了一场声势浩大的复校运动，他们要求从所谓的“京师大学校”中脱离出来，恢复北京大学原来的建制和校舍。

对于北大师生的请求，与北大有着很深渊源的蔡元培、蒋梦麟等北大出身的政界人物自然同情和支持，1928年6月7日，蔡元培以大学院的名义呈请国民政府满足北大师生的合理要求，恢复北京大学的名称。

然而现在的新问题是，国民政府定都南京，北京相应地被更名为北平，这样如果径直恢复北京大学的名称和建制，似乎在政治上也有点说不过去。而且当时中国的教育体制正在尝试大学区制，整个北平外加周边一些地区只是一个大学区，而一个大学区只能有一所大学，于是在北方教育界甚有势力的李石曾与易培基提出将北京大学改名为中华大学，分设文、理、法、工、农、医六个学院，以上接先前北京的几所国立学校。李石曾还建议，由蔡元培任校长，蔡未到校前，由李石曾署理。会议通过了易培基的这一建议。但是蔡元培得知后则表示决不就任中华大学校长一职。6月19日，国民政府批准蔡元培辞职，任命李石曾为中华大学校长，李书华为副校长。

消息传来，北大师生哗然，强烈反对李石曾接管，北大师生通电抗争，一定要恢复北京大学这个不容玷污、不容修改的名字。

不过现在“北京”这个名字确实已不复存在了，以一个不复存在的名字作为一所大学的名字似乎总有些不妥。于是李石曾建议既然北大师生不同意“中华大学”的名字，那就按照北京大学当年命名的原则更名为“北平大学”。这样不仅名实相符，而且依然是北平大学区中的唯一的大学。这也合乎大学区组织条例的规定。然而这个建议依然为北大师生所反对，学潮越闹越凶，整个中国教育界都弄得不得安宁，于是国民政府教育部只得收回成命，1929年8月6日决定恢复使用北京大学校名，任命蔡元培为校长，在蔡未到校之前，由陈大齐代理。1930年底，蔡元培就任中央研究院院长，遂不再担任北大校长一职。

北京大学的名字是恢复了，但也仅仅是块牌子而已，北大在那几年风波中错过了像浙江大学、中央大学那样的机会，实际上已经在中国教育体系、中国高等学校布局中严重边缘化。北平已经不是人才集中的文化中心，只是沦落到一个“文化古都”而已，它的所有辉煌只是过去，与现在无关。各方面学人纷纷南去，或出国考察，林语堂、鲁迅等人早在1926年就离开了北京，胡适也已出国，至于一批政治上与南方国民党有关系的学人也在奉系军阀入主之初就逃离北京，到南方投身革命去了，像蒋梦麟、王宠惠等，大约都是那个时候离开的。留下的一些都是因为有着各自的原因还没有走成，并不是他们不想走。在这种人才不济的情况下，蒋梦麟当然无意北上，无意收拾这个烂摊子。

另外一个原因是北大的经济状况已经到了最坏状态，一个大学教授的最高俸给还是每月三百元，比不上政府各部的一个科长。北平国立各校无法向外延揽人才，只好请那一班留在北平的教员尽量兼课。几位最好的教员兼课也最多。如“不够知已”的北大西语系主任温源宁教授由于水平尚可，据说就同时身兼三个学校的系主任和五个学校的教授，这个说法或许不过是一个谣传或流言，但确实在某种程度上说明当时北平各校的教授们早已无心向学，无心讲课，他们只是拼命地在“创收”，在挣钱，在为了养家糊口，在为了保持一个最低限度的体面生活。

好一点的教授到处兼课，往往有一个人每星期兼课到四十个小时的，更荒唐的是有的教授竟异想天开地排定时间表，有计划地在各校轮流辍课。这些教授不但生意兴隆，并且饭碗稳固；不但外面人才不肯来同他们抢饭碗，他们还立了种种“潜规则”，种种江湖条例，甚至光明正大的校规、制度以保障他们自己的饭碗，他们的权益。

例如北京大学评议会就专门通过这样一个决议案,规定学校辞退教授须经评议会通过。在这种情形下,蒋梦麟迟迟不肯北上再作冯妇,不肯再做早已过足瘾或者说早已有点厌烦的北大校长,似乎也在情理之中,预料之内。

教授不好好教书,学生不好好学习,也不只是北大的问题,而是当时中国整个教育的普遍情况。根据国际联盟"中国教育考察团"的调查,当时中国全国共有大学教师五千八百九十五人,不但有六百零八或相当于百分之十的大学教师于教书外兼任行政职务,且有两千六十八人或相当于百分之三十五的教师在校外兼任相当职务。这个"校外"就是在自己主要服务的大学之外。这样,真正用全部时间在本校服务的大学教师不过三千二百二十五人,或相当于总人数的百分之五十。从各国大学通行情况看,当时中国大学教师这种兼课办法从未出现,但后果显然极大损害了大学教育的品质。按照"考察团"的评估,当年中国的所谓"教授"二字,除使人联想其荣誉及较高之薪金外,常不易确定其正确意义。

整个中国教育水准的下降,北方教育环境的持续恶化,北大持续边缘化,在在使蒋梦麟不愿再作冯妇,他的顾虑就是北大此时已不复当年的地位、人才和气势,北大经费枯竭,人心涣散,已经到了不可收拾的地步。教授们兼课太多,严重影响了教学质量;而学校经费枯竭,尽管学校经费中十之七八都用于支付教职员薪水,更无多少款项来添置书刊资料及仪器设备,但是学校依然无法保障这些教授们的体面生活和人生尊严,没有办法真正阻止他们去兼职,去挣钱。在这种恶性循环的大背景下,怎能将这所颇负盛名大学办好呢,怎样才能重现北大的辉煌呢?

对于蒋梦麟的这种顾虑,他的一些朋友尤其是傅斯年、胡适等人心中相当清楚。傅斯年对于北大向来热心,于是就找胡适商量,看看怎样才能筹到一笔款项帮助蒋梦麟重整北大。经过他们两人与中华教育文化基金会董事顾临(Roger S.Greene)详谈,一致认为不应该让北大继续堕落下去,应该利用蒋梦麟重返北大这个契机重整北大,再现辉煌。而要坚定蒋梦麟重返北大的信心,就必须先帮他弄到一笔款项,帮助他渡过暂时难关。他们反复商讨的焦点问题是:

怎样才能够帮助蒋梦麟改革北大,如何可以从北大的改革影响到整个北平高等教育的革新,并最终推动整个中国教育的进步。最主要的问题是,从哪儿弄到这笔钱作为改革北大的经费?

经胡适、傅斯年、顾临三人长时间讨论,居然拟出了一个具体方案寄给蒋梦麟。蒋梦麟收到这个方案后,大为感动,相信有这些热心朋友帮忙,他确实没有什么理由拒绝北上,道义心、责任感、历史使命感都迫使他必须答应去北大主持改革计划。

胡适三人拟出的这个方案是:中华教育文化基金会与北京大学每年各出二十万元,以五年为期,双方共出两百万元作为合作特别款项,专作设立研究讲座与专任教授及购置图书仪器之用。假如这个方案获得各方批准,那么这笔款项确实可以缓解北大的难题,至少可以重新物色到一流的教授。

中华教育文化基金是一个非常特殊的组织,蒋梦麟和这个基金本来就有非常密切的关系,在先前的教育部长任内也曾出大力帮助过这个基金。

要说清中华教育文化基金的来源,还要从《辛丑条约》说起。根据《辛丑条约》,中国应向英、法、美、日、意、奥、俄、德、比、荷、西十一国赔款四亿五千万两白银,分三十九年还清,这样本息共计白银九亿八千二百多万两。再加上各省地方赔款,中国将向列强支付支付超过十亿两以上。这笔赔款历史上称为"庚子赔款",因为是要赔偿庚子年也就是1900年义和团运动给各国带来的损失。

庚子赔款是列强强加给中国人民的沉重负担,不过偿还期限长达三十九年,这三十九年中国际形势急剧变化,中国的地位也在变化,所以这笔赔款并没有全部支付。

只说美国部分。根据《辛丑条约》,美国从清政府那里获得的赔款额度32939055两,加上利息,折合美元总数为53351552.15元。

庚子赔款是按银价计算的,也是按银价支付的。中国政府在条约签字后基本上按期支付,但到了1904年,银价下跌,于是各国强迫中国政府改为金货债务,并将已经用银偿付的赔款按金价折算,中国政府又向各国补偿了一大笔银子。

▲蒋梦麟与中基会同仁合影

中国驻美公使梁诚是个有心人,或许是他的敏感,或许是他责任心,总之他在1905年就知道美国政府在《辛丑条约》中所提出的赔款要求,远远超过了美国政府、侨民的实际损失。他进而查阅美国国务院、美国国会图书馆的秘密档案和各种文献,用事实迫使美国政府和美国人不能不承认他们在《辛丑条约》谈判时过于贪棼,“虚构捏造,不合事实”,“索取过多,不合道德”。

虚构事实索取过多赔款当然有损于美国的信誉,但是如何处置这些多余部分的赔款也确实令人头痛。1906年,曾经在中国传教、经商达三十年之久的美国人史密斯向美国总统建议用这笔“多出部分的赔款”帮助中国办教育,培植中国学生,这绝对有利于美国的长远利益。这个建议对中美双方都有启发。

梁诚在与美国务卿海约翰谈判时,就婉言劝告:以美国之富与中美邦交之厚,美国岂吝此区区资财。若能根据切实调查,将其中庚子赔款中多取或不应取部分全额如数退还中国,又须善为使用该款,例如派遣中国学生赴美留学,将这笔款项继续花在美国,如此,在美国既正大光明坦坦荡荡改正其错误;在中国亦必感激受惠之深,从而更诚心倾向于美国。梁诚的理由和伍廷芳的继续努力,终于打动了美国人和美国政府。

1907年12月3日美国总统要求国会授权退还庚款作为教育之用,由中国政府派遣学生来美为其方式之一。美国国会顺利通过这项法案。这次退还赔款一千多万美元,在中美两国都引起了巨大反响,赞美声一片。

美国政府第一次退还的庚子赔款主要用于留美学生及兴办清华学堂,而清华学堂也就是留学美国预备学校。第一次退还赔款之后,还有余额,但是这笔多余的款项直至1924年5月12日才由美国国会通过法案,同意分二十年退还给中国,这笔款项的总额为12545437美元。同时言明这笔款项的主要用途就是促进中国教育文化的发展,[1]设立了一个由十名中国人和五名美国人组成的联合董事会,共同负责管理这个基金,[2]而这个基金就是后来大名鼎鼎的“中华教育文化基金会”。

1924年9月18日,中华教育文化基金董事会在北京外交部举行成立会,确定该会为管理美国退还庚子赔款的机构。会议推举范源濂为会长,美国教育家孟禄为副会长。中方董事有黄炎培、颜惠庆、顾维钧、范源濂、施肇基、郭秉文、张伯苓、周诒春、蒋梦麟;美国董事有杜威、孟禄、葛理恒、贝克尔、白来脱等;大致为两国著名教育家或外交家。所以,中华教育文化基金成立之初,蒋梦麟就与其有密切的关系。这也足以说明为什么当蒋梦麟出任北大校长遇到困难时,中华教育文化基金会慷慨地伸出援助之手。

1931年1月9日,中华教育文化基金董事会第五次常会在上海沧州饭店召开,会议对胡适、傅斯年和顾临拟定并由蒋梦麟同意的方案表示赞赏,并原则上予以通过,责

[1]《吴宓自编年谱》,三联书店 1995 年版,第 152 页。

[2]《顾维钧回忆录》(1),第 361 页。

成中华教育文化基金执行委员会在会后与北京大学拟定详细办法及契约条文，提交下一届年会决定。

中华教育文化基金的鼎力相助，董事们的热情赞许，无疑给了蒋梦麟极大信心和勇气，于是蒋梦麟义无反顾再作冯妇，同意尽快北上就职。



## 重建北大新班底

根据中华教育文化基金董事会第五次常会决议，胡适于1931年3月11日草拟了《北京大学与中华教育文化基金董事会合作研究特款办法》。大致内容有：

一、中华教育文化基金董事会与国立北京大学为提倡学术研究起见，自1931年度起，至1935年度止，每年双方各提出国币二十万元，作为合作研究特款，专作下列各项之用：

1.设立北大研究教授；

2.扩充北大图书仪器及他种相应的设备；

3.设立北大助学金及奖学金。

二、北大与中华教育文化基金共同组织"合作研究特款顾问委员会"，委员五人至七人，其任务为筹划及决定上列各项用途之实施及预算。顾问委员不限于北大教职员及中华教育文化基金董事。

三、研究教授之人选，以对所治学术有所贡献，见于著述为标准，经顾问委员会审定，由北大校长聘任。研究教授之年俸，自四千八百元至九千元不等。此外，每一教授应有一千五百元以内之设备费。如有研究上须用之贵重设备，由各教授提出详细预算，请北大提出，顾问委员会议决购置。研究教授每周至少上课六时，并担任学术研究及指导学生之研究工作。研究教授不得担任校外教务或事务。研究教授之名额暂定三十五人，但不必同时聘足。

四、助学金名额暂定全校十五名，每名每年两百元，为帮助成绩优良学生之用。奖学金分两种：甲种两名，为资送有研究成绩之学生往国外继续研究之用，其每年金额依留学生之需要规定之；乙种十五名，每名每年六百元，为津贴各系有研究成绩之学生在本校继续研究之用。助学金与奖学金实施细则，由北大校长组织"北大奖学金与助学金委员会"规定。

五、本项合作研究特别款项每年四十万元，由北大与中华教育文化基金分八期缴清，每期各缴二万五千元，由中华教育文化基金会计部存放保管，随时由北大校长签署支付协定之各项用途。中华教育文化基金会计部每年度应将收支详数及剩余款项作详细报告。

六、每年度之末,合作研究特别款项若有剩余,均列为标准金,其用途由顾问委员会决定。北大经费有困难时,得由顾问委员会议决,将准备金之部分借与北大为发给教职员薪俸之用,但北大续领到经费时,应将此种借款尽先还清。

七、本项合作暂定以五年为期,在五年之中,如有一方拖欠至三次以上,则对方可暂时停止付款,俟欠款付足时方继续付款。如北大发生故障,使合作计划不能顺利进行,中华教育文化基金得通告北大,于六个月之后停止合作。停止付款时,一切契约未了之责任与手续,由双方协议办理结束。

蒋梦麟原本就是一个有理想有魄力有担当的大学校长,现在又有了这样一笔巨款作为后盾,使他拥有当年其他任何高校校长都没有的经济特权,这显然为他中兴北大提供了巨大的心理支持,所以在他上任之初就能够非常坦然地对北大下属的三个院长说:“辞退旧人,我去做;选聘新人,你们去做。”表示他此次重回北大,就是要谨守蔡元培校长之余绪,把学术自由的风气维持不堕。

最高领导者的决断担当固然重要,但如果没有一个群体,一个班底,仅仅靠一个人去唱独角戏,也很难玩出什么新名堂。蒋梦麟根据以往在北大,在浙江,在教育部的经验,在上任之初就注意物色一个新班底,以领导层的突破带动整个学校面貌的根本改观。他上任之初自兼文学院院长,实在忙不过来了,决定聘请他最要好的朋友胡适担任。但胡适那时正在中华教育文化基金“编译委员会”担任专职,那可是一个很多人向往而不可得的肥缺,所以胡适最初只愿进行道义上的支持,而不愿转投北大担任实际职务,他答应可以为北大担任几个钟点不要薪俸的课程,但不愿接受研究教授一类的专职。

▲北大文学院院长胡适

但胡适对北大确实有着一种难以割舍的爱,他更经不住朋友的敦请与劝说,最后义不容辞答应蒋梦麟的邀请,担任文学院院长兼中国文学系主任,但明确表示他在北大的工作只是义务的,他谢绝北大为他提供的讲课薪俸,以此为蒋梦麟整治先前兼职无度的不良风气提供了榜样和成例。

蒋梦麟主持的新北大不许教授在校外顺便兼课，是因为北大与中华教育文化基金的合作为北大教授提供了体面的生活和教授尊严，一个合格的教授特别是被列入合作研究特别款项聘请的教授，其经济上的收入大幅提高，他根本不须再为生存为生计而奔波而奋斗，他只要把心思用在研究上，用在指导学生上，他就可以得到优厚的报酬。而任何一个专业研究者，当然最期待在自己的研究领域获取收入。这项政策最大限度地激发了教授们研究热情，有力推动了北大教学品质的提升。

1931年4月24日，中华教育文化基金董事会举行第三十六次执行财政两委员联席会议，通过了《北京大学与中华教育文化基金董事会合作研究特款办法》，并决定由北京大学校长蒋梦麟与中华教育文化基金干事长任鸿隽，以及双方合聘的胡适、翁文灏、傅斯年、陶孟和、孙洪芬为顾问委员会委员，负责议决研究教授之人选及各项经费之分配。

8月5日，顾问委员会召开第一次会议，经过充分酝酿，决定了合作研究特别款项第一批研究教授名单：

汪敬熙，心理学；
王守竞，物理学；
曾昭抡，化学；
冯祖荀，数学；
许骧，生物学；
丁文江，地质学；
李四光，地质学；
刘志敭，法律学；
赵乃抟，经济学；
周作人，中国文学；、
刘复，中国文学；
徐志摩，外国文学；
陈受颐，历史学；
汤用彤，哲学。

稍后，又续聘：

梁实秋，外国文学；
张颐，哲学；

叶公超，外国文学；
江泽涵，数学；
萨本栋，物理学；
谢家荣，地质学；
张景钺，生物学；
饶毓泰，物理学；
朱物华，物理学；
张君劢，政治学；
吴定良，统计学；
葛利普，地质学；
斯伯纳，数学；
奥斯谷，数学。

这个名单不仅是当时中国学术界第一流的专家，即便是放到科学史的视角进行观察，也个个都是大师级的顶级学者，他们的加盟，无疑使已经中衰的北大很快走出低谷，重新焕发新的活力。

到了1934年，北大与中华教育文化基金的合作研究特别款项将要到期，鉴于合作效果与影响，双方同意将此项合作延长两年，至1937年结束。合作内容及条件稍有调整，北大每年仍为二十万元，中华教育文化基金每年减为十万元。后因时局关系，此项合作提前结束，双方共拨款一百九十五万元，其中支付研究教授薪俸七十一万元，学生奖学金与助学金五万七千元，图书仪器购置费八十多元。因此在一定程度上说，正是有了中华教育文化基金的支持，才使蒋梦麟迅速稳定了北京大学教师队伍，保证了教授水平，引进了一大批著名学者，培养了一大批优秀人才。也正是这个原因，才促使蒋梦麟毅然对北大进行艰难的改革与体制创新。

遵照蒋梦麟担任教育部时手订的《大学组织法》，以蒋梦麟为首的北大新班底对大学行政和教学制度作了较大变更，为北大中长期持续发展奠定了基础。

1931年7月，蒋梦麟明确提出“教授治学，学生求学，职员治事，校长治校”的方针，并以此方针改变了学校原来的一些制度。1932年6月，公布《国立北京大学组织大纲》，规定北京大学的性质和职志是：

（一）研究高深学术；

（二）养成专门人才；

（三）陶融健全品格。

学校体制是：置校长一人，综理学校事务，校长由国民政府任命；改评议会为校务委员会，校务委员会由校长、秘书长、课业长、图书馆长、各院院长、各系主任以及全校教授、副教授所选出的若干人组成，以校长为主席。必要时可延聘专家列席，但人数不得超过全体人数的五分之一。新设的校务会议与蔡元培、蒋梦麟当年主持北大时设立的评议会基本相同，其职权是：

一、决定学校预算；

二、决定学院、学系设立及废止；

三、决定大学内部各项规程；

四、校务改进事项；

五、校长交议事项等。

1931年9月23日，北京大学第一次校务会议正式组成，其成员分为当然会员和教授代表两种。

新北大除设立校务会议外，按照组织大纲的规定另行设立行政会议，由校长、各院院长、秘书长、课业长组成，校长为主席。行政会议的职权主要有：

一、编造全校预算草案；

二、拟定学院、学系之设立及废止案；

三、计划全校事务及教务改进督促事项；

四、拟具其他建议于校务会议之方案等。

在教学方面，设立有学校教务会议，由校长、各院院长、各系主任、课业长组成，校长为主席，计划学校教学事宜。其职权为：

一、审定全校课程；

二、计划教务改良事项；

三、决议学生实验事项；

四、决议学生训育事项；

五、审定毕业生成绩；

六、决议校长交议事项；

七、建议提出校务会议事项等。

在学校的组织系统方面，蒋梦麟通过这次改革，改文法理三科为文法理三个学院，实行学院制，全校共设十四个学系。又改文学院之英文、法文、德文、东方文四系为英、法、德、日文四组，合称外国语文学系。各学院设院务会议，以院长和系主任组成，院长为主席，计划本院教学事项，审议本院一切教务事宜。文学院院长先由蒋梦麟兼任，后聘请胡适担任；法学院和理学院院长分别由周炳琳、刘树杞担任。院长职责在规定课程、延聘教师、计划出版和指导学生选课，但不担任事务性工作。原属各院的事务和教务，统归学校事务处和教务处负责，改变了过去教授兼任事务的制度。各系主任原由本系教授中选举产生，现在改为由校长就本系教授中聘任。系设系务会议，以系主任、教授、副教授组成，系主任为主席，计划本系教学事项。

原总务处改为秘书处，置秘书长一人，商承校长处理全校事务上行政事宜并监督所辖各机关，由校长就教授中聘任。学校设考试、图书、仪器、财务、出版、学生事业等委员会，各委员会主席及委员由校长就教授中指定，提交校务会议决定。

蒋梦麟大刀阔斧的改革根除了过去几年北大的弊病，重建了一个令人耳目一新的新体制，也赢得了许多人的欢迎和支持。经过差不多八个月的改革，国内教育界都开始期待北大的中兴，预料北大在1931年9月17日新学期开学之际一定是“旌旗变色”的新阵容，新班底。

北大这次革新的要点在于教师的挑选，蒋梦麟的一个基本想法是对教师只看学术上的贡献，以期将最理想的阵容摆在北大，从而使北大的面貌焕然一新，同时严格纪律，规定北大教授以专任为原则，在他校兼课者，则薪金较专任者少；在他校兼课较多者，则改任讲师；专任教授的待遇略有提高，同时改变过去教授第二年续聘后即无任期限制的办法。规定新教授初聘订约一年，续聘订约两年，在聘约有效期内不得中途他去。

为了北大及国内外大学毕业生继续有条件进行更为高深的研究，蒋梦麟在主持北大第二年，改研究所国学门为文史部，以刘复为主任；增设自然科学部，以丁文江为主任；增设社会科学部，以陶孟和为主任。

1934年6月16日，蒋梦麟根据国民政府教育部颁发的《大学研究院组织规程》，重新整合北大研究力量，重组研究院，分文科、理科、法科三个研究所，各所主任由文学、理学、法学院院长分别兼任。研究院院长由校长兼任，教授设研究教授与专任教授，发给全薪，不准在校外兼课或兼职。各所设所务会议，负责各所学术规划及管理责任。研究院设院务会议，委员由校长在现任教授中推举若干人提经校评议会通过聘任，任期二年。院务委员会的职责为：

一、拟定全院研究计划；

二、拟定全院预算；

三、审议图书仪器等购置及设备事项；

四、规划学术材料之调查收集及学会之设计进行;

五、审核研究生之资格及成绩;

六、审核奖学金、助学金之给予;

七、审查本院出版之稿件;

八、与院外学术机关联络及合作事项;

九、其他有关的重要事项。

各研究所所务会议由所主任及各系主任组成,遇必要时,得请相关教授出席。北大研究院开始走向正规化,有入学考试,有论文答辩,有学位设置等。

按照研究院规程规定,北大研究院为北京大学及国内外大学毕业生继续研究高深学问的场所。报考资格须国内外大学本科毕业者,如志愿研究并有专门著作,经审查合格者,虽未在国内外大学毕业也可报考,唯须经过规定的入学试验,合格者始得为研究生。入学考试内容:

一是所专习学科基本知识,以至少能了解所治学科的基本知识及沿革历史为及格,此项考试科目至少须在四种以上;

二是外国语,以至少能用一种外国语读书、对译为及格。规定倍达毕业生在校各学年成绩和外国语成绩平均在七十五分以上者,得免其入学考试。此项规定后修改为八十分以上。北大助教愿同时作研究生者,经系主任推荐,也可免其入学考试。在读研究生可免交学费。研究生在读年限至少二年,至多五年,规定最初二年必须在院研究。

1932年10月,北大研究院招收第一届二十五名研究生,导师指导的研究课题有:

马裕藻的古声韵学;

马衡的金石学;

叶瀚的雕刻瓷器之研究;

沈兼士的文字学;

刘复的语音学、方言研究;

朱希祖的明清史;

陈垣的中国基督教史研究、元史研究、元典章之语体文研究、由元典章所见之元代社会风俗;

徐炳昶的中国古代哲学(至东汉);

钢和泰的宗教史、宗教美术;

黄节的汉魏六朝诗;

周作人的中国歌谣；

钱玄同的音韵沿革研究、《说文》研究；

沈尹默的唐诗研究；

许之衡的词典研究等。

从这个阵容和研究题目看，这些教授确实都为当时中国第一流的科学家，这个阵容不仅为北大的中兴作出了巨大的贡献，而且为中国的科学事业作出了划时代的贡献；不仅是北大百年历史上少有的阵容，也是中国一百年来最为整齐、个体及整体实力都最强的阵容。而这些研究论题，既是学术发展的前沿问题，也是研究生进一步深造的基础。

在对本科生的管理方面，蒋梦麟素来相信真正的大学就应该"大学"而不是"小学"或"中学"，小学可以"小学"或少学，而且应该少学或"小学"，要尊重孩子的天性，让他们有一个愉快的童年；进入中学，就应该在课业上有所加大，但还不是应该和"大学"一致，只是"中等状态"的"中学"而已。至于"大学"则不然，中国的大学要与世界大学接轨，同步，就必须使大学"宽进严出"，使大学生在大学里真正是"大学"而不是"小学"或"中学"。基于这种认识，蒋梦麟在多年大学管理经验中，从来都是严格要求，严格管理。

1932年，北大公布《国立北京大学学则》，规定本科各系修业年限为四学年，每学年规定一定量的课时，如不满此数，无论由于任何原因都必须补足。也正是从这个时期开始，北大取消了从1919年开始实行的计算课程单位制，改为学分制。规定凡须课外自习的课目，以每周上课一学时满一学期者为一学分，实习及无须课外自习的课目以二小时为一学分。每个学生至少要修满一定份额的学分方可毕业。并规定第一、第二学年，学生每学期选习学分总数至少要满十六学分，最多不得超过二十学分；第三、第四学年每学期至少要学满十四学分，最多不得超过十八学分，唯法律系学生可以选习至二十二个学分。各系还规定必修和选修课的一定比例，所有一年级学生入学后得先修共同科目，同时选修将要转入系科的有关课程。经过一年学习，然后才可正式成为有关学系的学生。

在蒋梦麟治理北大的那些年，他特别强调学生学习外语的重要性，要求本科学生必须人人掌握一种外国文字，能看，能说，能写，凡入国文系者必须外文成绩好；入外国文学系者，必须国文有根底。学生成绩考查，分为平时成绩和学期成绩两种，平时成绩考查办法，由各系教授会酌量施行临时试验或审查论文、听讲笔录、读书札记及练习实验等。四年级学生在毕业前，如经该系教授会认为应作毕业论文者，须交该项论文，经审查合格后方可毕业。规定学生平时上课缺席五分之一以上者，扣该科成绩百分之五；四分之一以上者，扣百分之十；三分之一以上者，不得参加学期考试。学生必修科目补考不及格者，须重修，本系必修科目有两门以上不及格者留级。凡每一学年学分有二分之一以上不及格，或因缺席过三分之一而扣考者都算作留级，不得补考。还规定补考分数按照教员所定分数以九折计算。如继续留级两次，或留级一次而本系必修科目仍有两种以上不及格者应予退学。

在整顿学校纪律的同时，蒋梦麟面临来自学生的巨大压力依然是经济问题。1931年5月，即蒋梦麟到校不久，北大学生会根据学生要求向学校提出：

一、过去未缴的住宿费及体育费均应一律免除；

二、学费自下学期起每学期减为五元；

三、住宿费自下学期起每学期减为五元；

四、体育费免交。

经交涉，学校同意取消寄宿费，学费减至每学期十元。然而到了第二年九月，北大学生中有三百五十多名学生无力交纳学费，约占本科学生总数的三分之一以上。为此，北大学生会又向学校交涉，再次提出免缴学费的要求，但遭到了拒绝。学生会多次派代表向蒋梦麟陈述理由，并希望学校能采取变通办法，让学生先行注册缓缴学费。对此，蒋梦麟表示“碍难容纳”，并以执行校纪为由要求学生必须在规定时限内交纳。待到限期将近，要求免费的同学集会要求蒋梦麟到会答复学生的要求，遭到了蒋梦麟严词拒绝。之后集会学生群趋校长室说理，蒋梦麟以校长的威严要求这些学生必须在五分钟内退出，否则他只有辞去北大校长的职务。然而这时却有学生对蒋梦麟的辞职高喊“欢迎”，并要求蒋梦麟签字离职。于是双方发生争执。事后，学校当局以“假借事端，聚众滋扰”为由，将陈嘉琨等九名学生开除。南京国民政府教育部对北大的这一处理决定表示支持，以为“处置实为得当”。

▲陈衡哲、任鸿隽、傅斯年、罗家伦等人参观北平郊外考古挖掘

当年蔡元培出长北大时的工作重点是加强

文科教育和研究。而蒋梦麟此时出长北大的工作重点则是要加强理科建设。他于1931年聘请李四光出任北大地质系主任，在李四光主持下，地质系的教学设备有了较大的改进，先后建立了矿物学实验室、古生物学实验室、矿物岩石光学实验室、岩石分析室、薄片制造室、天平室、绘图室、测量仪器储藏室，修建了地质学馆，开辟了地质陈列室和研究室，还设立了地质学教室、古生物学教室、选矿实习室等。其他理科各系的发展也大体相同，如物理系、化学系等。据统计，到1935年，北大全校共有实验仪器6716件，标本15788种，药品及实习用具3100多件。这些虽说是大学教育所必需的设备，但在当时历史条件下，北大能有这些设备确乎不愧为“全国各校之冠”的美名。

蒋梦麟出任北大校长后，在图书馆的建设上也作了相当大努力和的改善。先是将原来的图书部改称图书馆，馆长参加校务会议。另设图书委员会，研究决定有关图书馆的一些重大问题。为了扩大图书阅览设施，学校几经周折，于1931年初购得原嵩公府房产；于1934年4月15日在嵩公府西院空地开始建筑新图书馆。这是蒋梦麟十多年前的计划，因内乱而未及实施。现在虽然外患严重，但蒋梦麟决心予以完成。建馆费用一部分来自中华教育文化基金的补助费，其余部分则由全校教职员和学生募捐所得。翌年8月新图书馆建成，有容纳五百个座位分为中文、西文、期刊和指定参考书四间阅览室和供教授使用的二十四间研究室。书库有防火防潮的设备，可藏书三十万册。新馆建成后，藏书逐年增加，至1935年7月，北大图书馆共藏中文图书近二十万册，日文书籍一万二千册，西文书籍六万七千册，中外文杂志四百余种，中西文报纸三十余种，并保存有一定数量的孤本、珍本和善本。1936年又购进一年前刚刚去世的著名藏书家、北大教授马隅卿所收藏的小说、戏剧书籍五千多册，中多罕见秘本。这时图书馆中日文书采用《中国十进分类法》，西文采用《美国杜威十进分类法》。另有美国国会图书馆赠送的目录卡一套，供读者参考使用。除学校图书馆外，北大文科研究所所藏清朝内阁档案、汉简、拓片等为数尤多。从1930年开始，北京大学图书部出版中文书目，编纂丛书和善本书正式书目。发行的北大图书部月刊，内容除报道图书消息外，并有钱玄同、赵万里、马衡、朱希祖等人的辑校和书跋文字。自1934年出版《国立北京大学周刊图书馆副刊》，定期报道入藏新书。

蒋梦麟不仅要建设一个世界一流的大学图书馆，而且很想把这个新的北大图书馆完全放在一种新的组织和新的效率上。简单说，就是要“美国化”。此意无可非议，因为那时学者深信图书馆是以美国的为世界第一。为了这个目的，蒋梦麟曾为怎样才能物色到一个合适的图书馆馆长人选而焦虑不安，想向北平图书馆借一位专学图书馆管理的人来做这番改革事业。[1]

1934年6月15日，北京大学又于嵩公府祠堂内建筑地质学馆。翌年5月1日，又在嵩公府东院北面开工兴建学生宿舍一栋。而仪器图书等经过这几年不断添置，到1935年7月，除实验室、煤气厂等建筑费及消耗费外，仪器标本药品等项就值银元近六十万元，北大虽然还不能像清华那样家大业大，但毕竟开始有了自己的产业和资产。

大学之大当然不在产业和资产，而在能否产出合格的产品，能否生产出高水平且大量的科研成果。在蒋梦麟的主持下，北京大学的科研成果在这一时期取得相当突出的进步。尤其是研究教授的规定大幅度提高了他们的待遇，使他们不必为生存状况而操心，从而将主要精力用在科学研究上，有效推动了科学研究水平的提升。理科教授如李四光、丁文江的地质学研究，饶毓泰的物理学研究，王守竟的光学研究，曾昭抡的化学研究，汪敬熙的生物学研究，冯祖荀、江泽涵等人的数学研究等，都在国际或国内学术界处于领先地位。

在人文科学方面也取得了非常大的成绩：语音学方面设有语音乐律实验室，先是由刘复主持，1934年刘复去世后，改由罗常培负责，有各种实验语音乐律的仪器五十五种，主要工作是计划调查全国方音，制成各声调曲线及图表；同时对中国古音韵和方言也进行了一些调查和整理工作。如刘复编辑的《中国俗曲总目稿》、《十韵汇编》，发表的《敦煌掇琐中辑》、《中国文法讲话》、《西汉时代的日晷》、《莽权价值之重新考定》等，罗常培著有《厦门音系》、《唐五代西北方音》、《中国音韵沿革》、《国语字母演变史》、《切韵探迹》、《中原音韵声类考》、《中国方音研究小史》以及魏建功的《古音系研究》、《方言研究》等。1936年5月，由胡适、罗常培、顾颉刚、周作人等发起组织风谣研究会，得到吴世昌、朱光潜、沈从文、徐芳等三十余人的积极赞助和参加。他们先后编辑出版了《北大歌谣周刊》和《新国风丛书》等。在历史学方面，由孟森主持的明清史料整理室，购入清内阁大库所藏有关明清史档案六十余万件，自1933年起，开始对这些史料进行整理、研究和出版工作。先后由马衡、胡适主持的考古室，藏有各种古器物五千余种，收购和交换的文献资料多达二万余件。考古室还和各学术团体联合组成西北考察团，在新疆一带发掘出汉简一万多件，后经陈受颐、蒙文通、傅斯年、孟森等人的整理和研究，极大推动了中国古代史的研究。考古室的工作重点是整理所收藏的全部金石拓片，并编辑所收藏的金石文字目录。从事这项工作的有郑天挺、姚士鳌、罗尔纲等人。陈受颐进行了总题为"明末清初中西文化接触"的研究，钱

[1]《致毛子水》，《胡适来往书信选》中，第269页。

穆也先后出版了《先秦诸子系年》、《近三百年中国学术史讲义》、《秦汉三国史》等著作。在哲学史方面，有汤用彤关于魏晋南北朝时期佛教史的研究，张颐关于黑格尔哲学思想的研究等。在美学方面，有朱光潜的《谈美》、《致青年的十二封信》、《西方文艺批评史》等多种著述。在政治、经济、法律方面，比较有代表性和学术价值的著作有许德珩的《社会学概论》、《社会学方法论》、《家庭进化论》、《唯物史观社会学》，张忠绂的《中国国际关系史》、《近代远东外交史》、《欧洲外交史(1815—1933年)，赵乃抟的《英国制度经济学》、《重农学派与重商主义之比较》等。

北大具有悠久的出版传统。从1930年起，又陆续恢复出版了各种刊物。除学校主办的《北京大学日刊》外，还有《国学季刊》、《社会科学季刊》、《自然科学季刊》等。这些刊物刊载各教授专题研究论文，基本上都能按时出版。其他专刊如孟森的《清初三大疑案考实》、《明元清系通纪》，张忠绂的《中华民国外交史》，陶希圣的《唐代经济史》，以及《顺治元年奏折》、《太上皇起居注》、《清九朝京省报销册目录》等均先后出版。

基于对现代教育的认识，蒋梦麟素来重视学生的身体健康，因而也就格外重视学校的体育设施和体育训练。早在代理蔡元培主持北大校务时，蒋梦麟就发现北大学生大多体弱多病。因此他在北京、上海等地不断演说、撰文呼吁学校当局重视体育，并沉痛指出中国实行所谓新教育以来的二十余年未见成绩，即教育思想不正确，因而必须从根本上进行改革：自小学起即不应再养成枯草式的、死的、消极的书呆子，而要培养活泼泼、能自动、有能力去改良社会的人才。他在担负起北大的责任后，更于1935年秋季开学时明确规定，体育为必修课，并改第三院大礼堂为临时健身房。翌年10月，举行全校体育大检阅。1937年春，举行第一届体育普及运动会。

提高课业、注意体育外，蒋梦麟更看重各院师生之间的经常接触，诱导学生求知研究的兴趣。每年春假，各院系教授学生常作郊游：西山八大处、长城、青龙桥，远及绥远、包头等。这是北京大学建立以来的空前新气象，充分显示了北大师生团结一致的奋斗精神。

## 风雨飘摇中的舵手们

1931年9月17日，经过长达八个月的整顿，蒋梦麟领导的新北大终于迎来了一个新的学期。蒋梦麟在主持开学典礼时宣布了北大的新班底，公布了根据合作研究特别款项顾问委员会通过的研究教授名单，并在演讲中为北大的未来发展描绘出一幅令人神往的蓝图。蒋梦麟和北大全体师生对此都感到格外兴奋。北大的希望就在明天。

然而正是在"明天"即1931年9月18日,在中国却发生根本改变中国历史进程的大事变。

9月19日早晨,蒋梦麟正端坐在北大校长室里办公,忽然电话响了,传来昨天发生的惊人消息:日本在沈阳发动突然袭击,中国军队为避免冲突,已奉命撤出沈阳。这就是震惊中外的"九一八"事变。

蒋梦麟和北大师生为新北大仅仅高兴了两天,他们清楚地知道,随着"九一八"事变的爆发,空前的国难已到了他们头上,他们经过八个月辛苦筹备的新北大极有可能会被这空前的民族危机所摧毁。

他们还知道,日本帝国主义决不会容许中国从容地建设一个新的国家。但他们在那个时候,却都又自然地感觉出一种新的兴奋,那就是打定主意,不顾一切,要努力把这个学校办好,努力给北大打好一个坚实可靠的基础,为中国民族未来与复兴奠定更加扎实的基础,尽可能地多保留一些读书种子。所以北大在那最初的六年国难中,工作最勤,从没有间断。甚至一向对现实政治极为敏感的北大学生,在这时也极少举行游行示威抗议活动。一来因为国民政府迁都南京后,政治活动的重心实际上也跟着转移;二来实在是因为北大在蒋梦麟、胡适、傅斯年、丁文江等这批知识精英带领下,久已深知学术救国才是最为根本的举措。那时,学生示威反对的对象已经不多,只有日本的侵略偶尔激发学生抗议示威的热情和冲动。

在1930年到1937年七年间,蒋梦麟和他的那批精英朋友一直谨慎地把握着北大之舟的航向,竭智尽能,总希望把这个学问之舟平稳渡过中日冲突中的惊涛骇浪。在许多朋友的协助下,尤其是胡适、丁文江、傅斯年等人无私帮助,才使北大能够在那些年中平稳前进,仅仅偶尔调整一下风帆而已。

蒋梦麟的"参谋"主要就是胡适和傅斯年两位,事无大小,蒋梦麟基本上都就商于他们。胡适和傅斯年两位,也对北大有着难以割舍的感情与期待,他们在很多时候代蒋梦麟思考,代蒋梦麟办事,代蒋梦麟受过。他们代表北大请到了好多位国内外著名教授,这对北大在1930年代上半期的复兴起到了非常大的作用。[1]

从当时北平高等教育布局看,北京大学居北平国立八校之首,蒋梦麟校长之镇定与胡适之院长之智慧,二者相并,使北大发挥其领导作用。在艰危岁月里,北大校务会议不过是讨论一般校务,实际上,应付难题的时候,北大一校之内,蒋梦麟校长、胡适之文学院长及法学院的周炳琳院长随时集会,北大教授陶希圣也有时参加。国立

[1] 蒋梦麟:《忆孟真》,《中央日报》(台北)1950年12月30日。

各大学之间,另有聚餐,在骑河楼清华同学会会所内,随时举行。由北大校长蒋梦麟、清华大学校长梅贻琦、北大文学院院长胡适、大学院院长周炳琳、北大教授陶希圣等人参加,交换意见。梅贻琦总是迟缓不决的,甚至对于很多事情是没有意见的;蒋梦麟总是听了胡适的意见而后发言。在北大校务会议上,如丁文江在座,他的发言最多最有力。在清华同学会聚餐席上,胡适总是其间的中心。蒋梦麟是北平国立八校中决定一切的人,北大在1931年之后六年的安定,乃至北平国立八校在这六年的延续,如果没有蒋梦麟和胡适的参与与智慧,那是根本无法想象的。

当平津危机日趋严重时,中国政治领袖审时度势,下令各学术机构寻找机会将珍贵文物图书逐步运往南方,以免损失。同时,也可为将来不得已而进行的艰难抗战甩掉包袱,清理战场。北京大学也曾将重要图书仪器移运往杭州国立浙江大学暂存,然而在暑假之后仍然运回了北平,大概是为了使用方便。为了避免珍本图书的损失,北京大学从1933年秋开始有计划地将珍本图书影印出版,以利保存。

在这种凝重的政治气氛下,此后几年,蒋梦麟领导的北京大学为了争取时间,只好小心翼翼地在浅水里缓缓前进,不敢闯进激流,以便正面撞上日本侵华浪潮。北大师生们的口号是"在北平一天,当作二十年来做。"[1]当然,北大师生的谨慎与怯懦是不同的。

日本人特别是日本军方从来把北大看作是中国反日运动的策源地和行动中心,从来对北大给予格外关注。每当日本"第五纵队"的学者前往北大"拜访"时,蒋梦麟总是光明磊落毫无保留地表示自己的政治态度和民族立场。有一次,一位来访的日本学者对北大教授大谈中日文化关系,津津乐道,吹得不亦乐乎。待他的演讲告一段落时,蒋梦麟很不客气地告诉他:现在,除了日本的军事野心外,中国人可看不出中日之间有什么文化关系存在。日本人如果不肯放弃武力征服中国的野心,中日两国就不可能携手合作,共存共荣,更不可能携手建立什么"大东亚共荣圈"。中国的民族性和历史遗传,都决定中国不会屈服,哪怕这种压力非常强大,足以暂时将中国吃掉。中国可以屈辱地当几百年的殖民地,然而一旦觉醒,一旦条件成熟,中国人还是会揭竿而起,争取独立,推翻、赶走侵略者。

这些所谓的日本学者,包括地质学家、经济学家、生物学家等,他们不时前往北大拜访,希望争取北大的"友谊",他们一直埋怨北大的反日运动和师生中浓厚的反日情绪。对于这些不是学者的学者,蒋梦麟总是耐心地告诉他们:北大师生并不一定反

---

[1] 陶希圣:《记蒋梦麟先生》,《传记文学》5卷1期。

对日本特别是日本人民，不过北大师生反对日本军国主义却是真的。因为日本军国主义一心一意要灭亡中国，中国人除了完全投降，日本军国主义者决不会改变他们的既定方针。



在蒋梦麟的谨慎主持下，北大的科研、教学水平并没有因为中日关系紧张、民族危机加剧而受到影响，而反在民族危机的刺激下获得提升和提高。北大教授对中国历史和文学的研究也正在认真地进行，教授们有充裕的时间从事研究，同时诱导学生集中精力追求学问，一度曾是革命活动和学生运动旋涡的北京大学，已经逐渐转变为中国学术研究的中心和重心了。在北大师生的记忆中，七年的北平生活似乎只有一次值得记录的示威运动，那就是当日本军队在占领了东北地区并准备向长城推进时，北平学生终于愤怒起而参加抗日救亡运动。

事实上，在"九一八"事变后，由于蒋介石为了全力对付中国共产党在江西的势力，因而在东北对日本军队的侵略行径采取了不抵抗的基本政策：绝对抱不抵抗主义，即使勒令缴械，占入营房，均可听其自便，要采取逆来顺受的态度，以待国际公理之判决。

不论蒋介石的这些想法有多少道理，但在当时情况下，他的这种不抵抗政策只能激起人们的反感和反对。尤其是中国共产党当此时正以反对日本帝国主义侵略相号召，于是人心的向背很容易见分晓。中共中央发表宣言，号召给日本帝国主义以直接打击。中共北平党团组织立即响应，策动工人罢工，学生罢课，组织大专院校师生向政府示威请愿。

1931年9月20日，北京大学的学生发出抗日救亡通电，指出日寇侵占东北，直逼平津，国亡无日，"为今日计，唯有速息内战，一致抗日"。[1]对于蒋介石寄希望于"国联"的幻想，北大出版的《青年大众》指出，"国联"宰割弱小民族，只不过是一个强盗的"分赃所"。中国要想阻止住日本对中国的蚕食和侵略，唯有把中国民众反帝的决心表现出来，使国际社会认识到中国民众不像中国政府那样可欺可侮，中国人民与帝国主义势不两立，中国人民决不愿意做亡国奴。[2]正是在这种政治气氛下，北大一些激进学生于11月30日抛开原先的学生会另组领导层，号召北大全体学生南下示威而不是请愿，以给出卖民族利益的政府一个威胁；宣布即日起全体罢课，扩大反日运动；宣布改组听命于政府的抗日会。

12月1日上午，北大学生会负责人岳增瑜、王俊奎等发动学生召开了抗日救国大会，

---

[1]《北京大学日刊》1931年9月20日。

[2]《国联调查团的真面目》，《青年大众》第1卷第1期。

选举岳增瑜、王俊奎、千家驹、刘钺(子威)、赵作霖、吴廷谬、靳瀛、王毓铨等十九人组成“北大学生南下示威团”。由于岳增瑜大胆勇敢,有胆略有能力,又善于团结学生,深得大家信任,遂被举为总指挥。会议结束时已近中午十二时,但他们依然决定当天下午南下。

南京国民政府教育部获悉北大学生运动的消息后,立即致电北大校长蒋梦麟:“报载北大学生将全体来京请愿,务须设法制止之,并盼电复。”但蒋梦麟并没有阻止住学生们南下请愿活动,学生情绪反而因政府“不许爱国”的愚蠢行动变得更加高昂。

下午三时,北大南下示威团约三百人在广场集合,信心十足整队前往前门车站。但在那里遭到火车站站长坚决拒绝。站长告诉北大南下示威团:“南京已有命令,不让我给你们开车。我是政府任命的站长,不能不服从政府命令。”

北大学生闻言极为愤怒,但他们并不甘于屈服,岳增瑜当机立断决定卧轨。这些青年学生不分男女立即躺在铁轨上,不让火车出站和进站。最后军警当局只好屈从学生的压力,因为这些学生并不是像过去那样为了进行“饭厅革命”,现在他们正在做着正经事,正在做着爱国的大事业。他们在散发的“告同胞书”中控诉政府的无能与卑劣已经到了极点;政府的几百万军队不是用来抵抗日本军队的侵略,而是用来打内战,用来对付手无寸铁的民众运动。学生们沉痛呼吁人民起来共同督促政府立即发兵东北以武力收回失地。否则,人民就应该起来推翻腐败无能卖国的政府。

经过数小时的坚持,北大南下示威团终于在当天下午七时许坐上火车。12月3日,到达南京。4日下午,北大第二批学生一百多人南下。

北大南下示威团在南下途中一路发表演说,呼吁民众组织起来投身于抗日救亡斗争,他们提出的政治口号主要有:

一、反对政府出卖东三省;

二、反对政府接受国联提案;

三、反对划分国际共管中立区;

四、反对投降帝国主义的外交;

五、全国民众自动武装起来;

六、驱逐日本帝国主义军队出境;

七、收回日本在华一切租界;

八、反对政府压迫民众运动;

九、争取言论、出版、集会、结社的自由；

十、全国被压迫民众联合起来；

十一、打倒日本帝国主义；

十二、要求政府立即对日宣战。

很显然，学生的要求已经不单是对外救亡，而且包含有内政改革、政治开放的意思了。

12月3日中午十二时，北大学生示威团到达南京下关。这立即引起国民党政治高层极度恐慌，蒋介石指示中央党部派代表前往火车站迎接，并把他们送至中央大学体育馆安顿。当晚，中央训练部部长方觉慧对北大代表说："你们是为爱国来的，这是谁都知道的。不过，你们这个团体的名字太刺眼了，应该改过来。"

第二天一大早，卫戍司令部扣留了北大南下示威团的"告民众书"，理由是这个传单既然宣称爱国，但太不给政府留面子，这样会与各位的愿望相反，会给民众留下不良印象。卫戍司令部希望将"示威"改为"请愿"。但这个要求并没有被接受。

两批北大学生在南京汇合后，他们在南京各处贴标语，散传单，呼口号，既要"打倒日本帝国主义"，又要"反对政府出卖东三省"和"反对投降帝国主义的外交"。这些政治诉求显然已经不是简单的抗日救亡，而带有浓厚的政治气息和偏左。这当然也是政府此时所无法容忍的。

12月5日晨，卫戍司令部就给示威团送来了一份公函，令其停止一切活动，否则将加以正当制裁。然而北大示威团对于这些警告毫无惧色，毅然于上午十一时许从中央大学出发，继续进行示威抗议活动。当游行队伍行进至成贤街附近，即被上千名军警包围。学生与军警发生了肢体冲突，一些学生被打伤。一百八十五名示威者悉被抓捕捆绑，押送到孝陵卫警卫团一营营部集中囚禁。岳增瑜、王俊奎发动被囚禁的学生进行绝食抗议，岳增瑜甚至还编了一首"北大歌"激励学生："北大北大，一切不怕，摇旗呐喊，示威南下，努力奋斗，救我中华。既被绳绑，又挨枪把，绝食两天，不算什么，作了囚犯，还是不怕，不怕不怕，北大北大！"

北大南下示威团被囚禁，激起全国范围的抗议行动，各地学生掀起罢课热潮，并纷纷组团前往南京声援。迫于压力，政府当局于6日深夜派军警将北大被捕学生押上囚车，随后送往开往北平的火车，强行遣返。

北大南下示威团被强行遣返，并没有平息全国的抗议浪潮，学生爱国运动风起云扬，一浪高过一浪。而北大南下示威团于9日下午回到北平后，也没有消停。北大学生立即组织“非常学生会”，办理抗日会日常事务，并创办《北大新闻》，利用这一刊物宣传北大同学的抗日活动和其他斗争。

北大的正常教学秩序被彻底打乱，蒋梦麟试图在中日战争全面爆发前为中国建立一坚固学术基地的想法弄不好就要成为泡影。于是蒋梦麟只好愤而辞职，离开北平，离开北大。他在同年12月22日自天津发出的给胡适和傅斯年的信中说：

适之、孟真两兄：

我这回的离校，外面看来，似乎有些“突如其来”，其实不然。枚孙和我两人，商量了不知多少回，才决定的。学校的致命伤在经费的积欠，教员的灰心。两位也知道好多教员，真是穷得没有饭吃。第一批学生南下的时候，我们两人已议决了把北大放弃不办。枚孙做事是很把细的，我有些粗心，但我能取果断的手段。我们两人商定了的不致大谬。当两位到校长室里来的时候，我已向两位暗示枚孙不回来了，孟真兄说他也是这样想的，或许孟真兄也有点会意了的。

一个学校要办好，至少要有四五年的计划。第一年的计划，不到三个月就破坏。现在简直今天计划不了明天，还有什么希望呢？

学生的跋扈——背了爱国招牌更利害了——真使人难受。好好的一个人，为什么要听群众无理的命令呢！

北平的教育，非统盘筹算，是不易办好的。Bad money drives out goodmoney（恶币驱逐良币），没有钱是没法办。这种学校每月用三十五万来维持，也觉得不大值得。李先生说，譬如养一师兵。我说办学如养土匪兵一样，不如不办。

枚孙和我都决计不回到北大来了。我校长也当厌了。我十数年来没有休息，现在也应该休息一年半载，才对得自己住。

今日已买到卧票，径赴上海。离平时未向两位告别，罪甚。

一年来承两位继续不断的帮忙，感激得很。这回决然弃去北大，亦请原谅。

我去年12月19日离南京北上，今年不期然而然的又同月同日离平，事岂先定！

梦麟 22 日天津发[1]

据此不难想见蒋梦麟当时的心情。当然他这次辞职也没有成为事实。

## 和比战难

当民族危机尚没有直接影响正常的教学与生活时，蒋梦麟坚决反对学生介入现

[1]《蒋梦麟致胡适、傅斯年》，《胡适来往书信选》中，第96页。

实政治，更反对学生在政治势力的干预引导下进行反政府活动，以免引起不必要的牺牲。这样说当然并不意味着蒋梦麟对民族危机视而不见。事实上，正是在这种民族危机日趋加深的非常情况下，他素来主张，以个人身份进行顽强抵抗。1932年1月23日，蒋梦麟受聘为国民政府“国难会议”委员。1月28日下午，在上海火车站，蒋梦麟准备搭乘火车回北平。进了车站之后，蒋梦麟发现情势异乎平常，整个车站像个荒凉的村落。一位车站警卫认识蒋梦麟，告诉他已经没有往外开的火车了。看样子，日本人可能马上就要进攻了。他建议蒋梦麟：“你最好马上离开这里，恐怕这里随时要出事呢！”于是蒋梦麟只好在上海外国租界内的一所旅馆里继续住了下来。

那天夜里，蒋梦麟突然被一阵炮声惊醒，接着是一阵机关枪声。蒋梦麟从床上跳起来，随着旅馆里的人跑到屋顶观望。天空被车站附近射出来的炮火映得通红。日本已经开始进攻上海，这就是中日战争全面爆发前一次最剧烈的冲突，史称“一·二八”事变或“淞沪战争”或“第一次上海事变”。结果是中国并没有抵抗到底，而是接受英美等国的调停，准许日本在上海驻兵。

在这次事变中，中国金钱损失大约为十四亿元，闸北华界商号被毁多达四千余家，房屋被毁近两万户，同济大学、复旦大学、上海法学院等都遭到日本飞机的轰炸。商务印书馆及当时中国最大的私人图书馆——东方图书馆也被摧毁，数十万藏书和不计其数的书稿均被付之一炬，其损失之惨重，无疑是中国文化史上的一场浩劫。

2月1日，蒋梦麟与蔡元培、刘光华、邹鲁、王世杰、梅贻琦等国立大学校长联名致电国际联盟，要求“迅速采取有效方法，制止日军此类破坏文化事业及人类进步之残暴行为”。[1]4月7日，蒋梦麟前往洛阳出席“国难会议”，12日会议结束后即返回北平，投身于救亡图存运动。

国民政府最初几年的对日妥协虽然有利于中国方面的准备，但在另一方面也实际助长了日本帝国主义的侵略气焰。1933年1月3日，日本关东军攻占山海关，预示着日本将进一步扩大对中国的侵略。次日，中国政府向日本提出抗议，但日本政府根本不予理睬，反而加紧进攻热河的准备。2月13日，板垣征四郎奉关东军司令部的命令赶到天津设立特务机关，密谋收罗张敬尧等人成立华北伪政权。2月23日，日本驻华公使有吉明借口热河省内的中国军队危及满洲国的存在，要求中国军队立即退出热河全省。不待中国军队有所回应，日军于当天向热河发起进攻，中国军队不战自溃，热河省主席汤玉麟于3月3日弃城而逃，使日军仅以一百二十三人的先头部队没费一枪一弹，如入无人

[1]《东方杂志》29卷4号。

之境,轻易占领了热河省省会承德。前后仅仅十天时间,热河全省失陷。接着,驻扎在东三省的日本关东军迅速向长城以内推进,中国军队先沿长城浴血奋战,被迫抵抗,长城抗战由此爆发。继而在河北省北部步步抵抗,最后终于撤退到北平以及近郊,平津受到严重威胁。伤兵络绎不绝于途,北平各医院人满为患。北大教职员也发动设立了一所伤兵医院,由蒋梦麟的太太陶曾谷主持,教职员太太和女学生们充任职员和看护。因为这所医院的关系,蒋梦麟与作战部队有了较密切的接触,并获悉他们的心理状态。他们认为中国军队作战失利完全是因为没有现代新式武器,尤其是枪支,因而以血肉之躯筑成的长城,终被敌人冲破了。

3月3日,胡适、丁文江、翁文灏致电蒋介石,请其北上指挥作战,以为热河危机,绝非张学良将军所能支持。不战再失一省,对内对外,中央必难逃责。这些文化领袖劝蒋介石即日北上挽救,否则,政府将无以自解于天下。

长城抗战打响之后,京津已经完全暴露在日军面前,中国如果不能打退日军的进攻,或者不能迅速停战,那么平津尤其是文化古都北平将会有不可估量的损失。3月10日,军事委员会北平军分会代理委员长、北平政务委员会常务委员、华北集团总司令兼第一方面军总指挥张学良约见蒋梦麟、胡适、丁文江、梅贻琦等华北文化领袖谈话,向他们透露昨天蒋介石在保定火车站向他暗示辞职下野的情况。第二天,张学良发表辞职通电,表示毅然下野,以谢国人。华北抗战转由蒋介石直接负责。

3月13日,胡适、丁文江、翁文灏至保定谒见蒋介石。丁文江熟悉地理,深知热河陷落后,北平即无险可守。而北平具有一千多年的文化历史,其重要性远远超过上海,决不能任令日军侵略战火将其毁坏。

学术界的意见引起蒋介石的重视,事实上蒋介石此时似乎也没有下定与日本对决的决心,有了这些学术领袖的支持与认同,蒋介石更愿意以和平手段化解华北危机,暂时保全平津。4月9日,蒋介石致电黄郛征求意见,面谈后即任黄郛为行政院驻北平政务整理委员会委员长,指示他把握时机争取与日本达成谅解,维持暂时的和平。

和平不易获得,战争进行下去更难。4月19日晚,正在北平指挥作战的国民政府军政部长何应钦偕华北集团军第一军团总指挥兼陆军第五十一军军长于学忠,在军事委员会北平军分会邀请蒋梦麟、胡适、丁文江等学术领袖座谈华北形势,郑重讨论怎样才能结束战争,重建和平。鉴于当时中国实际情况,他们都希望能达成停战协议以换取中国必要的准备时间。商谈的结果便是一致同意由蒋梦麟以私人资格往访英国驻中国公使蓝浦生,询问英国政府是否愿意居间调停中日冲突。他们内定的条件是:调停只限于停止双方的敌对形势,不涉及东三省或其他问题,并且只作口头上而非文字上的协议。

蓝浦生爵士是英国老资格外交官,1924年直奉战争期间作为新任驻华公使来到北京,大概在这期间与蒋梦麟建立了私人友谊,所以蒋梦麟同意以私人资格往访。

20日,蒋梦麟按照与何应钦等人商定的原则探寻蓝浦生的意见,并表示一年前的松沪停战协议就是由英国调停而达致协议的先例。蓝浦生对此表示可以考虑,并当即答复蒋梦麟如下四点:

一、松沪停战协定引起中国人的误解,甚至指责英日成立秘密谅解:如日军撤出上海,英国对日军占据东三省将视若无睹,不加过问;

二、任何于此项停战会议中讨论之问题,应严加限制范围,详加研究;

三、中国方面之官方发言人必须由中央政府任命;

四、有关友好国家支持赞助此一讨论者应安排妥当。

蓝浦生还告诉蒋梦麟:现在情势非常微妙,需要谨慎处理。日本驻华大使须磨也曾经对他暗示,日本也希望停战。蒋梦麟则答立即将所谈内容电报南京并将再度来访。

何应钦将蒋梦麟与蓝浦生所谈内容迅速电告南京国民政府,行政院院长汪精卫立即电复何应钦表示同意,并作了几点指示。蒋介石获悉这个消息后也表示认同,以为蒋梦麟与英使蓝浦生所谈调停问题自属可行。其进行步骤可任由社会有力分子先与国际方面酝酿,然后由彼等建议于中央。

有了南京的指示与认可,蒋梦麟信心更足。4月22日,他履约再度拜访蓝浦生,转述南京方面的意旨。他说:何应钦将军已将蓝的四点意见报告给蒋介石委员长及行政院长汪精卫。汪精卫的指示要点是:

一、中国对各国调解上海战争至为感激,并保证以后不致产生任何误会;

二、同意蓝浦生所言:讨论应限定于停止两方敌对形势,而不涉及东三省或其他问题。并建议口头上而非文字上的协议;

三、汪精卫提出以正在北平的外交部次长刘崇杰为中国代表,听从何应钦之意见与支持,一切由汪精卫承担完全责任。

蒋梦麟还告诉蓝浦生,汪精卫的这些意见自是征得蒋介石委员长的同意,且何应钦是奉蒋的命令驻节北平。

四、汪精卫对于友好国家参加调停一事,未予置评。

蓝浦生接到中方答复后,当即发电向伦敦请示,并与美国公使詹森商讨,希望美国能从中协助。但日本方面,特别是关东军司令部坚决反对任何外国插手谈判,美国政府则称此时不宜采取行动。

蒋梦麟当日将与蓝浦生所谈情况向何应钦作了报告，何也立即致电南京，请予备案。然而，蒋梦麟的行动并不为南京国民政府外交部所赞同。外交部长罗文干致电中国驻国联代表顾维钧，指责蒋梦麟向英国驻华公使蓝浦生寻求调停，是一种“不负责任”的行为。[1]

与此同时，罗文干和外交部次长徐谟致电时在北平的国民政府外交部次长刘崇杰，表示中日之间绝对不能直接交涉，即停战亦须在国际盟约及迭次决议案范围之下进行。不论外交或军事当局均不宜向任何方面乞怜求和；不论外交或军事当局也不能签订任何停战协定。因为类似协定一旦签署，在法律上就永远不能以自己力量收复失地。他们指示刘崇杰：如第三国问我愿否停战，可密告就我方现在势力，只可坚守未失领土；倘日军进犯平津，中国军队肯定会与之周旋，誓死抵抗；如日军不来，中国方面拟集中力量，专心整理华北民政。

同时，外交部长罗文干在南京告诉英国大使馆，表示除了他本人，谁也没有权力与外国办交涉。国民政府外交部亚洲司司长沈觐鼎也于4月22日晚在北平向蓝浦生当面说明蒋梦麟与贵方接洽一事，并未得到外交部训示，外交部的意见是由次长刘崇杰在方便时与贵使晤谈。外交部彻底否定了蒋梦麟的努力，甚至否定了蒋介石与汪精卫的指示。

23日，刘崇杰致电在南京罗文干和次长徐谟，表示汪精卫拟派他与蓝浦生正式接触的指示已经获悉，蒋梦麟也已经将这个消息告诉了蓝浦生。现在究竟应该如何进行，还望尽快制定整个方针，以免分歧泄漏转碍大局。

罗文干的指示影响了何应钦的情绪，24日，何应钦约蒋梦麟、黄绍竑、蒋伯诚、王克敏、刘峙等人谈话，表示因为没有得到宋子文在华盛顿与有关方面谈判的情况，以及蓝浦生没有回复蒋梦麟的要求为由，决定将蒋梦麟与蓝浦生联系的这条线索暂时搁置，转由国民政府外交部全权处理。

其实，中日之间也有某种程度的直接交涉。日本驻天津领事桑岛在那几天面告王克敏，说日本方面专门从东京派来外务省亚细亚局某科长来华，并拟了一个提案，说是东京及关东军首脑均决定不入关，辽东方面日军可退至长城，中国军队亦不再前进。刘崇杰获悉这个消息后，25日迅即电告南京方面。

26日，刘崇杰与蓝浦生午餐，蓝浦生向刘崇杰抱怨，说他已经看到罗文干在南京

[1]《顾维钧回忆录》(2)，第230页。

与英国驻华使馆代的谈话记录。他的印象是:中国方面究竟是否希望停战,或者希望通过什么样的方法停战,似乎并没有定案。现在如果任由形势发展,日本军队恐怕要乘胜前进。中国政府如果希望停战,如果希望英国,或者希望英国与其他国家一起调停,那么就应该将中国政府的想法明白告知,以免误会。

刘崇杰似乎还没有得到政府方面明确的训示,他只能将中国政府大致原则及外交部基本方略演绎告之,不过刘崇杰仍请蓝浦生在方便的时候,对日本进行适度的劝告,劝告日本不要一方面宣言不再前进,一面继续战事。告诉日本如果真的侵犯平津,那么中国方面不会放弃抵抗。在调停问题上,刘崇杰似乎表示希望友邦自动出面,而且只能做到停战的事实,不能留下任何协议或文字,以免增加将来中日交涉的困难。

蓝浦生表示:各国对日劝阻一节,目前恐怕很难做到。中国政府真的期待英国政府出面,自当照办。只是在并没有充分理解中国政府真正的立场之前,英国方面也不好擅自行动,只好静候消息。

蓝浦生还认为,此次情形与各国调停淞沪停战协定时有很大不同,斡旋停战较劝阻为易,但无论如何不可能不留有文字。刘崇杰仍建议蓝浦生不妨先将中国政府的看法报告伦敦,而蓝浦生仍坚持自己的判断,并没有答应刘崇杰的请求。

在这次谈话中,蓝浦生并没有提及他与蒋梦麟接洽的情况,刘崇杰也不便多问。蒋梦麟的努力终于成为历史,其原因只是罗文干不以中日直接交涉为然。

不久,日本军队突破中国军队沿长城部署的防线,步步向北平推进,北平军民已经开始准备撤退。5月中旬,蒋梦麟因为割治盲肠而住进北平协和医院,对外面的事情一度自然很隔膜。直到5月30日,他躺在医院的病床上忽然听到日本的飞机在头顶上盘旋,直觉告诉他情况可能不妙。于是他得到主治医生的许可,忍痛来到何应钦寓所打探消息。何应钦见蒋梦麟还留在北平城里,深感意外。他告诉蒋梦麟:日本军队马上就会向北平发动攻击,他劝蒋梦麟还是赶快离开。

在何应钦的劝告下,蒋梦麟真的准备第二天赶快离开北平,可是就在第二天即5月31日,中日之间奇妙地签订了《塘沽协定》。是日晨,蒋梦麟的电话响了,原来是何应钦打来的。他专门告诉蒋梦麟:中国政府已与日本人达成停战协议,北平暂时还是安全的,你和你的那些朋友不必离开北平了。蒋梦麟马上打电话告诉胡适。

"真的吗?日本的飞机还在我们头上盘旋呢!"胡适说。

"何敬之将军刚刚打电话来这样说的。"蒋梦麟所能回答的仅此而已。

## 郭子仪第二

前面说过，蒋介石于4月9日接受北平学术界领袖的建议，在中国并没有准备好的条件下还是应该尽量推迟与日本正面决战，尽量延缓正面冲突，尽量争取与日本达成谅解，不要很快使局部冲突演变成全面冲突。

这些建议在某种程度上确实有点“低调”，只是从“大历史”的眼光去观察，又不能不承认自有其道理。蒋介石听从了这些建议，故而当日军逼近北平之际，急忙委派黄郛担任行政院驻北平政务整理委员会委员长，与日军谈判，哪怕是签订城下之盟，也要保全北平不受战火的毁坏。

大兵压境，平津不保，黄郛在与日军的谈判也非常艰难。5月22日，国民政府行政院院长汪精卫指示黄郛除“签字承认伪满洲国，割让四省之条目外，其他条件皆可答应”，似乎有不惜一切代价保全平津的决心。

有了这个指示，黄郛与日本人的谈判终于有可能获得突破。当天(22日)晚上，黄郛与日本驻北平武官永津中佐进行密谈，达成协议，写成停战案概要备忘录，并迅速得到北平军分会代理委员长何应钦承认，派专人赴密云，向日军请求进行停战谈判。

30日，北平军分会总参议熊斌与关东军参谋长冈村宁次在塘沽开始谈判。31日，双方签订《塘沽协定》。

根据协定，中国军队退至延庆、昌平、高丽营、顺义、通州、香河、宝坻、林亭口、宁河、芦台所连之线以西以南地区，以后中国军队不得越过该线；日本军队可用飞机或其他方法施以侦察，中国方面应加保护并给予各种便利；长城线以南的上述地区之治安的维持，以中国警察机关任之。警察机关不可用刺激日军感情之武力团体。

《塘沽协定》实际上承认了伪满洲国，承认长城是中国的北部边界，也就是中国与伪满洲国的国界。至于绥东、察北和冀东则被划为日军自由行动区，为日本军队进一步控制整个华北提供了方便。

塘沽协定签订后，国民政府行政院驻北平政务整理委员会正式成立，蒋梦麟受命出任这个委员会的委员。中日之间先前的紧张关系一度化解，在1935年初甚至出现中日“亲善”的景象，许多人都认为中日之间不会很快发生战争。

然而日本人并没有满足从塘沽协定中获取的利益，日本军队在少壮派军人的主导下，始终觊觎华北地区，始终期待扩大在华北地区的利益，所以中日关系在亲善的表面下始终流淌着冲突的暗潮，华北地区各种“不祥事件”时有发生，日本军队便利用这些这些事件向中国施压，换取更多利益。

1935年6月6日,日本关东军驻内蒙阿巴嘎旗特务机关山本亲信等四人由多伦潜入察哈尔境内偷绘地图,行至张北县北门,不服国民党第二十九军一三二师赵登禹部守卫官兵例行检查,被送师部军法处拘留,察哈尔省政府主席宋哲元闻知后立即命令释放。

“张北事件”其实只是一个很小的冲突,但日本驻张家口领事桥本和察哈尔特务机关长松井源之助则以中国军队“侮辱”日本军人为借口,向中国政府提出抗议和严正交涉,甚至威胁日军有自由行动的权力。

迫于日本的压力,南京国民政府于6月19日下令免去宋哲元的职务,任命第二十九军副军长秦德纯代理察哈尔省政府主席。23日,秦德纯与日方代表土肥原谈判,达成“秦土协定”如次:

(一)将驻于昌平和延庆一线的延长线之东,并经独石口之北、龙门西北和张家口之北,至张北之南这一线以北的宋哲元部队,调至其西南地区;

(二)解散排日机构;

(三)中国政府对日表示遗憾,并答应处罚负责人宋哲元;

中方答应以上各点自即日算起,在两星期内完成。

此外,日本还要求:

(一)承认日满的对蒙工作,援助日本特务机关的活动,并且停止移民,停止对蒙古人的压迫。

(二)对日满经济发展和交通开发工作予以协助,例如对张家口—多伦之间,以及其他满洲国—华北之间的汽车和铁路交通,加以援助。

(三)必须对日本人的旅行予以方便,并协助进行各种调查。

(四)从日本招聘军事及政治顾问。

(五)必须援助日本建立各种军事设备,如机场设备和无线电台设置等。

(六)中国军队撤退地区的治安,应根据停战区所使用的方法予以维持。

“秦土协定”使中国丧失的在察哈尔省的大部分主权,为日本军队蚕食华北开了方便之门。

类似事件在那时不止一桩,日本每每利用这些事件向中国要挟。1935年5月2日夜,汉奸报纸《国权》社长胡恩溥在日租界私宅被人暗杀;几个小时后,另一份亲日报纸《振报》主笔白逾桓也受到了同样的惩罚。

对于胡恩溥、白逾桓之死，日本方面非常恼怒，指责是国民党所为，是排日行为。与此同时，在热河南部活动的抗日义勇军孙永勤部受到日军追击退入长城以南的“非武装区”。这也被日本指责为破坏《塘沽协定》的反日行为。5月29日，日本天津驻军参谋长酒井隆向中国政府提出交涉，未及中国政府答复，日本关东军于20日越过长城，消灭了孙永勤部。这就是所谓“河北事件”。

胡恩溥、白逾桓之死，连带着“河北事件”，终于给日本人提供了足够的理由。6月9日，日方将一份由日本华北驻屯军司令官梅津美治郎签署的“备忘录”送到北平军分会，要求中方照抄一份，并由军分会负责人何应钦签章后送交梅津美治郎。

该备忘录要求中方：

(一)罢免以河北省主席于学忠为首的有关“责任人员”；

(二)撤废宪兵第三团、励志社北平支部、军分会政治训练处及北平军事杂志社等所谓宣传和组织抗日的机构；

(三)取缔蓝衣社、复兴社等有害于中日两国国交之秘密团体；

(四)撤退国民党在河北省内的所有支部；

(五)驻守河北的第五十一军、第廿五师撤出河北，解散第廿五师学生训练班；

(六)禁止中国境内的所有排日排外活动；

(七)勿使导致中日关系不良之人员及机关重新进入河北；

(八)任命省市等职员时，希望采纳日本方面之建议；

(九)与日本方面约定之事项，须在约定之期限内完全实行。

(十)关于约定事项之实施，日本方面采取监视及纠察之手段。

日本的要求确实欺人太甚，但中国政府特别是蒋介石担心日军乘机进攻平津，所以也不愿与日本在细节上过多纠缠，当然也不想将这些承诺都付诸文字。然而在日方一再坚持下，最后以何应钦复函梅津美治郎的形式表示对“所提各事均承诺之”。何应钦与梅津美治郎两人往来的备忘录和复函就是历史上所说的“何梅协定”。

在和平没有绝望之时决不放弃和平，所以为了维持华北地区的和平，国民党中央政治会议于12月12日同意蒋介石的提议，决定建立“冀察政务委员会”，以适合北方情势为标准，统筹管理冀察一切内政、外交、军事、财政，使之保持正常状态，不得越出中央法令范围以外，绝对避免华北地区以自治名义或独立状态脱离中央。

然而事实却是，日本军队在占领了河北省北部地区后，确实一度停止了前进，但他们根本无视中国政府的立场，却在当地扶植成立了一个所谓“自治政府”，并催促留在河北的国民政府的军队与他们合作，在北平也成立一个“自治政府”。北平城内谣言满天飞，说河北省境内的司令宋哲元即将对日本屈服。北大教授就在这紧急关头发表宣言，声明誓死反对华北的所谓“自治运动”。因此日军对于北京大学等所表现的大义凛然，自然视为眼中钉。事实上，宋哲元并没有答应日本人的要求。

北平以教育界为主体反对华北自治的政治运动引起了日军重视。11月初，蒋梦麟就听说日本使馆武官已将其姓名列入应于逮捕的名单，并送交给冀察政务委员会委员长宋哲元，向宋哲元提出惩罚蒋梦麟等人的无理要求。但是，蒋梦麟听说后并不为之所动，依然照常工作，继续冷静地主持北大校务，当然也从来没有放弃从事抗日救亡工作。

11月21日，蒋梦麟与北平教育界胡适、梅贻琦等二十余人联名发表宣言，坚决反对一切脱离中央的举动，反对华北自治的一切特殊机构，要求中国政府动用全国力量维持国家领土统一和行政完整。24日，蒋梦麟以北京大学校长的名义再次领衔发表宣言，坚决反对脱离中央组织特殊政治机构的阴谋，清华、师大、燕大、平大校长和教授共二十余人签名连署。蒋梦麟俨然成为北平教育界“反对所谓中国自治运动的群众舆论领袖之一”。[1]

教育界的反对并没有阻止住日本人的行动。11月25日，参与过塘沽协定谈判的亲日官僚殷汝耕在日本人的支持下，在通县宣布成立“冀东防共自治委员会”，脱离中央，实行自治，树立联省自治之先声，谋冀东之和平，成为继满洲国之后第二个在日本帝国主义卵翼下的汉奸傀儡政权。

殷汝耕之流的卖国行为无疑激怒了中国人。11月26日，蒋梦麟与北平各大学校长、教授代表往访新任冀察绥靖公署主任宋哲元，力斥冀东伪组织，并发表宣言，指斥殷汝耕等人宣布脱离中央实乃卖国阴谋。

蒋梦麟的活动早就引起日本军方的注意。11月29日下午，蒋梦麟正在北大二院主持校务会议，忽然有一个日本人闯了进来，手持请柬邀蒋梦麟到日本领事馆一谈，就某些日方希望了解的事情作些解释。日本人的用意主要是威胁，因为他们相信蒋梦麟这样的书生不会去。

他们错误估计了中国读书人的勇气和胆量。蒋梦麟本着“临难毋苟免”的古训，坦然答应随后就到。

蒋梦麟立即把这件事通知家里和几位朋友后，他们一致劝他不要去日本兵营，听任日本人来北大逮捕好了。但是，他们敢吗？然而考虑再三，蒋梦麟还是决定单独前

[1]《顾维钧回忆录》(2)，第316页。

往，在天黑以前独自驾车来到位于东交民巷的日本军营。他走进河边将军的办公室以后，听到门锁咔嚓一声下了锁。一位日本大佐站起来对他说，“请坐，不要害怕。”蒋梦麟坐下时，用眼角扫了旁边一眼，发现一位士官拔出手枪站在门口。

“我们司令请你到这里来，希望知道你为什么要进行大规模的反日宣传。”这位日本大佐一边说，一边递过一支香烟给蒋梦麟。

“你说什么？我进行反日宣传？绝无其事！”蒋梦麟回答说，同时接过日本人的香烟。

“那么，你有没有在那个反对自治运动的宣言上签字？”

“是的，我是签了名的。那是我们的内政问题，与反日运动毫无关系。”

“你写过一本攻击日本的书。”

“拿这本书出来给我看看！”

“那么，你是日本的朋友吗？”

“这话不一定对。我是日本人民的朋友，但是也是日本军国主义的敌人，正像我是中国军国主义的敌人一样。”

“呃，你知道，关东军对这件事有点小误会。你愿不愿意到大连去与板垣将军谈谈？”这时电话铃响了，大佐接了电话以后转身对蒋梦麟说，“已经给你准备好了专车。你愿意今晚去大连吗？”

“我不去。”

“不要怕，日本宪兵是要陪你去的，他们可以保护你。”

闻此言，蒋梦麟正色道：“我不是怕，如果我真的怕，我也不会单独到这里来了。如果你们要强迫我去，那就请便吧，我已经在你们掌握之中了。不过我劝你们不要强迫我。如果全世界人士，包括东京在内，知道日本军队绑架了北京大学的校长，那你们可就要成为笑柄了。”

这位日本大佐听到这句话时脸色立即变了，好像蒋梦麟忽然成了一个棘手问题。“你不要怕呀！”他心不在焉地说。

“怕吗？不，不。中国圣人说过，要我们临难毋苟免，我相信你也一定知道这句话。你是相信武士道的。武士道决不会损害一个毫无能力的人。”蒋梦麟抽着香烟，很平静地对日本人说。

电话又响了，这位日本大佐再度转身对蒋梦麟说，“好了，蒋校长，司令要我谢谢你这次的光临。你或许愿意改天再去大连——你愿意什么时候去都行。谢谢你。再见！”门锁又是咔嚓一响。大佐帮着蒋梦麟穿好大衣，陪他走到汽车旁，还替他打开车门。这时夜色已经四合了。

日本人的无理惊动了宋哲元。第二天下午，宋哲元派一位少将劝蒋梦麟尽快离开北平，因为他担心在目前混乱情况下无力保护蒋梦麟的安全。蒋梦麟对宋哲元的好意表示感谢，不过，他请这位少将转告宋哲元将军：他将继续留在北平履行自己的职责。

蒋梦麟的大义凛然很快传到蒋介石的耳朵里，蒋介石托陈诚向蒋梦麟转达慰问和敬意。

北大学生知道这件事之后无不感到自豪，由衷佩服蒋校长的胆识、谋略和舌辩之才。他的朋友感慨系之，称蒋梦麟是“郭子仪第二”，大有单骑见回纥的精神。[1]

蒋梦麟继续在北平主持北大校务，此后虽说偶然也有一些朝鲜浪人到北大寻衅找碴，但是蒋梦麟对此并不觉得值得重视。不久，日本人的策略开始转变，日本军队驻北平的特别代表松室孝良将军甚至成为蒋梦麟的好朋友，经常到蒋梦麟的办公室或家里来。松室孝良大骂那位日本将军不该在东交民巷日本兵营里折磨蒋梦麟。于是他和蒋梦麟在半年之间保持着相当友好的私人关系。松室孝良任期届满时，曾穿着全副武装来向蒋梦麟辞行，他说已奉命调往东北与西伯利亚交界的海拉尔去指挥一个骑兵师。松室孝良那天情绪似乎很低落，他不无悲观地提醒蒋梦麟：“战云越来越低，如果中国与日本真的发生冲突，那是很不幸的。战争一旦发生，日本军队必将深入汉口。”

“是的，将军，我同意你的看法。中日两国之间不幸发生公开冲突，很可能会引起国际纠纷，那时整个日本舰队都可能葬身海底，日本帝国也会缩小为太平洋地图上的几粒小黑点。”蒋梦麟说。

松室孝良叹了一口气：“那当然也有可能。但是日本仍将是一个独立的国家，中国却不幸要被列强所消灭。”

蒋梦麟答道：“也可能如此。下次碰面时，希望我们不必为愚蠢的作为而抱头痛哭。不管将来发生什么事情，将军，希望我们永远是朋友。”蒋梦麟与松室孝良就这样怀着沉痛的心情分手了。

接替松室孝良的是今井武夫将军。今井武夫后来担任中国派遣军副总参谋长，为冈村宁次的助手。他到北平上任后，曾专门拜访过蒋梦麟，蒋梦麟也回拜。他们之间谈得也很坦白，和蒋梦麟与松室孝良的谈话的情形大致相似。

［1］ 林斌：《蒋梦麟及其晚年》，《艺文志》89期。

有一次，日本贵族院的两位议员拜访蒋梦麟，其中一位曾经担任过台湾总督。四顾无人，这位前总督低声问蒋梦麟，在东交民巷日本军营扣留蒋梦麟的是谁。蒋梦麟告诉他是高桥。这位前总督摇摇头说："岂有此理！"

这时候，日本人已经明白，北京大学并无意于马上发起反日运动，他们希望能与北大教授建立友谊，并且争取把北大拉到日本这一边。双方来往都很审慎，北大与日军之间的紧张情势渐渐缓和。

后来，日本将领田代到天津担任驻军司令，因为日本和列强因辛丑条约的规定有权在天津驻军。田代就任后也曾专程来到北平，设宴招待中日双方文武要员。田代在席间发表演说，鼓吹中日经济合作，中国官员也曾有人继起发言，但是措辞都相当含糊。蒋梦麟除了吃饭时偶然说笑外，对于经济合作问题始终不发一言。但是几天后，蒋梦麟忽然接到南京国民政府发来的密电，称日本驻华大使馆已暗示中国外交部，说北京大学校长蒋梦麟支持中日合作。这使蒋梦麟在此后与日本人的交往更加谨慎。

西安事变爆发后，蒋梦麟应翁文灏的要求与教育界知名人士联名致电张学良，要求张释放蒋介石。12月17日，张学良致电蒋梦麟并转梅贻琦等北平教育界知名人士：

介公系国家安危，诚如尊论，良敢确保介公之安全。文日不得已之举，惟望介公一转念间使国家民族不由此而斩。果得介公俯顺舆情，立时积极抗日，则束身归罪，绝所甘心。凡人言行不顾，必致覆亡，公等听良之言，还乞察良之行。时至今日，国人皆应从民族生死存亡大处着眼，且透过一层着想。公等皆邃学清流，群伦景仰，其识虑超寻常百倍，当必不以往事例今兹，以常情衡变局，更必不认为庸方可以治险症也。[1]

▲梅贻琦

西安事变和平解决后，蒋梦麟、梅贻琦、周炳琳、潘光旦、陈岱荪、陈之迈及张奚若等等北平教育界著名人士，于1937年1月5日上午应胡适邀请，在胡适家与与刚从上海来的《大公报》主持人张季鸾座谈。张说，中日关系日趋紧张，中国政府如何选择，蒋介石

[1]《张学良致蒋梦麟等》，《胡适来往书信选》中，第340页。

有意听取学界领袖的意见，希望各位能够到南京与蒋介石谈谈。这大概就是后来庐山座谈会的动议或起源之一。

1937年上半年，中日关系确实更趋紧张，并终于引发改变中日两国历史进程的大事变。

7月7日晚，日本驻北平军队在夜色掩护下向中国守军发动突然袭击，炮轰宛平城。中国驻军第二十九军吉星文团奋起抵抗。震惊中外的卢沟桥事变爆发，中日之间全面战争已不可避免。

当卢沟桥事变爆发时，蒋梦麟正在南方，旋赴庐山参加蒋介石召开的谈话会，当天并不知道北平所发生的事情。8日午后，庐山上空万里无云，树影疏疏落落地点缀着绿油油的草地。午饭后的蒋梦麟正在一幢单开间的宿舍里休息，一面眺望着窗外一棵枝叶扶疏的大树，一面谛听着枝头知了的唱和。忽然，中央日报社长程沧波破门而入，告诉蒋梦麟日军昨晚对卢沟桥发动攻击的消息。蒋梦麟闻讯立即从床上跳下来询问详情，但是程沧波所知也极其有限。

蒋梦麟根据自己刚从北平来的观察，与程沧波谈到卢沟桥事变的可能发展方向。他认为，以他对当地日本军队司令官的看法以及他们的保守见解来判断，这次事变似乎仍旧是地方性事件。日本的计划似乎还是蚕食中国，一时恐怕尚无鲸吞的准备。但是蚕食的结果，日本很可能在数年之内根深蒂固盘踞华北，中国政府毫无办法撼动其分毫。一旦日本巩固了在华北的统治，那么长江流域也就危在旦夕了。日本已以渐进的方式吞噬东北而进窥华北，将来华北对华中、华南的局势亦复如是。同样的办法，同样的过程。这似乎就是日本对付中国的政策。

战事断断续续地进行了好多天。十二天后，北平城外零星战斗仍在进行。针对这种情况，蒋介石在庐山发表著名谈话，认为日本即将对中国发动全面战争，呼吁大家准备不计代价保卫国家。此次演说后不久，庐山谈话会即告结束。蒋梦麟与梅贻琦等人于7月22日下山，和几位朋友乘飞机飞南京，希望从那里尽快返回北平，但是北上的火车已经全部停顿。

在南京那些日子，蒋梦麟过得并不安宁，他和梅贻琦、胡适等人被困在教育部大楼做“难民”，有家不能归，焦急的不得了，但是又毫无办法，只能坐困愁城，静以待变。[1]

在这苦闷的两个星期中，战事像洪水一样在北平附近泛滥。中国军队英勇奋战，

[1]《胡适致蒋廷黻》，《胡适来往书信选》中，第364页。

伤亡惨重。7月底，北平沦陷。蒋梦麟这些“难民”更没有返回北方的任何可能性。

8月1日，蒋梦麟与胡适、张伯苓等在南京出席蒋介石为平津教育界领袖举行的宴会，蒋介石宣示对日抗战方针，随时随地地抵抗，使日本人战而不取。

整个8月，是北平最为黑暗的日子。8月25日，日本宪兵进入北大，到第二院校长室进行检查，汉奸组织的地方维持会也约集北大等校负责人前往谈话。9月3日，日军进驻北大第二院和灰楼新宿舍。10月18日，地方维持会把“保管”北京大学的布告挂到第二院门口。北大就此落入日伪之手。

北平既然回不去，北大也不再是中国的北大，蒋梦麟就离开南京，到达杭州，先在一位朋友的别墅里住了几天。8月13日，中日双方的军队在上海进行了一场激烈的战斗，中日之间的全面战争正式开始。

# 八　亦官亦学亦丈夫

1937年底南京沦陷之后，日本军队溯江而上占领了南昌，长沙随之成为日军飞机轰炸目标，长沙联大师生无心上课。按蒋梦麟的建议，迁往昆明，成立西南联大。

西南联大成立之初，以学校的历史与校长资历而论，蒋梦麟应该居于领导地位，但他为了三校团结与整个中华民族复兴事业，坚决主张沿袭长沙临时大学时的体制，不设校长，实行常务委员制，由三校校长蒋梦麟、梅贻琦、张伯苓及秘书主任杨振声组成，共同主持校务。他们三人之间的友谊与团结是西南联大能在困难时期支持下来的根本因素。

1937年8月9日，日本驻上海海军陆战队中尉大山勇夫率士兵斋藤要藏驾军用汽车强行冲击虹桥军用机场，被中国卫兵击毙。事发后，上海地方当局即与日方交涉，要求以外交方式解决，但日军无理要求中国军队撤离上海、拆除军事设施，日本军队同时向上海增派兵力。8月13日，日军以日租界和停泊在黄浦江中的日舰为基地，对上海发动大规模进攻。中国驻军奋起抵抗，淞沪抗战爆发。

## 到后方去

淞沪抗战爆发后，日本军队对中国狂轰滥炸，特别是教育机关受到严重破坏，截至1937年11月初，北自北平，南迄广州，东起上海，西迄江西，中国教育机关被日本军队破坏者，大学、专门学校有二十三处，中学、小学则不可胜数。仅以大学而论，其物质上的损失，按照1935年资产进行估计，在六千七百万元以上。至于文化上的损失则无法计算，诚所谓中国三十年建设之不足，而日本一日毁之有余。

日本军队的野蛮暴行激起中国人民的抵抗和愤怒，蒋梦麟一方面与蔡元培等文化界知名人士联合发表谴责日军暴行的宣言，争取国际社会的同情，呼吁世界开明人士协同中国一致谴责，以为此种威胁如果不能有效制止，则世界将无进步与和平可言。[1]另一方面鉴于中日战争不可能很快结束这种谁都看得到的预见，考虑将原来集中在沿海省份的大学迁往内地，以为国家保存一些读书的种子。

战争首先是从华北开始的，最先受到影响的自然是在平津地区的学校。平津沦陷后，许多教员和学生知道在侵略者的刺刀下绝无精神自由的希望，于是克服艰难险阻，纷纷追随他们的学校向南向西或其他地方转移。鉴于这种情况，国民政府教育部下令在后方组建两个联合大学，一个设在长沙，一个设在西安。这样，接近战区以及可能受战争影响的高等院校都逐渐向内地转移。此后数年，在内地重建的大学和独立学院，数目常在二十左右，学生总数近两万人。

根据国民政府教育部的命令，平津教育界领袖蒋梦麟、梅贻琦、张伯苓、胡适等在南京商量将学校迁往内地的办法。大家同意将北平的国立北京大学、国立清华大学和天津的私立南开大学撤退至长沙成立联合大学。之所以选择长沙，是因为清华

[1] 蒋梦麟等：《日本破坏我国教育机关之英文事实声明》，《大公报》1937年11月6日。

大学在很久之前似乎预感到中日之间终有一战，早在那里建立了分校。三校临时组合利用清华分校的基础，肯定要比平地起高楼要容易些。

1937年8月，联合大学筹备委员会在南京成立，北京大学校长蒋梦麟、清华大学校长梅贻琦、南开大学校长张伯苓、湖南教育厅长朱经农、湖南大学校长皮宗石、北大教授胡适、清华大学教授顾毓琇、南开大学教授何廉以及傅斯年、杨振声等为委员，教育部部长王世杰为主任委员。

8月28日，教育部指定蒋梦麟、梅贻琦、张伯苓为长沙联合大学筹委会常务委员，杨振声为秘书主任，负责办理校址勘定、科系设置、师资招聘、学生接收以及教学设备购置等工作，并迅即派人到长沙进行具体筹备，以便这三个大学教职员和学生尽早全部转移到临时联合大学。

当长沙临时联合大学进入筹备阶段的时候，蒋梦麟离开南京回了一趟老家，因为他的父亲还居住在那里。而蒋梦麟似乎已经意识到，在战争完全结束之前他恐怕没有时间和机会再回到故乡，再见到他的父亲和老家。因此他就在这个间隙回到故乡看一看。

这时，蒋梦麟的父亲年纪已经很大，他看到蒋梦麟回家自然笑逐颜开。短暂的天伦之乐后，蒋梦麟接到胡适从南京打来的电话，要他赶快回南京商量实施长沙临时联合大学的具体办法。临行前，蒋梦麟告诉他父亲：中国将在火光血海中获得新生。

"你这是什么意思？"他的父亲目不转睛地望着他。

"事情是这样的：这次战争将是一次长期战争，千千万万的房屋将化为灰烬，千千万万的百姓将死于非命。这就是我所说的火光血海。最后，中国将获得胜利。"蒋梦麟这样回答他的父亲。战争全面爆发两年时，蒋梦麟的父亲也就走完了他的人生旅程，尽管享年八十，无疾而终，但实际上也是战争的间接受害者之一。因为蒋梦麟始终相信，假如没有这场战争，他的父亲可能还不会在那时去世，因为他们这个家族有着长寿的基因。[1]

蒋梦麟回到南京仅仅逗留几天，就乘轮船到达汉口，然后换乘火车赶到长沙。这时，清华大学校长梅贻琦已先期到达。9月13日，长沙联合大学筹备委员会在那里举行第一次会议，开始启用"国立长沙临时大学"关防，标志着三校合一的新大学正式开张。

主持一所大学本来就是一件非常困难的事，而在动乱时期主持一所大学就更加

[1]《蒋梦麟致胡适函》(1943年12月23日)，《胡适秘藏书信及函稿》(39)，第564页。

困难更加头痛。根据亲临其事的傅斯年说，长沙临时大学条件非常艰苦，远远超出常人的想象，筹办也不如预期那样顺利，勉强为之，依然准备当年10月25日开学，只是北大同仁出来的仍然不多。[1]

北大、清华和南开，是个性不同、风格迥异的三个名牌大学，要想将这三所大学糅合在一起，肯定是非常困难的。三个大学各有不同的历史，不同的教授，不同的风格，不同的习惯，唯一相同的是这三所大学的教授都具有自由的思想，都敢畅所欲言，且勇于表达自己与众不同的意见。所以这个临时联合大学的主持人确实不那么容易当。蒋梦麟一面为战争进展而担忧，一面又为战区里、沦陷区里的亲戚朋友担心，他的身体简直有点支持不住了。“头痛”不过是一种比喻的说法，但是真正的胃病可真使他的精神和体力受到很大影响。虽然胃病发作时，他仍旧打起精神与梅贻琦校长共同担负起责任，但毕竟是靠许多同仁的共同努力、同舟共济，他们才把这条由混杂水手操纵的危舟渡过惊涛骇浪。

长沙联合大学开张后，北大、清华、南开三校的学生都陆续来了。这些学生有的是从天津搭乘英国轮船先到香港，然后再乘飞机或火车来到长沙；有的则是从北平乘火车到汉口，然后到达长沙。仅仅几个星期的时间，大概就有两百名教授和一千多名学生集中在长沙圣经学校了。

这些从沦陷区来的学生，父母对他们的接济自然中断了。有些学生甚至与战区里的家庭完全音信不通。有些在沦陷区的家长虽然明知自己的子弟到了内地读书，但是遇到敌伪人员盘查时，宁愿把孩子报成死亡，以免招致无谓的麻烦，因此也无法用钱去接济在内地读书的孩子。所以迁往内地的这些大学在经费往往显得很拮据，因为政府的拨款在减少，仅仅能够维持大学的勉强运转而已。在政府拨款中，长沙临时大学预算分配比例大致是：教职员薪俸占去大头，约为百分之六十五，办公费百分之十二，购置费百分之十四，特别费百分之二，学生费用百分之七。

由于经费短缺，经校务委员会议决，教职员薪水一律打七折支给。其艰难之情形，据闻一多写给妻子的信说：“到这里来，并不像你们想的那样享福。早上起来，一毛钱一顿的早饭，是几碗冷稀饭，午饭、晚饭都是两毛一顿，名曰两菜一汤，实只水煮盐拌的冰冰冷的白菜、萝卜之类，其中加几片肉就算一个荤。加上这样一日三餐是在大食堂里吃的，所以开饭时间一过了，就没有吃的。先来的人们自己组织了一个小厨房，吃的当然好点，但现在人数已满，我来迟了，加入不了。至于茶水更不必提了。公共的地

---

[1]《傅斯年致胡适》，《胡适来往书信选》(中)，第365页。

方预备了几瓶开水，一壶粗茶，渴了就对一点灌一杯，但常常不是没有开水就是没有茶。自己未尝不想买一个茶壶和热水瓶，但买来了也没有用，因为并没有人给你送开水来。再过一星期（十一月三日）还到衡山上去。到那里情形或者好一点，因为那边人数少些，一切当然容易弄得有秩序点。但是也难说。我述了这种情形并非诉苦，因为来到这里，饭量并为减少，并且这样度着国难的日子于良心甚安。听说南开大学校长张伯苓先生还自己洗手巾袜子，我也在照办。”[1]

饮食水准是没有办法与战前相比较，而最大的困难在当时还是校舍问题。虽然清华大学早在战前很久就在长沙岳麓山建有自己的校舍，但毕竟太少，且只建成了一部分，不能用，于是只好把理、法、工三个学院设在长沙市内，把文学院设在长沙以南一百多里的南岳市。留在长沙的三个学院租了原圣经书院、德涵女校旧址及四十九标营房为临时校舍。

筹备尽管匆忙，经费尽管短缺，生活条件尽管艰苦，但仅仅经过短短两个月，长沙联合大学就初具规模，从香港购买转运来一些书籍和实验仪器，一切如计划那样如期开学。1937年10月18日，学生报到；25日开学；11月1日，正式复课。据统计，长沙联大当时有教师一百四十八人，北大占五十五人，三分之一略强。注册学生有共计一千二百五十人，加上从三个大学之外转来的一些学生，共计一千四百五十人，其中北大学生三百四十二，三分之一稍弱。联大教学设备虽然简陋，但学校还差强人意，师生精神状态良好，图书馆藏书虽然有限，但阅览室却经常座无虚席。

南岳市是衡山脚下的一个市镇，南岳庙就建在这里。在南岳市附近几里的地方，有一所教会学校，叫“圣经学校”，当时空着，长沙临时大学就把这座校舍租过来作为文学院的校舍。这座校舍正在南岳衡山脚下，背后靠着衡山，大门前面有一条从衡山流下来的小河。大雨过去，小河还会变成一个小瀑布。地方很是幽静。在兵荒马乱之中，有这样一个地方可以读书，师生都很满意。但在生活上，由于战时条件制约，南岳的生活条件似乎还不如长沙。仍据闻一多致其妻子信说：“原来希望到南岳来，饮食可以好点，谁知道比长沙还不如。还是一天喝不到一次真正的开茶。至于饭菜，真是出生以来没有尝过的。饭里满是沙，肉是臭的，蔬菜大半是奇奇怪怪的树根草叶一类的东西。一桌八个人共吃四个荷包蛋，而且不是每天都有的。记得在家时，你常说我到长沙吃好的，你不知道比起我来，你们在家里的人是天天过年！不过还有一线希望。现在是包饭，将来打算换个厨子，由我们自己管账，或者要好点。今天和孙国华上街，

[1]《致高孝贞》，《闻一多全集》(12)，湖北人民出版社 1993 年版，第 291 页。

共吃了廿个饺子，一盘炒鸡蛋，一碗豆腐汤，总算开了荤。至于住的地方，是衡山街上的一所洋房子，但这房子是外国人夏天避暑住的，冬天则从无人住过。前天起风，我通夜未睡着。有的房子，窗子吹掉了，阳台上的栏杆吹歪了。湖南一年四季下雨，而这山上的雨尤多。我们到这里快一个星期了，今天才看见太阳。总之，我们这里并不享福。”[1]

在南岳分校，教师们同住在一座楼上。楼在山坡上，每次到饭厅吃饭，要上下二三十个台阶。生活尽管艰苦难熬，但大家心情舒畅，都在积极展开各自的工作，像汤用彤正在专心致志写他的《中国佛教史》，闻一多则摆开一张桌子考定《周易》，[2]学术空气非常浓厚，教授们的精神状态也从来没有过的高昂，大概是战争的刺激。据闻一多回忆："最初，师生们陆续由北平跑出来，到长沙聚集，住在圣经学校里，大家的情绪只是兴奋而已。记得教授们每天晚上吃完饭，大家聚在一间房子里，一边吃着茶，抽着烟，一边看着报纸，研究着地图，谈论着战事和各种问题。有时一个同事新从北方来到，大家更是兴奋地听他的逃难的故事和沿途的消息。大体上说来，那时教授们和一般人一样只有着战事刚爆发时的紧张和愤慨，没有人想到战争是否可以胜利。既然我们被迫地不能不打，只好打了再说，然而即使是最悲观的也没有考虑到最后战事如何结局的问题。那时我们甚至今天还不大知道明天要做什么事。因为学校天天在筹备开学，我们自己多数人心里却怀着另外一个幻想。我们脑子里装满了欧美现代国家的观念，以为这样的战争一发生，全国都应该动员起来，自然我们自己也不是例外。于是我们有的等着政府的指示，或上前方参加工作，或在后方从事战时的生产，至少也可以在士兵或民众教育上尽力。事实证明这个幻想终于只是幻想，于是我们的心理便渐渐回到自己岗位上的工作，我们依然得准备教书，教我们过去所教的书。"

至于教授们的争论，当然也与战争有关，既然中国已经进入战争状态，既然我们也不知道战争会要多少年才能够结束，那么为了民族生存，为了战争胜利，人们都在思考着教育特别是高等教育能够做些什么改变。"当时大家争执得颇为热烈的倒是应否实施战时教育的问题。同学中一部分觉得应该有一种有别于平时的战时教育，包括打靶、下乡宣传之类。教授大都与政府的看法相同，认为我们应该努力研究，以待将来建国之用，何况学生受了训，不见得比大兵打得更好，因为那时的中国军队确乎打得不坏。结果是两派人各行其是，愿意参加战争的上了前线，不愿意的依然留在学校里读书。这一来，学校里的教育便变得更单纯的为教育而教育，也就是完全与抗战

[1]《致高孝贞》，《闻一多全集》(12)，第298页。

[2] 冯友兰：《三松堂自序》，三联书店1984年版，第99页。

脱节的教育。在这里我们应该注意，并不是全体学生都主张战时教育，而全体教授都主张平时教育。前面说过，教授们也曾经等待过征调，只因征调没有消息，他们才回头来安心教书的。有些人还到南京或武昌向政府投效过，结果都败兴而返。至于在学校里，他们最多的人并不积极反对参加点配合抗战的课程，但一则教育部没有明确的指示，二则学校教育一向与现实生活脱节，要他们炮声一响马上就把教育与现实配合起来，又叫他们如何下手呢？”[1]

北大、清华和南开，都是北方最大最有名的大学，原来的专业设置比较多，院系设置也较多。现在到了长沙这个小地方，再摆出先前那样的架势，显然不太合适，也不太可能。为了适应此时期的情况，长沙联大对三校院系结构进行调整和归并，在联大统一下设文、理、工、法商四个学院计十七个系，并就三校原来的院长、系主任商量选出长沙临时大学的院长、系主任。

长沙临时大学的校务由原三校校长蒋梦麟、梅贻琦、张伯苓组成的常务委员会共同主持，基本分工是由蒋梦麟兼任总务长，梅贻琦兼任教务长，张伯苓兼任建设长。为了分别办理各项事务，设立了课程委员会，负责各学系的设立；设立图书馆设备设计委员会，筹划各系所需之图书费用；设立理工设备设计委员会，筹划理工两院所需之教学设备费用；设立教室宿舍设备委员会，负责筹划购置教室宿舍之设备；设立国防工作介绍委员会，介绍学生参加国防服务工作；设立交通委员会，负责处理迁校事宜；设立防空委员会，负责防空工作；设立借贷委员会，负责解决困难学生的救济问题；另外还设置有军训队和战时后方服务队，负责学生的军事训练。

随着战争进程，待到1937年底南京沦陷之后，日本军队溯江而上占领了南昌，长沙随之成为日军飞机轰炸目标，联大师生整天忙于跑警报，这毕竟是在战争刚开始的阶段，人心惶惶，无心上课。

随着南京的沦陷，中国军队在汉口附近集结，准备与日军决战。而日军也步步进逼，似有进窥长沙围攻武汉的模样。在这种情况下，长沙显然不是联合大学理想的久留之地。

而且从办学条件看，长沙也不是理想之处，因为长沙不仅将要处于战争的前沿阵地，而且这里的办学条件及办学环境实在不太好，理科在这里无法开创，即水管也无法安插。为了使联大能够维持一二年之局面，使联大办的有声有色有名有实，似乎就必须离开长沙。[2]

---

[1]《八年的回忆与感想》，《闻一多全集》(2)，第429页。

[2]《蒋梦麟、傅斯年致孙洪芬》，《北京图书馆馆史资料汇编》，书目文献出版社1992年版，第489页。

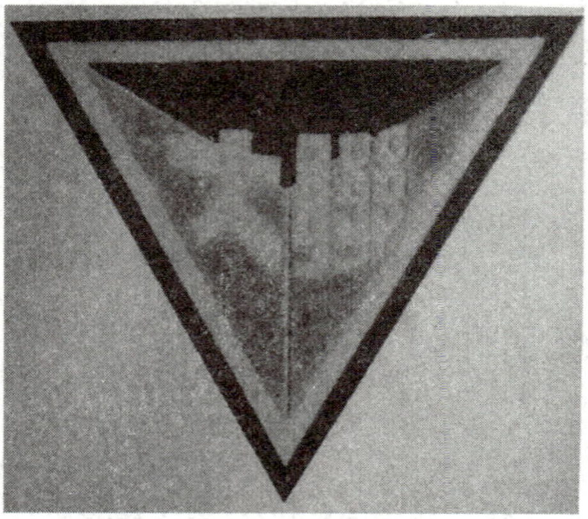
▲西南联大校徽

联大必须继续西迁，到了1937年底已成为三校领导和教授的共识，于是蒋梦麟受托飞到武汉，试探国民政府政治高层和教育部对联合大学继续迁往内地的意见。他先去拜访教育部长陈立夫，陈立夫能够理解联大的困难与苦心，但他似乎并不赞成联大迁来迁去，影响人心与士气，加剧社会动荡与不安。他还告诉蒋梦麟，这个说法并非他的创造，而是蒋介石的意见。

蒋介石确实在长沙联大筹建之初作过类似表示，不过现在情况发生了那么大的变化，日军大有亡我中华的气势，而长沙联大可是中国文化薪火相传的种子，如果处理不慎，这点种子真的被日本人给灭了，那么中国文化的传承也就结束了，中华民族也就真的亡了。所以，当蒋梦麟找到蒋介石当面请示并汇报联大师生的想法时，蒋介石并没有像陈立夫所说的那样有所犹豫，而是爽快赞成将联合大学再往西迁。至于迁往何处，他并没有稳妥的看法。蒋梦麟建议迁往昆明，不是因为那里四季如春，更加安全，而是因为从昆明可以经滇缅铁路与海运相衔接，从而有利于维持联合大学将来与海外的联系。蒋介石马上表示同意，并且提议应先派人到昆明勘察寻找校址，做好相应的安排。

联大继续内迁的消息传出后，又遇到一些反对意见。联大内有许多同学对这种远离抗战前线的搬迁决定持有异议，以为远离前线，并不是热血青年应该有的选择；湖南省政府主席张治中、八路军驻长沙办事处负责人徐特立都先后专门到临大发表演讲，反对大学西迁。只是这种反对意见并不占多数，何况国民政府已经同意西迁了，所以联大西迁昆明的决定并不因有人反对而改变。

## 奇迹是这样诞生的

1938年1月，长沙联合大学在准备搬迁中过去了。书籍和科学仪器都装进了箱子，卡车和汽油也买来了。2月10日，联大统计愿意赴昆明的学生共有八百二十人。

长沙的准备工作大致完成后，蒋梦麟从长沙飞香港，然后搭乘法国邮船到达越南海防。之后从海防搭火车到河内，再由河内乘滇缅铁路火车到达昆明。同行者有陈省身及江泽涵全家等。[1]

那时交通困难且经费不足，除女同学及部分体弱男同学由粤汉铁路到广州经香港、越南入滇外，更多师生无法借助现代交通工具前往昆明。大约在1月下旬，当继续西迁已成定局之际，徒步旅行也就在一些同学中开始酝酿，并逐步引起学校的重视。

2月4日，长沙临时大学发布组织体检合格的男生徒步入滇的布告，布告强调学校准备继续西迁时就有徒步旅行的计划，以借此机会多习民情，考察风土，采集标本，锻炼体魄，相信迁徙之举本身就是教育。布告还宣布所有步行入滇学生沿途所发生的食宿费用均由学校承担，这就在很大程度上消解了一部分家境比较困难同学的后顾之忧。

2月7日开始，长沙临时大学用两天时间对全校男同学进行体格检查，筛选适宜参加徒步旅行的人员。与此同时，制定周密的行进计划，要求绝对保证沿途安全。张治中虽然不赞成大学西迁，但他还是指派熟悉沿途状况的军委会参议黄师岳中将担任湘黔滇旅行团团长，实行军事化管理。

参加湘黔滇旅行团的学生人数说法不一，其实主要是因为参加时间先后不同，有的是最先报名参加，而中途或因某种原因如身体吃不消而退出，有的是出发时参加，不及计算到最初名单中，但大致说来，参加这个旅行团的男同学不会超过三百人，这些人中后来作出巨大贡献的有查良铮(穆旦)、任继愈、何善周、季镇淮、丁则良、唐敖庆、屠守锷、杨起、刘兆吉、刘重德、孙昌熙、王玉哲等。

临时大学的教授、老师，并没有规定他们参加旅行团，但可能是因为经费的原因，也可能如闻一多所说的那样可以增广见闻，总之三校中有十一名老师自愿参加，如中文系教授闻一多、教员许维遹、助教李嘉言，生物系教授李继侗、助教吴征镒、毛应斗、郭海峰，化学系教授曾昭抡，地学系教授袁复礼、助教王钟山，

▲联大旅行团抵达昆明

[1] 陈省身：《我在联大的六年》，《笳吹弦诵情弥切》，中国文史出版社1988年版，第190页。

外加南开大学教务长黄钰生教授。这十一位教师组成旅行团辅导团,由黄钰生任主席。

2月14日,湘黔滇旅行团召开动员大会,团长黄师岳发表讲话,盛赞这次徒步入滇在中国文化史必将留下浓墨重彩的一笔,大约可以和张骞通西域、唐僧取经、郑和下西洋相媲美,是一次非常重要的文化大迁徙。

19日下午五时许,湘黔滇旅行团在长沙临时大学圣经学院广场举行开拔仪式,湖南省政府秘书长陶履谦代表张治中致欢送词,群情激昂,场面壮观。仪式结束后,旅行团正式出发。

旅行团的行进路线已经作了周密计划,然而由于各种原因,其实际行进路线与计划稍有变动。其大致行程为:经湖南常德、沅陵,然后进入贵州,经贵阳、安顺,进入云南,经曲靖、马龙,于4月28日至昆明。全程一千六百七十一公里,前后共六十九天。沿途除搭载车船外,真正徒步行走大约一千三百公里。他们经过三个省会二十七个县。沿途参观了红岩碑、伏波祠、诸葛洞等名胜古迹,领略了桃花源、飞云岩、火牛洞、九峰山等优美壮丽风光,访问了侗家村落和苗民彝民的山寨,亲身接触了各地各族风土人情,亲见民生疾苦,亲自采集各种动植物标本。部分爱好文艺的学生还在闻一多指导下,组织成歌谣采访组,采集不少民间歌谣。显然,联大师生虽然一迁再迁,但其情绪不但不受影响,不感颓废,反而其精神更加振作更加昂扬。他们只希望到昆明后,有一个能给大家安心读书的环境。大家似乎都不大谈,甚至也不大想政治问题。有时跟辅导团长为了食宿闹点别扭,也都是很小的事,一半说来,旅行团内部都是很融洽的。师生们一路上高高兴兴地唱歌,步行时唱,晚上也唱。一路上唱着《游击队员之歌》、《我们都是神枪手》,还有聂耳的歌。他们吃得很好,睡得不可能好,有时牛舔着他们的脖子,他们就在牛厩旁边睡了。[1]

4月28日,湘黔滇徒步旅行团抵达终点昆明。在距昆明还有十多里处,长沙临时大学先期抵达的同学,或骑马或骑自行车前来迎接。学校在昆明东门贤园设立接待处,蒋梦麟的太太陶曾谷带着几位教授太太和一些女同学殷勤款待,热情迎接。几位教授夫人还献了花篮,有人用一首爱尔兰民歌的曲调现编上词,向三千里风尘仆仆的师生表示祝贺。蒋梦麟及临时大学其他负责人也一起赶到昆明东门去迎接。

稍事休整,旅行团于午后重新整队出发,快接近昆明城区时,街头上就看到举着横幅、呼着口号前来迎接的男女同学。清华大学校长梅贻琦和一些女同学手持鲜花在

---

[1]《闻一多年谱长编》,湖北人民出版社 1994 年版,第 541 页。

拓东路迎候。然后，大队人马军容整齐由金碧路经市中心近日楼，到圆通公园。在那里，湘黔滇旅行团团长、陆军中将黄师岳重新整队，按照花名册一一点名，然而郑重其事地将花名册移交给北大校长蒋梦麟。这个被胡适誉为抗战史中“最悲壮的一件事”宣告结束，三百来名长沙临时大学师生平安抵达目的地。[1]

长沙临大另外一批约八百人，主要是女生以及那些身体较弱不适于长途跋涉或不愿参加步行者，他们从长沙搭乘被炸得不成样子的粤汉路火车到达广州，然而由广州坐轮船到香港，再由香港转海防，再搭乘滇越铁路火车到达昆明。全程耗时多则十四天，少则十天，时间长短各不相同。另外还有约三百五十名学生继续留在长沙，就近参加各种战时机构。

旅行团抵达昆明的当天即4月28日，国民政府教育部电令国立长沙临时大学改称国立西南联合大学，简称“西南联大”或“联大”。

说起来西南联大师生总数并不太多，但对昆明来说肯定已经是非常大的外来人口数量，在昆明已经找不到合适与足够的房子容纳他们，于是联大文学院、法商学院只好先迁移到蒙自上课。

早在3月初，蒋梦麟就估计到昆明校舍不足，所以他曾前往蒙自选址。3月14日，蒋梦麟从蒙自回到昆明，次日下午即在四川旅行社召集张伯苓、周炳琳、施嘉炀、吴有训及郑天挺等人开会，决定在联大校舍还没有完全建立起来之前，必须分出一批到蒙自上课。会议决定将联大文学院、法商学院设在蒙自，理学院、工学院设在昆明，由北大、清华、南开各派一人到蒙自筹设分校。[2]19日，西南联大常务委员会首次会议认可这项决定，并成立“国立西南联合大学蒙自办事处”。

蒙自位于云南省东南部，原是中国古老的边疆军事重镇，元代时即已设县。到了近代，更是中国与越南通商的一个重要城市，那里设有海关。数十年前，蒙自本是云南省内第一个繁荣城市，但法国人修筑滇越铁路时，愚蠢的蒙自人不知为何誓死反对滇越铁路从蒙自通过。不得已，滇越铁路绕道壁虱寨，于是蒙自的商务也就被开远与昆明分割去了，而自己渐渐变为一个死城。到联大蒙自分校设立，这里没有一家饭店，没有澡堂，文具店里没有糨糊与白纸簿，广货店里没有帐子。然而有些现象又非常奇怪。这里有的是洋大楼，例如法国海关，法国医院，歌胪士洋行等，都是关着门没有人住的高楼大厦，现在都以每年三两元的租金租给联合大学作校舍了。自从蒙自觉悟当初反对铁路通过的失策，于是中国自己修筑了一条轻便铁路，但是蒙自觉悟的太晚了，蒙自

[1]《笳吹弦诵在春城》，云南人民出版社、北京大学出版社1986年版，第514页。

[2] 郑天挺：《滇行记》，《笳吹弦诵情弥切》，第328页。

的繁荣依旧没有办法挽回。直到联大分校三百多名学生，几十个教职员因国难关系逃到这里讲学，总算给蒙自一阵意外热闹。蒙自地方很小，生活很简单。[1]

过去一度繁华的蒙自衰落了，海关迁走了，海关衙门空着，联大文学院就设在海关衙门里。蒙自分校也设立一校务会议，主管分校事务。不过，蒙自分校只办了一个学期，同年9月间，文学院和法商学院就从蒙自迁回昆明，因为昆明当地各中小学已迁往乡下，原有校舍可以对外出租，西南联大所需校舍已不如过去那么严缺。

1938年5月2日，西南联大学生注册。5月4日即五四运动纪念日开始上课。此时，西南联大四个学院学生总数约一千三百人，由于没有集中的校舍，留在昆明的理学院、工学院分别借用昆华农校、昆华工校、昆华师范、昆华中学及拓东路迤西会馆、全蜀会馆、江西会馆等地上课，称为西南联大本校。本校设一校务会议，由两院院长、教务长、总务长、建设长及教授代表五人组成，负责处理两院院务及本校经常事务。

1938年8月初，西南联大奉国民政府教育部的命令成立师范学院。为此，蒋梦麟代表联大常务委员找原南开大学教务长黄钰生谈话，表示希望黄钰生能出来担任联大师范学院院长。黄说："教育部规定师范学院院长必须由国民党党员担任，我不是国民党员，怕不够资格。"蒋梦麟说："那好办，我和梅贻琦先生介绍你入党好了。"8月16日，联大常委会决定正式聘任黄钰生为联大师范学院院长。

经过几个月的筹备，师范学院于1938年底开始上课。这是当年国民政府教育部在全国新设的八个师范学院之一。建院之初，将原北大教育系、南开哲学心理教育系的教育组及云南大学教育系师生划归联大师范学院，三系组原有教师人数不过四五十人，1938年新招生的五年制本科共设有教育、公民训育、国文、英语、数学、史地、理化等七个学系，此外还设有两年制的文史地、数理化专修科、云南省在职教师进修班等。因此联大师范学院多数系主任和教师都由联大其他院系教师兼任，或与联大各院系开设的相应课程一同上课。[2]

西南联大院系设置与长沙临时大学基本相同而略有调整，如原历史社会学系分为历史学系和社会学系，分别隶属于文学院和法商学院。原哲学心理教育学系分为哲学心理学系和教育系，分别隶属于文学院和师范学院。工学院则增设了航空工程学系、电讯专修科，并增设大学先修班。至此，西南联大共有五院二十六个系，两个专修班，一个先修班。至1939年春，学生人数也增加到三千零九十人，成为当时中国规模最大的高等学校。所建简陋校舍完全竣工。校中纪律颇严，校风亦颇好。教员勤于教学，

---

[1]《致高孝贞》，《闻一多全集》(12)，第331页。

[2] 黄钰生：《回忆联大师范学院及其附校》，《笳吹弦诵情弥切》，第315页。

学生勤于读书，一般舆论认联大为全国冠。三校以互让为风，三位已成一体，实内部之纯一化比任何单独学校为优。两年奋斗，竟告成功，事在人为，良不诬也。[1]

1939年夏，西南联大开始使用在昆明大西门外所购的120多亩地建造起来的新校舍。新校舍包括100多所低矮的基本上是土墙泥地草屋平房及比较高大一点的图书馆和饭厅。虽然简陋，但面积比较大，联大总办公室及文、理、法商学院均集中至新校舍。

有了新校舍，西南联大办学规模再度扩大，至抗战结束，联大共有五百名左右的教授、助教和职员，学生达到三千多。八年中，联大本科毕业生共有两千零四十五人，从军旅者八百余人。

联大在艰苦的环境中坚持下来了。在最紧张的时期，联大不时遭到敌机轰炸。日军的轰炸行为显然是故意的，因为联大的校址在城外，而且附近根本没有军事目标。校内许多建筑物都被炸毁了，其中包括总图书馆书库和若干实验室，还有大约三分之一的校舍。

▲联大校门

敌机轰炸在开始阶段显得有点紧张，警报一响，人们连忙往防空洞或其他可躲避的地方隐藏。久而久之，人们对防空警报不再恐慌，只是将之视为日常生活中的一个组成部分，一个乐趣。跑警报并没有影响学生的求学精神，他们都能在艰苦的环境里刻苦用功，虽然食物粗劣，生活环境也简陋不堪。根据蒋梦麟1939年3月的记录，昆明一年以来百物腾贵，米每石已涨至一百元以上，前年每石七元。人人叫苦。香烟美丽牌每小包一元，每支一角。三炮台每筒五十支，十七元。麻酥糖每包三角。炭每石近十六元。猪肉每斤一元七。白菜每颗大者五角，小者三角。盐每斤六毛。鸡蛋每枚一角。同人八折支薪。每月入不敷出。人口较多之家，有午吃饭而晚饮粥者。学生方面，政府每月给贷金十四元，幸官米每石五十元，犹能吃菜饭充饥。营养大成问题矣。[2]

[1]《蒋梦麟致胡适函》（1939年3月1日），《胡适秘藏书信及函稿》（39），第486页。
[2]《蒋梦麟致胡适函》（1939年3月1日），《胡适秘藏书信及函稿》（39），第486页。

1940年8月，西南联大奉国民政府教育部的命令，在四川叙永设立分校，作为以后迁往四川的准备步骤。凡1940年录取的新生一律到叙永报到。翌年1月，叙永分校正式开学上课。分校成立校务委员会，由杨振声任主席并兼任分校校长，下设三个学院及一个先修班，共有学生千人左右。到了1941年，日寇轰炸减少，昆明局势渐趋稳定，联大迁校之议遂作罢论，是年8月底，叙永分校结束，所有师生一律迁回昆明，并入本校。

在西南联大成立之初，以学校的历史与校长资历而论，蒋梦麟应该居于领导地位，但他为了三校团结与整个中华民族复兴事业，坚决主张沿袭长沙临时大学时的体制，不设校长，实行常务委员制，由三校校长蒋梦麟、梅贻琦、张伯苓及秘书主任杨振声组成，共同主持校务。大政方针实行合议制，推请梅贻琦为主席，实际主持学校一切日常行政事务。原定三校校长轮流担任常委会主席，实际上常驻昆明掌理校务的仅梅贻琦一人，并一直担任常委会主席，实际负责联大日常事务，蒋梦麟主要负责对外。他们三人之间的友谊与团结是西南联大能在困难时期支持下来的根本因素。据比较接近他们的郑天挺回忆："联大初成立，南开大学校长张伯苓对北大蒋梦麟校长说，'我的表你带着'。这是天津俗语'你作我的代表'的意思。蒋梦麟对梅贻琦校长说，'联大事务还要月涵先生多负责'。三位校长以梅贻琦先生年纪较轻，他毅然担负起这一重任，公正负责，有时教务长或总务长缺员，他就自己暂兼，认真负责，受到尊敬。蒋梦麟校长常说，在联大我不管就是管，这是实话；从而奠定了三校在联大八年合作的基础。"[1]

联大常务委员会开会时，教务长、总务长和各学院院长列席。常务委员会是西南联大最高行政领导机构，在其下设立校一级教学行政机构，主要有总务处、教务处、训导处。按照国民政府1938年颁布的《大学组织法》，西南联大设有校务会议和教授会。校务会议由常务委员、秘书主任、教务长、总务长、训导长、各学院院长及教授代表十二人组成，以常务委员会主席为主席。校务会议的职权为审议学校预算及决算；院系之设立与废止；制订学校各种规程；建筑及他项重要设备；校务改进事项；其他常委会交议事项等。教授会由全体教授、副教授组成，是学校咨议机构。每学年不定期开会，听取常委会主席报告工作，讨论学校重大问题。开会时，也由常委会主席担任主席。各学院及各系一如北大时设立院务会议和系务会议，负责主持院系事务。只是条件比较特殊，西南联大各院长、处长、系主任均为教授兼任，不设副职。行政机构精简，工作人员很少，有的系仅在系主任之下由助教兼任助理协助系主任处理全系事

[1] 郑天挺：《梅贻琦先生与西南联大》，《笳吹弦诵在春城》，第67页。

务，以尽量减少各项行政开支。

或许是因为常设机构和行政人员比较少的缘故，西南联大在校常务委员会领导下，设立了许多专门委员会，组织教师参加学校管理，协助常委会分别办理各项行政和教学事务。据统计，联大八年共设立过各种专门委员会达七十多个，比较重要的有招考委员会、学生入学资格审查委员会、文理法工一年级课业指导委员会、学生生活指导委员会、课程委员会、毕业生成绩审查委员会、聘任委员会、建筑设计委员会、战区学生救济及寒苦学生贷金委员会、防空委员会、图书设计委员会、理工设备设计委员会、编制校歌校训委员会、西南联大校志编辑委员会、西洋哲学翻译委员会、环境卫生委员会、校舍委员会以及与北平图书馆联合组成的中日战争史料征辑委员会等。这些委员会差不多只设主席一人，委员数人至十数人，多由教授担任，经常务委员会推定聘请。委员多为兼职，没有报酬，委员会任务完成后即自行撤销。仅此一点，似有蒋梦麟数年前主持北大时的风格。

联大三校各有相沿已久的特殊传统和做法，因此三校能否在整个抗战期间和睦相处，共同发展，实在是对三校同人尤其是三校领导的重大考验。在整个联大时期，三校之间有联合的部分，也有不联合的部分，在联大之外，各校还保留着自己的某些行政机构和教学组织系统，各自设有办事处，负责处理纯属各校自己的事务。北大办事处内设有校长办公室，秘书为章廷谦；教务处，教务长为樊际昌；秘书处，秘书长为郑天挺。另外还设有文牍组、会计组、事务组、出版组及图书馆等。北大教职员参加联大工作，除由联大发给聘书外，北大还发给聘书。北大并建设有自己的宿舍区。北大学生战时入联大就读的，仍然保留北大学籍，并在毕业时领取北京大学发给的毕业证书。自1938年起，至1946年止，北大毕业生总计三百七十二人。

▲西南联大时的蒋梦麟

由于战争而停止活动的北大研究院，于1939年夏在昆明恢复活动，开始招收研究生。北大研究院属于北大系统内，不受联大领导，所招收的研究生也属北大学籍。到抗战结束，北大研究院共设有三个研究所十二个学部。

梅贻琦说过，西南联大好比一个戏班子，总要有一个班底，这个班底就是清华。因此在联大校级办事机关的职员，便以清华人为主，北大、南开只是派出一些名角共同演出。这种演出基本上说来很成功，配合也很协调。当时还有一个西北联合大学，也是从北京迁出去的几个大学联合起来而成的，设在陕西城固。但是他们内部经常有矛盾，闹别扭。蒋梦麟说，他们好比三个人穿两条裤子，互相牵扯，谁也走不动。[1]

反观西南联大，由于是独立学校的联合体，又由于联大基本班底是清华人，因而蒋梦麟所领导的北大同人中对于联大课程安排，经费分配，以及学生指导等不免常有不同意见，有时要请校长出来主持并力争。特别是在抗日战争前夕，北京大学以不动一草一木为原则，未运出任何设备，只有物理系将一个得到不易的凹面光栅及光谱仪的玻璃和水晶三棱镜等极少数部件带出。北京大学自己只有很少经费，加上维持一个驻昆明的北大办事处，没有力量维持多项研究工作，[2]因此三校之间在经费使用上便不免有时要闹些不愉快。但是每当遇到这种情况，蒋梦麟总是耐心劝大家容忍退让。

其实，早在长沙临时联合大学时，三校之间的矛盾就已相当突出，北大一向是穷惯了，什么事不一定要有什么规模，只要有教员，有学生，有教室就可以上课。清华是有家当的学校，享受惯了“水木清华”的幽静与安定。南开是好像脱离了天津的地气，就得不到别的露润似的。南开总觉得政府要在后方办大学而要他们来参加，他们当然不能够把家当挖出来。清华有稳定的基金，但是格于条文不能随时动用基金。蒋梦麟和叶公超一些教授，内中也有少数清华、南开的教授，天天没有事就出去游览山水。晚上聊天的时候，关于三校同床异梦的情况，大家都避免表露出来，大家总是要打听张伯苓的消息，究竟他什么时候可以到长沙来。他们隔几天就向教育部去电催驾，教育部回电很快，总是只说他们的电报转给张校长了。梅校长也迟迟没有确实消息。当时就有人主张蒋梦麟回到南京去一次，甚而至于说，假使张、梅两位校长不来，大家就拆伙好了。蒋梦麟的反应是非常能够表现他的性格的，在饭桌子上他说：“你们这种主张要不得，政府决定要办一个临时大学，是要把平津几个重要的学府在后方继续下去。我们既然来了，不管有什么困难，一定要办起来，不能够因为张伯苓先生不来，我们就不办了。这样一点决心没有，还谈什么长期抗战。我们多等几天没有关系。”后来，张伯苓、梅贻琦终于都到了。亲历其事的叶公超多年之后依然感慨地说：整个抗战期间，大后方高等教育没有间断，而能为政府继续培养人才，蒋梦麟个人的贡献

[1]《三松堂自序》，第346页。

[2] 虞福春：《深切怀念饶毓泰老师》，《箫吹弦诵情弥切》，第203页。

是不可磨灭的。[1]

经历过西南联大的教授们普遍认为，西南联大之所以能始终如一的联合在一起以至抗战胜利，三校复员，而三校之间精神上的契合无间，且更胜于前，他们不能不归功于蒋梦麟。和夭折的东南联大以及一时联合而后又分立的西北联大相比较，西南联大九年的历史是值得珍视的。[2]

西南联大的真正困难是由于时局动荡，物价暴涨，经费短缺。当时三校合组长沙临时大学时就规定，联合大学的经费由三校分摊。各校按统一规定的比例提成交临大。三校原来的经费来源不尽相同，北大由于是国立大学，其经费完全依靠国民政府的支持；南开为私立大学，抗战爆发后经费来源枯竭，于是开始接受政府补贴；清华的经费在抗战开始时仍由中华教育文化基金支付，一般说来经费来源最为可靠。但是不久，庚款停付，清华经费来源也告中断。从这时起，西南联大的全部经费都只能依靠国民政府支付。然而从1937年9月开始，国民政府以抗战为由，紧缩教育事业经费，将原核定的各国立学校的经费改按七成拨付。长沙临大时期，北大以所领七成经费的一半上交给临大，作为教职员薪金和维持教学的费用。余下的一半作为本校校产保管和师生特殊救济之用。自1938年4月以后即西南联大时期，北大改按七成中的四成交给联大，所余三成经费，又被教育部以所谓“统筹救济战区专科以上学校学生及办理高等教育事业之财源”为由规定全部上缴。从此以后，西南联合大学的三个学校就不再有自己独立的经费。三校各自办事处的开支，则由教育部在上缴的三成经费内酌情发给，实际上难以维持所需。西南联大每年经费的预算数为法币一百二十万元左右，仅及抗战前清华一校的经费额。然而由于抗战时期的实际困难，这个数字的经费国民政府也很难保证及时付给，总是一拖再拖。至于联大校舍建筑和图书设备所需临时费用，国民政府更是无法顾及。直到1941年，国民政府教育部才拨给联大设备费三万八千美元，其中三万四百美元作为图书购置和仪器设备费，其余作为购置行政设备和装运保险等费。在三校合并，人员倍增而货币不断贬值的情况下，联大在经费方面所遇到的困难是后人无法想象的。

西南联大的困难首先体现在教师的生活上。从1937年9月起，教师的薪金被改为按七成发给（以五十元为基数，余额按七成发给），加上各种名目的捐款，教师所得实际不多。从1940年起开始发给全薪，但是由于货币贬值，物价暴涨，教师所得的那点薪金便很难养家糊口。当时有人说，现在什么都值钱，就是钱不值钱。教师所得到的，就

[1] 叶公超：《梦麟先生的性格》，《传记文学》5卷2期。
[2] 陈雪屏：《“和光同尘”与“择善固执”》，《传记文学》5卷1期。

是这种越来越不值钱的钱。因为通货膨胀，物价飞涨，教师们的生活也是很困难的。一个月的工资加到几百万，不到半个月就完了。教师们多是靠兼职兼薪以为补贴。大多数的人是卖文，向报刊投稿，得一点稿费。能作古文的人，向当地富贵人家作“谀墓”之文，这样的生意最好，因为可以得实物报酬。像刘文典就是比较典型的情况，他在联大时期虽然心情可能比较郁闷，但物质生活实在说来还是相对比较充裕的，因为他的古文作得好，很受当地富贵人家的欢迎。到了抗战末期，联大一部分教授组织了一个卖文卖字的会。说是要卖字，闻一多还给冯友兰刻了两个大图章，以备使用。[1]

当基本的生活难以为继时，那真是斯文扫地，教授也就只能重回世俗，为温饱而奋斗。1941年11月，西南联大五十四位教授联名呼吁改善待遇，沉痛陈述教职工的生活窘况，“始以积蓄贴补，继以典质接济。今典质已尽，而物价仍有加无已”；“若不积极设法，则前途何堪设想？”他们派代表张奚若到重庆请愿，要求政府增加教师津贴。教授们在校务会议和教授会议上还多次向政府提出增薪，只希望大学教授的薪资能够维持在抗战前购买力的三十元左右即可。但是这些要求都遭到了国民政府的拒绝。

正是在这种情况下，美国政府和知识界有一部分人出于不同的考虑，设想通过一些特殊渠道向大后方这些宝贵的知识分子提供援助。当时情形似乎正如美国驻华使馆官员费正清所描述的那样：“我个人的奋斗目标逐渐在心中明朗起来——帮助和保护那些留美归来的中国教授、学者，其中有些是在北京的老朋友。这就是我对当时形势所作出的反应。在当时的中国，抗击日本的事业实际上已被中美两国的军方所垄断。我采取的对策是，把注意力转向它处。当时，被动员起来的教授很少，甚至学生们也被看作是国家的稀有资源，必须保护他们健康成长，以备将来之需，而不要在战场上消耗掉。一些被派驻在战时中国的美国文职官员对中国前程感到幻灭，于是以救济妇女、儿童或者搜集明代青花瓷器来解除心头的郁闷。从我个人来看，我并不反对抗日战争，但是我认为更为迫切的任务是拯救残存的自由教育。”

也正是出于这样一种目的，费正清于1942年底和1943年初对西南大后方中国文化教育现状进行考察，他发现那些受过现代教育、如今离乡背井的中国知识分子无疑都是当时通货膨胀的最大受害者。除了费正清之外，美国的许多人都对中国知识分子的生活福利问题表示关切。美国联合援华会还在美国二十二所大学里成立教授委员会，以便向中国这些著名教授提供尽可能的帮助。

然而不幸的是，美国援华会负责人在宣布这项消息时竟然说这些援助款项将用

[1]《三松堂自序》，第107页。

于补助中国高等学校里教授们的生活。于是将这条消息在报上一经披露，立即在中国引起极其强烈反响，有些人反对靠美国慈善团体的捐款来维持中国国立大学教授们的生活。蒋介石听说后也勃然大怒，并立即将此项援助予以取消。据费正清记述，大约在1943年1月的一天上午，蒋梦麟因事来到费正清在重庆的寓所，他和费正清谈到了美国联合援华会的破产计划。蒋梦麟的外貌很像梅贻琦——颀长身材，风度翩翩，是个富有思想理智的人。他与梅贻琦均是昆明知识界的头面人物，并以他们苦行僧的形象闻名。蒋梦麟此时早已不在北大工作，他的经济状况越来越糟，似乎已到山穷水尽的地步。仅余的衣物、书籍都当卖殆尽，他的太太想找个工作，而他自己则回到昆明担任中国最高学府的校长。经济上梅贻琦或许还更糟。梅夫人好不容易化名找了一个工作，但终究被人认了出来，于是只好放弃不干。



蒋梦麟向联大教职员通报了美国联合援华会援助大学教授计划被否决时，引起了大学教职员的强烈抗议。他们认为大学教授生活如此艰难，接受美国援助并不丢脸，既然国家可以接受租借法案，那么教授们迫于生计，接受美国援助何尝不可？蒋梦麟费了很大口舌劝阻教职员不要发表抗议文字。他认为目前最大的问题是：能否为中国高等教育的未来保存骨干力量，让这些人类灵魂的工程师在战争中丧失殆尽，将会使原来已经不振的高等教育更为混乱。蒋梦麟认为，中国高等教育就当时情况看，已经受到了极其严重的损害。[1]

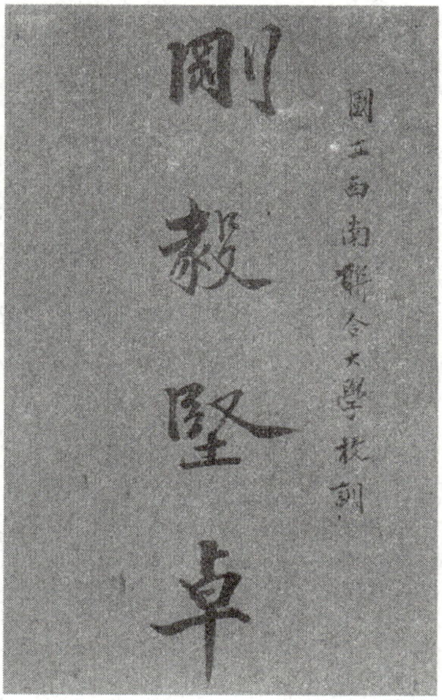

▲西南联大校训

中国政府不愿意使用美国人的捐款解决中国教授的生活，而自己又拿不出钱来改善甚至可以说保证教授们的基本物质需求，于是教授们依然故我地在饥饿线上挣扎。到了1943年下半年，西南联大教授每月薪俸已由战前三百多元降至实值仅合战前八元三角，仅能维持全家半月的最低生活。

中国教授生活苦不堪言，但西南联大所获得的成绩却是举世公认。他们在极为艰苦的环境下，不仅克服了文人相轻的恶习，而且在科学研究、人才培养方面都有至今仍值得称说的价值。在科学研究方面，蒋梦麟于1938年冬北大四十周年纪念时，特

[1]《费正清自传》，第282页。

约各系教授撰文编印纪念论文集，其中所收的一些文章具有极高学术价值，如物理系教授吴大猷所撰有关多原分子之结构及其振动光谱的专论，就是一篇具有相当价值和独创性的论文。

在人才培养方面，西南联大的成绩也极为可观。培养出许多后来在学术界具有极大声誉和成就，像诺贝尔奖金获得者杨振宁、李政道等，当时都是西南联大学生。据他们当时的指导老师吴大猷教授说，当年在泥墙泥地的简陋实验室，以三菱柱放置木架上作分光仪，继续进行研究。但在他担任讲授"古典力学"课程时，仍于学期结束时拟出十余个不同的题目让学生自行选择进行研究，而杨振宁即选择了其中以"群论讨论多元分子之振动"的题目。到了1957年冬，杨振宁、李政道荣获诺贝尔奖金时，他们不约而同致函吴大猷，说明他们多年以来的研究工作，均可追溯于吴大猷西南联大时的启示和那个论文题目。

### 学而优则仕

在联大常委时，蒋梦麟还兼任着国民党中央委员，甚至在某种程度上说，还肩负着国民党在西南联大的党务工作。

1939年，也就是联大文学院从蒙自迁回昆明后不久，国民党对于高等院校的直接控制空前地加强了，在西南联大公开设立国民党党部，称为区党部，在各学院设立区分部；在学生中还公开设立三民主义青年团分团部。这种公开地以党治校，在中国现代教育史上还是第一次。根据国民党中央的要求，大学各学院院长以上的教职员都必须加入国民党，出席联大常委会的必须是国民党党员，而且还要受到区党部的"协助"。学校还设有训导处，由训导长负责对学生进行"训导"。

根据冯友兰的回忆，1939年7月23日，蒋梦麟在昆明邱家巷梅贻琦家里约请西南联大三校院处长以上教授召开茶会。蒋梦麟对国民党中央和教育部的相关精神作了传达，他说："重庆教育部有命令，大学院长以上的人都必须是国民党党员。如果还不是，可以邀请加入。如果你们同意加入，也不需要办填表手续，过两天我给你们把党证送去就是了。"随即有十余人加入国民党。当时只有法学院院长陈序经表示不同意，而张奚若教授等明确表示拒绝。过了几天，蒋梦麟果然将党证给冯友兰等人送来了。从表面上看，联大已成为国民党完全统治的学校了。但是在实际上，西南联大依然是当时有名的"民主堡垒"。联大还是照三校原有的传统办事，从没有因政治的原因聘请或解聘教授；没有因政治的原因录取或开除学生；没有因政治的原因干涉学术工作。所以在当时虽然有这些表面的政治上的措施，但社会上仍然认为联大是一个"民主堡垒”。[1]

1943年秋，有一天，蒋梦麟邀请西南联大国民党党员教授到他家里座谈国内形势。蒋梦麟说，训导长陈雪屏就要到重庆去开会，当局必定问他联大情况，大家有什么意见，可以谈出来，请陈雪屏带去。大家同意以联大区党部的名义给蒋介石写封信，表示一点意见，且推举冯友兰起草信稿。过几天，这些教授又开了一次会，讨论信稿。这封信的大意是：照国内的形势看，人心所向似乎不在国民党，要收拾人心，必须开放政权，实行立宪；清朝末年，清室不肯立宪，使国民党革命得以成功，可为殷鉴。这个信稿通过了，立即发抄，交给陈雪屏。又过了几天，区党部接到蒋介石的一封回信，说他很注意联大区党部的意见，并且说现在形势虽然危机，但有像联大这些党员对党国的忠贞，相信国民党可以转危为安。[2]

公平而言，在抗战前期那几年，蒋梦麟为了联大的发展确实作出过相当重要的贡献，但是由于当时人事格局及其他方面原因，蒋梦麟在联大的工作基本上手后，便对联大事务差不多都交梅贻琦去进行管理，而他自己除了每天早上六时许起来复习英文，用了差不多两年半的时间写作自传体著作《西潮》外，[3]从黎明到夜深不断地好像人家喜打麻将的一样着迷，几乎将全部精力都用在这部著作上了。到了1943年下半年，他的英文著作《西潮》便基本上完成，并托人将之带到美国请胡适安排出版。[4]可见写作《西潮》是蒋梦麟在主持西南联大时的一项重要工作，至少是他给自己寻找到的一项有意义的事情。

▲蒋梦麟于抗战期间写的回忆录

这样说并不意味着蒋梦麟在那些年对联大事务根本就不愿意过问。事实上，他不仅参与了联大早期的一些事务性工作如建校舍、建师范学院等，而且即便是后来不愿太多地过问

[1]《三松堂自序》，第348页。
[2]《三松堂自序》，第115页。
[3] 蒋梦麟最初自己拟定的中文名为《东土西潮》，英文名：Tides from the West。
[4]《蒋梦麟致胡适函》（1943年12月23日），《胡适秘藏书信及函稿》（39），第565页。

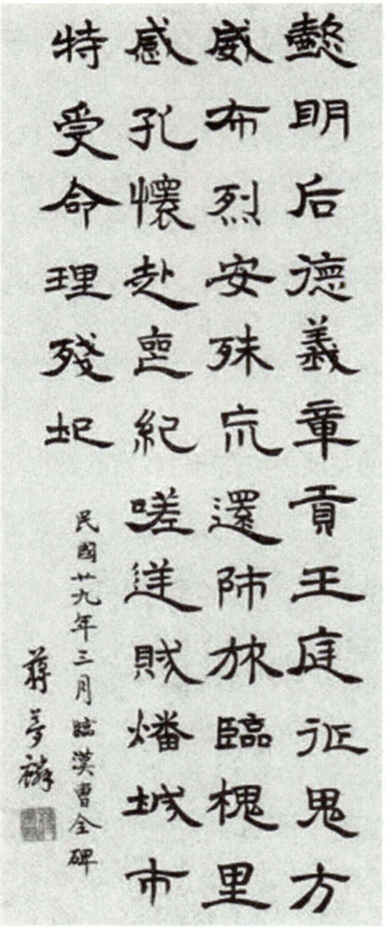

▲蒋梦麟 1940 年临汉碑

具体事务，也有不得不然的苦衷。他在1943年1月2日致信胡适，其中透露出他无法公开言说的苦恼：

联大苦撑五载，一切缘轨而行，吾辈自觉不满，而国中青年仍视为学府北辰，盛名之下，难付其实。图书缺乏，生活困苦（物价较战前涨百倍以上），在此情形之下，其退步非人力所可阻止。弟则欲求联大之成功，故不惜牺牲一切，但精神上之不痛快总觉难免，有时不免痛则责兄与雪艇、孟真之创联大之意。数月前在渝，孟真责我不管联大事。我说，不管者所以管也。我发恨时很想把你们三人一棍打死。但我三年以来，两年中著一本《书法之原理与技艺》，近月来著成第二册。其首曰“书技”，次册曰“书艺”。

蒋梦麟的苦恼并不被友朋所深知，北大教授似乎比较普遍对蒋梦麟在联大时期的不作为深有怨言。傅斯年的这段话应该代表北大教授的共同心声：“我们这些年与清华合作，清华得到安定，我们得到卑视——孟邻先生之情感，关于联大者，并非无其理由——所以我想这一点是不让他的。”[1]

其实，对于北大的未来，特别是随着抗战形势日趋明朗，蒋梦麟似乎并没有失去信心。他在北大每周纪念会上总是说：“现在北大有如佛前微光，抗战后必会发扬广大。”[2]他还对胡适说：“战后国家大事，即以文化教育而论，头绪纷繁，吾辈均须努力以赴之，以求成绩于百年之后。”具体说到北大未来，蒋梦麟更是有一套比较完整的设想：

一、方针：北大向来一贯政策，以蔡元培先生治学立身精神为基础，战后在北平创立一文史与自然科学中心，而以社会科学与应用科学附之，而尤以文史为中心之中心。

二、外国文：凡学生无论习何科，必通一外国语，而习国文者尤所必须。

[1]《傅斯年致胡适》，《胡适来往书信选》（下），第51页。
[2]《牛满江致胡适》，《胡适来往书信选》（下），第57页。

三、群性、个性均加以适当训练。

四、学科程度当加以严格之训练，以期一般程度之提高，不及格者饬令留级或退学。

第一条为集成北大固有之历史，二、三、四条为补北大之失。

五、请美国大学在北大设讲座，并准派学生数人留学美国大学，而给以奖学金。

蒋梦麟说，这几点计划年来时萦绕于脑中，大体反映了他对北大未来的看法和设想。[1]

据此可知蒋梦麟在对联大不作太大希望的同时，也在为北大复兴暗暗使劲，暗中准备。如果不发生重大意外，战后北大在蒋梦麟的领导下，必将有一个更加辉煌的未来。胡适也真诚承认：1931年以后，北大复兴，蒋梦麟领导之苦心伟绩，众所深知。抗战后，北大复员，仍不可无蒋梦麟的领导。[2]胡适的这个看法也反映了一批北大教授对蒋梦麟能力、态度的认定。

然而事有出人意料者。伴随着抗战胜利，政府改组，宋子文于1945年6月25日出任国民政府行政院长，并拉蒋梦麟出任行政院秘书长。蒋梦麟不期然走上“学而优则仕”的道路。

就任行政院秘书长之后，蒋梦麟似乎并未想到辞去北大校长和联大常委的职务，因为在他看来，他可以随着宋子文的上台而从政，但也必将随着宋子文的下台而下台。因为在当时的政治体制下，政府改组、内阁倒台的事情随时发生，一朝天子一朝臣，天子倒了，大树倒了，猢狲没有不散的道理。所以他认为，他碍于宋子文的面子出任行政院秘书长只是暂时“换个岗位”为国家服务，一旦条件成熟，他还回到教育界来，继续当他的北京大学校长和西南联大常委。

蒋梦麟的这个想法似乎只有胡适比较能够理解，胡适于1945年8月托外交官张彭春带信给北大同仁，诚恳表达自己对蒋梦麟继续领导北大的支持，并告诉北大同仁，蒋梦麟为政府征调只是暂时的，希望北大同仁能够体谅这一点，全力帮助傅斯年暂时主持北大事务，使北大平稳度过复员这一关。胡适还表示，他一旦归国，若不得已，亦一定会为傅斯年分担一部分责任，以待蒋梦麟的归来。

胡适的用心并不为北大同仁所理解，相反，或许是因为蒋梦麟在过去几年对北大事务过于消极，北大同仁早已不满，因此更愿意利用蒋梦麟到行政院任职的机会，将蒋梦麟“礼送出境”，于是北大出现了一股“倒蒋风潮”，欲用正在美国的胡适取代

[1]《蒋梦麟致胡适》，《胡适来往书信选》（中），第552页。

[2]《胡适致朱家骅等》，《胡适来往书信选》（下），第47页。

蒋梦麟。

北大教授"倒蒋"的硬理由是蒋梦麟违反了他自己手订的"大学校长不得兼任行政官吏"，其实是与蒋梦麟无端热心现实政治，无心管理北大事务，对北大即将复员没有很好的安排与布置有关，担心北大如此敷衍下去，不能趁此整顿振作，未免太可惜了。所以传言纷纷，大意是说蒋梦麟已有辞职的意思。

当然也不是所有北大教授都希望蒋梦麟离开，也有一些教授像胡适一样在想，蒋梦麟被政府征召出任行政院秘书长，并不意味着永久离开北大，目前的北大应该善待这次机遇，整理力量，重振自己，不要无端消耗，引发内讧。根据汤用彤的说法，当蒋梦麟出任行政院秘书长的消息发布后，他就与周炳琳等四人致信胡适，希望胡适不要在美国继续逗留，而是应该尽早回国，能够在北大复员和未来发展规划方面帮助蒋梦麟。显然，汤用彤、周炳琳等人"此举用意并非对孟麟先生有所不满"，更没有想到蒋梦麟会因此辞职。而且后来的事实证明，他们特别是周炳琳确实是反对蒋梦麟兼职最激烈的人，[1]但是他们并不希望蒋梦麟离开北大，似乎是要让蒋梦麟辞去行政院的职务。

另一个证据是，当蒋梦麟辞职传言纷纷时，汤用彤与联大生物系主任张景钺教授联名致信蒋梦麟，竭力劝阻他不要萌生辞意，表示蒋梦麟自1931年就任北大校长以来，"极意经营，提高学术水准，成效彰著"，抗战爆发后，与清华、南开合作，"使联大进展无碍，确保国家高等教育之命脉"，凡此，均可见蒋梦麟"处事之苦心，有识者均当相谅"，所以希望蒋梦麟暂时兼代，不要辞职。[2]

从蒋梦麟内心说，当然希望兼职。但是由于八年的联大实在使北大的一些教授有些不满，这一点随着蒋梦麟逐渐与北大教授疏离，逐渐与官场密切，就越来越严重。根据江泽涵的观察，蒋梦麟做官而兼校长，北大教授几乎全体不赞成。有些人以为他将来回来，暂时北大敷衍过去，也未尝不可，但这只是与他最接近的少数人，多数人很痛恨战时北大敷衍的不当。与蒋梦麟有长时期近距离接触的周炳琳就认为，蒋梦麟的兴趣不在大学教育。战时他对北大的事不问，但他每日忙着招待无关紧要的外国人同云南的显要，可见他的兴趣所在。

而北大之所以在联大后期出现这样的状况，据江泽涵说是因为蒋梦麟那时避免与教授接谈，当然与学生更没有关系。蒋梦麟绝对不看教授，教授也只极少数去看他。只有一个校务会议，起初不选举代表，被教授逼迫多时，选出代表，但不肯开会。

[1]《江泽涵致胡适》，《胡适来往书信选》（下），第31页。

[2]《汤用彤致胡适》，《胡适来往书信选》（下），第33页。

好像每年有两次,就算稀有的事。开会时总设法阻止多谈。蒋梦麟从外地回来,有时有个茶会,或校庆时有茶会,但在这种会中,总务长郑天挺总做出难堪的样子,叫人唱戏或想别种办法闹一阵而散,不愿安排诚恳的真心对话,久而久之,人心涣散。郑天挺这种遇事敷衍的态度实际上对蒋梦麟是很有害的,因为他们毕竟是管理北大一切事务的人。这种情形联大早期特别显著,联大中后期好些。所以有人说蒋梦麟当了红十字会会长后,精神好多了。盼望他做更大的官,精神可以更好些。

至于蒋梦麟在联大时期发生如此变化的另外一个原因,许多当事人认为是他的太太陶曾谷在背后起了很不好的作用。陶曾谷与很多教授合不来。那时,蒋梦麟的家设在乡间,新构茅屋二十余间,距离昆明四英里,为联大教授跑警报的好去处。每逢警报,高朋满座。[1]不过,也正是这种近距离的观察,使一些教授对陶曾谷很有意见,而蒋梦麟的很多事情,陶曾谷的介入往往使事情弄得更糟糕。根据傅斯年的说法,北大教授对陶曾谷有看法有意见,与蒋梦麟的关系也渐渐不太融洽。大家心里总是觉得"北大大概没有希望了"。发现了这些问题后,傅斯年曾直率地找蒋梦麟谈过多次。而蒋梦麟也总是说:在联大格局下,北大没有办法有大作为,一切只能留待将来。傅斯年苦口婆心地劝过多次,结果只是惹得陶曾谷更加不高兴。

不过,"傅大炮"从来不在乎陶曾谷或者其他什么人高兴还是不高兴,他当获悉蒋梦麟将出任行政院秘书长的消息后,依然不客气地劝说蒋梦麟赶快回昆明与北大教授们解释清楚,因为这个消息事前没有与北大任何人商量,甚至蒋梦麟已经到行政院任职好多天了也没有给北大同仁一个信息,更严重的是蒋梦麟在行政院任职后也曾到过昆明,然而可能因公务太忙,或者因飞机未停,总之他就是没有与北大教授们见面。这自然引起北大教授的不满,也才逐步出现"倒蒋"言论。

傅斯年发现这些问题后,曾找朱家骅商量,既然蒋梦麟被政府征调,那么就请周炳琳代理一时,不意就在这个时候,傅斯年却接到北大教授好几封信,甚至包括郑天挺在内,而尤以周炳琳更厉害,几乎一致主张蒋梦麟辞职,另请胡适继任。傅斯年去找蒋梦麟谈此事,可能是说得太直爽,使蒋梦麟有点生气,发了一点脾气,不过事后甚好,通情达理,积极处理善后问题。然而又过了一段时间,蒋梦麟对傅斯年的态度又有变化,"若有所芥蒂"。对此,傅斯年的判断是:大约又是陶曾谷的把戏,也许是因为行政院已经有趣了,故心理如此。而这样一来,陶曾谷最高兴。总而言之,与蒋梦麟关系稍微密切的人,都认为蒋梦麟在联大后期个人信誉的下降,与陶曾谷的风格有着

[1]《蒋梦麟致胡适》(1939年3月1日),《胡适秘藏书信及函稿》(39),第486页。

直接的因果关系。

不过，在傅斯年、朱家骅这一批朋友的劝说下，蒋梦麟发现一切不能以自己意志为转移的时候，并不能如他所愿继续兼职的时候，他做的那些善后还是很得体的。他知道傅斯年、朱家骅这些朋友无论怎样激烈，都是为他好，都是为了爱惜他的羽毛，为了他的信誉，为了不致离开的太难堪，所以当朱家骅、傅斯年当面劝说辞职时，蒋梦麟并没有什么激烈的反应。

大约在朱家骅、傅斯年当面劝说之前，那些传言或不满并不都能传到蒋梦麟的耳朵，所以他听了朱家骅、傅斯年的劝说后也立即表态说：他从来没有想到自己出任行政院秘书长会引发辞职问题，一直认为可以兼任，因为一直相信"行政官吏"不可能是个永久职业，至少对他个人来说是如此。现在既然各位都这样认识，那么他也就觉得"必须辞职"了。[1]

▲胡适就任北大校长

8月7日，蒋梦麟几乎是专程从重庆赶回昆明，邀请北大教授召开茶话会，正式提出他的辞职问题。在这个会上，蒋梦麟态度极好，并没有表现出什么情绪和不满，并且告诉各位政府大概是要胡适回来做北大校长，在胡适没有回来之前，可能要派人代理。他先是建议汤用彤代理校长，但不知何故被汤坚决拒绝了。

汤用彤的拒绝应该完全是个人的原因，并不影响蒋梦麟那天整个情绪。他在这次茶话会上措辞诚恳坚决，北大教授们闻悉之下，神志黯然，"盖惜其去而知其不能留"，[2]总觉得是北大的重大损失。不过，也正是蒋梦麟的诚恳大度使他重新赢得了北大同仁的同情和理解，再没有使他离开显得多么难堪。

9月4日，国民政府任命胡适为国立北京大学校长，在胡适未归国之前由傅斯年暂行代理。蒋梦麟终于离开自己献出前半生精力的事业，专心去当他的"行政官吏"。

[1]《江泽涵致胡适》，《胡适来往书信选》（下），第26页。

[2]《汤用彤致胡适》，《胡适来往书信选》（下），第33页。

蒋梦麟官兴正浓，是北大同人不愿让其兼任校长的一个原因，但北大同仁中也有人很期待蒋梦麟能在行政院秘书长的位置上对北大多有帮助，[1]这是算从比较好的方面说的；而从坏的方面讲，更多的人则认为蒋梦麟无论多理想，有了国民党中央委员的头衔，"就不免是自由之累了"。[2]

在这种情形下，蒋梦麟在北大还能有什么作为呢？他这样离开北大可能也正是他最好的一种选择。

## 大丈夫仗义执言

1946年7月12日晨，国民政府行政院秘书长蒋梦麟、国民政府教育部长朱家骅、外交部长王世杰以及蒋梦麟的太太陶曾谷在南京机场迎接出使美国归来的胡适。他们既有工作上的关联，更是非常要好的朋友。中午，朱家骅设宴招待。7月14日下午五时，国际联欢社又为胡适举办盛大鸡尾酒会，蒋梦麟、王世杰，以及美国驻华使馆文化专员费慰梅、法国参事桂保、苏联文化专员弗拉德金等参加。8月27日下午六时，已就任北京大学校长的胡适为蒋梦麟举行欢送会。席间，胡适劝蒋梦麟早日脱离行政院，辞去行政院院长一职，仍回北大当校长，[3]这多少都挽回了蒋梦麟的一些面子。

其实，在某种程度上说，由于蒋梦麟那批真心朋友如胡适、傅斯年在他去职后一再表彰他在北大的贡献，因而更使人觉得蒋梦麟这次离开北大，也许反能使他在北大的地位增高。这确是北大之福。[4]

蒋梦麟离开北大是北大的遗憾，但对蒋梦麟来说可能也是一个比较好的选择，自五四运动期间到北大代蔡元培主持日常事务以来，不知不觉间度过了二十七年的时间。在这二十七年间，除了几年在浙江大学区，在教育部外，基本上都把精力、智慧奉献给了北大。蒋梦麟对北大当然难以割让，然而太长时间的任职，似乎也使他有了想改变自己的冲动。所以，一旦遇有合适的机会，他一定不会放弃。

而合适的机会主要还是出于蒋梦麟的善良，也就是说，如果联大那种特殊格局，如果不是梅贻琦一人可以包打天下，如果北大继续单独发展，蒋梦麟可能都不会走上这条不归路。

梅贻琦太能干了，蒋梦麟不忍心介入联大事务，而仅仅靠写自传，靠练字，还不足

[1]《贺麟致胡适》，《胡适来往书信选》（下），第40页。

[2]《许宝騄致胡适》，《胡适来往书信选》（下），第44页。

[3]《胡适宴蒋梦麟》，《大公报》1946年8月29日。

[4]《江泽涵致胡适》，《胡适来往书信选》（下），第59页。

以消耗掉他那过人的精力，于是不知不觉间，蒋梦麟的注意力就转移到了外面，希望介入一些有意义的社会事务、政治事务打发多余的精力。

1941年7月，蒋梦麟兼任中国红十字会会长，此后时常以这个身份到后方视察工作。他和他的一个学生带着美国红会赠送的许多药品，坐着美国赠送的一辆很漂亮的大救护车，从昆明到贵阳，再到桂林，然后转衡阳，再折回桂林，到湘西镇远，又回到贵阳，最后又到了重庆。因为中国红十字会总会在重庆，所以他们在那里稍事逗留，然后又驶往昆明红十字会办事处。然后又由该地沿滇缅路西行，到保山为止。在这几个星期视察中，蒋梦麟看到了许多极其残酷的事情，致使其内心受到极大震动，更使他感觉大学生活与现实生活的不同。

蒋梦麟的身份是中国红十字会会长，所以他到各地视察总是随身带许多药品，因而各地管理收容所的人，都以为他是一位医生。又因为收容所里面生病的人很多，所以他们都乐于让他进去。在贵阳一家收容所，蒋梦麟曾和广东来的壮丁谈话，他问："你们从哪里来的？"这些壮丁说是从广东曲江来的。蒋梦麟又问："你们一共有多少人？"壮丁回答："我们从曲江动身的时候有七百人，可是现在只剩下十七个人了！"蒋梦麟听到这里感到心灵的震动。他问道："怎会只剩下十七个人呢？是不是在路上逃跑了？"壮丁说："先生，没有人逃跑啊！老实说，能逃跑到哪里去呢？路上好多地方荒凉极了，不但没有东西吃，连水都没有的喝。我们沿途来，根本没有准备伙食，有的地方有得吃，吃一点；没有吃的，就只好挨饿。可是路却不能不走。而且好多地方的水啊，喝了之后，就拉肚子。拉肚子，患痢疾，又没有药，所以沿途大部分人都死了。"

听了这些话，蒋梦麟不禁为之怅然！当时那十七人中有几个病了，有几个仍患痢疾。蒋梦麟找来医生给他们诊治。照那情形看采，蒋梦麟相信他们的确没有逃跑，像那荒凉的地方，不但没有饭吃，喝的又是有传染病菌的溪水，能逃到哪里去呢？

蒋梦麟还看到好多壮丁被绳子拴在兵营里，为的是怕他们逃跑。这些壮丁简直没有丝毫行动自由，动一动就得挨打。至于吃的东西，更是少而粗劣，仅是维持活命，不令他们饿死而已。在这种残酷待遇下，好多壮丁还没有到达前线就死亡了。那侥幸未死的一些壮丁在兵营里受训练，大多数东倒西歪地站也站不稳。这是因为长途跋涉，累乏过度，饮食又粗劣而不洁，体力已感不支，又因西南地方恶性疟疾流行，因此一般壮丁的健康情形都差极了。

押送壮丁的人，对于壮丁的死亡似乎毫无同情心，可能因为看得太多，感觉也就麻木了。

蒋梦麟在湘西、广西的路上，屡次看见野狗争食那些因死亡而被丢掉的壮丁尸体，这些野狗常因抢夺一条新鲜的人腿，而红着眼睛厉声低吼，发出极其恐怖的叫声，令人毛骨悚然。有的地方，死亡的壮丁被埋起来，但埋得太草率，往往露出一条腿或一只脚在地面上；有的似乎还在那边抽搐着，大概因为他们并没有完全死去，便给埋了进去。

在贵阳城外，有一块壮丁经过的地方，因为弃尸太多，空气里充满了浓烈的臭气，令人窒息欲呕。

有一天晚上，在贵州马场坪一个小市镇里，屋檐下的泥地上零零星星躺着不少病倒的壮丁。蒋梦麟用手电筒向他们面部探照了一下，看见其中的一个奄奄一息。蒋梦麟问，“怎样了”？这个壮丁的眼睛微微睁开，向电光注视片刻，只哼了一声，便又闭上眼睛，大概从此就再也没有睁开眼睛而长眠于此地了。

在云南一平浪，蒋梦麟正好看到一班办兵役的人正在赌博。因为通货膨胀的关系，输赢数目很大，大堆的钞票放在桌上，大家赌得兴高采烈，根本不管那些已濒于死亡的壮丁。有一个垂死的壮丁在旁边一再哀求：“给我一点水喝，我口渴啊！”办兵役的人非但不理，反而怒声喝骂：“你滚开去，在这里闹什么？”

蒋梦麟沿途所见，都是这些残酷悲惨令人愤慨的事情。办兵役的人这样缺乏同情心，可以说到处可见。

有一天蒋梦麟看见几百个壮丁手与手用绳子穿成一串。壮丁在山上，蒋梦麟的汽车在山下驰过。壮丁正在集体小便，好像天下雨，从屋檐流下来的水一样。壮丁们连大便也是集体行动，到时候如果没有大便，也非大便不可，若错过这个机会，再要大便，是不许可的。

有好多话都是壮丁亲口告诉蒋梦麟的。因为壮丁们不防备蒋梦麟会报告政府，所以蒋梦麟到各兵营里去，那些办兵役的人，都不曾注意到他。

以蒋梦麟当时估计，在八年抗战期内，未入军队而死亡的壮丁，其数不在少数。当然，曲江壮丁从七百人死剩十七个人，只是一个特殊的例子，不可作为常例。当时蒋梦麟曾将估计的数字向军事高级长官们询问意见，他们异口同声地说：“只会多不会少。”

在赴滇缅路视察以前，蒋梦麟曾于1941年7月飞往重庆一次。把预备好的一篇致蒋介石的函稿，给陈诚将军看了。陈诚长叹了一声说：“我把你的信递上去吧。”蒋梦麟说：“不要，我自己会递的，何必让你得罪人呢？”

这份函稿大要是：

梦麟此次视察桂朗红十字会医务工作，道经贵阳至独山，计程二百三十公里。再自贵阳至镇远，公路二百六十三公里，均东来壮丁必经之道。沿途所见落伍壮丁，骨瘦如柴，或卧病道旁奄奄一息；或状若行尸，绑踢山道；或倒毙路旁，任犬大嚼。所见所闻，若隐蔽而不言，实有负钧座之知遇。谨举列上渎，幸赐垂鉴。据镇远红十字分会长云：分合有掩埋队，见有死而暴露者，有半死而活埋者，有将死而击毙者。韶关解来壮丁三百，至筑只幸余二十七人。江西来一千八百人，至筑仅余一百余人。

以上所述，言之者有高级文武官吏医生教员，所言大致相同。

蒋梦麟当然知道这封举报信的厉害，所以他不愿别人介入以免受牵连，他亲自将这封信送到蒋介石的收发室，取了收条，收藏起来。不料等了好久迄无消息。蒋梦麟就去问陈诚将军有无消息？陈诚说没有。于是他们商量了一下便去找陈布雷。陈布雷对此事也毫无所闻。他知道此事重要，就面询蒋介石，有没有看见红十字会会长蒋梦麟的信？答说没有。查询起来，此信还搁置在管军事部门的秘书室里。蒋介石看了信以后，就带一位极亲信的人，跑到重庆某壮丁营里，亲自去调查，想不到调查的结果，完全证实了蒋梦麟的报告。于是把主持役政的兵役署署长程泽润交付军事法庭。法庭不但查明了程泽润在役政方面的罪案，而且在他的住宅里搜出了大量金条和烟土。蒋介石闻讯无比震怒，于是军事法庭以“办理兵役舞弊多端”的罪名判处程泽润死刑，于1945年7月5日在重庆执行处决。

当蒋梦麟从滇缅路视察完毕回昆明后，因恐第一份报告不会发生作用，又预备好第二份视察报告，正准备再递上去，杜聿明将军得到程泽润被捕的消息，来通知蒋梦麟说：“你的报告已经发生效力，那位仁兄已被捕交给军事法庭了。”于是蒋梦麟就把预备好的第二份报告烧了。

过了几天，军政部长何应钦发了一个公文，送到红十字会昆明办事处来。内有蒋介石批示给军政部长何应钦的话：“役政办法如此腐败，某之罪也。但该部所司何事，腐败一至于此，可叹可叹。”可笑的是军政部的报告中竟说某处患病壮丁，已送医院治疗，某处被狗吃过的壮丁尸体，已饬掩埋。这些话真是牛头不对马嘴，壮丁早已死了，而且那地方并无医院，狗吃人肉也早已吃完了，还要埋什么呢？这真是“科员政治”的彻底表现了。

天下竟有这么凑巧的事，战后还都以前，蒋梦麟的太太陶曾谷先飞南京去找住房。经市政府介绍了一所大宅子，她走进去一打听，才知道那正是被枪毙的兵役署署长程泽润的产业。陶曾谷吓了一跳，拔脚就走，陪去的人莫名其妙，忙问其故，陶曾谷说：“啊呀！这幢房子的原主要向我先生讨命的呀！”

平心而论，兵役办得这样糟糕，并非完全由于人事关系。即使主持人认真办理，好多缺点也没法补救：交通不便，徒步远行，体力消耗过甚；食物不够，且不合卫生，易起疾病；饮水含微生物，饮之易致腹泻；蚊子肆虐，疟疾为灾。凡此种种，苟无近代科学设施，虽有贤者负责，亦无重大改进之可能。后经中美当局之研究，从事有效之措施。其最大的改革，为分区设立若干小型飞机场，将附近若干里内之壮丁，集合于机场，飞往训练中心。自各村落至机场，沿途设有招呼站、卫生所，供给饮食医药。果然，此制度实行后，壮丁在途中死亡者百中不过一二而已。

### 推不动的僵硬体制

1941年8月28日，蒋梦麟率领中国访缅团飞赴仰光，参观炼油厂、锯木厂和碾米厂等，至此9月8日返回重庆。1942年12月，蒋梦麟又率团参加在加拿大举行的太平洋学会国际会议，并在这次会议上当选为太平洋学会副主席。1943年12月，蒋梦麟出任太平洋学会国际会议中国代表团首席代表，偕张君劢、邵毓麟等由重庆飞美国参加年会。而此次会议的主题是：战后如何处置日本？可见蒋梦麟的兴趣已渐渐转移到大学校园之外了。

抗战胜利前夕，国民政府行政院改组，宋子文于1944年12月4日出任行政院代理院长兼外交部长，并邀蒋梦麟出任行政院秘书长。蒋梦麟终于脱掉大学校长的马褂，一头扑进官场中，且成为中枢要员。

1945年5月，在国民党第七次全国代表大会上，蒋梦麟当选为中央监察委员。5月31日，国民党中央执行委员会选举宋子文为行政院院长。6月25日，国民党中央常务会任命蒋梦麟任行政院秘书长。

8月14日，日本宣布无条件投降。翌年5月5日，国民政府还都南京。政府复员，千头万绪，工作异常忙乱繁重。行政院的职责自然也非常艰巨。1946年3月1日，蒋梦麟以国民党中央监察委员的身份列席国民党第六届中央执行委员会第二次全体会议；在3月3日召开的国民党六届二次会议上，蒋梦麟被推为地方行政委员会委员；在3月6日举行的国民党六届中央执行委员会会上，蒋梦麟又被推为善后救济报告审查委员会委员；3月16日，蒋梦麟当选为国民大会代表。5月5日，国民政府还都南京。6月22日，兼任最高经济委员会委员。仅从这些日程，就可见蒋梦麟在行政院的忙乱不堪。

好在正像蒋梦麟原先所预料到那样，天下没有不散的筵席，在当时那种政治体制下，树倒猢狲散，只要宋子文有变动，蒋梦麟就不可能在原来的位置上待下去。

1947年3月1日，行政院改组，宋子文在各方面的压力下辞去行政院院长，蒋梦麟也自然跟随着辞去其所担任的行政院秘书长。

蒋梦麟辞职后，仍然是国民党中央监察委员和其他一些机构的委员，所以他继续忙碌了好长一段时间。3月15日，蒋梦麟参加国民党六届三次中央全会。4月18日，出任国民政府委员。7月4日，出席国民政府国务会议，讨论并通过《厉行全国总动员戡平共匪叛变方案》。可见蒋梦麟虽然辞去行政院秘书长，但对现实政治的关切并没有随着他辞职而终结。

在行政院工作的这一年多时间，在开始的阶段或许像傅斯年所揣测的那样做得很开心，但到后来可能又像蒋梦麟自己的所说的那样，是他一生中最苦的一段日子。他曾直言不讳告诉陈立夫，"在行政院两年的经验，我真够苦了。我曾经和委员长说过，好多事情办不通，僵极了"，"这个政府要僵掉了，什么事情也办不通，我们要做一件事，真吃力啊！简直推不动"。

1948年夏天，蒋介石找蒋梦麟谈话，希望他主持新成立的行政院"善后事业保管委员会"。

"善后事业保管委员会"是由中美两国政府联合设立的一个机构，其功能是将美国在抗战后期援助中国政府所剩余的钱和物资统一管理起来，并进行适当处理，业务范围很大。

# 九　在希望的田野上

1948年，国民政府外交部部长王世杰提请行政院任命蒋梦麟为中国农村复兴委员会中方委员，并兼任主任委员。农复会委员由两国政界、学术界有关人士组成而提名推荐蒋梦麟出任这一职务的，据说是行政院院长翁文灏。翁文灏对蒋梦麟很佩服，两人交情很好，以前都在北大，关系很深。晏阳初那时也很想当主任委员，但翁文灏的想法和沈宗瀚、蒋梦麟较接近，与晏阳初相距太远，所以翁文灏还是推荐了蒋梦麟做主任委员，推荐晏阳初为中方委员。

[拯救农村]

[耕者有其田]

[以科学技术提升农业]

[“台湾马寅初”]

辞去行政院秘书长不久,蒋梦麟应邀到伦敦参加一个国际学术讨论会。在那里,他遇到英国著名历史学家汤因比(Toynbee),并与汤因比一起被推为分别代表东方和西方向大会致词。汤因比致词中说明当前世界所面临的两大问题,一是社会公道问题,换句话说,就是人民福利的问题;另一个是国防问题,也就是一个国家维持军备的费用问题。这两个问题常常互相冲突。如着重社会公道或社会福利,就得牺牲国防经费。反之,如着重国防,就不能不牺牲多数人民的利益。汤因比举了两个极端的例子说,一个是俄国,正在拼命地建设国防,所以不得不把人民的福利牺牲了,因此现在俄国人民生活得很苦。可是美国就不同了,他们在大战以后便解散了庞大的军队,积极建设各种公共事业,为人民谋幸福,以彻底维持社会公道。汤因比还说,现在这个世界好像一条沉下去的船,大家都想找一个比较安全的地方立足。汤因比的这个意思很明白:船沉了,哪里都是不安全的。

汤因比的演说引起蒋梦麟极大的心灵震动,他在此后致辞中表示:如果世界像一条沉下去的船,那么中国就正在这条船的最不安全的一面。此后,汤因比所说的国防啊,社会公道啊,便常在蒋梦麟耳边无声地呼喊着,并不断地提醒着他。以后蒋梦麟就把"社会公道"保留了,而将"国防"改为"科学技术"和生产。

### 拯救农村

经过八年抗战,中国农村一片萧条。日本帝国主义侵略所造成的破坏且不说,即使在国统区大片地区,由于战争需要,政府强行征兵征粮,窒息了人力和物力。中国农村有待于进行复兴,否则国家经济将出现严重的问题。

1946年3月11日,晏阳初在华盛顿拜谒美国总统杜鲁门。晏阳初是中国著名教育家,长时期在中国农村主持乡村建设与农村复兴。他向杜鲁门详细介绍了他过去多年工作大概,介绍了中国农村自近代以来逐步走向破产的过程以及拯救之道,强调"人是根本,如果根本脆弱,我们必须使其强固,以保卫世界和平"。晏阳初的谈话给杜鲁门留下深刻印象,双方就中国农村复兴问题作了初步讨论,此次会见实为后来中美两国政府合作拯救中国农村,致力于农村复兴的一个最早线索。

紧接着,晏阳初又在华盛顿游说美国国会议员,拜访众议院外交委员会主席伊顿,希望美国能够支持中国进行农村振兴计划,因为只有中国农村走出破产,重新振兴，才能有效提升世界安全的保障，从而有利于美国有利于世界。

晏阳初的努力深刻影响了美国政治家，1948年3月19日，美国众议院外交委员会通过杜鲁门总统提出的援助欧洲及中国的法案。法案规定须将四亿二千万对华经援总额中不少于百分之五不多于百分之十的额度划拨为中国农村建设与复兴专项经费。法案授权国务卿商同中国政府组织一个联合委员会管理中国农村复兴与建设工作。

正是在这种背景下，中美两国政府为了将中国萧条的农村用近代科学方法重新组织起来，于1948年8月5日在南京正式换文，联合成立“中国农村复兴联合委员会”，作为管理使用美国政府经济援助费用的专门机关，简称“农复会”。

农复会委员由两国政界、学术界有关人士组成。国民政府外交部部长王世杰提请行政院任命蒋梦麟为中国农村复兴委员会中方委员，并兼任主任委员。[1]而提名推荐蒋梦麟出任这一职务的，据说是行政院院长翁文灏。翁文灏对蒋梦麟很佩服，两人交情很好，以前都在北大，关系很深。蒋梦麟那时又在善后事业保管委员会工作，与翁文灏那几年负责经济工作密切相关，来往更多。晏阳初那时也很想当主任委员，但翁文灏的想法和沈宗瀚、蒋梦麟较接近，与晏阳初相距太远，所以翁文灏还是推荐了蒋梦麟做主任委员，推荐晏阳初为中方委员。[2]

1948年夏的一天早晨，蒋梦麟正在南京红十字会总会办公室里办公时，来了一个电话，要蒋梦麟亲自接听。蒋梦麟拿起听筒先说道：“我是蒋梦麟，你是哪一位？”蒋梦麟讲的是绍兴国语。对方一听他的绍兴国语，马上便用他的宁波国语回答道：“这里是委员长公馆，委员长要请蒋先生中午来吃便饭。”绍兴官话与宁波官话大致相似，所以这几句话彼此都听得很清楚，知道没有弄错。

▲对农村的热爱和深刻认识是蒋梦麟出任农复会主委的根本原因

到了中午十二点，蒋梦麟依约前往。进了委员长公馆，招呼客人的就领着他来到一间饭厅。这里是蒋梦麟很熟悉的地方，因为蒋介石常在此约请蒋梦麟等人吃

[1] 陶希圣：《记蒋梦麟先生》，《传记文学》5卷1期。

[2]《蒋彦士先生访问记录》，《农复会口述历史访问记录》，台北：中研院近代史研究所1992年版，第161页。

过饭。当时蒋梦麟看到桌子上有两副碗筷,一个主座,一个客座,已经安排好了。不到几秒钟,蒋介石便走出来,说:“请坐,请坐,吃点便饭吧!”蒋梦麟就依言坐了下去。

蒋介石接着说:“我有一件事情,要你去担任。”

蒋梦麟问:“什么事情啊?”

蒋介石说:“现在有一个中美共同组织的开发农村的委员会,请你去担任这个会的主任委员。”

蒋梦麟说:“委员长,我现在正在办行政院善后事业保管委员会,这个机构很大,凡是美国援助我国抗战后期所剩下来的钱和物资,都由这个委员会处理,这已经够忙的了。而且这个委员会负责的都是关于工业方面的工作,范围很大,从上海到成都,从北方到广州都在其内。”

蒋介石说:“这个我都知道,我要你担任这个农村工作,就是因为你担任工业工作的关系,农和工是不好分开的,我就是这个意思,你两个工作都要担任,这两个工作是不能分离的。”

听了这话,蒋梦麟也就没有再客气。他说:“委员长要我担任,我就担任了。”

蒋介石说:“你有什么意见没有?”

蒋梦麟当即回答他有点意见,于是接着说:“农村建设如果不从改革土地着手,只是维持现状,是不会成功的。”

蒋介石点头道:“对了,你有什么办法?”

蒋梦麟说:“我希望划出一个地区做试验,实行土地改革。”

蒋介石问:“你要划出什么地方?”

蒋梦麟道:“我想划出无锡来,因为无锡是一个已经半工业化的县份,那个地方有资本家,有地主,而无锡的地主不一定要靠土地生活,所以把他们的土地拿来做土地改革,他们也不至于激烈反对。”

蒋介石认同蒋梦麟的分析,因此马上表示同意。

蒋梦麟又补充道:“我指定无锡,还有一个理由,因为土地改革是要地主拿出土地来的,虽然无锡已相当工业化,但要地主们拿出土地来,总好像是与虎谋皮,不是容易办到的事,那是可能要用兵力来打老虎。无锡与南京邻近,容易派兵,将来我们试验的时候,如果需用兵,不知委员长是不是可以派兵?”

蒋介石果断地说:“可以,要用兵的时候,当然派兵。好了,就这样吧!其余的事情慢慢地想。你去负责任,要什么人你去派,派了之后,你和行政院长商量好了,不必跟我说。我事情忙,这件事情,就请你全权去办吧。”[1]

农复会是当时中国政治体制中的一个特殊机构,它的组织模式对于发展中国家很有启发很有贡献,因为假如在已完全发展开发的国家,其有关机构各方面的功能都很全备的话,像农复会这种类型的机构可能发挥的功能相对就要减少很多。这是假定发展中国家中的国家行政体系架构中有许多缺陷的地方,此种缺陷如要经过政治程序作行政机构的调整,尤其在所谓民主社会中,大概要很长时间。中国既等不及这样的调整,时间又漫长,农复会这种机构设置就正合适,可补其不足。这里却有个条件,就是当政者、首长、即或上峰,如何来接受与运用当时的美援,亦即政府如何能有一个宽大的胸襟,正确的政策,投入工作的赤诚,与信用学者来推动各项计划。这是两方面的:一方面是美援的提供者,一方面是美援接受者。双方面都要有相对等的认识。综观美援所有受援国家,大多双方功过无法相抵,而且往往过多于功。因为其经济策略的运用不当,会打击当地受援国家自己的农产品。尤其人事方面若缺乏宗教式服务的决心来支援当地受援国家的话,美方专家两年一任后就回美,只等于本身是公务员完成一个短期任务,也无法有重大贡献。为什么假定上述这些条件呢?因为农复会本身功能几乎超过行政院设置的农林部,对这种超部会的机构假如受援国家没有这个雅量,怎能接受这样一个机构设立,又如何来运用这种美援资助?换句话说,如果蒋介石当时没有这个远见,怎能接受蒋梦麟出来主持这个超部会的农复会?这个雅量是很大的。那时美援机构对农复会而言,虽是美援提供者,却没有完全的控制权,这时若完全摆出强势者的姿态,要受援者听话,将使政策受阻。农复会的组织架构就很能表现政策设计,当事人很大的智慧和很高的远见。因为提供援助必须谦虚,而接受援助需要很大的雅量,以技术为重,其间的架构包含甚多的理念。而由这个层面来讲,两边的当事人从上峰一直下来,必定要有这样的架构与认同,农复会才能运作。这并不是所有的国家都能如此。当时中国刚刚抗战胜利,很多事情要做,需要经援,更需要技术,农复会将技术与经援加在一起而以农民需要为重来运作。这样一种工作理念,也就是蒋梦麟所说的依据农民需要的一种扎根的做法。[2]

8月12日,国民政府行政院例会通过以蒋梦麟、晏阳初、沈宗瀚为中国农村复兴联合委员会中方委员。两位美国委员为:穆懿尔(R.T.Moyer)、贝克(J.E.Baker)。

那时,沈宗瀚任国民政府农林部中央农业实验所所长,他在得到任命后,即去拜见蒋梦麟,详谈中美两国政府换文设立农复会的经过和目的。9月初,沈宗瀚邀请蒋梦

[1]《西潮·新潮》,第284页。

[2]《李崇道先生访问记录》,《农复会口述历史访问记录》,第8页。

麟到中央农业实验所参观，蒋梦麟看到许多青年博士、硕士正在田间做实验，相当高兴，深为欣赏，以为这是中国实验改良最有成绩的农业机关。从此他便极为相信中央农业实验所，这也是此后农复会从中央农业实验所调用大批高级技术人员的一个重要原因。[1]

用外国援助来振兴中国农村并不始于农复会。早在民国前期，华洋义赈会(China International Famine Relief Commission)在中国所做的工作，如果不能说比农复会还好，但至少可以说比农复会要早，效果上至少可以与农复会的工作相媲美。华洋义赈会的工作范围相当广泛，它包括华北、华中很多省份，以及治河、防洪、灌溉、农业推广、农村副业、社会教育等方面的工作，且取得了相当令人瞩目的成绩。中国第一个合作社就是华洋义赈会1923年在河北省香河创办的。以后又在华北大规模地发展，从而奠定了中国合作事业的基础。

另外一个利用外国资金从事农村复兴和改良工作比较成功的是河北定县实验区。这个实验区是由中华平民教育促进会主持的，晏阳初是其灵魂人物。定县试验区对于农业推广、乡村教育等工作都有相当成就。虽然平教会的工作范围没有华洋义赈会的工作范围广大，可是平教会根治中国乡村四害即“贫病愚私”的理想，也未尝不是农复会的精神前驱，当然也对农复会的工作起过一定的借鉴作用。而且更值得注意的是，农复会是由晏阳初促成的，而晏阳初本人原本希望担任中方主任委员，起主导作用，只是由于翁文灏更倾向于蒋梦麟，所以晏阳初只是三个中方委员之一。但其思想主张，又确实比较深刻影响了农复会的政策。

▲农复会工作报告英文版第一号封面

1948年9月下旬，美方委员穆懿尔及贝克到达南京。10月1日，农复会宣告成立。五人委员互选的结果，推举蒋梦麟为主任委员，晏阳初出任执行长。

由蒋梦麟出任农复会主任委员并

[1] 沈宗瀚：《悼念蒋梦麟先生》，《传记文学》5卷1期。

不是偶然的。从蒋梦麟方面说,他虽然受过西方现代科学系统训练,但他毕竟是从中国农村社会中走出来,他对农村的感情自不必说,而他对农村现状与问题的认识,似乎也较一般留学生高得多。我们知道,蒋梦麟在留学美国之前,他的人生目标是做官,因为做官可以光宗耀祖。为了这一目标,他在面临人生选择时,毫不犹豫地选择继续求学的道路,他觉得那是向上层社会爬的阶梯。幻想着自己一天比一天神气,功名步步高升,中了秀才再中举人,中了举人再中进士,终于有一天当了很大很大的官。于是他下决心继续求学,因为政府官吏都是经过科举选拔的。所以他早年的知识准备基本上是局限于人文社会科学方面。但是到了美国,蒋梦麟却选择了农科。他之所以选择农科,其动机如他自己所说并不像一些青年学生听天由命那样随便,而是经过深思熟虑才决定的。他认为,中国既然以农业立国,那么只有改进农业,才能使最大多数的中国人得到幸福和温饱。同时他幼年是在以耕作为主的乡村里生长,对花草树木和鸟兽虫鱼本来就有浓厚的兴趣。为国家,为私人,农业都似乎是最合适的学科。此外,蒋梦麟还有一个次要的考虑,他在孩提时代身体一向羸弱,他想如果能在田野里多接触新鲜空气,对他的身体一定大有裨益。这说明蒋梦麟同意出任农复会主任委员虽然有点突兀,但基本上合乎他的人生理想,在专业上也不是太离谱,因为他毕竟在美国修过农学。

农复会的架构是比较特殊的会议组织,所有决定都是经过全体委员反复商决,一致认同,不是采用少数服从多数的民主表决。五人委员会是最高决策单位,但又不是首长制,而是采委员合议制,所有事情由大家商议,但不采取票表。美方人员也很有雅量,五人中只有二位美国委员。后来五人委员会改为三人委员会,三人中两位中国人,一位美国人。也就是说,采用投票表决的民主方式决定农复会的事情,那么从政治立场上说,美方一定输。委员会完全实行辩论方式,要把理由说服到每个人都同意为止,这都是非常独特的制度。委员会也从不下条子提案,所以没有提案权,但有否决权。农复会下属各组所提计划,不合政策则否定之,但没有强制指示要如何做,应如何做。首长只有否决权,因此不可能束缚各组的专家们,这是很大的特点。

再从另一角度看,农复会很像一个学术机构,比如一所大学,或一个学院,其实力在于各组专家,等于一所大学真正力量在于系,系的力量在于教授。这一点也是因为蒋梦麟、沈宗瀚都是大学教授出身,特别是蒋梦麟还那么长时间地领导过一所著名大学,所以他们才有那样的勇气、气魄和胸襟。除非各组专家提出计划,委员会毫无办法。每个计划各组也要拿出自己的道理来辩论。委员会所订政策是很切实的,蒋梦麟常常要求部属,一个计划提出来必定要符合农民需要,并且必须从基层扎根而往上。格外强调农复会的"草根意识"'，强调从基层的眼光观察问题，制定计划。[1]

根据长期追随蒋梦麟在农复会工作过的人员回忆，蒋梦麟领导农复会时，琐事完全不管，公事也不看，公文委托专门的人员如秘书长批。这样的组织架构必然是五位委员构成一个整体，五位委员都是上司，都是老板，而秘书长就是首席执行官，具体负责执行五人委员会的决策，而五人委员会本身又没有提案权，所有提案又都是各个下属机构提出来的，这样五人委员会只拥有否决权。但凡做过农复会秘书长的都认为，农复会的这个架构确实好，五个委员都是秘书长的上司，有事情五人委员会决定，由秘书长执行，大的事情秘书长决不会依个人意见去做，一定要五个人同意秘书长才能做。这个五人委员会又不同于一般委员会的委员，平时不来，开会才来，他们五个人一天到晚在一块，从早到晚都在农复会办公。秘书长有报告之类就大家都发一份，公事如何裁决也是五个人在一起开委员会由秘书长报告，执行时秘书长一个人执行。五个委员始终相处良好，所有意见都在会议中讨论。[2]

▲蒋梦麟 1961 年主持农复会会议

农复会成立之初，五位委员用了差不多用了两个多月的时间反复讨论中国农村建设和复兴所应采取的基本道路。具有农村工作经验的晏阳初主张从普及农民教育入手，然后推动农村经济发展，即以教带养；而蒋梦麟与沈宗瀚二位则主张先积极增进农作物生产，改革若干阻碍农村生产的重要因素，如不合理的租佃制度等，以适应中国之急需。

晏阳初着重乡村重建，沈宗瀚着重农业增产。一个是主张从文化社会方面优先着力，以为更为根本；一个是主张从技术科学方面优先着力，以为更为实际。据说，农复会之所以取名"中国农村复兴联合委员会"，其中"农村"二字就是兼顾农业与乡村，"联合"就是中美平等，互助合作。农复会后来到了台湾，联合的精神是充分发挥

[1]《李崇道先生访问记录》,《农复会口述历史访问记录》，第 18 页。

[2]《蒋彦士先生访问记录》,《农复会口述历史访问记录》，第 162 页。

了，但是因为农民教育和基层组织已由日本人五十年的殖民统治打下良好基础，晏阳初的平民教育、乡村重建主张居然不再有发挥的余地，所以晏阳初后来只好客走异国，在南美和菲律宾等一些国家发挥余热，因为那些新生国家一切都需要从头来过，晏阳初的主张才重新有了用武之地，人尽其才，终于获得国际上的推崇。

还有一种说法是，农复会成立之初，对于土地改革的争议有两种意见：第一是蒋梦麟的意见，第二是晏阳初的意思。晏阳初一来即主张社区发展、平民教育，蒋梦麟不愿意公开表示他与晏阳初意见不同，不愿公开争论，他们五位委员关起门来辩论。五位委员中的两位美国委员说：这两个问题你们去研究，你们决定好了。

蒋梦麟对土地改革、人口、农民组织这三个问题，花了很多时间进行调查，进行研究，他认为晏阳初“以教带养”的主张在某些地区或许可行，或许有道理，但对整个中国农村问题而言，似乎有点本末倒置。反过来说，蒋梦麟主张“以养为主”，也就是说要不惜一切代价，不惜一切手段，以增进农村生产，让农民首先解决基本的温饱问题。衣食足然后知礼节。农民解决了基本的温饱问题之后，其他方面的欲望、追求，一定会随着生活水准的提升而提升。只有在农村经济获得大发展的前提下，只有农民在过上富裕生活的同时，才能真正推动农村教育。这就是蒋梦麟之所以坚持从土地改革入手解决中国农村问题，拯救农业破产的根本原因和学理背景。中国农村问题的真正解决绝不是政府向农村投入多少钱，更不是农民盖了多少新房子，而是要通过土地产权的变动，让农民从实际上的无产阶级变成有产阶级，进而变成富裕的阶级即中产阶级，如此，有恒产者有恒心，既然成为富裕的中产阶级，那么就不怕这个阶级不提升自己的文化，提升自己的素养。

按照蒋梦麟的认识，中国农村经济的破产不始于现代，更不单纯是抗战所带来的灾难。事实上，自从西方工业文明强行进入中国以来，中国的农业就面临着破产的威胁。近代以来，许多进步的中国知识分子都起而思考中国的农业问题，并力图寻求解决之道。就其总体而言，他们的这些思考不外乎如下两种途径：一是以为近代中国农业所面临的问题主要导源于地租、苛捐杂税以及种种人为的不公平的分配制度。因此欲求中国农业问题的真正解决，必须在制度层面即在土地及财富分配方面入手；另外一些人则以为近代中国农业的破产并不单单是苛捐杂税等制度层面的问题，其更深层的问题则是近代中国农业一直固守传统的耕作方式，而不肯向现代农业技术方向发展，因此在他们看来，中国农业欲突破目前困境，必须在技术层面切实下一番功夫。前者相信体制决定一切，后者相信技术面。应该承认，这两种认识都有一定的道理，只是实在说来在农复会之前，尚没有人尝试着将这两个方面合而为一，进行综合性尝试。

或许正是鉴于这种认识，农复会一开始所确定的工作方针就具有相当的两面性。他们形象地比喻为一把两面快的剑，一面用之于社会，以推行公平分配；一面则运用近代科学方法增产。他们的总体目标就是农业增产和社会改革两个方面。因为他们相信，只讲生产而不讲公平分配，那么增加生产以后，会使富者愈富，贫者愈贫，结果必造成社会纠纷，不但于事无补，恐怕对整个社会而论反而有害。反之，如果只讲公平分配而不讲生产，结果等于分贫或均贫，而不是均富。农复会的目的是要均富；均富并不是说平均分配，而是公平分配，使大家得到合乎公道的一份，不是使人人得到大小一样，轻重相等的一份。他们一方面讲公道，一方面讲生产，这就是他们所说的两边锋利的一把宝剑。

## 耕者有其田

公平分配最要紧的是土地改革，那就是耕者有其田。农复会在成立之初决定大规模进行租佃制度改革，以加强人民对政府的支持。然而此事重大，万一租佃的任何一方不满而起纠纷或反抗时，那么对政府反而更加不利。因此为了防范这种事件的发生，农复会诸位委员推请蒋梦麟为代表直接向蒋介石请示，在得到蒋介石同意并答应予以全力支持后，农复会才于1949年起以技术和经费协助各省政府实施二五减租。[1]

同时，农复会也深刻意识到，要讲生产则必须用近代科学方法，否则继续靠天吃饭，农业生产量不会凭空增加。因此回到问题的起点，那么制度的改革与技术的进步实为中国农业复兴与发展的关键。

中国自古以农立国，在中国历史发展过程中，工商业固然也有过几度飞跃，但是农业始终是中国经济的主要内容。自秦汉大一统后，土地私有制下的小农耕作成为中国农业的基本生产方式。中国人口多，可耕地在人口密集地区，往往不够，因此土地所有权的分配在中国历史上从来都是一个严重问题。中国历史的跌宕起伏，差不多都与土地问题有着或多或少的关联。

在中国传统社会，所谓改朝换代，所谓社会改革，几乎无不遵循儒家伦理，进行一次土地重新分配，总是以均田、均贫富为主要宗旨。另一方面，历朝历代的所谓动乱，所谓农民起义，也始终都是围绕着土地分配不均这样一个大题目。所以，中国历史

[1] 沈宗瀚：《晚年自述》，台北：传记文学出版社 1979 年版，第 30 页。

治乱相寻,土地问题始终是一个大题目。孙中山抓住了这样一个题目,使他成为近代中国最伟大的思想家和政治家,毛泽东抓住了这个题目,进行土地改革,赢得了民心,使他以数十年的努力,从一个小党变成统治中国的大党,且是无法挑战的唯一大党。所以,在20世纪中国但凡要讨论中国问题的人,无不关怀农民问题,关怀土地问题,必须在这样的问题意识中有所建树,才能提出有意义的建设意见。



农复会在蒋梦麟的领导下,比较早地觉悟到中国问题的关键,更重要的是认识到这一点就尽全力去实现,尽全力去落实孙中山的耕者有其田理想。这确实是了不起的。农复会同人以专业知识与技术帮助新获耕地产权农民完成了更上层楼的技术突破。他们主持的农村土地改革终于能够获得成功,终于实现了中国人几千年来所向往的平均地权理想。还有一点是前人不曾梦见的,就是采纳近代西方以来精耕细作的科学技术,使传统农业走出小农经济的藩篱,成为一种与工业并驾齐驱的产业。台湾经济之所以后来在世界经济格局中占有一席之地,在某种意义上说是台湾在现代化进程中比较好地解决了农村、农业和农民问题。中国的现代化,不是出口经济,不是帮助他人实现现代生活,而是中国人生活的现代化,是立足于中国本身的现代化。这一点,台湾的经济值得珍视;而台湾经验中,农复会的经验又是主要内容。

农复会成立于南京,他们最初选定湖南、广西、广东、云南和四川四省区作为试验区,并在那里分别设立五个办事处。蒋梦麟、沈宗瀚等农复会成员分头前往各地考察,以期推动农村进步。但是由于此时国共两党之间的战争已明显吃紧,国民党的国民政府危在旦夕,蒋梦麟虽曾一度向蒋介石表示在无锡等地进行试验,但显然并没有真正进行。1948年12月4日,农复会随国民党的国民政府迁往广州。至此,农复会在大陆的试验便基本结束。

尽管农复会在大陆开展试验工作的时间很短,但他们依然尽力做了一些颇富成效的工作。根据沈宗瀚晚年统计,他们在那短暂的一年间,主要在五个方面作了很大推动,以期在短期内能够促进人民福利与增进生产:

一、在四川、广西、贵州协助政府二五减租,以保证佃农的利益;

二、协助政府加强并改组各省农会,使之成为地方农民为谋自己福利的一个合作组织;

三、扩充灌溉设施,以利农民增加生产;

四、繁殖并推广稻、麦、甘薯及棉花等改良品种,以裕人民衣食之来源。消灭牲畜病害以增加畜牧生产;

五、防治地方性的传染病如疟疾、霍乱病等,以促进农村人民之健康,增进农村人口的劳动能力。

农复会在大陆时期所进行的具体项目有：实施了九十一个农业改进计划，十六个农民组织计划，十八个农村工作计划，七个公民教育计划，五十一个灌溉计划，二十五个农村卫生计划及八个土地改革计划。这些计划共用去经费三十五万美元，在一定程度上确实有助于缓解农村社会矛盾，使农民即刻得到某些实惠。实施数月，湖南、广东、四川、广西先后成为中国共产党领导的解放区，不得已农复会的工作只好全部放弃。这些地区的农民走上了另外一条道路，在中国共产党的领导下，打土豪分田地，用暴力手段迅速解决蒋梦麟等人迟迟无法解决的平均地权问题。

农复会的工作真正获得进展，实际上是国民党退守台湾之后。因为它在南京刚刚成立之后不久，国内政局便发生了很大变化，国民党的势力一落千丈，中国共产党领导的人民军队以排山倒海之势很快占领了大陆的大部分地区。1948年12月3日上午，农复会在南京召开在大陆的最后一次会议。第二天便随着国民党政府迁往广州。随着国民党军队在战场上越来越趋于下风，广东也不是国民党的久留之地，下一步去哪里，举棋不定，而农复会何去何从，也一度成为问题。后来决定由蒋梦麟和穆懿尔委员前往台湾，询问台湾省政府主席陈诚是否愿意在台湾进行土地改革。陈诚很干脆地告诉蒋梦麟："我要做，必须要做。"于是，农复会就决定迁到台湾，这是农复会历史上非常重要的关键转折。

因国民党中央政府那时还没有决定退守台湾，而似乎正准备前往四川，似乎有像抗战时期那样以大西南作为大后方与共产党长期对峙。所以在这种情况下，农复会前往台湾肯定不太合适，所以蒋梦麟、穆懿尔从台湾回到广州后，农复会五位委员对下一步方案进行全面检讨，最后决定农复会一分为二：五位委员中，蒋梦麟、穆懿尔率领一批人，包括蒋彦士等，到台湾去，在台湾建立农复会的试验基地；还有一部分同事即晏阳初、沈宗瀚和贝克三位委员到四川，那边还有一批专家，所以农复会曾经有一度在两个地区办公。[1]

蒋梦麟、穆懿尔等人这次去台湾的时间大概在1949年2月。此时国民党在大陆的情形，已够人担忧。所以蒋梦麟坐在飞机上向窗外望去，但见海天一色，清波荡漾，云朵在晚霞中向后飞渡，使蒋梦麟不觉顺口吟出李商隐的两句诗："夕阳无限好，只是近黄昏！"

正在沉思的时候，在斜阳普照的一幅美景里，松山机场已经在望。映入眼帘的，一

[1]《蒋彦士先生访问记录》，《农复会口述历史访问记录》，第157页。

边是丛林葱郁的山峦，一边是阡陌纵横的田垅。虽然眼前风景如画，但当时蒋梦麟所想的只是如何开展农复会的工作。美丽的宝岛风光，只有留待将来再欣赏了。

下机后，便有省政府派来接机的人上前寒暄，然后登车驶入市区。蒋梦麟坐的那一部车子里，恰巧有一位他以前的学生，这位学生告诉蒋梦麟，这是省政府最好的一部汽车，专给蒋梦麟校长用的。这位学生并很幽默地说："这部汽车，是以前的省主席魏道明夫人的座车，我们把它保留起来，今天给校长坐。"蒋梦麟笑了笑说："那位主席夫人是我的老朋友。"这位学生听了谦恭一笑，也便不讲什么话了。

汽车不久便到了圆山桥附近的一个政府招待所，蒋梦麟一行就在那里安顿下来。当时已经有几位农业人员等在那里，向蒋梦麟报告台湾农业近况，并讨论应该用什么方法来推行工作。后来蒋梦麟一行到省政府去见省主席陈诚，蒋梦麟对陈诚说：农复会的工作方针是两方面的，好像一把两面快的剑，一面用之于社会，以推行公平的分配，一面则运用近代的科学方法来增产。因为我们相信，只讲生产而不讲公平的分配，那么增加生产以后，会使富者愈富，贫者愈贫，结果必会造成社会的纠纷，不但于事无补，恐怕对整个社会而论，反而有害。如果只讲公平分配而不讲生产呢？结果等于分贫或均贫，而不是均富。我们的目的是要均富，但均富并不是说平均分配，而是公平分配，使大家得到合乎公道的一份，不是使人人得到大小一样、轻重相等的一份。我们一方面讲公道，一方面讲生产，这就是我们的两边锋利的一把宝剑。这个政策，经蒋梦麟代表农复会说明后，陈诚听了非常赞成，说："好啊，我们很欢迎。"

蒋梦麟又说：公平分配最要紧的是土地改革，那便是耕者有其田。要讲生产，就必须用近代的科学方法，否则生产量不会增加的。陈诚说，他赞成这个办法，在他任湖北省政府主席时，也曾搞过土地改革，收效很大，所以他也想在台湾做。不过目前的台湾百废待举，单凭他一个人与政府的力量，恐不易做到。经费既不够，技术人才也不足，是不是农复会愿意帮忙？蒋梦麟当时就代表农复会说："只要省政府有推行土地改革的决心，农复会一定尽量帮忙。"陈诚说："好，我们就这样办吧！"

经农复会在全国好多地方视察后，深觉最重要的首推水利问题。土地必须有水，才能生产。至于其他各种生产方法，当然也应注意：台湾是亚热带地方，容易发生虫害，而且传布极速，应加强防治；还要注意肥料，改良旧品种，介绍新品种。不过，要增加生产，单靠技术和物质是不够的，组织农民也是不能忽视的一件事。农复会曾经派人调查过，台湾有个日治时代留存的农会制度。不过这个农会掌握在地主手中，它的宗旨并非替农民谋福利，只是为以前的殖民政府在台湾调度粮食供给日本之用。实际上那只是政府收购粮食的一个机关，蒋梦麟建议把这种农会改组。陈诚对蒋梦麟和农复会的建议都很赞成。商讨结果,决定一方面将农会改组为真正的农民的农会,一方面推行耕者有其田的政策。关于生产方面,则着重水利建设,注意施肥,因为台湾土地是没有大陆肥沃的。其余像防治病虫害、改良品种以及各式各样的生产办法,农复会都详尽地研究过,务求达到改善国民生活的目的。

离开省政府后,蒋梦麟和农复会同仁都觉得很愉快,感到陈诚这位省主席决断力很大,看来他的行政经验很丰富,农复会可尽量和陈诚及台湾省政府合作,以推行土地改革和耕者有其田的计划。

由于过去几个月的经验,蒋梦麟和他的同事深知政府方面如没有决心,那就什么事也不能做。现在省主席陈诚既然有此重大决心,他们对于在台湾实行土地改革计划和统筹农业计划,都抱着很大的信心。

于是他们到各处调查了一下台湾的情形,2月24日晚,乘车离开台北前往台南考察,又看了几个试验场,并与农业界人士会谈过。25日,由台南飞厦门,住鼓浪屿海滨旅馆。26日,蒋梦麟在那里主持会议,讨论改进台湾农业与推行土地改革的办法。这时候,农复会工作人员在离厦门不远的龙岩县帮助土地改革的工作,已经有了相当的时间。据该县出来的人以及农复会派去视察的人说,那里自土地改革以后,生产的能力增加了,农民的耕作兴趣也提高了,社会一下子繁荣起来。因为人民有了属于自己的土地之后,都加倍努力耕作。农民们因丰衣足食而显得很高兴,连土匪也没有了,熙熙攘攘的很太平。从这小地方看来,台湾若能够把土地改革办成功,也会一样的安定而富庶。目前台湾农村的进步和农民的快乐,在当时的龙岩县就已经看见具体而微的一部分,也因此增强了蒋梦麟和他的同事主张土地改革的信心,知道土地改革的政策,对国民的生活水准的确可以提高。

蒋梦麟一行在鼓浪屿开会后,就飞往广州,又转飞成都,在那里研究四川土地改革的问题。当时的省主席王陵基先生,对于这件事情也相当热心,赞成在那里进行土地改革。台湾做的是三七五减租,那儿做的是二五减租。二五减租与三七五减租,相差甚微。但后来台湾所实行的耕者有其田政策,就比减租还要进一步了。那时候农复会内部有两种意见,一部分人主张非土地改革不能振兴农村,还有一部分人却不赞成用土地改革的方式来改良农村。彼此虽然并未公开辩论,但对于解决中国农村问题却各有主张。至于美国委员方面的意见,似乎以为这个问题还是让中国委员们自己决定为是,故未公开表示赞成与否,不过在谈论之间,还是赞成土地改革的。中国委员们虽然无人公开表示反对土地改革,但积极主张非如此不能复兴农村的却只有蒋梦麟少数几个人。大概这少数人在那时候的言论举动过于积极,所以有一位委员在背后批评蒋梦麟等人说："唉，那些人发神经病了，一天到晚，只知道讲土地改革。"后来在台湾时，有人对蒋梦麟说，因为蒋梦麟在广东中央政治会议中曾代表那少数人说过，"你们广东地主们，现在不肯推行土地改革，将来共产党来了，不但你们的土地被夺去，连你们的头也会被杀下来。"所以有人批评蒋梦麟说，"糟了，这老头儿也变了。"

"这老头儿"的确是变了。蒋梦麟生长在拥有数百亩良田的小地主家庭里，但远在1918年的时候，他在浙江就跟在人家后面推行二五减租运动了。变了，时代变了。

蒋梦麟等少数人的那些疯疯癫癫的言论和举动，毕竟感动了农复会全体委员，他们终于都愿合力来推动土地改革。于是蒋梦麟偕晏阳初、穆懿尔、沈宗瀚等十三人于7月15日下午离开广州飞重庆，拜访张群将军，请他帮忙，协商农村建设工作。7月17日，蒋梦麟一行飞成都，与四川省政府主席王陵基协商减租工作，劝王陵基从速推行二五减租。

王陵基慷慨地说："好，我们就这样做吧。我先把我所有的一千多亩田，实行二五减租，不过问题在某巨公，他有好几千亩田呢。"王陵基想了一会儿，就继续说道，"有法子了，我自己实行后，就对他说，咱们先干了，老兄请你照办。不然，我就帮助你们的佃户，向你要求减租。他现在没有枪杆儿，不敢不赞成。"蒋梦麟等人听了这番话，心里觉得好痛快。

有一天蒋梦麟他们在四川乡下，坐了几顶轿子，视察农村情形。蒋梦麟和轿夫边走边谈。四川人都健谈，虽是贩夫走卒，也不例外，这就是所谓摆龙门阵。

当时蒋梦麟问他们："你们这里减租了没有？"

"哦，听说有这回事，看见有告示，说要减租的。"

"减了没有？"

"啊！先生，政府的话，哪里靠得住？"

"要是真能减租，好不好？"

"那当然好极了！"

蒋梦麟认为，由这一段短短的谈话，足证一般农民是多么拥护土地改革的政策！

到达目的地时，蒋梦麟的耳朵里似乎充满了人民微弱的呼声："那—好—极—了。"这使蒋梦麟立下了一个志愿，一定要贯彻他们少数人的意志，把二五减租做成功。

于是他们留下一部分人在成都计划减租的办法。蒋梦麟则与沈宗瀚、穆懿尔等人于22日从成都飞兰州。24日，飞西宁；下午飞兰州，视察当地情况，并与马步芳面谈农村工作。25日，由兰州飞成都。26日，飞至广州。8月28日，蒋梦麟与沈宗瀚、穆懿尔、洛夫由台北飞桂林，与马保之洽商农复会工作。10月2日，蒋梦麟离开桂林飞成都，与王陵基洽商减租、水利及稻麦增产工作。3日，四川局势危机，蒋梦麟乘包机离开成都飞香港。10月9日，飞抵台北。

那时台湾的土地改革政策，已完成了立法程序。陈诚对省议会说："我一切事都听从民意，唯有这三七五减租案及连带的法案，务必请大家帮忙通过。"当然，握军政大权的主席说那些话，到底含有几分"先礼后兵"的意义。

于是，省议会果然好好地通过了陈诚的提案。蒋梦麟多年之后回想起来，这个法案真正带来了台湾的安定与繁荣。

陈诚的效率和真诚深深感动了蒋梦麟，蒋梦麟遂在农复会台湾办事处亲自拟了一张电稿给四川省政府主席王陵基，其中有一句："吾兄当不让辞修兄专美于前"，以此激励王陵基用力用心于减租运动。

第二天，王陵基回电了，其中有"一切当遵命办理"的一句谦虚话。

蒋梦麟感慨系之：天下事只有少数人肯发神经病，把一件事似疯如狂地向前推进，终有达到目的的一天！

10月，农复会着手开始了他们在台湾的试验。只是在农复会迁往台湾的第一年，其工作并没有真正开展起来。他们先是受制于美国对华政策的影响，编制预算不能以一年为期，而以六个月为限。从1949年冬起，农复会美国委员穆懿尔兼任美国经济合作分署代表。美国经合总署授权穆懿尔随军事与政局变化，可以随时关闭经合分署及农复会，因此农复会的成员人心惶恐不安。

▲蒋梦麟与农复会美方委员

面对如此惊恐不安的政治局面，农复会的唯一对策就是缩减规模，缩短战线。1950年2月10日下午五时，穆懿尔、贝克、沈宗瀚等委员以及农复会下属各单位主任钱天鹤、汤惠荪、许世钜、蔡一谔、蒋彦士、樊际昌等在蒋梦麟家中开会。蒋梦麟首先说明台海局势紧张情形，继则商讨两大问题：

一、万一台海局势危机时，农复会同人如何从台湾撤退；

二、尽量裁减农复会职员，以减少万一从台湾撤退时的困难，并决定农复会在2月15日改组。

美方委员穆懿尔在会上声明美国大使馆仅能负责美国职员的撤退，而无力兼顾中国职员，并提出裁员及改组计划。

会议结束后，由农复会各单位主任转告全体职员：

一、委员会正设法使同人于危机时撤离台湾；

二、同人如欲于2月15日改组时愿辞职离开台湾者，委员会可以同意。

这个消息传达之后，农复会同仁更加不安。在这种情况下，农复会的工作自然无法正常开展起来。

2月16日起，农复会按照既定方针改组为土地、水利、农业、畜牧、肥料分配、农民组织及卫生七个组。改组完成后，蒋梦麟即去美国，参加即将在华盛顿举行的中华教育文化基金董事会会议，因为他此时还兼着这个基金的董事会主席。穆懿尔代理主任委员。此后一段时间里，沈宗瀚与穆懿尔每天晤谈一次，处理会务，交换情报，农复会天天都面临着被关闭的危险。[1]

蒋梦麟此次赴美，除了参加中华教育文化基金董事会议外，似还负有另外一项重要使命，即劝说正在美国的李宗仁放弃代总统职务，而将权力和平移交给国民党实力人物蒋介石。根据顾维钧的回忆，胡适曾经告诉他，蒋梦麟最初曾接受顾维钧3月2日在双橡园为李宗仁举行晚宴的邀请，但是由于李宗仁对他的冷淡，他觉得不应出席。蒋梦麟曾到李宗仁那里面交白崇禧的一封亲笔信，这封信敦促李宗仁或者速回台湾，或者辞去代总统职务，并强调中国领袖之间团结合作是进行"戡乱救国大业"的迫切需要。李宗仁看完信后，对蒋梦麟没有说一句话，也没有表示他个人的反应，但是显然他不同意这封信的内容。李宗仁对蒋梦麟冷淡，于是蒋梦麟没有得到讨论台湾政局的机会就返回台湾了。[2]

3月7日，顾维钧在华盛顿设宴招待中华教育文化基金董事会成员，蒋梦麟、胡适、梅贻琦、哈钦森、布罗迪、郭秉文、何炳衡和梁龙等出席了这次宴会。在此之前，顾维钧在双橡园同胡适、蒋梦麟及蒋廷黻的谈话中，曾把自己在里弗代尔和华盛顿同李宗

[1] 沈宗瀚：《晚年自述》，第43页。

[2]《顾维钧回忆录》（7），中华书局1988年版，第600页。

仁的谈话、李宗仁对蒋介石的态度、白宫午宴的真实情况、杜鲁门总统接待的社交性质以及甘介侯为李宗仁与杜鲁门总统会晤而无谓地狂喜等情形毫无保留地告诉了蒋梦麟等人，他们都为李宗仁不顾及中国传统而肆意“家丑外扬”的企图感到遗憾。

通过对各方面情况的了解，蒋梦麟在美期间似乎对台湾政局尤其是蒋介石也稍有不满。仍然根据顾维钧的记载，还是3月7日，中华教育文化基金董事会举行会议，会后顾维钧在大使办公室同董事会主席蒋梦麟交谈。蒋梦麟在与顾维钧的谈话中对蒋介石略表伤心，理由是蒋介石固执己见，不听劝告。蒋梦麟告诉顾维钧：蒋介石自信过甚，毫无现代行政所必须的基本知识。

在国民党兵败大陆退守台湾前的1949年1月5日，蒋介石任命他的干将陈诚担任台湾省政府主席兼台湾省警备总司令部总司令，并继续兼任东南军政长官公署长官，坐镇台北，指挥东南战区战事，尤其是在台湾发展和稳定方面作出了巨大贡献。在他就任台湾省政府主席两个月后，在人心惶惶、百废待兴之际，就在蒋梦麟领导的农复会支持下，宣布实施“三七五减租”的土地改革方案，奠定了台湾恢复发展的基础。

然而到了1949年12月，蒋介石突然宣布免去陈诚的职务，任命吴国祯接任。这个变故据说是基于顾维钧的提议，而顾维钧之所以提议，又是因为美国政府中某些人士如白吉尔上将觉得陈诚不够亲美，而吴国祯才是美国政府中意的人物，简言之，就是为了赢得美国的好感，维持美国对台湾对蒋介石的支持。

对于这个变故，蒋梦麟似乎很不满意，他确实与陈诚有很好的私人关系，但是更多的还是他觉得陈诚的魄力与认识是国民党中少有，仅仅在土地改革问题上，就不是那些碌碌无为的官僚能够望其项背的。所以他在这次访美过程中，尤其是在与顾维钧的谈话中，似乎也明白向顾维钧表达自己的不满，指责顾维钧不该这样乱提建议。顾维钧对此当然有自己的辩白，但这种理由在蒋梦麟看来似乎都不能成立。[1]

到了1950年6月，朝鲜战争爆发，美国对待台湾对待蒋介石的政策开始改变，台湾因这场战争终于摆脱了先前的困境，并为台湾的发展赢得了一个难得的契机。7月，美国政府宣布扩大对台湾的经济援助，台湾局势趋于稳定。8月初，蒋梦麟从美国返回台湾，继续担任农复会主任委员。从此，农复会摆脱困境，开始长期计划，培植人才，增聘专家，同心合力协助国民党政府在台湾的统治，在农业发展与进步方面作出了相当大的贡献。

---

[1]《顾维钧回忆录》(7)，第629页。

## 以科学技术提升农业

台湾在日本殖民统治时代确实建立了一批农会组织，只是这些农会组织的真正权力并没有掌握在农民手里：

第一，会长是官派的，由政府指定；

第二，农会的主要功能是收集米粮输往日本，因日本需要台湾米。

台湾光复后，国民党政府曾在1946年和1947年两次改组农会，只是这些改组并不彻底。虽然在组织上改为民主方式，由理事会作业务决策，但因农会会员的资格没有给予妥善界定，理事会仍是那些住在农村而非农民的所谓“领袖”把持着，乡镇农会亦普遍亏损。

经过农复会组织进行土地改革后，农民经济改善，知识水平提高，希望进一步改善生活的意愿也随之增强，他们要求在与自己切身利益密切相关问题上有更多的发言权，使农会成为真正农民的自治组织。

农民的这个愿望不仅值得尊重，而且也是重建农村社会的必由之路。农复会利用农民的这种愿望，协助政府对农会、渔会、水利会等进行改组。

由农复会主导的这次农会改组涉及面非常广，政策性也非常强，蒋梦麟小心对待，几乎每一次重要会议，蒋梦麟差不多都亲自出席，以期制定妥善的政策，推动改组顺利进行，培养农民、主持农民自由运用民主权利，自由表达自己的意志和愿望。

第一，就是协助省政府整顿农会，将农会负责人由官派改为民选，并在某种程度上改善台湾农村先前很严重的地方势力和派系势力。

▲蒋梦麟欢迎农复会美国顾问指导“四健教育”

第二，农复会在协助省政府改组农会时，将重点放在基层，放在乡镇农会。台湾农会虽有省农会、县农会和乡镇农会三级组织，但根本业务还是在乡镇农会。乡镇农会与农民零距离接触，能否为农民解决实际问题，乡镇农会是关键，县农会是架空的，省农会只是推广业务，制定政策，与农民只是远距离接触。[1]

第三，乡镇农会业务不振，可能有多种原因，但是一个最重要的原因，是经费不足。蒋梦麟对此非常重视，积极寻找解决办法。过去，农会最主要的收入是粮食局征收农会稻谷的租金，但为数甚微。蒋梦麟就请粮食局长增加租金，使农会多些收入，同时估计粮食局要负担七百多万的新台币，在财政困难时，可以说是一笔相当大的数目。蒋梦麟建议，如果粮食局不能负担这七百多万，农复会可以补助。后来大概粮食局局长深明大义，增加了租金，使农会收入有所提高，比较有效地推动了农会工作。[2]

在农复会领导层，沈宗瀚与美方委员穆懿尔是学农出身，其主要的精力差不多都集中在农业增产方面。蒋梦麟虽然在美国留学之初学过农学，但毕竟中途改道，所以他的主要精力集中在土地改革、农会改组等社会层面，同时积极倡导、推广以科学技术提升农业技术含量，以科学技术增加农业生产，从而达到改善农民生活，促进农村乃至整个社会经济发展繁荣的目的。

就社会层面探讨科学技术在农业上的应用，最主要是增加农民对科学技术的兴趣。那么，怎样才能使农民有这种兴趣呢？这就要使农民知道，一切增产收入都可以用来改善他们自己的生活，所以与增产工作同时并进的，就是农村社会的改革。如果没有农村社会的改革，农民自己没有自己的土地，那么农民就不可能有增产的兴趣，就不可能真正愿意引进现代新的科学技术改进农业落后的生产方式。

重振农村的工作千头万绪，蒋梦麟在那些年以宗教精神从事这项工作，十多年间常年待在乡下，台湾每一个穷乡僻壤都到过。基于这种最直接的调查研究，蒋梦麟对台湾农村、农民及农业问题有清醒的认知和很好的归纳，在他看来，台湾“三农问题”的基本特点是：

1.农场小，农家人口多，土地利用高度集约化；

2.农产品除供农家自用外，商品化的程度甚高；

3.实行稻谷换肥制度；

4.部分农产品实行保证价格，用以保护农民收益，稳定生产；

5.乡镇农会组织的健全及业务的综合性；

6.农业生产与农产加工业密切的联系；

7.政府协助主要农用品的供应，以保证农用品的充分供给，及合理的价格；

---

[1]《谢森中先生访问记录》，《农复会口述历史访问记录》，第191页。

[2]《欧世璜先生访问记录》，《农复会口述历史访问记录》，第175页。

8.水利的兴修及改善，水利灌溉为台湾农业的动脉，八十余万公顷的耕地中有五十余万公顷是灌溉田；

9.政府及公共机构对农业发展计划热心参加支持；

10.农业生产技术水准甚高。

根据这些特点，蒋梦麟对于台湾农业发展方向提出这样几点建议、期待或者说是规划：

一、进行土地改革；

二、兴建石门水库；

三、开展防鼠工作；

四、牲畜病害防治计划；

五、作物品种改良；

六、森林资源的航空测量与调查；

七、渔业发展计划。

对于台湾农业发展应持有的精神，蒋梦麟提出了这样几点建议：

一、农民的自助精神：由于人民先有地方性的发轫力及期望寻求改进的愿望，故政府再从事计划及协助推动；

二、农民自愿及自动的参加农业建设计划的执行和实施；

三、政府与人民间的相互了解与沟通：人民可透过各种农民组织向政府提供建议及意见，政府亦随时将政策及建设计划重点向农民说明；

四、所有建设计划均希望能逐渐由地方机构负责主持推动，使其可永久地在农村中生根。[1]

在对台湾农村经济的认识中，蒋梦麟很早就意识到灌溉农业的重要性，所以兴建石门水库也就成为他生命过程中一个非常重大的事件。

1954年3月，台湾行政当局组织一个超部会的石门水库设计委员会，其成员来自经济部、农复会、建设厅、水利局、电力公司五个单位。按照规划，石门水库的设计研究费用均由农复会负担。1955年7月7日，石门水库破土动工。五年后，即1960年12月16日开始导水，1963年8月11日正式放水，受益面积达一万五千公顷。1964年6月14日，即蒋梦麟病逝前十天，石门水库举行竣工典礼。

石门水库对台湾经济尤其是农业长期稳定的发展具有极为重要的意义：

[1] 吴湘湘：《蒋梦麟振兴北大复兴农村》，《民国百人传》，台北：传记文学出版社1986年版，第96页。

▲蒋梦麟念念不忘的石门水库

第一，石门水库是以耕者有其田出售的四大公营事业即水泥、纸业、农林、公矿四公司的股票贷给农民以取得土地，农民交还地价的款，以作修筑的原始经费；

第二，石门水库的建设机构最初发起是由国民党建议，公推陈诚领导，蒋梦麟、黄季陆等军政要员、学界领袖都是这个机构的成员，蒋梦麟连选连任一直到他逝世，且在陈诚辞去石门水库兴建委员会主任委员后，于1958年8月5日接任这一职务，直至石门水库建设工作基本完成，即将移交给台湾省政府进行管理的时候，蒋梦麟才于1963年8月16日辞职。

对于蒋梦麟如此关注石门水库的建设，在当时的台湾也有人对此表示不理解或反对。1960年4月19日，蒋梦麟随行政负责人王云五列席议会例会，在王云五报告后，蒋梦麟与石门水库执行长徐鼎芬分别报告。第二天，一位姓潘的议员在咨询时讽刺蒋梦麟不应兼石门水库的职务。王云五答：潘议员不知道蒋梦麟与石门水库有着深远的关系，石门水库在筹备时期多赖蒋梦麟以农复会主任委员的地位给予支持，并且对于美国援款的交涉，也尽了很大的努力，所以他兼任石门水库建设委员会主委任务，可说对任何方面都是最适当的人选。蒋梦麟在农复会已奠立很好的基础，所以对于农复会的工作，只从重要政策上主持，得以大部分精力时间主持石门水库，因此蒋梦麟兼任石门水库工作是无碍的。

石门水库的建设是蒋梦麟晚年的一件重大事情。这一工程在他病逝前十天方举行竣工典礼，本来是安排他主持典礼仪式，他却不幸因病住进了医院，而且从此再也没有站起来。据说他在临终前几日，口中仍喃喃说出“石门水库”四个字，可见他对石门水库有着怎样难以割让的关切。[1]

[1] 黄季陆：《敬悼一个土地改革者蒋梦麟先生》，《传记文学》5卷1期。

## "台湾马寅初"

伴随台湾农业复兴，人口剧增。对此，蒋梦麟认为是个沉重的负担，于是提出节育主张，以为只有做到节育，控制住人口盲目增长，农业复兴才能真正实现，才能真正化解台湾人口压力。

蒋梦麟对节育问题的注意应该说由来已久。早在1922年他就介绍美国提倡"生育制裁"(Birth-Control)最有力的山格夫人(Mrs.Margaret Sanger)到中国来访问并在北京大学演讲，至少从那个时候开始，蒋梦麟已对人口增长必须与社会经济增长同步有了相当深切的认识。胡适当年代北大校长拟定的欢迎山格夫人《启示》说："无限制的生育，使人口之增长超过教养的能力，小之可致一身一家之贫窭，大之实为世界文化与和平之一大危机。西洋自马尔萨斯以来，学者多有提倡生育制裁之论者，但社会习于成见，往往认此事为不道德。实则与其生而不能养，与其生而杀之以贫病，何如预为制裁而不生之为愈乎？"

胡适与蒋梦麟都是相当清楚马尔萨斯人口论的，都清楚节育对社会发展的重要作用。从这个意义上说，蒋梦麟到了晚年积极提倡节育和控制人口增长，便是意料之中的事，是几十年前的思想种子开花结果。1959年4月15日，胡适获知蒋梦麟公开谈论人口节制的消息后立即联想到他们当年与山格夫人交流的情形。[1]可见此事对蒋梦麟与胡适的影响。

蒋梦麟对台湾人口问题的关注大约起于农复会工作开始不久。1950年，农复会资助台湾省农林厅举办一小规模的农家经济调查，由此蒋梦麟开始重视台湾的人口压力及应取的政策。他认为，台湾人口的增长速度过快，当时台湾的人口增长率为百分之三点八，石门水库完成后增产的水稻只够应付台湾一年的人口增长，同时一年人口的成长有一个高雄市，但台湾有多少地方可以建水库？又有多少地方可以建高雄市呢？因此，为了台湾的未来与发展，台湾在增加生产的同时，一定要解决人口增长过快的问题。否则，台湾最后将不堪人口增长的压力。[2]

在蒋梦麟的著作和言论中，最先提出人口问题的是1951年2月出版的《适应中国历史政治社会背景之农复会工作》及同年7月出版的《土地问题与人口》两文。他在这些文章中提及中国历史上"生之者众，食之者寡，为之者疾，用之者舒，则财恒足矣"的古训，明确提出人口与生产之间的关系问题。

[1] 胡颂平：《胡适之先生晚年谈话录》，中国友谊出版公司 1993 年版，第 15 页。

[2]《李国鼎先生访问记录》，《农复会口述历史访问记录》，第 30 页。

1952年7月25日，蒋梦麟又在《中央日报》发表《为什么少限田？限田以后怎么办？》；同年8月，又在《土地改革》2卷12期发表的《台湾三七五减租成功的因素及限田政策实施的几个问题》。在这两篇文章中，蒋梦麟认为限田扶农政策实行后，亟待解决的就是人口问题。

接着，蒋梦麟在1957年10月2日于《征信新闻》上发表了《谈谈台湾的人地问题》，主旨在于指出台湾耕地有限而人口增长过速。之后，便是1959年4月13日在记者招待会上发表的《让我们面对日益迫切的台湾人口问题》。

这篇《让我们面对日益迫切的台湾人口问题》是中国现代人口政策史上最重要的一份文件，等于蒋梦麟的"人口宣言"。此一文献经用中英两种文字发行单行本，不但引起台湾人士的重视，也引起国际社会的莫大注意。

蒋梦麟在《让我们面对日益迫切的台湾人口问题》中揭示两个重要事实：一是台湾省每年增加一个高雄市的人口；一是每年消费一个石门水库所能增产的粮食。从自之后，台湾各大报纸、杂志等传媒，都就此展开激烈的讨论，虽各家主张不一，见仁见智。但此一问题终能引起朝野上下注意，而认为必须求得解决，有所措施，则为大多数人之意见。

蒋梦麟之所以提出节制生育的主张，其思想根源诚如罗家伦所指出的那样，蒋梦麟虽然受过西方高深的教育，为期很长，但他也曾受过中国农村的熏陶。两种的耳濡目染，在他下意识里自然而然地发生一种化合；何况他从实验主义的名师杜威博士受教多年。他在美国时期也为侨报撰文，深知侨胞为缺乏知识而不能得到高等职业的痛苦。中国学人动辄要"为天地立心，为生民立命"。为天地立心的问题太大，暂且不论。但为生民立命，则生民的衣食常常要成问题，又何从为他们立命？为了解决这迫切的难关，蒋梦麟自到了台湾，和若干专家作环岛考察，发现民间疾苦太多了。如衣不足暖，食不够饱，灌溉的水量不足。动植物病虫害到处传染，家庭愈穷而生育愈多，生育愈多而贫穷愈甚，婴儿死亡率愈大。这种悲惨的情况，断非丰衣足食、子孙满堂的封翁太君们所能想象的。中国自古就有"生之者众，食之者寡，为之者疾，用之者舒，则财恒足矣"的古训。蒋梦麟由农复会来提倡节育，也不过是根据这个原则行事而已。

其实，蒋梦麟除进行实地调查外，更作了一个时期的专门研究，曾与不少专家交流过意见和看法。尤其是农复会美籍委员贝克因曾在华洋义赈会服务多年，对中国社会经济情况了解相当深刻，他曾于1951年4月在联合国同志会发表有关台湾人口问题公开演讲，强调"人口与生产之平衡"，以为台湾人口增加太快，生产速度不能与人口增加速度相平衡，因此主张对家庭采取限制办法。至于采取什么样的限制办法，什么时候开始这种限制，贝克认为则应由台湾政府经过缜密考虑后自己决定。

贝克的这次公开演讲引起各方面注意，激起很长时间辩论。而贝克的演讲本身实际就是他与包括蒋梦麟在内的农复会一些专家长时期研究、调查的结果，可以说是代表农复会的官方发言。因此，蒋梦麟对于台湾人口问题的看法，在一定程度上说也可以说曾受到贝克的影响。



提倡节育，限制人口的增长，是与中国传统道德伦理观念相冲突的。因为就中国传统社会最为看重的家庭而言，中国人的理想是五世其昌，子孙满堂，多福多寿，必须多男子，不孝有三，而以无后为大。即便从国家来说，中国也素来主张广土众民，人君常以“邻国之民不加少，寡人之民不加多”为忧，谋国者尤以“财聚则民散，财散则民聚”，“得众则得国，失众则失国”为戒。因此当蒋梦麟的节育主张提出后，曾在台湾引起激烈的论战，许多人都反对这一主张，以为台湾生产力有限，人口增加太快，当然感到压力很大，然而这些反对者从另外一个角度认为：

我们都知道国民党政府在台湾是短期的，我们决不能有偏安一隅的心理，我们的目标是反攻大陆，并且希望很迅速地回到大陆去，尤其现在正提倡发展人力资源，在台湾建设需要很多的人力，收复大陆后有更多的事情需要人去做，人口增加是自然的趋势，我们的眼光，不能专看现在的压力，应该注意将来的需要。因此提倡节育，实无必要。

更有甚者指责蒋梦麟的节育主张严重违背了孙中山的遗教，并有人给蒋梦麟写匿名信进行威胁谩骂。有一个自称“反共斗士”匿名“自强”的人在写给蒋梦麟的信中，除了进行诬蔑辱骂外，更在结尾部分说：“你如果尚有一丝人性的话，应自杀以谢国人，因为你胜过黄巢、秦桧、汪精卫之流，可恨！可杀！”有一个在台湾立法机关有发言权的人竟然行诸文字，指责蒋梦麟的节育主张是“基于极端个人快乐主义之邪念”，为“主张性交自由，而以人为的方法或性交技术以遂其快乐”而提倡计划家庭，实行人口政策。面对这些指责，蒋梦麟依然故我，不顾一切，如其于1959年4

▲田野的芳香对蒋梦麟有着无穷的吸引力

月13日在记者招待会上公开宣称的那样：

我现在要积极地提倡节育运动，我已要求政府不要干涉我。如果一旦因我提倡节育而闯下乱子，我宁愿政府来杀我的头。那样太多的人口中，至少可以减少我这一个人。

其责善固执的大无畏精神跃然纸上。

蒋梦麟及时提倡节制生育主张，应该说是有远见的，也是极为严肃的。事实上，在他正式提倡节育口号之前一个相当长的时期里，他就开始密切关注台湾人口问题。在他正式宣布《人口问题宣言》的八年前，他所领导的农复会就已开始积极支持推行妇婴卫生工作。1952年成立的妇婴卫生所，1959年扩充为台湾省卫处妇婴卫生中心。所谓妇婴卫生，主要就是指导妇女孕前的卫生节育工作。农复会对于这项工作除了在技术上予以极大援助外，每年补助省卫处由数十万元至数百万元不等。在农复会中，乡村卫生组组长许世钜博士就是对此项妇女卫生工作贡献最多的人之一。由于台湾对于妇女节育工作作出了杰出的成绩，联合国的世界卫生组织、儿童福利基金会、洛克菲勒基金会、纽约人口协会等都多次给予经济上、技术上和人力上的支援。

为了更透彻了解台湾人口的过去与未来情形，蒋梦麟在1952年曾邀请美国普林斯顿大学人口研究所专家巴克莱（Ceorge W.Barelay）担任农复会顾问，专门研究台湾人口问题，并于1954年由普林斯顿大学出版《台湾人口研究报告》，详细分析台湾过去人口状况及今后发展趋势。巴克莱在此之前就是很有名的台湾人口问题研究专家，著有《台湾殖民时代之发展与人口》，这是国际学术界有关台湾社会经济发展与人口问题比较早也比较权威的著作。

蒋梦麟提出的人口控制及有计划增长的见解，是十分有意义的。联想到大约与此同时的大陆马寅初的遭遇，我们不能不对蒋梦麟的见解肃然起敬。正如王世杰在蒋梦麟治丧委员会第一次会议上所指出的那样，蒋梦麟的不幸去世是台湾也是中国的一大损失，他生前不顾别人反对，主张节育，为国家作长远打算，这是值得人们永远追念的。[1]

鉴于蒋梦麟在台湾农村复兴方面的贡献，菲律宾政府于1958年向他颁发麦赛赛奖金。麦赛赛奖金是菲律宾政府以其国总统麦赛赛的名义设立的。瑞蒙·麦赛赛（Ramon Magsayay）是菲律宾独立历史上的一个风云人物。他原是一个贫苦的汽车修理工，全凭他个人坚忍毅力和勇气，以及灵活的政治手腕吸引群众，于1953年当选为

[1] 张研田：《蒋梦麟先生倡导节育运动的经过》，《传记文学》7卷1期。

菲律宾共和国总统。1957年3月17日，不幸因飞机失事遇难。麦赛赛的民主作风不仅赢得了本国人民的爱戴，而且赢得了相当的国际声誉。在他去世之后，美国煤油大王洛克菲勒的后裔约翰·洛克菲勒三世捐助一批巨款，成立“麦赛赛奖金”，决定每年就亚洲有特别贡献的人士选择六人进行表彰，分为政府服务、社会服务、文学、科学、美术、新闻事业六个部门，每人给予一万美元的奖金。并决定第一届奖金的颁奖日期定在麦赛赛的出生纪念日，即1958年8月31日。而蒋梦麟所获得的就是该奖金的第一届“政府服务”奖。基金委员会在给蒋梦麟的颂辞写道：

▲蒋梦麟前往菲律宾领取麦赛赛奖

差不多十年前，你被推举为一个新的政府机构的主席。这个机构是为制定和推行中国农村建设计划而创设的。为了达成这个目的，你和你的同僚，在中美两国合设的农村复兴委员会里制定了一套特别有效的方案。

在台湾，农村复兴委员会对于农业生产的增加和改善显然已发生媒介作用，很容易看得出来。同样重要的是农村复兴委员会，一方面推行有效的土地改革，一方面组织农会来实行农产品的加工与推销，设立卫生诊疗所，开凿灌溉沟渠，和使用其他方法增进农村生活之丰足。这些工作使得社会公平正义得到了保障。

虽然农村复兴委员会的成就是许多人工作的效绩，但你是该会的主席，你的贡献在使得各方面的工作得到均衡，因而成为该会成就的重要因素。你以前是你的国家里一位杰出的教育家。你在政府的工作上带有一种宽大而富有人道精神的观点，使得你的贡献充满容忍与弹性，同时在你所领导的机构里，对于各项设施作了高度的优越选择。

同样的，你为你的同僚，在政府服务上树立了一个崇高的标准。你的服务是以谋致大众福利，而不是取得个人报酬为尺度的。

在指定你为麦赛赛奖金政府服务部门第一位受奖人之时，基金会认为你在这个中美机构卓越的领导是你的同胞农村生活重大进步的一个主要因素。[1]

[1] 陈之迈：《蒋梦麟与麦赛赛奖金续记》，《传记文学》5卷3期。

由此可见蒋梦麟在农村复兴方面的杰出贡献已得到国际社会的普遍认可。

农复会的成功有诸多原因与背景，如果仅从蒋梦麟个人素质与贡献上来说，可能正如长期在其领导下工作的马保之所分析的那样：一是蒋梦麟要求他们这些农复会的工作人员要做“草根大使”，不要坐着空想问题，要求他们一半时间办公，一半时间请教农民，提出的问题要针对农民的需要。二是蒋梦麟非常重视、尊重专家的意见，有人找他谈农业，他总是说我不懂，请您到楼下找马保之。当时马保之虽只是个组长，但却有很大的权力，议案通过后如何付款，如何追回来，都是马负责，因此马有责任不得不努力。而那时农复会有权有钱又有技术，做事效率当然很高。三是农复会每个星期一、三、五开会，每位委员一定要到，不能请假，对每个议案都详细讨论，一定要五位委员无异议全数通过才能执行，他们是真正在思考问题，如采取什么政策，如何来推动等。四是农复会下属同仁的研究工作很多，而且个个都很投入，极少有外务或应酬。若想请客也要经过五位委员同意批准，不能随便使用公款请客。农复会可以说是上下一心，分工合作，所以成功不是一件容易的事。[1]

农复会职员高度自由，待遇较当时公教人员高出很多，遇事稍微处理不慎，都极易招人嫉恨，然而农复会在蒋梦麟的领导下，凭借其崇高的信誉与人脉，诸如与蒋介石、陈诚等政治高层的关系，使农复会树大而未招风，在台湾政坛尤其是经济发展中如鱼得水，贡献力量。当年蒋梦麟掌农复会，胡适之掌中央研究院，梅贻琦掌教育部，以前均曾任北京大学、清华大学校长，多年故交，人称“三老博士”，均为陈诚极常咨询的专家和朋友。当时台湾财经首长如严家淦等，均对蒋梦麟持长者之礼，议会中更多北大毕业生，蒋梦麟为老校长。对内蒋梦麟常向其他委员称自己不懂农业，请大家多作建议。事实上蒋梦麟在紧要关头，每作睿智判断，令人折服。蒋梦麟对农林渔牧生产方面均尊重沈宗瀚等专家意见，对社会问题如土地改革、乡村卫生、人口政策等则常有自己的主张。[2]凡此，都是农复会成功的个人因素。

[1]《马保之先生访问记录》，《农复会口述历史访问记录》，第57页。
[2]《张宪秋先生访问记录》，《农复会口述历史访问记录》，第120页。

# 十　最后一个情种

蒋梦麟一生有过三次婚姻。然而，晚年的蒋梦麟并不是一个幸运的人，更说不上幸福。在生命的最后几年，由于在婚姻问题上处理不慎，使他的情绪受到很大影响，进而影响了他的身体，影响了他的生活质量。不能说他的去世与此有着直接的关联，但相互之间也不能说毫无关系。

如果从1917年获得博士学位后回国算起，至1960年，蒋梦麟已经为国家为社会服务超过了四十年。进入晚年，蒋梦麟除了负担繁重的社会工作，还抽时间研究中西文化比较，总结自己数十年来在文化、教育、社会工作方面的心得，著有《新潮》、《孟邻文存》、《谈学问》、《文化的交流与思想的演进》等，反映了作者博学深思的特征，他的晚年生活也因此而充实。

然而晚年蒋梦麟并不是一个幸运的人，更说不上幸福。在生命的最后几年，由于

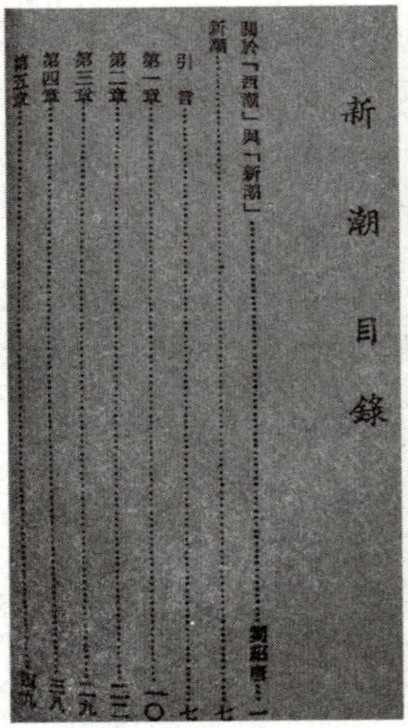


▲《新潮》

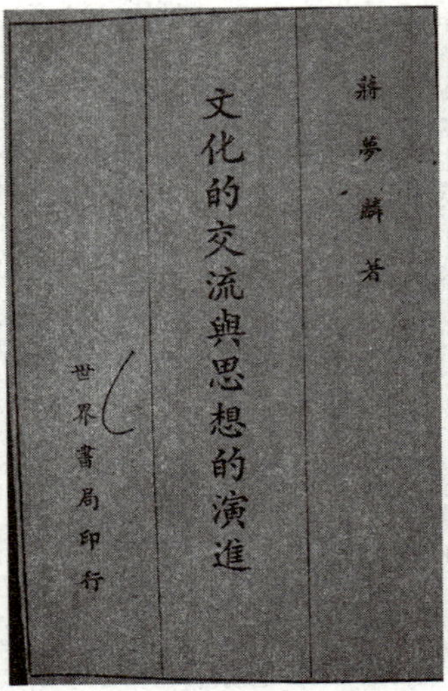


▲《文化的交流与思想的演进》

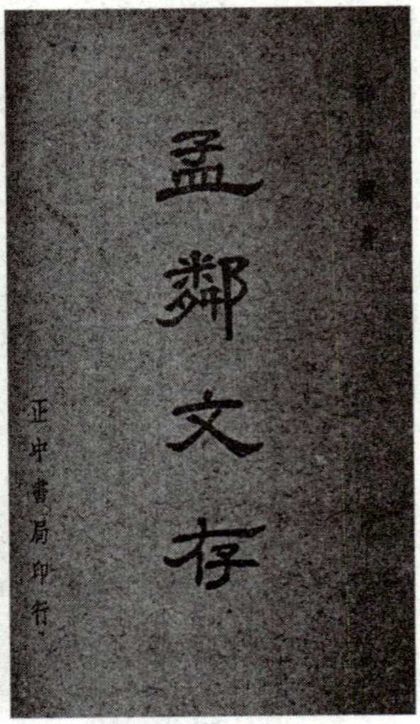


▲《孟邻文存》

在婚姻问题上处理不慎，使他的情绪受到很大影响，进而影响了他的身体，影响了他的生活质量。不能说他的去世与此有着直接的关联，但相互之间也不能说毫无关系。

## 平凡婚姻中的寂寞

蒋梦麟一生有过三次婚姻，第一次婚姻状况人们知道得最少，其大致情形大约与胡适一样，属于父母之命、媒妁之言，说不上有感情，有交流，但毕竟有婚姻事实，有子女。

从蒋梦麟家庭背景说，蒋家是比较富裕的中产阶级，生活条件较好。当其1908年前往美国留学前，就尊他父亲之命、媒妁之言，与农村姑娘孙玉书结婚，生一子仁宇，

一女早夭。

1917年，蒋梦麟留学九年归来，生次子仁渊，一女燕华，幼子仁浩。其婚姻形态类似于他的朋友胡适，只是蒋太太孙玉书似乎还不如胡太太江冬秀泼辣大方，似乎也不如江冬秀会争取丈夫的心，当然婚姻生活依然继续。大约1919年，次子蒋仁渊出生，1922年2月，女儿蒋燕华出生。[1]

蒋梦麟与孙玉书的婚姻出现问题似乎在蒋梦麟因军阀迫害而被迫逃离北京的1926年以后，可能在这之后，蒋梦麟就将家眷都送回故乡余姚，而自己过着两地分居的生活。[2]这种生活显然与蒋梦麟洋博士、大学校长、省教育厅厅长、教育部长的身份有点不太协调。因此一旦遇有机会，这种没有感情基础的平凡婚姻必然要出问题，因为对于爱热闹的蒋梦麟来说，实在显得有点寂寞。

蒋梦麟、孙玉书的婚姻终于在1933年走到了尽头。那一年，他们依法办理了离婚协议。那时，二儿子蒋仁渊走读小学，他在《姚江日报》看到父亲蒋梦麟与母亲离婚的消息后，匆匆回家告诉了母亲孙玉书。母亲只是喃喃地说："你爹变心了。"别无怨言。

第一次婚姻解体责任当然在蒋梦麟，确实是蒋梦麟"变心了"，好在蒋梦麟采取的方法还比较柔和，以"离婚不离家"的方式为孙玉书妥善安排了离异后的生活。在蒋家宗族内保持着孙玉书的地位及一切人际关系，仍以儿媳身份孝养蒋梦麟的父亲至终老；凡蒋梦麟当时已经分得的及将来可能继承的产业，也都悉归孙玉书所有；三子一女的教育费用也由蒋梦麟承担。大致上说，离婚对孙玉书虽然残忍了点，但这个没有内容的婚姻走向解体，也只是个时间问题，而蒋梦麟在善后条件上做得还算说得过去，且孙玉书生性憨厚老实，所以很顺利地在离婚协议上签了字。

蒋梦麟的子女后来说，父母离异，自是家庭不幸，但父亲与母亲在生活和文化上的相差悬殊，父亲的社会地位逐年上升，母亲实难与之相适应，离异终至不免，他们做子女的，"同情母亲而谅解父亲"。[3]

长子蒋仁宇的情况史料记载较少，我们只知道他出生于蒋梦麟出国留学的1908年之前，但其后来究竟怎样就不太清楚。他难道一直陪伴他的母亲孙玉书在故乡度

[1] 胡适在1922年3月19日的日记中写道："到梦麟家吃饭，他家夫人上月生了一个女儿。"见《胡适全集》(29)，第546页。

[2] 蒋梦麟1928年1月17日致信胡适，邀请胡适到浙江大学考察，表示"弟现寓校内，因有校长住宅洋房一所，以一部分让大白先生住，尚有客室可容兄也。家中诸人尚在姚，定旧历新正初九来杭。当另租房屋居住，因家眷住校不甚相宜也。"表明他的家眷至少在这时还住在余姚老家。见《胡适秘藏书信及函稿》(39)，第468页。

[3] 蒋仁渊、蒋燕华、吴小燕：《蒋梦麟后嗣怀蒋梦麟》，《我的父辈与北京大学》(钱理群、严瑞芳主编)，北京大学出版社2006年版，第109页。

过?果真这样,那也真是不得了。

蒋梦麟的长女也是1908年之前出生的,不幸夭折。只是何时夭折,还需要继续考证。

1917年,蒋梦麟留学美国九年后返回中国,过了差不多两年,也就是1919年的样子,次子蒋仁渊出生。蒋仁渊小时候可能和其他子女一样在余姚老家跟追母亲和祖父生活读书。抗战时考入上海交通大学。太平洋战争爆发后,日军于1941年12月9日进入上海租界。翌年(1942年)春,蒋仁渊辗转向大后方转移,至昆明找到蒋梦麟,然后借读于西南联大工学院电机系,1943年暑假,似乎又赶到重庆到交通大学电机系复学。

蒋仁渊毕业后,很快就到北京大学电机系任教,1949年北平解放时担任助教,曾参与开国大典扩音设备的操作和维护。

1952年全国院系调整时,北京大学工学院调整到清华大学,蒋仁渊此时或后来被调整到山东大学,后来成为山东大学电气工程学院教授。蒋仁渊一生是否结婚不太清楚,但即便结婚,也是无儿无女,他一直把学院当作家,衣食住行也都由学院党委照顾,甚至连生病住院时的安排、吃饭等,都由学院人员轮流照顾。2008年汶川地震后,蒋仁渊通过学院向灾区捐出一万元。这一年,他89岁,早已退休。

蒋梦麟的女儿蒋燕华,1922年生于北京,几年后大概也随母亲返回余姚老家,在那里接受小学教育,1935年重返北平,入贝满中学。抗战爆发后,蒋燕华也来到大后方,入西南联大外语系。1949年跟随父亲蒋梦麟去台湾。蒋燕华是蒋梦麟诸子女中与蒋梦麟一起生活时间最长的,尤其是蒋梦麟的晚年,蒋燕华实在是一个重要人物,也是最亲近的人。蒋燕华的丈夫吴文辉,[1]他们有女儿吴小燕,也就是蒋梦麟的外孙。

蒋梦麟的幼子蒋仁浩幼年时代大概也是在余姚度过,抗战期间,他似乎也被蒋梦麟接到大后方,与后母陶曾谷一起居住,入李庄同济大学附中,1955年毕业于济南山东工程学院电机系。其后来的情况也是不太清楚。

总而言之,蒋梦麟的几个子女除了蒋燕华外,三个儿子似乎都与父亲有着某种心结,后来也都留在大陆走着自己的路。

蒋梦麟的第一段婚姻太平凡了,也太寂寞了,于是他在第二段、第三段婚姻中演绎了惊天动地的大新闻,在某种程度上说,蒋梦麟真的像中国“最后一个情种”,比徐志摩还浪漫,关键还是那么坦诚,那么真诚。

---

[1] 黄季陆:《敬悼一位土地改革者蒋梦麟》,《传记文学》5卷1期。

## 爱屋及乌

蒋梦麟第二段婚姻的主角陶曾谷原本是蒋梦麟莫逆之交高仁山的未亡人。

高仁山比蒋梦麟小八岁,1894年9月出生于江苏江阴县观音寺一个书香世家。十七岁随着在铁路局工作的父亲迁居天津,就读于南开中学。1917年春自费赴日本早稻田大学读文科,其间与周恩来、于树德等南开校友组织新中学会。12月即从日本回国,入北京大学图书馆任事。1918年冬,自费赴美国葛林纳尔大学专习教育。毕业后,入芝加哥大学学习教育,获硕士学位。又赴哥伦比亚大学研究教育,而这儿,正是蒋梦麟的母校。数月后,高仁山赴英、德、法等欧洲国家调查教育和社会状况。1923年1月回国,先后被聘为北京大学、北京师范大学教授。在他创议下,北京大学创立了教育系。此时,正是蒋梦麟在北大主事的时候。

除了担任北大教职外,高仁山在北京学术界也是比较活跃的人物,与李大钊、蒋梦麟、胡适、陈翰笙等都有着不同寻常的关系。高仁山为人爽直,说话坦率,热衷于政治活动。1925年经李大钊、于树德介绍,加入国民党,甚至还有可能也是中共秘密党员,因为那时是国共合作时期。

高仁山的专业是教育学,所以他又非常热心于教育实践。1925年6月,高仁山联合新中学会会友及教育界人士如胡适、陈翰笙、查良钊、薛培元等在东城灯市口大街七十二号创办艺文中学,自任校长,他的留美同学陈翰笙的妻子顾淑型任教务长。艺文中学在高仁山的主持下,着力试验美国教育家柏克赫斯特女士刚刚创立不久的"道尔顿制",强调彻底适应学生个性,废除课堂讲授,指导每一个学生各自学习不同的教材,以发展其个性。

1925年"五卅"惨案发生后,民情激愤,南方国民党中央为推动革命形势发展,委派邹鲁等要员北上宣传,与北京知识界密切接触,声气相通,不仅国民革命在北方骤然兴起,连带所及,共产主义运动也乘兴而起。相激相荡,终于引发"三一八"惨案等一系列事件,北京立即陷入一片白色恐怖之中。1927年4月,李大钊等人被奉系军阀张作霖残忍杀害。北京的局势更趋紧张。蒋梦麟等一大批北大教授都在这个时候离开了北京,前往南方参加国民革命。

在白色恐怖日趋严重时,高仁山并没有离开,这或许与他创办的艺文中学这个产业有关,或许像一些文字记录的那样,是他更觉得有责任留在北方,留在北京,坚持斗争。不久,高仁山组织成立"北方国民党左派大联盟",并亲任主席,坚持反对军阀统治的政治立场。这无疑使自己置于更加危险的境地。

1927年9月28日，张作霖下令将高仁山逮捕，罪名是加入政党、散发传单，有反对现政府嫌疑等。1928年1月25日，高仁山被枪杀于天桥。他的太太陶曾谷碍于白色恐怖，不敢前去收尸，后由他的学生冒着生命危险与其家人、亲友一道，将高仁山的遗体安葬在西山卧佛寺东面的东沟村。

高仁山去世时年仅三十四岁，他的太太陶曾谷应该与之相当或稍小。他们的儿子高陶三岁，女儿陶燕锦两岁。

陶曾谷与高仁山结婚前曾与朱经农的继配杨静山在上海一家私立中学任教，婚后移居北京，对于高仁山创办艺文中学襄助最多。高仁山被捕时，艺文中学被奉系军阀以“赤化窝巢”名义予以查封。一个女人带着两个孩子确实也够作难的。所以不久，陶曾谷将两个孩子送到高仁山的老家无锡，由高仁山的父母帮助抚养，[1]而陶曾谷本人则由朱经农介绍入教育部工作，做了蒋梦麟的秘书。两人相处日久生情，于此时埋下了爱情的种子，双双坠入爱河，结果蒋梦麟与原配分居。

1930年底，蒋梦麟离开教育部，稍后就任北京大学校长，而在此前不久，陶曾谷似乎也离开南京来到北平。因为随着形势变化，艺文中学师生经多方争取，于1928年9月15日租赁西城府前街清代“升平署”旧址重新开学，陶曾谷作为前校长的未亡人，在复校活动中贡献良多，当然也就要承担该校的主要责任了。

蒋梦麟此次北上就北大校长职，似乎依然将他的太太和子女都放在老家余姚，那时他的老父亲还在，所以他太太孙玉书留在老家照料老父亲名正言顺。这样一来，蒋梦麟与陶曾谷这两个孤男寡女再续前缘，遂于1933年正式结婚。

▲蒋梦麟、陶曾谷夫妇与胡适等

这桩婚姻在蒋梦麟的家乡引起非议，蒋家许多亲属很多年似乎都不能谅解这件超凡脱俗的“壮举”，[2]其实在思想开明的北方教育界也有很大压力。于是蒋梦麟特别请到他的老朋友胡适在婚礼举行时为他撑台面，以平息舆论。然而，蒋梦麟要与陶曾谷结婚，就必须与原配孙玉书离婚。而蒋梦麟与孙玉书的婚姻状况又正胡适与江冬秀的相似，所以胡适虽

[1] 胡适在1928年5月21日的日记中说，“仁山夫人陶曾谷又因小孩生病前几天回无锡了。”
[2] 宋越伦：《蒋梦麟先生与日本》，《传记文学》14卷3期。

有心赶去为蒋梦麟证婚，但胡太太江冬秀却坚决反对，以为蒋梦麟这样做在道德上是有问题的。

胡适是一个重诺言的人，他虽然以怕老婆自居，也确实在很多时候听江冬秀的话，但这一次既然答应了蒋梦麟，所以无论如何也要去，他告诉江冬秀，蒋梦麟一为我的校长，一为我的多年好友，所以非去不可。但江冬秀在这一点根本不予通融，大门一关，就是不让胡适走。据说胡适后来还是从后面的窗户爬出去的。



许多人遇到这种既然于道德有亏的事肯定尽量低调，然而或许是因为蒋梦麟大学校长的职业原因，或许他确实是这样认识的，他不仅不低调，反而很高调，甚至在婚礼上答谢宾客时公开宣布：我蒋梦麟一生最敬爱高仁山兄，所以我愿意继续他的志愿去从事教育；因为爱高兄，所以我更爱他爱过的人，且更加倍地爱她，这样才对得起亡友。我蒋梦麟之所以要娶陶曾谷为妻，就是要尽其朋友的义务，也是为了替老朋友尽尽义务。

蒋梦麟的言行似乎显得有点"无耻"，不过这也确实证明了蒋梦麟是一个非常性情中的人，是一个与中国传统有点格格不入的"情种"，而这种情种确实不多，所以当年知识界一方面有人嗤之以鼻，也有人传为美谈，以为佳话。他的老朋友朱经农写《贺蒋陶之婚》七绝一首赠之。诗云：

人间从此得知音，司马梁园一曲琴。
千古奇缘称两绝，男儿肝胆美人心。[1]

更值得提及的是，蒋梦麟与陶曾谷结婚后，日子过得还是不错的。抗战爆发后，蒋梦麟辗转大后方，担任西南联大领导职务，陶曾谷同意或者就是由她自己负责将蒋梦麟的几个孩子尽量接到后方，蒋燕华、蒋仁浩及高陶、陶燕锦先后到昆明，皆入岗头村南菁中学就读，小点的孩子住在他们家里，两家异姓子女和睦相处，无异于一家人。这一点是非常难得的，这说明蒋梦麟、陶曾谷两个人在处理双方子女问题上做得都不错。当然，蒋梦麟对高仁山、陶曾谷的两个孩子也很尽心，这两个孩子即便到了晚年，也感激这个继父对他们的关爱。

要说陶曾谷带给蒋梦麟的负面影响，大概就是陶曾谷可能有点爱管事，或者喜欢指手画脚，使得北大有些教授不太满意，使蒋梦麟在北大教授中的威望有所下降，在北大复员前"倒蒋迎胡"风波中，陶曾谷可能是一个非常重要的因素或反对者的理由。

1949年，蒋梦麟、陶曾谷双双来到台湾，生活安定和谐。蒋梦麟的女儿蒋燕华也随

[1] 朱经农：《爱山庐诗抄》，台北：商务印书馆1965年版。

同来到台湾。但是仅仅过了几年，陶曾谷便于1958年因病去世。此后，蒋梦麟虽有女儿蒋燕华帮助料理一切家务，燕华和她的丈夫一同住在蒋梦麟的家里，伴陪着蒋梦麟，但老年的蒋梦麟依然颇感寂寞。

## 这个女人不寻常

陶曾谷在去世前就预料到蒋梦麟可能会出现这种感情上的空虚和寂寞，所以她曾交代自己的一位表亲在她死后多照顾蒋梦麟，并设法为蒋梦麟介绍一位可靠的女士续弦。陶曾谷对她的这位表亲说："孟邻的身体很好，而且太重情感了，我死了以后，他一定会受不住的，而且我不忍心他受长时期的寂寞，所以我希望你能够帮他找一个合适的对象！"陶曾谷说这话的时候，眼里噙着泪水，并且凝视着这位表亲，一再请这位表亲要暗中进行。

有了陶曾谷的临终嘱托，她的这位表亲在陶曾谷去世差不多一年光景，就开始为蒋梦麟物色新人，但介绍了一个又一个，就是没有一个使蒋梦麟动心；另外也有一些热心于此事的人为蒋梦麟说媒作伐，介绍不少女人，也都没有成功。直到1959年在圆山饭店的一次宴会中，一个名叫徐贤乐的女人走进蒋梦麟的视野，情形就发生极大变化，这个女人终于走进了蒋梦麟的生活。

徐贤乐生于1908年，此时五十二岁，由于保养不错，看上去比实际年龄还要小些。而蒋梦麟此时已是七十四岁的老翁，年龄相差二十二岁。蒋梦麟虽然自己觉得生理和心理上都还很年轻，那其实是所有老男人的通病，在别人眼里则是另外一回事。

出身名门的徐贤乐是江苏无锡人，曾祖父徐寿（1818~1884）是晚清著名的科学家和文学家，留学德国，翻译过许多外国科学书籍，是中国第一个创办造船工业的人。

徐贤乐的祖父徐建寅（1845~1901），子承父业，也是了不起的科学家。十八岁就协助徐寿研制蒸汽机和火轮船，后来又研发无烟火药，并创办了汉阳兵工厂。不幸的是，在试验时发生意外爆炸，一说以身殉职，一说炸断了右腿。

徐贤乐的父亲徐献庭（1867~1922），[1]与丁福保、徐南保等在无锡县学同年，可惜都因成绩不佳成为补考生。不过他们后来的成就都很大，徐家保在张之洞任湖广总督时受聘为两湖书院、经心书院总教习、教习，江汉书院提调，兼课天文、地理、兵法、算学等，足见也是学富五车，博览多学。1883年起任上海格致书院董事。民国初年任广东石井机器局总办，后任北京政府陆军部技师，传承家学，也是著名的军械、火

[1] 徐献庭或许原名徐家保，参见《江南晚报》2006年1月10日。

药制造专家。与国民党元老许世英订交甚深。

徐家保有五子四女共九个子女，分别是徐健、徐倬云、徐鄂云、徐复云、徐佩云、徐贤来、徐银仙、徐政、徐贤乐。兄弟姐妹均接受过高等教育，各有成就不等。徐倬云毕业于上海交通大学，徐鄂云毕业于北京交通大学，徐复云为法国国际法博士。

徐贤乐为徐家保四个女儿中最小的一个，与其长兄年龄相差在二十岁左右，所以在家中备受宠爱，人又长得漂亮，是上海光华大学公认的校花，甚至到了晚年依然隐含着美女的痕迹，风度翩翩，韵味犹存。

大学毕业后，徐贤乐到外交部上班，很快成为“部花”，时间大约在1930年初期。那时，追求徐贤乐的各色人等非常多，其中一位叫沈道明的上海青年商人，家境不错，与徐贤乐交往时间稍长，但二人后来也没有走进婚姻殿堂。

徐贤乐似乎有很强的恋父情结，她同龄男子似乎不太乐意，而对那些成熟男性却有着很大的兴致。大约在与沈道明分手不久，徐贤乐与陆军中将杨杰结识，并很快坠入情网。

杨杰字耿光，云南大理白族人，生于1889年，长徐贤乐近二十岁。杨杰是有知识的军人，曾参加过蔡锷领导的护国军，任第一纵队司令，后追随孙中山，参加北伐，升至第一集团军总司令部总参谋长、海陆空军总司令部行营总参谋长等。1930年中原战争后，与蒋介石不合，愤然离开军界，避居上海。徐贤乐大概就在此时稍后与杨杰结识。

“九一八”事变后，民族危机加深，杨杰力主抗战，发表了大量具有远见卓识的分析文字，与蒋介石的关系也逐步改善。长城抗战时，杨杰被重新起用。抗战爆发后，率军事考察团到苏联考察军事和争取援助；稍后被任命为驻苏联大使。与斯大林、伏罗希洛夫等苏联领导人交往甚密，在思想上也逐步认同共产党和社会主义。1940年离职回国，转任军事委员会。与正在重庆的周恩来、董必武来往密切，在思想倾向上逐步向中共靠拢。大约也正是这个时候，杨杰与徐贤乐在重庆结婚，由当时国民政府内政部长周钟岳为之证婚，国民党元老，也是徐贤乐父亲的好友许世英代表女方家长为之主婚。然而婚后仅七个月，就因经济方面的纠纷而分手。后来，杨杰与谭平山、王昆仑、陈铭枢走到一起，走上反对蒋介石的道路，1949年9月19日经香港转北平准备参加新政协会议时，被暗杀于香港寓所。

徐贤乐与杨杰离婚后似乎一直没有再婚，继续过着职业女性的生活，后来离开外交部，转至重庆复兴公司工作。1949年去台湾，由孔祥熙介绍，转至中央信托局工作，先在购料处服务，后在医务室，再后来任专员。

徐贤乐是名门大族出身，她在台湾的亲戚有一百多人；她的堂妹徐芳，就是当时台湾国防大学校长徐培根将军的夫人，而徐芳的妹妹则是国民党元老居正的哲嗣居浩然的夫人。这样说，徐贤乐与徐培根的太太徐芳、居浩然的太太，为同一个祖父。徐贤乐的表妹是郑曼青夫人。

据居浩然的太太徐芳，也就是徐贤乐的堂妹说，徐贤乐是一个非常贤惠而且内向的，完全是典型的家庭主妇。自与杨杰离婚后，徐贤乐一直想成家，无奈碰不到合适的人。

徐贤乐早年风华绝代，光彩照人，由于她只有与杨杰短暂的婚史，且没有生育过，保养得又比较好，因此与蒋梦麟结识时虽年过半百，但风韵犹存且别致，立即吸引住了多情种子蒋梦麟。

蒋梦麟的一见钟情对徐贤乐略有触动，不过徐贤乐认为蒋梦麟的年纪太大，而且恐怕性格不合，因此并不愿意就此放弃自己二十年来心静如水的安静独身生活。在徐贤乐看来，不管蒋梦麟此时怎样精神，但其七十四岁的年龄，确实不能不让徐贤乐犹豫，她当然担心蒋梦麟的身体究竟还能撑多久。

徐贤乐的犹豫与担心当然没有当场表达，而蒋梦麟却觉得徐贤乐家庭身世很好，名门大族，有知识有教养，品貌双全，很合乎自己的理想。结识的第二天，蒋梦麟就主动给媒人打电话，表示"那位徐小姐太好了，脾气温柔，尤其是风度真好，太好了，太好了。"蒋梦麟的一连串"太好了"使做媒的人松了一口气，而这位媒人开玩笑说还要给他介绍别人的时候，蒋梦麟却笑着说："徐小姐就很理想了，我今天晚上请她吃饭怎么样？"

媒人将蒋梦麟的意思转达给了徐贤乐，但徐贤乐似乎依然犹豫不决，徐贤乐的拒绝增加了蒋梦麟追求的乐趣，他用浪漫的情调给徐贤乐写了一封近乎肉麻的信，表示"在我见过的一些女士中，你是最使我心动的人"。[1]于是春风再度，穷追不舍，大有不达目的不罢休的感觉。

大概是蒋梦麟的苦苦追求满足了徐贤乐的些微虚荣，也许是蒋梦麟如此多情令人感动，总之，经媒人安排，蒋梦麟开始了与徐贤乐的交往，两人感情日渐上升。

经过大约四五个月的交往，至1960年5月间，蒋梦麟与徐贤乐的感情似乎到了难分难舍的地步，体重增加了四磅，他逢着相熟的人就说这件事。有一次，徐贤乐为了一点事与蒋梦麟闹个小别扭，两人多日不见，而蒋梦麟这时已对徐难舍难分，与徐小别就为之食不安，寝难宁，于是就用精致的日本绘画卡片，用毛笔精心抄写宋人顾夐的《诉

[1] 姚风磐：《古稀新郎，一往情深》，《联合报》1961年7月20日。

衷情》，最后几句是："换我心，为你心，始知相忆深。"蒋梦麟还写道："献给梦中的你。"蒋梦麟的款款深情打动了徐贤乐，使徐贤乐不知不觉中陶醉于蒋梦麟的灵毓才气之中，由于徐本身中英文根底很好，她一直希望再结合的对象，是一个中英文俱佳的绅士，而蒋梦麟的才思与多情，正合乎徐贤乐的期待。所以，经过一段时间的交往，他们二人感情日深，就互相论及嫁娶事宜。

又经过一段时间发展，到了1961年1月，蒋梦麟郑重宣布与徐贤乐结婚。这一消息在蒋梦麟亲友中引起了两种不同的看法，一种反对蒋梦麟再婚；另一种则是赞成。而北大同学会的师友几乎都不太赞成老校长再婚，更反对与徐贤乐结婚。

蒋梦麟的老部下，也是挚友的章元羲曾当面向梦麟提出三点建议：

一、续弦的目的是要找个老伴，对方不能太年轻；

二、未来的蒋太太不能太奢侈，因为你的积蓄有限；

三、未来的蒋太太要爱护整个农复会，如果只爱你一人，农复会的同事便一定会感到失望而渐渐地离开你。[1]

各方面的压力首先使胡适退却，胡适本来是赞成蒋梦麟再婚的，因为他觉得结婚毕竟是非常个人的事，只要蒋梦麟自己认为好，别人就不要去干涉；何况蒋梦麟已经七十五岁了，还能有什么更多的欲望呢？不就是找个老伴，陪着自己度过晚年的寂寞吗？但因反对这桩婚事的力量实在太强太大，一个礼拜后，胡适从支持转为不赞成。1961年5月24日，胡适对他的秘书胡颂平说：梦麟第二次和高仁山的寡妇陶曾谷结婚是我证婚的。我希望他这次不要请我，最好是公证。[2]

▲晚年蒋梦麟

蒋梦麟是一个软硬不吃的人，他认准的事情一定会走到底，各方面的反对意见肯定引起了他的注意，只是这些意见过多考虑了经济原因，过多忧虑徐贤乐的人品和结婚动机，而这些都是蒋梦麟与徐贤乐直接交往中根本没有体会到的，所以这些反对意见不是减弱了蒋梦麟的热情，反而激发了他一定要结婚的勇气。至

[1] 章元羲：《蒋梦麟与我》，《传记文学》35卷1期。

[2]《胡适之先生晚年谈话录》，第173页。

6月初，蒋梦麟已经择定吉日，并且在他德智街的住宅二楼布置好了新房，买了一些家具，其中一双人藤床上面加海绵垫共花了三千元。同时买了一个大钻石作为结婚信物。并传言将由国民党高官张群担任证婚人。这条消息激起更大的浪潮，许多反对蒋梦麟再婚的人，反对得更加强烈；有人又以健康问题相劝，于是好事多磨，婚礼日期无限期推迟。

反对者有反对者的理由，但由于蒋梦麟拒绝接受这些理由，他们也毫无办法，于是想到请蒋梦麟半个世纪的老朋友胡适正式出面谈谈。胡适那些天正在生病住院，但在各方面压力下，他觉得自己也有责任向蒋梦麟开诚布公讲清道理，于是在6月18日深夜给蒋梦麟写了一封长信，集中表达了各方意见：

孟邻吾兄：

上次我们见面，得畅谈甚久，你说此后你准备为国家再作五年的积极工作，然后以退休之身，备社会国家的咨询。我听了你那天的话，十分高兴，我佩服你的信心与勇气。我病后自觉老了，没有那么大的勇气了，故颇感觉惭愧。但我衷心相信，也渴望你的精力还能够"为国家再作五年的积极工作"。

我们畅谈后不久，我就听说你在考虑结婚，又听说您考虑的是什么人。我最初听到这消息，当然替我的五十年老友高兴，当然想望你的续弦可能更帮助你实现"为国家再作五年积极工作"的雄心。

但是，这十天里，我听到许多爱护你，关切你的朋友的话，我才知道你的续弦消息真已引起了满城风雨，甚至于辞修（陈诚）、岳军（张群）两先生也都表示很深刻的关心。

约在八天之前，我曾约逵羽（樊际昌）来吃饭，我把我听到的话告诉他。这些话大致是这样的：某女士已开口向你要二十万元，你只给了八万；其中六万是买订婚戒指，两万是做衣裳。这是某女士自己告诉人的，她觉得很委屈，很不满意。关心你幸福的朋友来向我说，要我出大力劝你"悬崖勒马"，忍痛牺牲已付出的大款，或可保全剩余的一点积蓄，否则你的余年决不会有精神上的快乐，也许还有很大的痛苦。

这是我八天以前对逵羽说的话。

逵羽说，他知道大律师端木先生认识某女士最久，最熟，所以逵羽曾向端木先生打听此人的底细。逵羽说，他听了端木先生的话，认为满意了。他又说，孟邻兄自己觉得这位小姐很能干，并且很老实。

根据端木律师的报告，和孟邻兄自己的考语，逵羽不愿劝阻，也劝我不要说话了。

但是，昨今两天（17、18）之中，我又听到五六位真心关切你的人的报告。他们说：

现在形势更迫切了。某小姐已详细查明孟邻先生的全部财产状况了,将来势必闹到孟邻先生晚年手中不名一文,而永远仍无可以满足这位小姐的贪心之一日!

总而言之,据这些朋友的报告,端木律师给逵羽的报告是完全不可靠的。并非端木先生有心不说实话,只是因为他世故太深了,不愿破坏眼见快要成功的婚姻。

这些朋友说,这位小姐现在对待孟邻先生的手法,完全是他从前对待她的前夫某将军的手法,也是她在这十七八年里对待许多男朋友的手法:在谈婚姻之前,先要大款子,先要求全部财产管理权。孟邻先生太忠厚了,太入迷了,决不是能够应付她的人。将来孟邻先生必至于一文不名,六亲不上门;必至于日夜吵闹,使孟邻先生公事私事都不能办!

她的前夫某将军是何等厉害的人!他结婚只七个月之后,只好出绝大代价取得离婚!这些朋友说:适之先生八天之前不说话,是对不住老朋友,今天怕已太晚了。

我也知道太晚了,但我昨晚细细想过,今天又细细想过:我对我的五十年老友有最后忠告的责任。我是你和曾谷的证婚人,是你一家大小的朋友,我不能不写这封信。

我万分诚恳的劝你爱惜你的余年,决心放弃续弦的事,放弃你已付出的大款,换取五年十年的精神上的安宁,留这余年"为国家再做五年的积极工作"。这是上策。

万不得已,至少还有中策:展缓结婚日期,求得十天半个月的平心考虑的时间。然后在结婚之前,请律师给你办好遗嘱,将你的财产明白分配:留一股为后妻之用,——最后必须留一股作为"蒋梦麟信托金"(Trustfund),在你生前归"信托金董事"执掌,专用其利息为你一人的生活补助之用,无论何人不得过问;你身后,信托金由信托金董事多数全权处分。

你若能如此处分财产,某小姐必定不肯嫁你了,故中策的效果也许可以同于上策。

无论上策、中策,老兄似应与辞修、岳军两兄坦白一谈。老兄是一个"公家人"(a public man),是国家的大臣,身系国家大事,责任不轻。尤其是辞修先生对老兄付托之重,全国无比!故老兄不可不与他郑重一谈。

你我的五十年友谊使我觉得我不须为这封信道歉了。我只盼望此信能达到你一个人的眼里。你知道我是最爱敬你的。

适　之

五十、六、十八夜十点二十分[1]

[1]《蒋梦麟起诉请与徐贤乐离婚》,《中央日报》1963年4月11日。

然而蒋梦麟此时正在热恋时期，决不会接受胡适等人的劝告。他在收到这封信之后，就打电话问胡适："你这封信是反对我结婚呢，还是赞成？"胡适说："我不赞成，希望你再考虑一下……"蒋梦麟闻言答道："那这封信我就不拆了。"[1]

蒋梦麟转身对负责送信的樊际昌说："我替国家做了多少事？结婚是我个人的私事，我有我个人的自由，任何人不能管我。我知道外面有一个组织来反对我。这个组织是以北大为中心的。适之先生的信，一定要谈这件事，我不要看。"樊际昌把信留下请蒋梦麟还是看一看，蒋梦麟还是不看。过了一个时辰，樊际昌再去，蒋梦麟说："我的李秘书已经看过了，说这信没有什么内容，我自己是不看的，但我下午去看辞修（陈诚）先生和岳军（张群）先生两人。"这又好像接受了胡适的意见。

其实在蒋梦麟说不看的时候，或许已经看过，或许由秘书转述了大意，但他对胡适的分析似乎非常恼火，因此将这封信撕碎掷于废纸篓中，后来又由秘书从废纸篓中捡起并细心拼合，始恢复原状，幸得保存流传。不过这都是后来的事情。

胡适在信中明白提示徐贤乐是看中蒋梦麟的钱财，说来说去所有理由都集中在这一点。而对这一点最清楚的当然是当事人，也就是说，蒋梦麟的个人体验似乎没有感受到胡适说的这些问题，如果说他给了徐贤乐一些金钱，那也是他愿意，是他觉得作为一个男朋友而且是准备结婚的男朋友应该做的，所以他不想将徐贤乐的人品看得太低。恋爱中的老男人照样犯糊涂。

而且说实在的，胡适信中那些分析太过露骨，否认了一切真情和爱情，除非徐贤乐是一个非常有心计的女人，除非从一开始就准备夺取蒋梦麟的钱财，否则这些分析根本不可能成立，不可能出现，至少在蒋梦麟那里没有这种感觉。据居浩然的太太说，徐贤乐与蒋梦麟是真正的爱的结合，徐多年来一直在做事，有很好的经济基础，她本身一点也不爱好虚荣，自己有一栋宿舍，日子过得很舒服，而且教养很好的她，不可能只贪图什么。再说，这件事一直是蒋梦麟主动追求的，两人的情感发生和进展得很自然。

蒋梦麟不愿接受胡适对徐贤乐心计的分析，但他还是接受了胡适让他与台湾政治高层陈诚、张群谈谈的建议，因为他确实如胡适所说，并不是一个社会闲人，而是社会栋梁，政府大臣，个人私事不能没有政治的考量。

6月19日下午，蒋梦麟如约去看陈诚，两人就此事交谈不少。经过陈诚的劝说，蒋梦麟答应再考虑一下，似乎还约定明天再谈。晚，陈诚将谈话经过电话告知胡适。

---

[1] 他在得读胡适的这封信之后，极为不快，阅毕撕碎掷于废纸篓中，且吩咐秘书，如再得胡适的来函，请不要送阅，以便徒乱人意。这封信由梦麟的秘书从废纸篓中捡起并细心拼合，始恢复原状，幸得保存流传。

第二天一大早，蒋梦麟又为此事去见陈诚，刚见面，陈诚便直截了当地告诉蒋梦麟：我的太太接到蒋夫人宋美龄的电话，她坚决反对你跟这位徐小姐结婚，我的太太也反对，都要我转告于你。如果你一定要和她结婚，那么我们以后不能见面了，至少，你的夫人我们是不能见面的。

陈诚的这段话显然对蒋梦麟构成很大的压力，他说："副总统，你看我现在不是继续不断的抽烟吗？我昨天不是答应你考虑吗？我昨夜抽了整夜的烟，考虑了一夜不曾睡觉。我已决定不和她结婚了。此后善后的问题，还不知道怎样办好，总要有个交代。"这个轰动一时的事件有可能就此结束。

当胡适从王云五那里知道这一消息时，便高兴地说："我的老朋友悬崖勒马了！他还有政治上的重大职务，所以我劝他去看张岳军和副总统，他不能不接受他们的劝告。他当初不看我的信，乃是一时的反感，不能怪他的。我想这事的善后，还是由张岳军去办最相宜。"

老朋友们的反对终于使蒋梦麟放弃了与徐贤乐结婚的打算，蒋梦麟的生活再度恢复平静。7月11日，蒋梦麟前往医院探视胡适，刚进病房就对胡适说："孩子不听话！医生要你住在城里，你不听医生的话，又搬回南港来了。你给我的信，我已听了你的话了。现在我说的话，你也要听了？"胡适闻言笑道："我听话，我听话。"蒋梦麟大过胡适五岁，所以敢说"孩子不听话"。蒋梦麟之前要和徐贤乐结婚，胡适6月18日写信劝他之后，就没有见过面，这回来看胡适，一面是问病，一面是回答上次的信，所以说"我已经听了你的话了"。如此看来，再婚事件至此似乎也可以告一段落了。

然而事有出人意料者。就在蒋梦麟到医院看望胡适之后刚好一个星期，蒋梦麟突然向友朋宣布他还是要结婚，他在当时致陈诚的信中说：

辞修先生赐鉴：

自室人谢世，业逾三年。鳏居生活，了无生趣，公余返寓，形单影只，尤当更阑人静，孤枕梦回，常中夜起坐，绕室彷徨。此中况味，非亲历其境者不能想象。自觉长此下去，精神意绪，终必日趋消沉。目前虽有小女侍右，究不能朝夕晤对，亦不能分忧分劳。且已儿女成群，有其为妻为母之责任，自不能终身随侍老父。故自去秋以后，即考虑续弦之事。前后虽有数度介绍，但合适当意者少。自知年事已高，故对物色对象，并无太大奢望。求年龄合适，无他牵累而已。后经友人介绍，获识徐贤乐女士。徐女士出身世家，江苏望族，其曾祖及祖父之事迹，均详见《中国名人大辞典》(其传略附呈)，其父亦江南知名之士。徐女士毕业大学。抗战期间，服务重庆，与杨耿光结婚时，由当时内政部长周钟岳先生为之证婚，并由许静老代表女方家长为之主婚。故其婚礼完全合法，有婚书、照片、主婚人可证。结婚后，两情不洽，未几仳离。来台以后，任我中央信托局迄今。平时奉公守法，公余补习英文，对于读书亦尚有兴趣。其间虽亦有所介绍，但终因低昂之间，未有所成。梦麟今已七十有五，自尚能知人，相识以还，经半年来之考察，尤以最近一月婚事停顿以后，其所表现之忍耐、宽容，顾全大体等实均有足多者。此事自经《大华晚报》宣布，国外报纸，近如越南，远如美国，均已有所报导。故经再三考虑，为梦麟，为对方，亦为政府声誉，事实上已非立即结婚不可。频年以来，公私备蒙关垂，衷心感谢，非言可宣。但实逼履此，事非得已，兹以决定于最短期间完成结婚手续。用为缕陈种种，务恳曲予鉴谅。婚后北返，当再趋谒，面陈种切。敬请勋绥，并候夫人妆次。

蒋梦麟或许如其所说已有非结婚不可的理由，但他也知道反对的人太多，不便大事张扬，举行公开婚礼，而是采取家庭式秘密婚礼。7月17日下午，蒋梦麟与徐贤乐告诉住在临沂街的陈能太太，说他们的婚礼定于明天中午在陈家举行。陈太太是徐贤乐的亲侄女，所以陈太太获悉这一消息后，立刻上街购买菜肴，早一晚就把大肘子炖在炉子上，并且遵嘱不把这件喜事告诉任何人。

第二天上午，蒋梦麟与徐贤乐来到陈能家，遂叫陈家下女坐汽车送了一封信邀请住在中和乡的郑曼青夫妇，又打电话找居浩然夫妇到陈家来，当居氏夫妇接到电话的时候，陈太太只告诉他们，请到舍下吃饭，客人已到的有徐贤乐女士和另外一位“绅士”。郑曼青夫妇到的时候，客厅中坐着蒋梦麟和徐贤乐以及居浩然夫妇，当然更少不了那位说媒的太太。大家还不知道是怎么回事，但看当时的情形，觉得恐怕是蒋梦麟也许又要和他们就婚礼的事和大家商量；不一会儿，住在附近的端木恺律师到来，谜底终于由蒋梦麟亲自揭开了。

蒋梦麟笑嘻嘻地站起来，陈太太从公文包里替蒋梦麟取出了结婚证书摆在桌子上。蒋梦麟说：“我今天请大家来是参加我的婚礼。”又说：“我现在的心情，好像当年在学校参加考试一样。”大家立刻向新郎新娘贺喜。蒋梦麟还向郑曼青开玩笑说：“曼青，我已经到中心诊所检查过身体，他们说我没有老年人的疾病，心脏、血压一切都正常，没有毛病……”他并且说：“我的身体没有问题，我一定不会害别人的。”

婚礼开始，要介绍人用印，原本是那位一手促成这段姻缘的太太莫属，无奈那位太太一定不肯出面，只好临时请郑曼青及居浩然分任双方介绍人，证婚人则是端木恺律师。

那一天，徐贤乐着一件很雅素大方的旗袍，白色半高跟鞋；蒋梦麟穿一套淡灰色西装。双方在喜气洋溢的气氛中，在一份特别预备的结婚证书上用了印。

当大家都在结婚证书上用了印之后，依次入席，蒋梦麟又说："啊！好了，我现在总算交卷了。"婚礼进行得简单而隆重。

仪式完成后，即于十二时举行喜宴。除新郎、新娘、端木恺律师、郑曼青夫妇、居浩然夫妇及陈府主人陈能夫妇外，尚有蒋梦麟邀请的女宾两人。喜宴仅开一席，由陈府女主人亲自下厨，并以汽水代酒。蒋梦麟在喜筵时的愉快表情是空前的，他不断地向大家"谢媒"。他又说："你们大家都是恩人，都是恩人。"至下午二时许，喜宴完毕。这一对新婚夫妇即赴台湾中部旅行。

▲顾维钧夫妇前来看望新婚燕尔的蒋梦麟、徐贤乐（右二）

当天下午四时十分，蒋梦麟偕新婚妻子徐贤乐乘坐小轿车到达石门水库，休息约半个小时。然后同车前行，晚七时悄悄抵达台中。行踪至为机密，鲜为外界所知。这一对新人，神情愉快，喜气洋溢。蒋梦麟着灰色西装，新娘着白色透花旗袍，典雅大方。

蒋梦麟一行抵达后，台湾省政府主席周至柔特地在那里设宴接风庆贺。席间，蒋梦麟拉住坐在他身旁的刘真说："白如兄，上星期我已经到医院作过体格检查，一切正常，我绝对不会害人！"他还说，他与他的新婚夫人很想当晚下塌日月潭教师会馆，共度新婚之夜，不过听说教室会馆不招待政府官员，只招待中小学教师，他有没有资格去住？刘真当即对他说，您曾当过教育部长、北大校长，而且农复会主任委员也不是政府官员，你愿意以教师会馆作洞房，乃是教师会馆的光荣，当然竭诚欢迎。所以当晚蒋梦麟新婚夫妇就住在日月潭新建筑的"教师会馆"。

当天接风宴会谈笑自如，一对新人喜气洋洋，在现场的人无不为蒋梦麟感到高兴，以为沸沸扬扬的大事件总算有了一个好的结局，真是应了"好事多磨"这句古训。

婚礼当天，蒋梦麟不忘给女儿蒋燕华发出一封信，解释自己之所以这样做的理由：

燕华：

我自婚事停顿之后，血压减低，体重亦减。夜不安睡，诸事亦乏兴趣，长此以往，前途不堪设想。所以我不能不图自救之道。有人之爱我，思有以助我者，实则适足以杀我耳。自妈妈逝世以来，于兹三载。精神上之苦痛，一言难尽。自识徐女士以来，于精神上之补助颇多。故诸事之兴致日浓。惜谣言蜂起，众口铄金，而阻力遂起。父女之爱，亦良足贵，但究不能代夫妇之爱。我现在所欲言者，非为徐女士或为我自己辩护，悠悠之口，无可与辩，姑亦听之而已。我常能见人之不及见，行人之不敢行。我自能断能行。故为图自救计，毅然决然与徐女士结婚。……

蒋梦麟的婚礼虽然是秘密举行，但第二天台湾各报还是争相报道。赞成这段姻缘的人认为徐贤乐美惠娴静，雅好读书，平时对蒋梦麟学问文章，钦佩已久，故经人撮合，即倾心相许。她在婚礼当天对记者说："我希望能为蒋先生作相敬相爱之伴侣，使其能得精神上之安慰，并照料其起居，使于公余之暇，能得适当憩息，俾此一学者、政治家，能为社会国家继续努力贡献其才智。"

蒋梦麟于当天对《中央日报》记者坦率表示："一个健全的生活，理智、情感、意志三者，必须适当平衡，缺其一，即失其平衡。果尔，则无论为学或办事，其动力便受削弱。我自陶曾谷女士去世以后，感情即无所寄托，故不得不求一对象，以保持我多年奋斗的精神。我相信徐女士，就是我适当的对象。"

事情既然发展到这一步，大家当然也都衷心希望蒋梦麟能够在新婚生活中获取力量，有的报纸并引用徐贤乐的"有感蒋梦麟的款款深情，并陶醉于这位老教育家的灵毓才气"的话语，希望新妇徐女士是一个"贤"内助，使蒋博士享受室家之"乐"。如此，则过去一番小波折，也就只是好事多磨的愉快回忆。

然而不料数日后，就有诽语流传，说新婚之夜，徐贤乐要求蒋梦麟须将其存在国内外的私人款项开列一份清单交给她，方允合卺，确否不可知。然而后来蒋徐婚变的导火线，即为银钱问题，却是事实。

这种传言当然是不可靠的。因为事实上，在蒋梦麟与徐贤乐婚后不几天，蒋梦麟就专程去看望了胡适，胡适向他道贺。蒋梦麟告诉胡适他的新婚夫人很好，隔几天还要将他带来看望胡适。他还对胡适说："人家说她看上我的钱，其实她的钱比我的多。"事情既已如此，胡适又能再说什么呢？只是劝他尽快去安慰他那位因此事而受到一定程度伤害的女儿蒋燕华。

8月6日，蒋梦麟携新婚妻子徐贤乐又来看望胡适。蒋梦麟来时坐在冷气机的一边，怕冷，立刻转到那一边去。事后，胡适对身边的人说："到底梦麟年纪大了。我还不怕冷风，也吃冷水，用冷水洗面的。他不行了。"

蒋梦麟、徐贤乐是1961年7月18日正式结婚，愉快的新婚生活似乎不到一年半就发生了问题。

1962年12月6日，蒋梦麟不慎跌断腿骨，入台北荣民总医院手术治疗。大概这个时候，他们的婚姻就出现状况，亮了红灯，蒋梦麟开始抱怨徐贤乐照顾不周，甚至不大关切；而徐贤乐似乎也抱怨蒋梦麟住院花费太多，执意要将蒋梦麟迁到小病房。更严重且不能使蒋梦麟接受的是，徐贤乐竟然背着蒋梦麟一次向石门水库借支一万元；又为小事与蒋燕华、樊际昌等吵闹，甚至拍桌谩骂；更使蒋梦麟难堪的是，徐贤乐竟然要求蒋梦麟同僚好友沈宗瀚的夫人沈骊英、刘廷芳迁离宿舍。

情人眼里出西施，仇人眼里尽妖魔。双方指责越来越多，双方的心结也就越结越深，互相防范。徐贤乐便回家将自己的户口从蒋家迁出，甚至把行李亦搬离蒋家，置于中央信托局自己原来的宿舍中；而蒋梦麟做得更绝，出院之后不回家，竟然与徐贤乐玩起了失踪，自己把自己隐藏起来，似乎铁了心的要与徐贤乐分手。

1963年1月23日即旧历年前十二月二十八日，蒋梦麟写了《分居理由书》，经由律师端木恺交给徐贤乐，表示"由于两人的生活习惯、思想志趣无一相同，相处愈久，隔阂愈深，此次折骨就医，彼此意见更多不合"，经多天考虑后"决定分居"，每月给徐贤乐新台币三千元。

这个理由书被徐贤乐视为"一纸休书"，遂使她以"弱女子"自居，反击蒋梦麟，更不同意蒋梦麟每月三千元新台币的"安置费"。

2月8日即新年正月十五，蒋梦麟经由端木恺发出第二封信，指责徐贤乐婚后并不关心他，在其在医院动手术的时候，竟然擅自迁出户口，转移财产，领走蒋梦麟应得利息、股息，甚至连蒋燕华和陶燕锦的存款和股票也过了户。这样，原本只是感情不和、性情不合的纠纷演化成经济纠纷。

蒋梦麟的指责肯定有言过其实的地方，因为恋爱中、新婚中的男人会轻易答应一些事后并不一定能够同意的事情。3月14日，徐贤乐就蒋梦麟的指责进行反击，在她所写的《复蒋梦麟书》中，对住院照顾、户口迁出等事均有解释，对存折、股票、土地过户一事，徐贤乐说她的做法完全是照着蒋梦麟当初的交代去做的，因为蒋梦麟曾对徐贤乐说过："以前一草一木属于陶曾谷的，现在全部属于你了。"这个话应该可信，如果双方不分心，不闹矛盾，一个完整的家庭当然也应该是这样的。徐贤乐还说，是蒋梦麟将自己的图章交给她，要她去过户。她甚至指责蒋梦麟最近两个月来生活费分文不付,汽车也不给她用,甚至将保险箱及银行存款一概冻结,并将股票登报声明挂失,而这其中还有一部分是她徐贤乐的积蓄。

清官难断家务事。两口子的争执,其真实情形也只有他们自己知道。这样争吵下去显然也不是办法,于是蒋梦麟委托与端木恺合伙营业的律师王善祥代为处理,4月9日找徐贤乐协商离婚,但为徐贤乐所拒。不得已,蒋梦麟乃于第二天向台北地方法院正式请求离婚,理由是"不堪徐娘虐待之苦"。

在向法院提出离婚诉讼的同一天,蒋梦麟还向记者发表谈话,表示自己当初"鼓起勇气与徐贤乐女士结婚,希望再有一个幸福的家,来帮助我的事业。到现在一年多我失望了,我受到人所不能忍的痛苦,家是我痛苦的深渊,我深深地后悔没有接受故友胡适之先生的忠告,[1]才犯下错误。我愧对故友,也应该有向故友认错的勇气,更要拿出勇气纠正错误。在经过亲友调处不谐之后,才毅然向法院起诉请求离婚,以求法律的保障。"[2]同时,蒋梦麟还把胡适1961年6月18日夜写给他的信公开发表了。

对于蒋梦麟的这些做法,徐贤乐也不甘示弱,她以"我与蒋梦麟"为题,于4月16日在《联合报》发表自己的理由。徐贤乐否认她与蒋梦麟已构成了离婚条件,他们的感情并没有彻底破裂。她强调,蒋梦麟是一个忠厚老实的人,要离婚是蒋梦麟受人挑拨所致,并非蒋梦麟的本意。文章分"画眉之乐"、"白首之旅"、"意外之波"、"胡适之函"、"婚礼之辩"、"成全之计"六个小节,排列证据,提供事实,侃侃辩驳,既有文采,又有理由,看了也不禁让人相信三分。

由于徐贤乐明确指出蒋梦麟要求离婚是受了别人的指使与挑拨,这样一来,实际上就将蒋梦麟的女儿蒋燕华卷进了冲突的旋涡,对当事各方杀伤力极大。各方争论不休,各个报纸文人雅士也将这个轰动一时的花边新闻弄成一出高潮迭起的电视连续剧,于是这桩"因财失义"的"柴米夫妻"家庭纠纷,就借着阿堵传神之力,在各个传媒闹了三个月之久。

文士马五先生即雷啸岑在香港《自由报》将袁枚咏《马嵬坡》的诗句改写为:

闻道先生负旧盟,金钱为重美人轻;
徐娘解得夫妻味,从此萧然抱独身![3]

这当然是同情徐贤乐,讥讽蒋梦麟。只是这种看法在当时很少,当时的舆论似乎

---

[1] 胡适于一年前突然去世。

[2]《胡适之先生晚年谈话录》,第198页。

[3] 或曰:"到底先生负旧盟,金钱为重美人轻;徐娘解得夫妻味,从此人间不再婚。"

是一边倒，一味演绎徐贤乐与杨杰将军离婚旧闻，以为是徐贤乐太看重金钱，致使夫妻感情破裂。适有一文士到台湾旅游，于是一批文人拟了一则下联，要他对出上联，否则罚酒若干。那下联是：

徐娘半老，贤者亦乐乎此？

把徐贤乐的姓名全部嵌入联中而又不露痕迹，也颇幽默。这个文士一时没法交卷。后来由梁寒操与诗人李渔叔代为拟出上联：

蒋径全荒，孟母难邻之矣！

按汉代名将蒋诩，清誉遍闻远近，时人号其居为"蒋径"，以示钦崇之意；又《三字经》有"昔孟母，择邻处"二语，"蒋径"既告全荒，孟母当然不愿择为邻居了。联语也嵌入蒋梦麟的姓名，此联蕴意深长，天衣无缝，堪称佳构。[1]

1963年7月30日，蒋梦麟正式向台北地检院提出离婚及返还财物之诉，他在起诉状中提到"不意婚后不久，被告乖张之迹，即行暴露，诸如凌辱吾女，侵渎先室；需索敛聚，恶老嫌贫，经常詈骂，寝食不安……""被告对原告亡室陶女士本不相识，竟对亡者不时肆意辱骂，不准原告前往其墓凭吊，企图绝我忆念。对女儿燕华，则百般凌辱，迫令迁出，其行为乖张，难以枚举。"文中还列举六大具体事实。

针对蒋梦麟的指责，徐贤乐针锋相对予以还击。她在8月9日提出的万言书中，针对"凌辱吾女"、"侵渎先室"等进行了仔细的辩驳。她引用蒋燕华4月12日对记者所说的话作为辩驳的重要依据，蒋燕华说：在父亲结婚时，她全家已搬出德惠街，只有过年过节时会到她父亲那里看看，有时也与徐贤乐女士谈谈话，彼此之间相处，从未说过重一点的话。据此，徐贤乐认为所谓"凌辱吾女"的指责根本就很荒唐。

至于"侵渎先室"一节，徐贤乐在答辩书中反击道："按原告'先室'不止一人，原告昔年在南京任教育部长时，陶曾谷原为原告秘书，当时原告固以使君有妇，而亦与陶女士双双坠入爱河，结果原告与原配夫人分居，陶女士则下嫁原告。故原告此所谓'先室'究指何人，已滋疑义。如果其所谓'侵渎先室'，即其系指状后所称'被告对原告亡室陶女士本不相识，竟对亡者不是肆意辱骂，不准原告前往其墓凭吊，企图绝我忆念'而言，则又纯属原告向壁虚构。被告与陶女士虽不相识，然仰其贤名，心窃慕之，而原告个性刚强，尝自谓'我的决定是不容干涉的，压力愈大，我的定力愈坚'，被告对原告个性深为了解，原告追忆亡室，凭吊墓园，被告正为其深情所感动，纵使至愚，亦不

[1] 林斌：《蒋梦麟及其晚年》，《艺文志》89期。

敢加以禁止,何况我亦为人妻,原告悼念亡妻,我又何忍相阻?”

公平而言,徐贤乐提出的这些理由与证据也不是没有道理,所以法院并没有完全采信蒋梦麟的证据判决离婚,最后经陶希圣、端木恺主持,于1964年1月23日协议离婚,协议内容共三点:

一、由蒋梦麟付出赡养费五十万元给徐贤乐;

二、徐贤乐现住所之农复会房屋应迁出交还,一切家具留下;

三、徐贤乐所拿去之股票及存款,均应交还;至于首饰等物,则交徐贤乐所有。

整整一年的折腾换来了自由身,然而这个自由身的代价实在太高。这实际上都是蒋梦麟固执性格所导致的结果,他的一生,成在固执,败亦在固执。他始终认为他的婚姻只是个人私事,因此当他决定再度结婚时,尽管一些朋友反复劝阻,但他依然坚持自己的态度而不改变初衷,甚至如徐贤乐所说,蒋梦麟就是越有压力越亢奋,越固执,越坚持。

当然,蒋梦麟还是一个善于反省,勇于承认错误且勇于改正的人。当他发现再度结婚并没有给他带来预想的愉快与欢愉。于是又立即要求分居,分居不成则坚决要循法律途径办离婚。当此时,他的许多朋友如陈雪屏等都劝他不要这样做,一则打离婚官司必难速断速了;二则以蒋梦麟这样的高龄与这样的社会地位,而且所肩负的责任又这样重大,如求一彻底解决,必然会造成轰动一时的社会新闻,对于他自己实在是不利。对于这种劝告,蒋梦麟仍然回答道:“这是我个人的私事,我发现错误便应该改正,所谓‘人作孽,不可赦’,我愿面对事实,接受不幸的后果。这一事件得有了断,我才可以回复从前的宁静,而以余年再从事未完的工作和写作。”[1]

[1] 陈雪屏:《“和光同尘”与“择善固执”》,《传记文学》5卷1期。

# 尾声　世上已无蒋梦麟

1958年5月，与蒋梦麟柔情蜜意的陶曾谷撒手人寰，蒋梦麟陷入空前寂寞的恐怖之中；1961年7月18日，蒋梦麟顶住各方面的压力，坚持与徐贤乐结婚；1962年12月6日，蒋梦麟到台中教师会馆参加一个会议时，不幸失足滑倒，大腿骨折；1963年1月23日，蒋梦麟撰写《分居理由书》，宣告婚姻解体；1963年4月10日，蒋梦麟向法院正式请求离婚。

1958年5月,与蒋梦麟柔情蜜意的陶曾谷撒手人寰,蒋梦麟陷入空前寂寞的恐怖之中;

1961年7月18日,蒋梦麟顶住各方面的压力,坚持与徐贤乐结婚;

1962年12月6日,蒋梦麟到台中教师会馆参加一个会议时,不幸失足滑倒,大腿骨折;

1963年1月23日,蒋梦麟撰写《分居理由书》,宣告婚姻解体;

1963年4月10日,蒋梦麟向法院正式请求离婚;

1964年1月23日,蒋梦麟终于在陶希圣等人调解下,协议离婚。这一天,是蒋梦麟过了七十八周岁生日之后的第三天。按照中国算法,他此时已经七十九岁了。他在接受记者访问时说:"食少事繁,岂能久乎?"他虽然解除了不幸福的婚姻枷锁,但他又似乎有某种不祥预感。

1964年3月18日,蒋梦麟到荣民医院进行例行健康检查,结果与以前的记录相仿。4月2日,又去陆军总医院作了一次血液检查。6日,蒋梦麟主持中华教育文化基金董事会第三十三届年会。会后举行记者招待会,又在农复会招待各位董事和他们的太太午宴。多年不见的美国驻台湾大使庄莱德夫妇,以及蒋廷黻夫妇、中华教育文化基金财务秘书、助理司库叶良材夫妇等都参加了这些活动。从面色上看,蒋梦麟此时的精神确实不错。

▲晚年蒋梦麟

但是到了4月10日清晨,蒋梦麟突然觉得有点恶心,难过,开始时还以为是早上的鸡粥吃坏了,起来走动一下,抽了一支雪茄,照常去参加陈诚宴请中华教育文化基金董事们的午宴和蒋介石的晚宴。一天过去并不觉得有什么不舒服。

4月21日下午,蒋介石主持招待外交团茶会,蒋梦麟也去了。而且使用两根拐杖,以为免得做在轮椅上行动不便,坐着像一尊菩萨。这样多了两只脚,可以到处跑跑,找老朋友聊聊。蒋介石见到蒋梦麟时对他说:"好,好,你精神不错,什么时候可以不用拐杖了?"蒋梦麟答道:"再要两个月。”蒋介石又说：“小心保护，就是四个月也不要紧。”蒋介石夫人宋美龄也过来说蒋梦麟面色红润，比以前健康了。蒋梦麟笑着说：“我什么都好，就是多了两支脚。”

4月23日上午，蒋梦麟到农复会开委员会。一个小时后即退席回家，感觉不舒服，眼睛大大的，面色有点灰白。下午在家突然打嗝不停，前后长达一个多小时。当天夜里十一时许又开始打嗝。次日下午情况也是如此。于是找来丁农大夫诊治，丁农大夫听说打嗝不停就有点嘀咕，一摸胸胃之间有一个硬块，丁认为情况严重，可能是肝癌，既不能开刀，也不能用钴六十治疗。

当然丁农大夫的这些意见并没有告诉蒋梦麟本人，因此蒋梦麟本人一直认为他没有什么大病，嗝停了也就好了。于是先请了一位中医吃了一两剂中药，嗝果然停了，可是人却一天一天地没有精神，胃口不好，日见消瘦。只是蒋梦麟的自信力确实很强，尽管如此，他也不愿住院，以为在家养养就会好的。大小便天天送往医院进行检查，发现有胆汁、红血球、蛋白质，脸部及眼白开始发黄，慢慢全身也就黄了。

5月4日，蒋梦麟终于同意再到荣民医院进行检查，肠胃肝胆腹部全部照了X光，丁农大夫又摸了摸蒋梦麟腹部，发现那个硬块更大了。而且X光也显著地看到蒋梦麟肝部肿得很大。丁大夫建议，在这种情况下只能采取最保守的治疗方案，尽量不让蒋梦麟本人知道。尤其是蒋梦麟的太太陶曾谷是患癌症而去世的，所以蒋梦麟平常听到癌症就会谈虎色变。

针对这种状况，蒋梦麟的家属在没有办法之中，向日本请了一位研究癌症的专家庄淑旗大夫。5月13日，庄淑旗从日本赶来诊治，她在作了详细检查后，也认为蒋梦麟的病情相当严重，只有尽力从三个方面着手，第一培养本元，有了抵抗力，再作第二步，即治疗本病—癌，可能会不使它蔓延而延年，退一步即第三个方面是希望做到不使蒋梦麟的腹部出现水肿及疼痛。按照这些方案，庄淑旗大夫从次日起对蒋梦麟进行了悉心治疗，其间的病情，忽好忽坏，有时胃口好些，精神好些，有时差些，始终本元渐差，病情不能稳定。

6月8日，蒋梦麟的病情更加严重。又耽搁了一天，6月10日，蒋梦麟终于同意住进荣民医院。在征得医院同意后，继续由庄大夫治疗。11日一大早，陈诚来医院看望。当时蒋梦麟精神不错，说了许多话。陈诚对蒋梦麟说：“好好养病，大家活一百岁，一起回大陆。”蒋梦麟听了之后，笑着说：“你比我年轻十岁呢!”陈诚说：“年龄没有关系，你的身体一向不错啊!”当天上午十一时许，荣民医院丁大夫、薛大夫、美国顾问巴大夫与庄大夫会诊，由巴大夫正式向家属宣布蒋梦麟患的是肝癌，不能开刀，也不能用药物治疗，只有尽量使他有生之日身心愉快。

14日,端午节。这一天也就是石门水库竣工的日子。那一天他的精神特别好,当石门水库徐执行长来向他报告时,他闭上眼睛,频频点头,脸上出现欣慰的微笑。张群也来探望过,他们两个人也说了不少话。

17日下午,蒋介石夫妇及蒋经国赶来探望。此事蒋梦麟正在睡觉,醒了之后女儿告诉他,蒋介石要他好好养病,早日康复。蒋梦麟频频点头说谢谢。

但是到了第二天(18日)上午,蒋梦麟的病情急转直下,既量不出血压,只好用氧气,也打葡萄糖。下午情形更差,可是神志一直清醒,听到叶公超咳嗽,还向女儿说:"这是叶伯伯,咳嗽是他的老毛病。"过了一会又说:"石门水库完成,我很高兴。"他的女儿一直问他什么地方难过,他摇摇头,轻轻地说,不难过。只是不同意打葡萄糖,老是挥手说,去掉它,去掉它。女儿安慰道:"打补针,病养好了,早日回家。"女儿燕华、女婿吴文辉不断地在他耳边轻轻地安慰,他总是点点头,或摇摇头,反映一点也不错误,神志一直清醒。后来,他的女婿再问他难过不?他依然摇摇头,但用微弱的声音勉强吐出三个字:"不行了!"可见他那时还是很清醒的。只是他继续坚持撤掉氧气和葡萄糖的供应,大家商量之后决定按照他的意志去办,他也没有显出怎样痛苦的神情。他是一个自信心极强的人,在与病魔搏斗了数十天之后最后才承认"不行了",承认这是不可挽回的事实之后他也就不再挣扎了,这实在很像蒋梦麟一生的性格。[1]

到了午夜十二时二十八分,蒋梦麟终于呼出最后一口气。他的脸上好像睡着似的异常平静。[2]

蒋梦麟的逝世,在台湾政学两界,尤其是广大农村引起相当大的震动,人们对他的不幸去世深表惋惜,以为是中国学术界的重大损失,是永远不可弥补的。

23日上午八时,小范围的家祭在台北市极乐殡仪馆举行;九时至十二时举行盛大的公祭仪式;下午一时许,蒋梦麟的灵柩送往阳明山公墓,与第二任太太陶曾谷女士合葬。

蒋梦麟走了,永远走了,世上不再有蒋梦麟,但他倾情教育、致力于中国现代化的精神遗产并不曾随着他的离去而消失。

---

[1] 叶公超:《梦麟先生的性格》,《传记文学》5卷2期。

[2] 张刘清于:《蒋梦麟先生病逝前的经过》,《传记文学》5卷1期。

# 后　记



我对蒋梦麟的关注与研究，差不多快有十五年时间了。十五年来，因机缘巧合和各方朋友的帮助，我总共写了四遍蒋梦麟。第一遍就是1997年由辽宁教育出版社出版的《蒋梦麟教育思想研究》，这是中央教育科学研究所的规划项目，由著名教育史专家宋恩荣先生主持。承蒙他的厚爱，我先是给这套丛书撰写了《梁漱溟教育思想研究》，紧接着，宋先生又将蒋梦麟这本书交给我。

很显然，我之所以敢于接受撰写蒋梦麟教育思想研究的任务，主要的还是因为我那时的兴趣在梁漱溟教育思想与教育实践，以及梁漱溟后来的乡村建设理论和实践。而蒋梦麟恰恰在这个方面与梁漱溟走着不同的路，但关怀却又非常一致。蒋梦麟的前半生致力于中国现代高等教育体制的建立，后半生献给了中国农村的拯救与复兴。这正与梁漱溟的关怀、奋斗目标一致，但在方法、理论上却根本不同。这自然引起我进行比较研究的兴趣。

《蒋梦麟教育思想研究》的出版还要感谢赵中男兄的帮助，他原来在辽宁教育出版社任职，攻读博士后转到故宫博物院。只是这部书印数太少，影响不大，于是稍后我又接受南京大学教授沈卫威先生的邀请，改写成《蒋梦麟传》交给河南文艺出版社出版，开印就是一万册，因而影响比较大。后来许多研究蒋梦麟的著作，在基本框架和资料使用上，大都并不讳言引自这本书。

又过了差不多十年，湖北人民出版社编辑邹桂芬女士策划出版"文化名人图传系列"，邀请我撰写一本《蒋梦麟图传》，这是我关于蒋梦麟的第三本书。

今年是五四运动九十周年。我的朋友蒋建农先生不仅是五四新文化运动和现代史研究专家，而且具有非凡的图书策划能力，在他荣任红旗出版社社长后，立即提出出版一套可以传之久远的五四人物书系，我的蒋梦麟传有幸入选，只是我并没有简单地将旧作交给出版社重印，几乎是从头重写。

学术界比较忌讳的是炒冷饭，而我在过去的十几年中却是将蒋梦麟一写再写，在十几年中始终如一关注蒋梦麟的新资料新研究。我个人认为，炒冷饭当然是不对的，而能够随着新资料的不断发现，随着时代进步而不断推动研究深入，特别是用几十年的时间始终关注一个自己研究过的课题，也是应该值得提倡的。人的生命非常短暂，几十年转眼就过，而能在这几十年中不断留意同一个题目，不论变化大小，至少都是一种负责任的表现。基于这样的认识，我在蒋梦麟的研究上如此,在其他研究领域也秉持这样的立场和做法。

感谢红旗出版社和东方资治文化传播中心诸位朋友在拙作编辑出版中的贡献,相信这套人物传记一定能够像策划者所期待的那样传之久远,影响巨大。

马　勇

2009年4月22日